高等学校教材

U0658121

大学体育实践

主 编 杭兰平 王 成 虞荣安

西北工业大学出版社

【内容简介】 本书依据《全国普通高等学校体育教学指导纲要》的基本要求,以科学性、教育性及技能掌握的可操作性为编写的基本原则,重点介绍了各项目的理论知识、基本技能、战术要领和方法、规则与裁判法等。主要内容由田径、篮球、排球、足球、乒乓球、羽毛球、武术、健美操、跆拳道、网球、游泳、体育舞蹈、舞龙运动、高尔夫球等章节组成。本书以运动技术为主线,主张体育教育与健康教育相结合,充分体现体育教育功能的多元化特征,切实提高普通高等学校体育课在培养新世纪高技能技术人才方面的综合效益。

本书内容新颖、通俗易懂、简单易学、图文并茂。同时也兼顾了内容的深度和广度,既可作为高等学校公共体育课的教材使用,也可作为体育教师和体育爱好者的学习参考用书。

图书在版编目(CIP)数据

大学体育实践/杭兰平,王成,虞荣安主编 . —西安:西北工业大学出版社,2014.8(2022.7重印)

ISBN 978 - 7 - 5612 - 4131 - 8

Ⅰ.①大… Ⅱ.①杭… ②王… ③虞… Ⅲ.①体育—高等学校—教材
Ⅳ.①G807.4

中国版本图书馆 CIP 数据核字(2014)第 202855 号

出版发行:西北工业大学出版社
通讯地址:西安市友谊西路 127 号 邮编:710072
电 话:(029) 88493844 88491757
网 址:www.nwpup.com
印 刷 者:陕西向阳印务有限公司
开 本:727 mm×960 mm 1/16
印 张:31.875
字 数:545 千字
版 次:2014 年 9 月第 1 版 2022 年 7 月第 9 次印刷
定 价:59.00 元

编 委 会

前　言

　　为了全面贯彻落实党的教育方针，进一步加强普通高等学校的体育工作，牢固树立"健康第一"的教育观念，促进大学生德、智、体、美的全面发展，根据《中共中央国务院关于加强青少年体育增强青少年体质的意见》《全国普通高等学校体育课程教学指导纲要》和《高等学校体育工作基本标准》（教体艺［2014］4号）的精神，从普通高等学校大学生对体育需求的实际出发，以实现运动参与，运动技能，身体健康，心理健康和社会适应等目标为目的，我们编写了《大学体育实践》一书。在本书的编写过程中借鉴了教育部全国高等学校体育教学指导委员会审定教材的编写经验，汲取了本学科目前国内外先进的研究成果，在内容的取舍上更加切合实际，以便指导普通高等学校体育教学、体育训练和大众体育活动的开展。

　　本书主要用于普通高校不同学制的公共体育课的教学用书。由于公共体育课的教学时数所限，教师可选择一些内容进行讲解，其他的内容可让学生课余时间阅读。书中的许多理论和方法对大学生掌握体育技能、强身健体具有很好的指导作用。

　　本书由杭兰平、王成、虞荣安任主编，全书由杭兰平统稿。编写人员分工为董林、童华、朱进、马斌（第一章）；杭兰平（第二章和第十一章）；王成、林丽（第三章）；魏炜（第四章）；虞荣安、孙莉（第五章）；李勇杰、赵春娜（第六章）；陈俊梅、郭三省（第七章）；苑小毅、郭光（第八章）；宋健（第九章）；丛日旻（第十章）；王轲（第十二章）；郭汉（第十三章）；梁斌（第十四章）。

　　在本书的编写过程中，参考、引用了本学科和相关学科的有关研究成果，我们对在书中直接或间接引用文献的专家表示最诚挚的谢意！此外，由于本书主要用于公共体育课的教学，我们没有一一标明所有被引用者的姓名和论著的出处，在此表示歉意。

　　由于水平和时间所限，书中疏漏和不妥之处在所难免，敬请读者批评指正。

编委会

2014 年 6 月

目　　录

第一章　田　　径

第一节　田径运动概述

　　田径运动是体育运动的主要项目之一,包括竞走、跑、跳跃、投掷以及由跑、跳跃、投掷的部分项目组成的全能运动。以时间计算成绩的项目叫径赛;以高度或远度计算成绩的项目叫田赛;全能运动项目,则是以各单项成绩按《田径运动评分表》换算分数计算成绩的。其具体分类见表1-1。田赛和径赛合称为田径运动。此外,公路跑、越野跑等也属于田径运动的范畴。

　　田径运动最初起源于人类同大自然作斗争。为了生活,人们逐步掌握了快速奔跑、敏捷跳跃和准确投掷的技能,这就是最初形成田径运动的因素。由于战争,跑、跳、投等生活技能又同军事发生了联系,军事训练中包含着跑、跳、投等身体技能的练习,这是产生田径运动的另一种因素。

　　公元前776年,在古希腊举行的第1届古代奥运会上,开始出现了短跑,在以后的历届比赛中又增加了跳远、投石饼等项目。

　　随着社会的发展和教育的普遍兴起,娱乐性体育活动广泛地开展起来,有时还进行自发的比赛。例如工匠投掷铁锤和士兵推掷炮弹比赛力量,牧羊人跳跃羊圈、栅栏比赛速度和灵巧等。当时虽没有统一的规则和器材,也没有纪录,但这是近代田径项目的萌芽。后来钟表开始推广使用,为走、跑比赛计时提供了条件。为了衡量运动水平的高低,逐渐确定了走、跑的距离和投掷器械的形状、重量,也制定了一些规则。这样,带有竞赛特点的近代田径运动就初具规模了。

　　19世纪初,近代田径运动在英国兴起,在1896年举行的第1届现代奥运会上,把田径项目列为主要的比赛内容。1912年成立了国际业余田径联合会,以确定比赛项目,拟定规则,组织国际比赛和审批世界纪录。1928年奥运会设立了女子田径项目。于是田径运动发展成为有组织、有目的的国际社会活动。

表 1-1 田径运动部分项目分类表

类别	组别项目	男 子	女 子
径赛	竞 走	20 km 竞走、50 km 竞走	20 km 竞走(公路)
	短距离跑	100 m,200 m,400 m	100 m,200 m,400 m
	中距离跑	800 m,1 500 m,3 000 m	800 m,1 500 m,3 000 m
	长距离跑	5 000 m,10 000 m	5 000 m,10 000 m
	马拉松跑	42 195 m	42 195 m
	障 碍 跑	3 000 m 障碍跑	3 000 m 障碍跑
	跨 栏 跑	110 m 跨栏跑 400 m 跨栏跑	100 m 跨栏跑 400 m 跨栏跑
	接 力 跑	4×100 m 4×400 m	4×100 m 4×400 m
田赛	跳 跃	跳高、撑杆跳高、跳远、三级跳远	跳高、撑杆跳高、跳远、三级跳远
	投 掷	铅球、铁饼、标枪、链球	铅球、铁饼、标枪、链球
全能	第一天	十项全能: 100 m、跳远、铅球、跳高、400 m	七项全能: 100 m 栏、跳高、铅球、200 m
	第二天	110 m 栏、铁饼、撑杆跳高、标枪、1 500 m	跳远、标枪、800 m

　　较正规的田径比赛首先是在欧美国家的学校举行的。19 世纪 20 年代英国伊顿公学举行过田径比赛。1864 年英国牛津、剑桥两所大学举行了校际比赛。1894 年在伦敦举行了牛津、耶鲁两所英美大学间的国际比赛。

　　20 世纪 30 年代以前的田径技术水平不高,训练方法不完善,比赛机会也较少,当时创世界纪录的运动员虽然经过一定的训练,但主要靠的是本人优越的身体条件。

20 世纪 30 年代以后,世界田径水平有了较大幅度的提高。许多田径基础较好的国家开始加强系统的训练工作,场地器材也有了改进,竞赛组织和裁判工作效率也有了提高,但运动员良好的身体条件仍然起主要作用。这一时期,田径运动普及得较好,训练比赛较多的国家,如美、德、英、加、日、芬、荷等,在奥运会上成绩都名列前茅。

20 世纪 40 年代,受第二次世界大战的影响,田径成绩的进展不大,而且有下降的趋势。如 1948 年第 14 届奥运会上多数田径项目的成绩不及 1936 年第 11 届奥运会的水平。

50 年代,田径运动进入新的兴盛时期,技术、训练和器材都有革新。如采用背向滑步、背向旋转的投掷技术与俯卧式跳高技术;采用金属撑竿和滑翔标枪新器材;许多国家进行大运动量训练,合理安排运动量和强度,加强了力量训练,创造积累了发展身体素质的有效方法;在计划比赛,达到并保持良好竞技状态等方面,也取得了不少经验。这一时期田径运动在全世界的发展仍不平衡,男子多数项目的世界纪录属美国,女子项目的优势属苏联。

20 世纪 70 年代以后,由于现代科学技术的发展,田径运动在世界范围出现了跃进势态。这 10 年间也打破了 200 多次男女项目的世界纪录,女子破纪录的人次超过男子;国际比赛获胜者的成绩十分接近,"绝对冠军"几乎不见;创造单项世界纪录的国家经常更换;国际竞赛活动更加活跃。由于竞赛活动频繁,引起了训练分期、训练计划的相应改变。20 世纪 70 年代的田径训练,在科学制定计划、严密掌握训练过程、研究训练后体力恢复等方面,较过去都有长足的发展。大运动量训练仍然是提高成绩的重要方法,它加强了训练内容和方法手段的针对性。有些国家在编制训练计划时利用电子计算机,运用控制论已初见成效。为了提高训练效果,还对高水平运动员不断加大竞赛密度,同时重视恢复训练。

20 世纪 80 年代后田径训练更加注重科学化,运动技术更加合理、完善,运动成绩不断提高,刷新了一批以前认为是不可逾越的纪录,迎来了田径运动各个项目突飞猛进的时代。近年来出现了田径运动与其他运动项目在训练方面互相渗透、综合利用的趋势。运动生理学、运动医学、运动形态学、运动生物化学、运动生物力学、运动心理学、控制论等边缘学科的研究成果大大促进并提高了田径训练的科学水平及运动成绩。由于运动员服"兴奋剂"事件屡见不鲜,阻碍了田径运动的健康发展,使国际田联加大了反"兴奋剂"的力度。

田径运动是各项运动的基础。田径运动的项目较多,锻炼形式多样,场地、设备和器材比较简单,练习时不易受到性别、人数、时间和季节等条件的限制,便于广泛开展,是增强人民体质的重要手段之一。经常从事田径运动,能促进机体的新陈代谢,改善与提高内脏器官的机能,全面发展人的身体素质。田径运动是各项运动的基础,它能全面、有效地发展人的身体素质和运动技能,对其他各项运动技术的发展和成绩的提高都有很好的作用。所以,其他运动项目都把田径运动作为发展身体素质的手段与提高战术的基础。实践证明,许多优秀运动员,特别是球类运动员,都有较高的田径运动能力和素质水平。可见,田径运动是各项运动的基础,是对体育运动的科学总结,正确地反映了和各项体育运动之间的内在联系。田径运动在国际体坛影响很大,目前有奥运会、世界杯、世界锦标赛、世界室内锦标赛、世界青年锦标赛、国际田联黄金联赛及国际田径大奖赛等七大赛事。田径是奥运会上设奖牌最多的项目,各国都很重视田径运动的发展,并把它作为衡量一个国家体育运动水平的重要标志。正如人们常说:"得田径者,得天下。"

现代田径运动由基督教、青年会和教会学校传入我国。在旧中国,由于政府腐败,经济萧条,民不聊生,田径运动水平很低,成绩十分落后。

新中国成立后,党和政府十分关心体育事业的发展,田径运动逐步普及,技术水平迅速提高,运动成绩不断上升,多人次打破世界纪录。目前,我国保持着 5 项世界纪录和 7 项世界青年纪录。但是,我国田径运动水平发展很不平衡,女子好于男子,总体水平与世界水平仍有较大的差距。

近年来中国田径训练水平的提高也涌现出许多高水平的田径运动员,如:刘翔(在 2004 年雅典奥运会上以 12.91s 的成绩平了保持 11 年的世界纪录并获得冠军;2006 年在瑞士洛桑田径超级大奖赛中,以 12.88s 打破了保持 13 年的世界纪录)、李延熙(2009 年 10 月 26 日,以 17.59m 打破了沉睡 28 年的三级跳全国纪录并夺得冠军。)、陈定(2012 年 8 月 5 日凌晨,在伦敦奥运会男子 20km 竞走中以 78.46min 的成绩夺得冠军,并打破奥运纪录。成为继刘翔之后第二名在奥运田径赛场夺金的中国男运动员。)、李金哲(2014 年国际田联室内世锦赛以 8.23m 的成绩获得了男子跳远的银牌,成为首个站在世界最高水平田径赛亚军领奖台上的中国男子跳远选手。)、张培萌(2013 年 8 月 12 日在莫斯科世锦赛男子百米半决赛中跑出了 10s 的成绩,创造了新的全国纪录。)、胡凯(2005 年 8 月 16 日,在伊兹密尔第 23 届世界大学生运动会中夺得男子 100m 金牌。)、苏炳添(2013 年 5 月 21 日,在世界田径挑战赛——北京站百米比赛,以 10.60s 的成绩获得铜牌。)、邢慧娜(2004 年奥林匹克运动会奖牌得主。曾在 2003 年巴黎世界田径锦标赛上打破世界青年纪录。)、李艳凤

(2011年8月28日,在2011年大邱世界田径锦标赛中凭借第二投66.52m的成绩,夺得中国首枚世锦赛铁饼金牌。)、巩立姣(2008年获北京奥运会第五名,2009年获世界田径锦标赛季军,2012年获伦敦奥运会季军。)等等。本章介绍短跑、接力跑、中长跑、铅球4个项目。

第二节 短 跑

一、短跑项目概述

短距离赛跑简称短跑。现代田径运动的短跑是400 m和400 m以下距离赛跑的总称。要求人体在最短的时间内跑完规定的距离,属于极限强度运动。短跑是田径运动的基础项目,是发展速度素质最有效的手段,并在其他运动项目的训练中占有极其重要的地位。

短跑运动历史悠久,据现在已发现的资料记载,最早的短跑比赛始于公元前776年的第1届古代奥运会,近代短跑比赛可追溯到19世纪中叶。

1868年美国大学生[BF]W.柯蒂斯作为第一个业余短跑选手,首次穿上了跑鞋。1888年美国大学生西里里第一个在比赛中使用了"蹲踞式"起跑。短跑发展史上一个重要的里程碑是1929年美国选手G.辛普逊首先使用了可调节的起跑器,在这之前的短跑比赛中运动员都是挖穴起跑,直到1938年起跑器才取得了合法地位。

男子100 m跑的第一个正式世界纪录为10.6 s,是由美国运动员利平科特于1912年在斯德哥尔摩奥运会上创造的。女子100 m跑的第一个正式世界纪录为11.7 s,是波兰运动员斯·瓦拉谢维奇佐夫娜于1934年在华沙创造的。截止2014年男子100m世界纪录9.58s由牙买加的博尔特于2009年8月17日在德国柏林创造,200m世界纪录19.19s由牙买加的博尔特于2009年8月21日在德国柏林创造,400m世界纪录43.18s由美国的迈克尔-约翰逊于1999年8月26日在塞尔维亚创造。女子100m世界纪录为10.49s,由美国运动员格里菲斯·侨依娜1988年7月16日在印地安纳波利斯创造。女子200m世界纪录为21.34 s,由美国运动员格里菲斯·侨依娜1988年9月29日创造的。女子400 m世界纪录为47.60 s,由前民主德国运动员科赫1985年10月6日创造。我国从1910年第1届全运会起就设有短跑比赛项目。旧中国短跑水平低,男子100 m跑的纪录为10.7 s,女子100 m跑的纪录仅是13.2 s。新中国成立后,我国短跑水平有了较大提高,1965年,陈家全跑出了 10 s 的男子 100 m 全国纪录,并平了当时的世界纪录而轰动世界体坛,20 世纪 60 年代女子短跑也曾进入当时世界先进水平,1970 年中国台湾选手纪政在慕尼黑以 22.4 s 创造了女子 200 m 跑世界纪录,在随后的比赛中以 11 s 的成绩平 100 m 跑世界纪录。截止 2014 年,100 m 跑全国男子纪录为 10s,女子全国纪录为 10.79 s。

二、短跑技术(100 m)

短跑中最典型的是 100 m 赛跑。短跑技术是一个不可分割的整体,为了便于分析,习惯上把它分为起跑和起跑后的加速跑、途中跑及终点跑三部分。

1. 起跑和起跑后的加速跑

田径竞赛规则规定,在正式比赛中必须用蹲踞式起跑。起跑的任务是使身体迅速摆脱静止状态,获得向前的最大初速度,为起跑后的加速跑创造条件。蹲踞式起跑必须使用起跑器,运动员根据发令员的口令完成蹲踞式起跑动作。

(1)起跑器的安装。安装起跑器的目的是使两脚有牢固的支撑,形成良好的预备姿势,便于获得较快的起跑速度。起跑器的安装方法一般有普通式、接近式和拉长式三种(见图 1-1),其中最常采用的是普通式。

前起跑器抵足板与地面夹角约为 45°左右,后起跑器抵足板为 60°~80°,两个起跑器之间宽约 15 cm。

起跑器的安装要根据个人特点(身高、体型、身体素质和技术水平等)来选择。应在反复起跑实践中找到适合个人特点的起跑器安装方法,无论采用哪一种形式,都要符合下列原则:

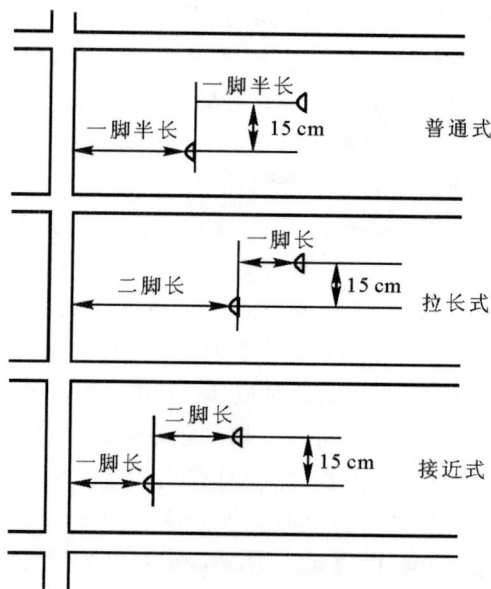

图 1-1　起跑器的安装方式

在蹬离起跑器时能充分发挥肌肉的最大力量,从而获得向前的最大初速度;有利于起跑后身体有较大的前倾角度;在"预备"姿势时,应自然、舒适。

(2)起跑技术。起跑过程包括"各就位""预备""鸣枪"三个环节。

听到"各就位"口令后,做几次深呼吸,轻快地跑到起跑器前,俯身用两手撑地,两脚依次踏在前、后起跑器的抵足板上,将有力的腿放在前面,后膝跪地,然后两手收回到起跑线后,两臂伸直或微屈,两手间的距离约与肩同宽或稍宽些,四指并拢或稍分开和拇指成"人"字形,身体重心稍前移,肩约与起跑线齐平或稍后,背微弓而不紧张,颈部自然放松,两眼看前下方40～50 cm处,注意听"预备"口令。

听到"预备"口令时,随之吸一口气,从容地抬起臀部,使之稍高于肩,同时身体重心适当前移,这时体重主要落在两臂和前腿上。前腿大小腿夹角约90°～100°,后腿大小腿夹角约为120°～140°,两脚掌紧压抵足板。目前国外的有些运动员采用"高重心"的预备姿势。运动员做好"预备"姿势后,集中注意力听枪声。

听到枪声或"跑"的口令时,两手迅速推离地面,屈肘做有力的前后摆臂,同时两腿迅速蹬起跑器,以很大的前倾姿势把身体推向前方。后腿蹬离起跑器后,很快以膝领先向前摆出,摆出时脚不应离地面很高,以缩短从起跑器到着地点的路线。当前腿迅速伸展,髋、膝、踝三关节蹬离起跑器时,后腿已前摆并积极下压着地,完成第一步动作。此时与臂腿相配合的躯干逐渐抬起,在完成跑步动作时,躯干与地面成一个适宜角度。随着躯干的抬起,头部也上抬,视线逐步前移。通常认为前腿迅速用力地蹬伸,后腿向前摆到最大时,完成起跑动作。

(3)起跑后的加速跑。起跑后立即转入加速跑。加速跑距离一般为20～25 m。起跑出发的第一步不宜过大,落在起跑线前2～2.5脚长远处,第二步为4～4.5脚长,以后逐渐增大。优秀运动员这种步长的变化都是比较稳定的。在跑进时,两臂应积极摆动,两脚依次用力蹬地,上下肢协调配合,以迅速获得速度。在加速跑的阶段,上体前倾很大,随步长和速度的不断增加,上体逐渐抬起,直到正常姿势即转入途中跑。

2. 途中跑

途中跑是全程中最主要的部分,约占100 m全程的70%,其任务为继续平稳加速和尽可能长的保持高速度。

跑时上体稍前倾或正直,两眼平视,颈、肩、手腕放松,手成半握拳或稍弯屈,两臂弯曲,大小臂夹角约90°,以肩关节为轴,大臂带动小臂前后有力地摆动,肘关节在摆动时角度有些变化,但要注意手和小臂的摆动方向。为避免两臂在体前交叉,到体后向外,两小臂前后摆动时几乎接近平行。前后摆的幅度,应与运动员的跑速相适应,向前摆的速度快,幅度要大,不同程度地带动肩适度前后扭转,向后摆时大臂摆到与地面接近平行,但要基本保持肘关节的角度,不得向后甩小臂。

途中跑的下肢运动是不断重复的周期性动作。在跑的每一个复步中,两腿的动作是互相配合的。如左腿的积极蹬地,为右腿快速前摆提供了有利条件,而右腿快速向前摆动又给左腿蹬地效果以积极影响。正确的蹬摆配合技术,表现为一腿后蹬结束时,另一腿前摆达到高部位。两腿的配合和全身动作协调一致便形成了完整的途中跑技术。摆动腿以髋为轴的快速向前摆动和着地脚的扒蹬快是当代短跑技术的主要特点。注意在蹬腿结束前必须充分发挥踝关节的最后蹬地力量。

途中跑阶段,为了能较长时间保持高速度跑,在途中跑加速应是逐渐地、均匀而不过分紧张。这样能防止紧张加速后引起的速度下降,能用高速度跑更长的距离。

途中跑动作要轻快,蹬摆配合协调,强调向前摆臂、摆腿的速度和幅度。总的要求可以概括为放松、大步幅、高频率、动作向前效果好。

3. 终点跑

终点跑是从 80～90 m 处开始的一段跑。终点跑是途中跑的继续。虽然由于疲劳,速度较途中跑最高速度有所下降,技术或多或少地发生变化,但是应尽可能地保持途中跑的技术到终点,并要有意识地加大摆臂的幅度和力量,加强两腿的蹬摆,在最后 1～2 步迅速前倾。到终点线时,达到最大的上体前倾,并跑过终点逐渐减速。

三、200 m 和 400 m 跑的技术

200 m 和 400 m 跑有一半以上距离是在弯道上跑进的,为了适应弯道跑,技术也有相应的变化。

1. 弯道起跑和起跑后的加速跑

为了便于加速,起跑后开始一段距离应沿直线跑进,起跑器应安装在跑道的右侧方正对弯道切点方向(见图 1-2)。起跑时,左手撑在起跑线后约 5～10 cm 处,身体正对弯道切点,使运动员起跑后的前几步沿直线跑进,然后身体逐渐内倾进入弯道跑。

2. 弯道跑技术

为了克服向前跑进直线运动的惯性,运动员必须改变身体姿势和蹬、摆的方向以产生向心力,使自己沿着弯道跑进。跑进时身体应向圆心方向倾斜,后

蹬时右脚用脚前掌的内侧着地,左脚用脚前掌的外侧着地。摆动时右腿膝关节稍向内,左腿膝关节稍向外。两臂摆动时,右臂摆动的幅度和力量都应大于左臂,右臂后摆时肘关节稍偏向右后方,前摆稍向左前方,左臂则靠近体侧。

根据运动学原理,物体只有受到向心力的作用时才能做圆周运动,速度越快,需要的向心力越大。因此,在弯道跑时,速度越快,身体向圆心倾斜的程度越大,反之就小些。跑内道时就较外道身体内倾大。

由弯道跑进直道时应顺惯性放松跑两三步以消除紧张,但放松并不是减速。

图 1-2　弯道起跑

3. 200 m 和 400 m 跑全程节奏

200 m 跑不可能用全速跑完全程。优秀运动员 200 m 跑的成绩约为 100 m 成绩的 2 倍左右。实际上 100 m 跑前半程是用于发挥跑速,后半程才是全速跑,而 200 m 跑的后半程是用匀速跑。

400 m 跑更不能用全速跑,运动员在全程跑中合理分配体力是很重要的。现在多采用较均匀分配力量的方法。前 3 个 100 m 的成绩比较接近,而前、后两个 200 m 的成绩一般相差 1～3 s,训练水平越高,这个差值就越小。400 m 跑时,因肌体内缺氧最大,运动员应采用有节奏的呼吸方法。

四、短跑教学方法

1. 直道途中跑练习

(1) 原地摆臂练习。注意摆臂的方向、幅度以及肩关节的放松。

(2) 在直道上(或草地)以中等速度做匀速跑,距离约 60～80 m,跑时体会放松技术,要求摆臂正确,步幅开阔,注意脚掌着地技术,充分发挥踝关节的弹性,上下肢及全身协调配合。

(3) 加速跑 60～80 m。跑的动作正确,自然放松,平稳加速。当速度加到一定程度(接近最高时)随即放松顺惯性跑一段,不能急停。

(4) 行进间跑 30～50 m。基本掌握途中跑技术后,采用行进间跑巩固提高途中跑技术,动作要自然、放松。

(5) 上、下坡跑 30～60 m。坡度最好为 2°～5°。

(6) 跑格 30～60 m。以练者步长为依据,在略小(或略大)于步长处,做出标记(画线或摆海棉块),使其按格快速跑进。

(7)超专项距离跑。用 80%～90%力量进行。

2．弯道途中跑练习

(1)沿一个半径为 15～20 m 的圆圈跑,体会弯道跑的技术。

(2)从直道(弯道)进入弯道(直道)跑 40～60 m,体会从直道(弯道)进入弯道(直道)跑的技术。

(3)完整的弯道跑 120～150 m。

3．蹲踞式起跑及起跑后的加速跑技术练习

(1)安装起跑器练习。

(2)听口令练习"各就位"、"预备"动作。

(3)蹲踞式起跑 20～30 m,要求前几步按标记跑进,并动作连惯。

(4)蹲踞式起跑 20～30 m,听信号集体起跑。

4．终点跑和全程跑

(1)慢跑途中反复练习冲刺和撞线动作。

(2)以尽可能快的速度跑过终点,不做撞线动作。

(3)在 60～100 m 内,每隔 20～30 m 做一标志,连续做冲刺、撞线动作。

(4)快速跑 30～40 m,并做撞线动作。

(5)50 m 或 100 m 全程跑。

5．跑的专门练习

(1)摆臂。

(2)小步跑。

(3)高抬腿跑。

(4)后蹬跑。

(5)后踢小腿跑。

(6)折叠腿跑。

(7)车轮跑。

(8)单足跑。

运用专门练习,要注意下列几个特点:

(1)放松的特点。做任何一个专门练习,都要体现和学会放松,在放松中体会局部技术要领,掌握局部技术。

(2)大幅度的特点。专门练习是完整技术中的局部夸张,因此要夸张所突出的局部技术,要逐渐增加幅度和难度。

（3）快速的特点。专门练习的节奏是加速的，切忌用不快不慢的匀速练习，更不能用徒手体操的节拍做，要逐步提高节奏。

（4）向前的特点。前三个特点都要有向前性的要求。摆臂、摆腿、扒蹬技术都要有利于总重心的向前效果。

（5）过渡的特点。专门练习与平跑交替进行时，中间有一段过渡阶段，在过渡阶段中既要表现出专门练习的特点，又要有平跑的特点。因此专门练习要与平跑交替进行，各个专门练习之间，以及各种不同速度之间交替进行。总之，运用专门练习也是一种教学训练艺术，要想在教学训练中事半功倍，必须把专门练习用活。

第三节　接力跑

一、接力跑项目简述

接力跑是相互配合的集体径赛项目，能培养团结协作的集体主义精神和发展快速奔跑的能力。

在国际上，接力跑被正式列为径赛项目是在 19 世纪末。目前，在田径跑道上正式比赛的接力跑有男、女 4×100 m、4×400 m。在群众性的体育活动当中，还有不同形式的接力跑。如不同距离的团体接力、迎面（穿梭）接力、异程接力等。

接力跑的胜负不仅取决于运动员的水平速度，而更取决于他们之间的协作精神和传、接棒技术。如一个训练有素的接力队其 4×100 m 的成绩，应比他们 4 人 100 m 成绩之和快 2 s 以上。这是因为后三名运动员的 100 m 成绩是行进间 100 m 成绩。在接力跑项目中，以 4×100 m 接力跑技术难度最大。

截止 2014 年，世界男、女 4×100 m 接力跑纪录分别为牙买加队创造的 36.84 s 和美国队创造的 40.82 s。

二、接力跑的技术

接力跑的技术基本与短跑相同，只是要传递接力棒。要求各棒队员之间协调配合，保证在快速跑进中在接力区内（20 m）完成传、接棒动作。

1.4×100 m 接力跑技术

（1）蹲踞式弯道起跑的技术规格同短跑。

（2）接棒方法。右手用中指、无名指、小指握住棒的下端，与大拇指、食指成三角状分开支撑地面，但接力棒任何部分不允许触线外地面（见图1-3~图1-5）。

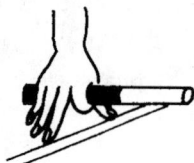 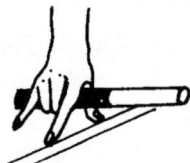 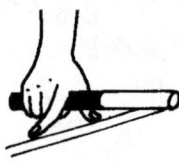

图　1-3　　　　　　　图　1-4　　　　　　　图　1-5

（3）接棒人的起跑和站立位置。

1）第2,3,4棒运动员用站立式或半蹲式起跑，两脚前后开立，两膝弯曲，上体微前倾，站在预跑线内（见图1-6）。

2）第2,4棒运动员站在跑道的外侧。如左脚在前、右手撑地、重心偏右，头向左后方看，第3棒运动员站在跑道的内侧。如右脚在前、左手撑地、重心偏左，头向右后方看（见图1-7）。

 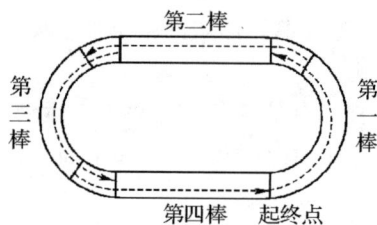

图　1-6　　　　　　　　　　　图　1-7

3）看到传棒人跑到预跑标志时接棒人迅速起跑。

（4）传、接棒方法。传、接棒方法一般有"上挑式"、"下压式"、"混合式"3种。

1）上挑式。接棒的手臂自然向后伸出，掌心向后，虎口张开朝下，传棒人将棒由下向上方送入接棒人的手中（见图1-8(a)）。

优点：接棒人向后伸手的动作比较自然，容易掌握。

缺点：容易掉棒。

2)下压式。接棒的手臂后伸,掌心向上,虎口张开朝后,拇指向内,其余四指并拢向外,传棒人将棒的前端由上向下方压入接棒人手中(见图1-8(b))。

优点:不用换手。

缺点:接棒人的手臂动作紧张、不自然。

(a)　　　　　　　　(b)

图　1-8

3)混合式。这种方法综合了上述两种方法的优点。

注意事项:传棒人的信号发出要准确及时,接棒人向后伸臂要果断而稳定,切不可左右晃动而造成传棒人的困难。

(5) 标志线的确定。标志线离接棒人起跑处的距离,是根据传、接棒人的跑速和传、接棒技术的熟练程度而定。一般设在预跑线后面。如果接棒人在接力区前10 m预跑线处出发,跑到接力区末端25～27 m处接棒,两运动员之间的距离为1.5 m。不同水平的运动员起跑标志线距离可参考表1-2。

表1-2　起跑标志线参考距离表

接棒运动员起跑25 m的时间/s	传棒运动员 25 m 行进间跑的时间/s							
	2.5	2.6	2.7	2.8	2.9	3.0	3.1	
3.4		8.7	7.4	6.3	5.2	4.2		
3.5		9.7	8.3	7.1	6.0	5.0		
3.6		10.6	9.3	8.0	6.9	5.8	4.8	
3.7		11.6	10.2	8.9	7.8	6.2	5.6	4.7
3.8			11.6	9.8	8.6	7.5	6.4	5.5
3.9				10.7	9.5	8.3	7.2	6.2
4.0					10.3	9.2	8.0	7.0
4.1						10.0	8.9	7.8

以上数据仅供参考,还需在反复练习中加以调整,才能准确地确定。

(6) 传、接棒的要求:

1)接棒运动员要充分考虑、利用预跑区的距离,使可利用的理想距离近30 m。

2)传接棒运动员要在发挥高速时进行传、接棒。

3)在传、接棒时,两人前后相距约 1.5 m 为最佳距离。

（7）各棒的安排。在安排各棒队员时,必须发挥每个人的特长。一般第一棒应安排起跑好、并善于跑弯道的运动员;第二棒应是专项能力好,善于传、接棒的运动员;第三棒除应具备第二棒的长处外,还要善于跑弯道;通常把全队成绩最好、冲刺能力最强的运动员放在第四棒。

2.4×400 m 接力跑技术

4×400 m 接力跑时,由于跑速在最后明显地降低,传、接棒的技术就比较简单。一般根据传棒运动员的最后跑速来决定传、接棒的方法。接棒人以站立式姿势,站在接力区后沿前面,头部转向后方,看好自己的队员,如传棒人速度快则早起跑;如速度已缓慢,则晚一些起动;如传棒人已精疲力尽则主动从传棒人手中在接力区内把棒接过来。

第一棒采用蹲踞式起跑,其技术同弯道起跑,采用分道跑;第二棒动动员要跑完一个弯道,跑过抢道线后才能向里道抢道跑,第二、三、四棒采用站立式起跑。

可以采用换手传、接棒方法,这样接棒运动员可以沿着跑道内沿跑进完成传接棒。右手接棒后立即换到左手。

三、传、接棒练习方法

(1)持棒原地摆臂做"上挑式"和"下压式"传、接棒的练习。

(2)持棒原地摆臂按口令做传、接棒的练习。

(3)在慢跑(中速或快跑)中做传、接棒的练习。

(4)用中速(快速)跑在接力区做传、接棒的练习。

(5)做 4×50 m,4×100 m 或 4×400 m 全程接力跑的练习。

第四节　中长跑

一、中长跑项目简述

中长跑是中距离跑和长距离跑的总称。是发展耐久力的项目,对培养人们克服困难、磨炼意志具有很好的作用。经常从事中长跑锻炼,能够有效地改善心血管系统和呼吸系统的功能,提高有氧代谢功能,同时还可以改变心理状态,培养勇敢顽强的意志品质。

中距离跑有 800 m,1 500 m,3 000 m;长距离跑有 5 000 m 和 10 000 m。中长跑作为竞赛项目出现已有 100 多年的历史。女子项目开展较晚,且经历曲折,但发展速度惊人。20 世纪 80 年代后,随着技术和训练思想的改变,各项成绩突飞猛进。我国解放前没有女子中长跑的纪录,但到目前为止,我国女子在中长跑项目上的水平很高,保持着 3 项世界纪录,男子水平较低(目前的世界纪录和我国纪录对照见表 1-3,表中数据截止到 2014 年 1 月 12 日)。

表 1-3 中长跑项目世界纪录与我国记录成绩对照

项目	性别	世界纪录	中国记录
800m	男	1:40.91	1:46.44
	女	1:53.28	1:55.54
1500m	男	3:26.00	3:36.49
	女	3:50.46	3:50.46
3000m	男	7:20.67	7:56.19
	女	8:06.11	8:06.11
5000m	男	12:37.35	13:25.14
	女	14:11.15	14:28.09
10000m	男	26:17.53	28:08.67
	女	29:31.78	29:31.78

注:截止到 2014 年 1 月 12 日

当今,中长跑的技术具有"小步幅,高频率"的特点,体现了运动技术的经济性和实用性。它要求跑得轻松协调,重心平稳,直线性好,节奏感强,并尽量提高肌肉的用力能力和放松能力。当然,在跑的过程中,既要掌握正确的技术,又要合理地分配体力;既要减少能量消耗,注意动作的经济性,又要具有加速跑的冲刺能力。

多年来,中长跑技术发展变化的焦点主要体现在步长和步频的变化上。具体表现在支撑时间与腾空时间的比例上。也就是说,运动员在跑进过程中,应根据自身的特点,以最佳方式把步长和步频统一在自身跑的技术中。

中长跑是周期性的项目,从跑的全过程讲,大体可分为起跑及起跑后的加速跑、途中跑、终点冲刺三个依次相关的阶段。

各种距离跑的技术基本相同,由于距离长短和跑时的强度不同,跑时动作稍有不同程度的差异。一般来讲,距离越长,步长越短,跑的动作中前摆和后蹬用力的程度就越小,腾空时间与支撑时间的比值也越小。

二、中长跑的基本技术

1. 起跑及起跑后的加速跑

起跑采用站立式起跑。起跑前,思想要沉着坚定,树立必胜的信心。听到"各就位"的口令后,做一两次深呼吸,从容地从预跑线走或慢跑到起跑线后,两脚前后开立,有力脚在前,紧靠起跑线后沿,前脚和后脚之间的距离约一脚长,两脚间隔约半脚长,体重大部分落在前脚上。两腿弯曲,上体前倾,两臂自然下垂(或一前一后),目视起跑线前 3～5 m 处,身体保持稳定待发姿势,注意力集中,听出发信号(见图 1-9)。

当听到出发信号,两腿用力蹬地,两臂配合做快而有力的摆动,使身体快速向前冲出,在短时间内获得较快的速度。起跑后的加速跑,上体前倾稍大,摆臂、摆腿和后蹬动作都应迅速积极。这段加速跑的距离,应根据项目、个人训练水平和比赛性质而定。一般讲,距离较短则加速跑距离较长,跑速也较快。但必须指出,不宜不顾自己整体实力,而在加速跑时跑得过快,距离过长。

图　1-9

起跑后应在不妨碍别人跑进或不受别人阻挡的情况下,按既定的战术要求跑进,发挥到预定速度时,继而转入匀速而有节奏的途中跑。

2. 途中跑

上体竖直或稍前倾,两目平视,面部和颈部的肌肉放松。两肘自然弯曲,以肩为轴,前后摆动,摆幅要适中。正确的摆臂不但可帮助维持身体平衡,同时又可加快腿部动作的速度,调节跑的节奏。

腿部动作(后蹬与前摆)是跑的技术中最主要的动作。

在一个跑的周期中,左右两腿,既对立,又统一,周而复始。左腿为蹬,右腿势必在摆;右腿为蹬,左腿势必在摆。加强蹬、摆技术的结合练习,则是教学与训练中的关键所在。

以一侧腿为例,后蹬结束时,身体进入腾空阶段,支撑腿随之变为摆动腿(在动作协调的前提下,积极向前上方摆动,以增大支撑腿的支撑反作用力),小腿放松,顺势自然折叠,经垂直部位后,大腿带动同侧髋向前上方加速摆出,同时,腰部协调送髋(此时,另一腿积极下压,形成有力剪绞,转为支撑过渡到后蹬)。当摆到最高点时,大腿则转为积极下压,小腿顺势前摆,前脚掌"鞭打"

下扒着地,并富有弹性,必须与前进方向一致,千万不要形成内、外八字脚落地。在摆动腿的脚落地以后,摆动腿又转变为支撑腿。由于另一腿的积极向前上方摆动,身体重心前移超过支撑腿,接着开始后蹬。

当摆动腿通过身体垂直部位向前摆动时,支撑腿的各个关节要迅速蹬伸,首先伸展髋关节,再迅速有力地伸展膝关节和踝关节(见图 1-10)。

途中跑有一半以上的距离是在弯道上进行的,为了克服离心力的影响,必须掌握好弯道跑技术。弯道跑技术与短跑弯道跑技术基本相同,只是动作的幅度与用力程度较小。

图 1-10

3. 终点冲刺跑

终点冲刺跑是指临近终点前的一段加速跑。这段冲刺跑能力的强弱,对运动员取得优异成绩至关重要。冲刺跑的时机,要根据比赛的距离、个人训练水平以及战术要求和参赛对象来定。一般情况下,中距离跑的冲刺跑距离宜在 200~400 m 之间;长距离的冲刺跑距离宜在 400~800 m 之间。

终点冲刺跑时,要选择好时机,动员全部力量、竭尽全力,以顽强的意志和毅力,加快摆臂,加强腿部的蹬摆,奋力向前,高速通过终点。

4. 中长距离跑的呼吸

中长跑的呼吸是非常重要的,没有良好的呼吸机能就难以取得优异成绩。

为了改善气体交换与血液循环的条件,应掌握正确的呼吸方法,否则胸部就会感到胀闷与难受。

呼吸的节奏要和跑的节奏相吻合。一般情况下为两步一呼,两步一吸,或三步一呼,三步一吸。随着距离的加长和疲劳的出现,呼吸的频率有所加快,此时,应着重注意呼气。

呼吸是利用鼻和半张开的嘴进行的。冬天逆风跑时,也可用鼻子呼吸或用鼻子吸、用嘴呼的方法。

跑时,由于氧气的供应落后于肌肉活动的需要,加之内脏器官的惰性,所以跑到一定程度,往往会出现一种胸闷、呼吸表浅、四肢无力、跑速下降,有难以再继续跑下去的感觉,这种现象为通常所说的"极点",是正常的生理反应。当"极点"出现后,一定要以顽强的意志坚持跑进,并适当调整跑速与呼吸节奏的配合,特别要加深呼气,此种现象即会渐渐消失,从而呼吸均匀,身体机能明显好转,并富有轻松感,此现象在生理上称为"第二次呼吸"。

三、中长跑的教学方法

(1)中速跑 80～100 m,体会中长跑的蹬、摆技术。

(2)中速跑 400 m,体会中长跑的技术及呼吸方法。

(3)中速跑 800～1 000 m,体会跑的节奏和呼吸节奏。

(4)学习站立式起跑。

1)原地站立,身体前倾,顺势加速跑 30～40 m。

2)在弯道(或直道)上按口令做站立式起跑和起跑后的加速跑 60～120 m。

(5)以匀速跑、加速跑、变速跑等多种手段反复跑不同的距离,使学生体会和掌握途中跑技术及正确的呼吸方法。

(6)按水平分组,反复进行 800～1 200 m 匀速跑,以提高练习难度。

(7)按锻炼中等水平的学生,对男生 1 000 m 跑、女生 800 m 跑体力分配方案见表 1-4。

分配提示:前 400 m 跟随自然跑,中间 400 m 努力跑,最后 200 m 加速跑,通过终点放松跑。

(8)全程跑。总之,在教学与训练中,中距离跑应侧重于良好的速度,长距离跑应侧重于良好的耐力。教学练习的实质在于提高本专项身体的有氧代谢和无氧代谢能力。经常采用较多次数短距离(400 m)重复跑的练习方法,是提高 800~1 500 m 成绩的有效教学手段。

优秀运动员要想在比赛中取得优异成绩,除具有符合自己特点的合理专项技术能力外,还必须具有:①高水平的连续比赛能力;②良好的心理素质;③丰富的比赛经验和正确的运用战术能力以及独立作战能力。

表 1-4 男生 1 000 m 跑、女生 800 m 跑体力分配参考表

分段距离 分段成绩 项目	第一个 400 m	第二个 400 m	最后 200 m	总 成 绩
1 000 m	1:30.0~1:35.0	1:25.0~1:30.0	0:35.0~0:45.0	3:25.0~3:50.0
800 m	1:40.0~1:50.0	1:45.0~1:55.0		3:25.0~3:45.0

第五节 跳远、跳高

一、跳远

(一)跳远项目概述

跳远是通过助跑、起跳、腾空和落地四个技术环节发挥人体自身能力达到跳得尽可能远的一个田赛项目,它的运动力学基础为抛射运动规律 $S = \dfrac{V_0 \sin 2\alpha}{g}$。$V_0$ 为起跑时瞬时初速度;α 为腾起方向与水平线的夹角;g 为自由落体加速度;S 为跳跃距离。

跳远是一个古老的田径项目,在古希腊奥运会上就有男子跳远比赛,那时人们大多采用蹲踞式,1948 年女子跳远列入奥运会正式比赛项目,19 世纪 50 年代初出现挺身式,19 世纪 60 年代出现三步半走步式。现代男子世界纪录为 8.95 m,是美国人鲍威尔在 1991 年日本东京世界田径锦标赛上创造的;女子世界纪录为 7.52 m,是苏联的运动员契斯蒂娃 1988 年创造的。

(二)挺身式跳远技术

挺身式跳远技术是一个完整的技术,为了便于分析,我们从运动结构上一般分为四个环节:助跑、起跳、腾空和落地,而这四个环节是环环相扣、紧密关连的。

1. 助跑

优秀运动员助跑距离男子为 35~45 m,跑 18~22 步,女子为 30~38 m,

跑 16～21 步,普通大学生因体能因素等应在距离和步数上有所减少。助跑的
方式有两种:一种是"站立式",起动后积极加速,步频始终较快,用增加步长提
高速度。一种是"行进间"起动,开始步频较慢,步长较短,逐渐用加快步频、加
大步长来加速,越跑越快,为快而有力的起跳做准备。

2. 起跳

起跳步的过程从助跑最后一步摆动腿积极蹬地开始(见图 1－16①),它
加快了最后一步的位移速度,使起跳步成为整个助跑过程中最快的一步。摆
动腿蹬离地后屈膝折叠前摆,上体上提(见图 1－16②),保持较高重心;起跳
腿是脚跟先触及地面的,并迅速过渡到全脚掌支撑,这时起跳腿屈膝,屈踝进
行退让支撑(见图 1－16③),作用是顶住人体起跳时重力和水平向前的力产
生的向下的分力,通过摆动腿蹬地伸髋继续快速前摆,把身体重心迅速从支撑
点的后上方前移到前上方,尽量减少速度的损耗,为蹬伸快创造条件;接下来
起跳腿的踝、膝和髋三关节用力后蹬并充分蹬展(见图1－16④),同时摆动腿,
摆到膝髋水平位突停,小腿自然下垂,两臂前后摆动,幅度较平跑时大,摆臂有
维持身体平衡和加大起跳力量的作用,这时全身向上伸展,蹬地、摆腿、摆臂和
提肩、提腰动作协调配合形成腾空步(见图 1－16⑤)。

3. 挺身式跳远的腾空动作技术

腾空步后,摆动腿的大腿下放向起跳腿靠拢,髋关节伸展,两臂经侧下向
后上方摆振(见 1－16⑥,1－16⑦),在腾空最高点时,身体充分伸展,形成挺
胸、展髋、两臂上举的挺身式,并力争保持较长时间(见图 1－16⑧)。

图　1－16

4. 坐式落地技术

在空中收腹举腿(见图 1－16⑨和图 1－16⑩)膝关节主动向胸部靠拢,尽

可能推迟脚着地的时间,即将着地时小腿前伸,以脚跟先触沙面,屈膝,骨盆前移,两臂前摆,使身体重心迅速通过落点,避免后坐(见图 1-16⑪)。

(三)挺身式跳远教学方法

首先传授助跑与起跳的衔接技术,然后传授助跑技术,最后传授空中和落地技术。这样有助于学生掌握正确的助跑节奏和快而有力的起跳技术。

1. 帮助学生建立挺身式跳远完整的技术概念

通过教师讲解、示范,结合电化教学,观看优秀运动员的技术图片,使同学们在学习前先建立正确完整的技术概念:快而有节奏的助跑,快而有力的起跳,完整的空中挺身式动作和落地技术,以及优秀运动员临场自信、勇于拼搏的心理素质。

2. 起跳步的教学方法

(1)起跳步模仿练习:

练习目的:体验起跳时的蹬摆动作协调配合。

练习方法:摆动腿支撑,膝微曲,重心前移,起跳腿屈膝前摆,做"着地"、"退让"、"蹬伸"三个动作,同时摆动腿蹬地,伸髋后屈膝折叠前摆至大腿与地面水平,两臂前后摆动。

练习要求:动作要做得慢并到位,慢慢体会蹬摆协调配合,也可先模仿上肢动作,再模仿下肢动作,最后完整模仿练习。

(2)走动中的起跳步模仿练习:

练习目的:巩固起跳步技术达到熟练程度,形成初期动作定型。

练习方法:高抬腿走三步,做一次起跳模仿练习。

练习要求:在摆动方向及位置正确的基础上,提高动作的速率,形成良好的动作节奏。并注意摆动腿蹬摆和两臂前后摆都要求做到突摆急停。

(3)跑动中起跳步模仿练习:

练习目的:使模仿练习向实际跳跃过渡。

练习方法:跑三至五步做一次起跳步练习以及起跳步技术。

练习要求:跑时大腿高抬保持高重心,节奏要一步快于一步,最后一步(起跳步)为最快,形成腾空步后,在空中保持尽可能长的时间。

3. "站立式"起动助跑与起跳步相结合的教学方法

首先教师应根据不同学生的身体素质(力量、速度、控制节奏的能力等)来大概确定一个助跑距离和步数,这也是在以后的练习中调整的一个依据。

(1)"站立式"起跑 25~35 m:

练习目的:掌握"站立式"起跑技术,体会积极加速的匀加速助跑节奏。

练习方法:"站立式"起跑后跑 25～35 m。

练习要求:匀加速的节奏,跑到 15 m 左右,上体抬起,大腿高抬保持高重心跑进。

(2)"站立式"起动助跑,在起跳区内起跳,做腾空步练习:

练习目的:确立学生的步点,学习最后几步起跳的合理衔接技术。

练习方法:根据学生身体素质情况大概确定起跑点,助跑后在教师画好的起跳区内起跳后腾空步落入沙坑即可(见图 1－17)。

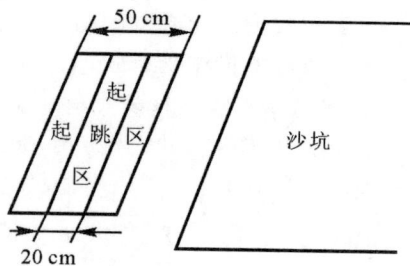

图　1－17

动作要求:匀加速节奏不能改变是练习的前提,起跳步是整个助跑中最快的一步,是加快腾起初速度 V_0 的保证。教师可在起跳区内铺上白灰,使学生在起跳后留下清楚的脚印,学生也可在最后 4～8 步放一标志物帮助自己不断校正步点,最后达到起跳脚上板而不犯规。还应注意助跑的直线性。

4. 挺身式跳远的空中技术和落地技术的教学方法

(1)空中技术的模仿练习:

练习目的:体会空中放腿挺身动作。

练习方法:两手正握单杠,身体腾空,两腿成腾空步姿势开始模仿,摆动腿大腿下压后向起跳腿靠拢,同时挺胸展髋,保持片刻后做收腹举腿,再伸小腿,脚踝背屈,这时松手跳下单杠,动作结束。

练习要求:除上肢动作外,完整的模仿空中和落地技术,体会各部分肌肉用力的感觉。

(2)空中和落地技术的辅助练习:

练习目的:结合助跑起跳在一定高度和速度条件下充分地完成挺身动作,建立肌肉的本体感觉。

练习方法:学生助跑 6～8 步,在跳箱盖或"弹簧板"上起跳后,再做空中技术和落地技术,落入沙坑。

练习要求:助跑节奏好、匀加速、起跳有力,空中挺身保持时间相对长一些。

5. 完整技术练习

练习目的:掌握整体技术,形成动作定型。

练习方法:同完整技术。

练习要求:站立式的起动,匀加速的节奏,准确的步点,快而有力的起跳步,完整的空中和落地技术。应注意不可能一两次课就做得每一部分都很好,要在教师的帮助下不断完善提高,形成动作定型和自己的技术风格。

(四)挺身式跳远技术教学中应注意的问题

(1)教学的顺序。建立完整技术概念;学习起跳步技术;学习助跑和助跑跳衔接技术;学习空中和落地技术;完整技术练习。

(2)从学习起跳步技术练习时就要有意识地培养加速的节奏;突出强调起跳步为助跑中最快的一步这一概念;助跑和起跳相结合是跳远技术中的重点,一定要培养学生敢跑敢跳的技术风格。

二、跳高

(一)跳高项目概述

跳高是通过助跑、起跳、过杆和落垫四个紧密相连的技术环节,发挥人体自身能力越过尽可能高的横杆的一个田赛项目。它的运动力学基础为抛射高度规律: $H = \dfrac{V_0^2 \sin^2 \alpha}{2g}$。其中 H 为抛射人体重心高度, V_0 为起跳时瞬时初速度, α 为腾起方向与水平线的夹角, g 为自由落体加速度。从规律中我们可以看出要想跳得高,就要加快起跳速度,加大起跳角度。

跳高运动起源于1774年的德国培斯都学校,他们曾用跳高来训练学生。200多年来跳高技术经历了五次大的变革:跨越式、剪式、滚式、俯卧式和背越式,其中背越式是现代体育界公认相对最科学、最能发挥人体能力的技术。现在世界纪录也是用背越式创造的,男子成绩为2.45 m,是古巴运动员索托马约尔于1993年7月27日在萨拉曼卡创造的;女子成绩为2.09 m,是保加利亚运动员科斯塔迪诺娃于1987年8月30日在罗马创造的。跳高项目对运动员沉着勇敢、勇于拼搏、超越自我的心理素质要求较高,也是我国田径优势项目之一,郑凤荣、倪志钦、朱建华三人都分别刷新过女子、男子世界纪录,其中朱建华三破世界纪录(截止到2006年)。

(二)背越式跳高技术

1. **助跑技术**

助跑步数8~12步,助跑路线前段为直线或近于直线,后段呈弧线,最后一步与横杆有一定角度(见图1-18),助跑节奏有明显的加速性,应越跑越快。助跑时大腿前摆积极,两臂摆动和整个动作幅度较平时跑步时大,重心较高,在弧线上,加大外侧臂的摆动幅度,身体向内倾斜,头、躯干与脚的支撑点尽可能在蹬地力的作用线上。从力学公式：

$\tan\beta = \dfrac{V^2}{Rg}$ 中我们看到身体内倾角 β 与助跑速

度的平方 V^2 成正比，与曲率半径 R 成反比，这就是说助跑速度越快，内倾角度要越大；助跑弧线曲率越小，内倾角度也要越大。再加上步长和步数的因素，不同的运动员有不同的弧线助跑风格。

2. 起跳技术

起跳步是以最后一步摆腿积极有力地蹬地开始的（见图 1-19①），向前快速推出髋

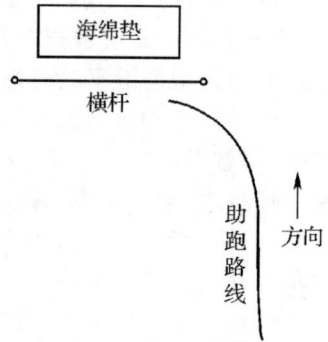

图　1-18

部，并使髋领先于上体，上体略后倾和较大的内倾，肩轴与髋轴交叉扭紧，摆动腿蹬地后迅速屈膝折叠前上摆（见图 1-19②）；起跳腿以髋带动大腿积极前摆，着地起跳，着地时由脚外侧跟部滚动到全脚掌，并迅速完成缓冲支撑和蹬伸动作，身体由内倾转为垂直，髋、膝、踝三关节发力并充分蹬直（见图 1-19③），这时摆动腿并继续以膝领先向前上摆，小腿外旋，脚尖稍外展；摆臂的方法有两种：单臂摆和双臂摆；同时立腰、顶肩。以上起跳步技术应快速协调完成，一般起跳时间为 0.12～0.2 s。

图　1-19

3. 过杆与落垫技术

起跳离地后，身体沿纵轴转，使背对横杆、头肩过杆后及时潜肩，展体收起跳腿，髋部上挺（见图 1-19④、1-19⑤），重心过杆时髋部高于膝、肩部，整个

身体成背桥姿势(见图 1 - 19⑥);当重心过杆后适时地含胸收肩,向上方举甩小腿,使身体越过横杆并以背先落垫(见图 1 - 19⑦)。

(三)背越式跳高的教学方法

1. 帮助学生建立完整的技术概念

通过教师的讲解、示范,结合电化教学,看优秀运动员的技术图片,使学生在学习前先建立正确完整的技术概念:助跑节奏越跑越快,进入弯道后身体内倾,起跳快而有力,起跳方向合理。空中身体各部分依次过杆成背桥,重心过杆后收腹举甩小腿落垫。

2. 空中和落垫技术教学方法

(1)后倒垫练习:

练习目的:克服背向倒垫的害怕心理和体会挺髋动作。

练习方法:背向垫站立,肩离垫 70 cm 左右,上体向后倒,髋上挺,用肩背着垫成反弓的背桥资势。

练习要求:体会挺髋成背桥的肌肉用力感觉。

(2)原地背越式跳高练习:

练习目的:体会身体各部分依次过杆时的肌肉用力感觉。

练习方法:背对横杆,下蹲向后上方跳起,在空中成背桥姿势,潜肩、展腹、屈膝。过杆后含胸、收腹,用肩背先落垫。

练习要求:空中腹部上挺,背桥要大,先可无横杆练习,根据学习进展可放横杆或拉皮筋,加高起跳点。

3. 起跳步技术的教学方法

(1)起跳时摆臂的模仿练习:

练习目的:体会起跳时的摆臂技术。

练习方法:原地站立,两臂由体侧向前上方用力划弧上摆,肘略高于肩时突然制动,同时提肩、立腰、提踝。

练习要求:突摆急停,摆动腿同侧臂略高于起跳腿同侧臂。

(2)起跳步的蹬摆模仿练习:

练习目的:体会起跳时的蹬摆方向和肌肉用力感觉。

练习方法:身体内倾,从摆动腿单脚屈膝提踵支撑动作开始,摆动腿蹬地后折叠屈膝领先前上摆,起跳腿脚着地退让支撑到髋、膝、踝三关节蹬直,同时摆臂,身体由内倾转到正直。

练习要求:摆动腿用力蹬地后再前摆,起跳时身体重心高,立腰、提肩、提踵、抬头,眼向起跳方向看。

4. 弧线助跑结合起跳的教学方法

(1)弧线助跑练习:

练习目的:体会弧线跑时克服离心力的内倾技术。

练习方法:画一个半径为 4～6 m 的弧线,在上面做匀速跑和匀加速跑。

练习要求:跑时要高重心,大腿抬高,摆臂外大内小;身体内倾时头、躯干、腿和脚的支点力求在蹬伸力的作用线上。

(2)弧线两步助跑结合起跳练习:

练习目的:体会行进间的起跳技术。

练习方法:沿弧线助跑两步结合起跳。

练习要求:开始可在弧线上走两步并结合起跳,随着练习进展,再在跑动中完成,跑的第二步(起跳步)一定要比第一步快很多,起跳步技术要求同前。

(3) 4～6 步弧线助跑结合起跳练习:

练习目的:学习由弧线助跑内倾转为垂直的起跳技术,体会最后几步积极加速助跑意识。

练习方法:可在 4～6 m 半径的弧线上连续练习,跑 4～6 步做一次起跳。

练习要求:几步助跑高重心,一步快于一步,最后几步(起跳步)尽可能地快,起跳后身体在空中沿纵轴转体 90°。

5. 反跑式或丈量步点的教学方法(以左腿起跳 8 步助跑的运动员为例)

首先固定起跳点位置:初学者一般在距右侧立柱向左面 1 m 左右和离横杆一肩宽左右的交叉点上。然后根据学生身体素质确定一定的弧度,并沿弧线反方向助跑 4 步处放第一标志物,此为弧线步点;在继续沿直线跑 4 步处放第二标志物,此为直线起跑点,在正式助跑时可在第二标志前加走跑交替,即先走后跑。确定的步点要在练习中不断校正,最终找到适于自己的步点,并记录下来,记录方法(见图 1 - 20)用皮尺丈量,n(m)为丈量长度。

6. 完整技术的教学方法

(1)高垫练习:

练习目的:把助跑、起跳、过杆前半部分紧密地连接起来练习,克服怕的心理,培养向上意识。

练习方法:助跑跳上高垫上成背桥姿势(见图 1 - 21)。垫子随练习进展不断加高。

练习要求:加速节奏正确,弧线上内倾,起跳充分向上。先练弯道助跑起跳上高垫,然后根据进展可在弯道的直线上加几步助跑,最后可全程助跑起跳上高垫。

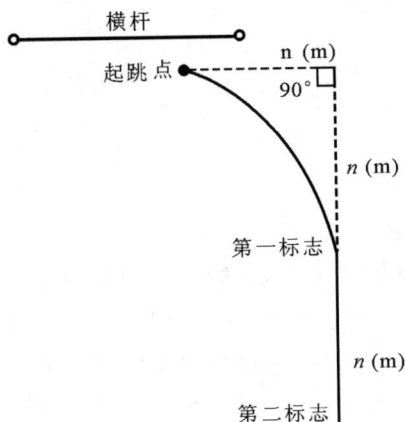

图 1-20   图 1-21

(2)半程助跑过杆练习：

练习目的：在相对全程低的位移速度下掌握完整技术。

练习方法：助跑4～6步过杆练习。

练习要求：步点准确，节奏匀加速，起跳向上性好，身体依次过杆。

(3)全程助跑过杆练习：

练习目的：掌握完整技术，达到初步动力定型。

练习方法：助跑8～10步过杆练习。

练习要求：同上一练习。

(四)背越式跳高技术教学中建议注意的问题

(1)建议用逆进式的教学方法，即先教过杆和落垫；再教弧线助跑结合起跳，最后学完整技术。这样有利于学生克服初学时的害怕心理和有利于激发学生的学习兴趣。

(2)培养正确的助跑节奏。节奏的方法为匀加速最后起跳步尽可能快，节奏长度(指距离和步数)和节奏的快慢因人而异。身体素质好的可长些、快些；身体素质差的就要短些、慢些。这样的节奏有利于在获得较快的起跳步前瞬时速度的前提下，使 ATP 分解供能相对较少，为快而有力的起跳步创造了速度前提和充足的 ATP 能量保证。

(3)跳高垫练习在背越式跳高教学训练中的重要性。高垫练习有机地把助跑、起跳和过杆的前半部分紧密连接在一起，它能使运动员在没有害怕心理和自我保护性反射的情况下，最后几步更积极加速，大胆起跳向上，这对培养正确的助跑节奏和起跳向上意识大有帮助。优秀运动员也常用不断加高高垫高度来作为提高运动成绩的训练方法。

第六节　铅　球

一、铅球项目概述

大约在公元 1340 年，欧洲出现了首批炮兵队伍，当时所用的炮弹是一个圆球，重 16 磅(7.257 kg)。士兵们利用和炮弹形状、重量相同的石头，做投掷游戏的比赛。后来把石头改成了金属的，逐渐变成现在的铅球。1896 年第 1届现代奥运会就把铅球列为男子正式比赛项目，铅球的重量一直沿用跑弹重量，1975 年又改为 7.26 kg。1948 年第 14 届奥运会才有女子推铅球比赛。重量为 8 磅，现改为 4 kg。

随着田径运动实践和体育科学的发展，推铅球的技术不断更新和完善。从古老的推铅球方法，发展为侧向滑步推球。20 世纪 50 年代初期出现了背向滑步推铅球，在背向滑步推铅球技术不断发展中，又出现了旋转推球的方法。

截止 2013 年 11 月 25 日，世界男女推铅球世界纪录分别为美国的巴恩斯于 1990 年 5 月 20 日创造的 23.12 m 和苏联莉索弗斯卡娅于 1987 年 6 月 7日创造的 22.63 m。

二、推铅球的基本技术

推铅球的技术是单手持球放在肩上锁骨窝处，站在直径为 2.135 m 的圆圈内靠近后沿处，经过滑步后，单手从肩上推出，使铅球落在规定的投掷区内。

推铅球的方法，主要有侧向滑步推铅球、背向滑步推铅球、旋转推铅球等投掷技术，非专业性学校学生首先学习侧向滑步推铅球技术较容易掌握。

侧向滑步推铅球技术(以右手握球为例)。

侧向滑步推铅球分为握持方法、推球前的预备姿势、滑步和最后用力及出手后平衡五个部分。这五个部分是一个有机联系的整体，为了便于分析技术，才分为五个部分。

(1)握持方法。五指自然分开，把铅球放在食指、中指和无名指的指根上，球体重量大部分落在食指和中指之间，拇指和小指扶在球的两侧，手腕背屈(见图 1－22)。

握好球后，把铅球放在肩上锁骨窝处，贴着颈部，右臂屈肘，掌心向前，持球臂的大臂与身体夹角约 45°左右,自然放松(见图 1-23)。

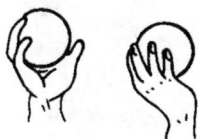

图 1-22

图 1-23

(2)滑步前的预备姿势。身体左侧对准投掷方向,右脚踏在直径线上靠近投掷圈的后边缘。左脚以前掌触地在直径线稍后一点,身体重心落在右腿上,保持静止姿势(见图 1-24)。

(3)滑步。滑步动作的好坏,直接影响到推铅球的成绩,技术掌握较完善的投掷者原地推铅球和滑步推铅球的成绩相差 1.5~3 m。

预备姿势做好后,做 1~2 次预摆(见图 1~25①、②),预摆时左腿自然弯曲,大腿用力平稳向右大腿方向摆起时,右腿迅速下蹲,接着左

图 1-24

腿向投掷方向快速摆出。同时右腿用力蹬伸(见图 1~25③~⑥)。当右腿蹬直后,迅速收小腿,右脚掌接近地面滑动落在圆心附近(在收小腿时脚和膝向左转动),接着左脚积极落地,用脚掌内侧着地以形成牢固的支撑。两脚着地后左脚尖和右脚跟几乎成一直线(见图 1~25⑦、⑧)。

(4)最后用力。最后用力是推铅球技术的主要环节,动作是否正确直接影响出手速度和出手角度。

滑步结束时,即在左脚一触地面,右腿迅速用力蹬地,右髋向投掷方向抬起;这时固定左肩,防止过早转体。当上体迅速向投掷方向移动肘,身体重心已从右脚移至左脚,身体左侧与地面垂直的瞬间,右腿迅速伸直,上体和头向投掷方向转动,右肩向投掷方向送出。这时右臂积极做推球准备(见图 1~25⑨)。微屈的右腿立刻伸直蹬地,增加铅球向前和向上的力量。最后右臂迅速而有力地将球推出(见图 1~25⑩)。铅球出手时,手腕稍向内转同时屈肘,快速而有力地拨球,使铅球从手指离开,推球角度一般是 38°~42°。铅球离手后,两腿弯曲或交换,降低身体重心,缓冲向前的冲力,维持身体平衡,防止出圈犯规。

图　1－25

三、推铅球的教学方法

推铅球的教学应以最后用力为重点,强调"推"字,突出"快"字。在教学各阶段,要根据任务和要求突出各技术环节重点。

1. 使学生对推铅球技术有初步的了解

(1)通过对推铅球技术的讲解、示范、看图片等方法,使学生初步了解推铅球的技术。

(2)简要介绍推铅球的场地、器材规格。

(3)提出推铅球过程中的安全措施及要求。

2. 学习原地推铅球技术

(1)徒手或用实心球、轻铅球做原地推铅球的各种模仿练习。体会推铅球的蹬转髋关节的动作和挺胸推球动作。

(2)正面推轻铅球。两脚左右开立与肩同宽,面对投掷方向,右髋关节和右肩向右扭转,然后蹬转髋关节,结合送肩动作将球推出。

(3)侧向原地推铅球。握好球后,左侧正对投掷方向,两脚开立,左脚尖与右脚跟几乎在一条直线上,左脚膝关节自然伸直,并用前脚掌内侧着地,右腿弯曲,上体很快向右侧倾倒,然后用力蹬伸髋关节,上体抬起将球推出。

(4)用与(3)同样的方法在圈内推球。

3. 学习侧向滑步推铅球技术

(1)在圈内做徒手或持轻器械的滑步练习。摆动腿的摆动练习:左手拉住同肩高的固定物或同伴的手。左腿回收接近右腿时,快速向抵趾板方向摆出。

拉收右腿的练习:两腿前后直立(两脚比肩宽),体重在两腿间。上体稍前屈。从这个姿势开始,迅速将小腿收至重心下负担身体重量,并保持平衡。当右脚收至重心下快着地时,左腿快速向后撤步,形成最后用力前的姿势。

徒手滑步练习:高姿站立,摆动腿摆到一定高度后,在回收过程中,同时右腿逐渐弯曲,降低重心,当左腿回收接近右腿时,立即做滑步动作,动作熟练后可连续做。

(2)用轻铅球在圈内外做侧向滑步推铅球练习。

4. 改进和提高侧向滑步推铅球技术

(1)圈内进行完整技术练习。

(2)改进技术细节。

(3)技评和达标。

第二章　篮　　球

第一节　篮球运动概述

一、篮球运动的起源与发展

(一)篮球游戏的起源

篮球运动是 1891 年由美国马塞诸塞州的斯普林菲尔德市(春田市)基督教青年会训练学校体育教师詹姆士·奈史密斯博士(见图 2-1)(出生在加拿大,生于 1861 年 11 月 6 日,卒于 1939 年 11 月 28 日)发明的。

当时奈史密斯博士当时在学校任体育教师及橄榄球教练,当时为了设计一项适合冬季在室内进行的运动项目,他受命发明一种有趣的室内运动,以填补学生的冬季生活。在两星期后的一个晚上,奈史密斯博士根据 5 项基本原则制定了这个新运动的规则。

(1)本项运动是用一个圆形的球和双手进行的。

(2)队员不可以拿着球跑。

(3)任何队员在任何时间都可占据场上的任何位置。

(4)队员之间不应该有身体接触。

(5)目标(球篮)应水平的置于场地的上方。

图 2-1　奈史密斯

奈史密斯综合了橄榄球、曲棍球、足球等游戏的特点,从工人和儿童用球向桃篮内做投准的游戏,以及他小时候在家乡阿尔蒙特经常玩的用石头向立在高处岩石上的石块抛掷"打落野鸭子"的游戏中受到启发,设计了以投掷准确性程度来计分并决定胜负的游戏方法。选择了两个木制的桃筐,并把它系在楼厅侧面的墙壁上。桃筐的高度是根据楼厅的高度而定的。当时桃筐的高度是 10

英尺(3.05m),这一高度非常合适,后来再没有改过(见图2-2)。早期的比赛使用橄榄球。一名场地管理员坐在梯子上把投中的球从桃筐里取出来扔回场地。

图 2-2

图 2-3

这项游戏引起众人的极大兴趣,非常成功,一下就被大家接受,并很快就传遍了全校和美国各地。由于投篮的目标是桃筐,所以取名篮球。在美国的马萨诸塞州的篮球名人馆存放的球篮(见图2-3)。

(二)篮球运动的演进过程

现代篮球运动演进发展,大体经过五个时期。

1.初创时期(19世纪90年代～20世纪20年代)

(1)基本发展情况:

1891年12月15日,奈史密斯博士发明了篮球运动。

1892年编写了《青年会篮球规则》,概括了5项原则和13条规则。

1892年3月2日举行第一场公开篮球比赛,由斯普林菲尔德学院(旧译春田学院)的学生队对教师队,在200名观众面前学生对以5:1获胜。

1893年3月22日,第一场女子篮球比赛在北安普顿举行,没有任何男性观众被允许进场观看比赛。同年第一场高校间的篮球比赛由芝加哥队和衣阿华队之间举行,每队上场5名队员,芝加哥队以15:12取胜。

1893—1894年,形成类似现代的篮板、篮圈和篮网。

1896年美国成立篮球规则委员会。

1898年美国成立了世界上第一个职业篮球组织"国家篮球联盟"即NBL,并开始了联赛。

1904年,美国男子篮球队在第3届奥运会进行了表演,是国际上第一次篮球表演赛。

1908年美国制定出《高等学校体育协会篮球规则》,并在几年以多种文字在世界范围内出版发行。

（2）技、战术特点：攻守技术简单，普遍限于双手做一些简单的动作。战术无明显的成型，全队配合处于朦胧阶段。

（3）规则发展及演变：1892 年：篮圈高度为 10 英尺（3.05 m）；以足球为竞赛工具；场地大小不限；参赛人数没有明确的规定，两对相等即可；投中一球的 1 分；得分后即从中间抛球，重新开始比赛。主裁判员管球员，负责宣判犯规，副裁判员管球，负责计得分和计时。

1893—1897 年：将场地规定大小，出现了 9 人 3 区制和 5 人两区制；场地有分区线、中圈、限制区和罚球区；投中一球的 2 分队员出现锋、卫分工。

1901 年：运球队员不能投球，1908 年：取消此规定。

（4）国际重大比赛结果：1915 年：菲律宾队获得第 2 届远东运动会篮球冠军。1921 年：中国篮球队获得第 5 届远东运动会篮球比赛冠军，是中国第一次在国际比赛中获得冠军。1891—1921 年期间传播的主要国家（或地区）见表 2 - 1。

表 2 - 1　1891—1921 年期间传播的主要国家（或地区）一览表

年份	美洲	欧洲	亚洲	澳洲	年份	美洲	欧洲	亚洲	澳洲
1891	美国				1907		意大利		
1892	美国				1908		波兰、瑞典	日本	
1893		法国			1909				
1894					1910				
1895		英国	中国		1911	秘鲁			
1896	巴西				1912	阿根廷乌拉圭	匈牙利		
1897		捷克			1913		葡萄牙		
1898			菲律宾		1914		比利时		
1899					1915	牙买加		新加坡	
1900	加拿大墨西哥		黎巴嫩	澳大利亚	1916				
1901			伊朗		1917			斯里兰卡	
1902	波多黎各				1918				

续 表

年份	美洲	欧洲	亚洲	澳洲	年份	美洲	欧洲	亚洲	澳洲
1903			韩国		1919		希腊		
1904		土耳其			1920		罗马尼亚	香港伊拉克	新西兰
1905		俄罗斯	印度		1921		西班牙		
1906	古巴				备注	1920 年——传入非洲的埃及			

2. 完善与推广时期(20 世纪 30~40 年代)

(1)基本发展情况:

1930 年,举办了世界上第一次洲际篮球锦标赛—南美洲男子篮球锦标赛。

1932 年,国际业余篮球联合会瑞士成立,最初的 8 个成员国是:瑞士、希腊、意大利、葡萄牙、阿根廷、罗马尼亚、拉脱维亚、捷克斯洛伐克。

1936 年,第 11 届奥运会上男子篮球被列为正式比赛项目。同年中国加入国际篮联,国际篮联出版了第一部国际统一的规则。

1939 年 11 月 28 日篮球运动的创始人詹姆士·奈史密斯博士逝世,终年 78 岁。

40 年代时大批高大队员的出现,篮球规则进行了较大的修改,技、战术向集体对抗方向发展。

1949 年,美国成立了"国家篮球协会"即 NBA,统一领导当时全美 21 支职业篮球队。

(2)技、战术特点:技术:出现单手和行进间技术,有一些简单组合技术出现;战术:快攻的加强,掩护、策应、突破分球等战术,集体,人盯人、区域联防及混合防守。

(3)规则发展及演变:1932 年增加了 3 s、5 s、10 s 和球回后场的规则,增画中场线和进攻限制区,场地确定为 26m×14m,比赛时间 2×20 min。

1936 年正式确定上场比赛的队员为 5 名,投中后不在中圈跳球,改由对方在端线掷界外球继续比赛。进入 40 年代后,限制区扩大为 5.8 m,队员累计犯规达 4 次将被取消比赛的资格。

(4)国际重大比赛结果:1936 年美国获得第 11 届奥运会篮球男子冠军,中国队第一次参加奥运会篮球比赛。1948 年美国队获得第 14 届奥运会男篮冠军。

3. 普及与发展时期(20 世纪 50~60 年代)

(1)基本发展情况:

50 年代以后国际大型运动会都把篮球列为正式比赛项目。

1950 和 1953 年首届世界男、女篮球锦标赛分别在阿根廷和智利举行,出现了身高 2m 以上的队员,身高成为决定比赛胜负的重要因素。

1961 年第 1 届亚洲男子篮球锦标赛在菲律宾举行。

1963 年亚洲业余篮球联合会成立。

1965 年第 1 届亚洲女子篮球锦标赛在韩国举行。同期,中国经过不断的努力,已经接近世界水平,"快攻、紧逼、跳投"成为中国篮球运动员的制胜绝招。

(2)技、战术特点:技术:高、快、巧相结合,向全面方向发展。战术:中锋强攻篮下和快攻为主的形式,防守则以区域联防和全场人盯人紧逼为流行。

(3)规则发展及演变:大量高大队员的增加,1956 年以后,又将限制区扩大为 5.8m×3.6m 的梯形、30 s、持球队员的 5 s 违例。

(4)国际重大比赛结果:1950 年阿根廷获得第 1 届世界男篮锦标赛冠军。1951 年菲律宾获得第 1 届亚运会男篮比赛冠军。1953 年美国女子获得第一届世界女锦标赛冠军。1960 年菲律宾获得第 1 届亚洲男篮锦标赛冠军。1965 年韩国队获得第 1 届亚洲女篮锦标赛冠军。

4. 全面飞跃时期(20 世纪 70~80 年代)

(1)基本发展情况:

70 年代后,世界篮球向着力量与技巧、高度与速度结合发展。

1976 年在第 21 届奥运会上,女子篮球被列为正式比赛项目。

1974 年我国男、女篮首次参加亚运会(第 7 届)。1975 年我国男篮首次参加亚洲男篮锦标赛(第 8 届)获得冠军。1976 年我国女篮首次参加亚洲女篮锦标赛(第 6 届)获得冠军。1978 年中国男篮首次获得亚运(第 8 届)冠军。首次参加世界男篮锦标赛男篮锦标赛。1982 年我国女篮首次参加亚运会(第 9 届)冠军。1984 年我国女篮首次参加女篮锦标赛(第 9 届)获得第 3 名,取得历史性的突破。

(2)技、战术特点:技术:进攻对抗、快速技术与高空技术综合运用。战术:综合移动进攻战术。

(3)规则发展及演变:控制球队犯规、全队犯规累计 10 次,1984 年设 3 分投篮区,增加了 1+1 的罚球。

（4）国际重大比赛结果：1970—1988 年间几乎重要的大型比赛冠军都由美国和苏联获得。

5. 创新与攀登时期（20 世纪 90 年代～　）

（1）基本发展情况：

1990 年后篮球运动发展迅速，是一个黄金时期。1990 年"国际业余篮球联合会"更名为"国际篮球联合会"，并取消了对职业运动员的限制。

1992 年第 25 届奥运会篮球冠军美国男篮的"梦之队"和 1994 年的世界男篮锦标赛冠军"梦二队"。标志现代篮球运动的新趋势，由此篮球运动向职业化、商业化迈出了新的步伐。

80 年代、90 年代初，中国男、女篮均在世界大赛上取得过骄人的战绩，引起篮坛的瞩目，可惜到了后期我国篮球成绩直线下降，振兴尚待时日。

1996 年中国举办篮球职业联赛。

1996 年篮球运动的百年历史：

世界篮球水平提高很快，与美国职业篮球的差距逐渐在缩小。

国际篮球联合会已拥有 213 个会员成员，成为世界上拥有会员最多的单项体育组织，并超过国际足联（国际足联拥有 208 个会员组织）。

（2）技、战术特点：技、战术：强、快，高空对抗日渐加强，明星队员的作用是世界强队取胜的保证，进攻战术趋于简单、适用，防守具有攻击性，女子动作男子化，从事篮球运动和事业的人员的智力要求也在提高。

（3）规则发展及演变：1990 年篮板下沿提高距地面 2.90m，为了保护队员；1998—2002 年规则 又作了较多的调整：24 s、8 s、4×10 分等最新的规定。

（4）国际重大比赛结果：1992 年美国职业运动员参加奥运会获得冠军。1992 年中国女篮夺得奥运会女篮亚军。1993 年中国女篮夺得第 17 届世界大学生运动会冠军，男队获得第 3 名，1994 年第 12 届世界女篮锦标赛获亚军，男篮获得第 8 名，均是我国篮球运动历史最好成绩。

二、中国的篮球运动

据史料记载，在我国唐宋时代，民间和宫廷内就开展有类似篮球游戏的抛球、手鞠、毛弹等游乐活动，但是未能提炼和创新发展。

1. 篮球运动传入中国

现代篮球运动于 1895 年（清朝末年），由美国国际基督教青年会协会派往中国天津基督教青年会就职的第一任总干事来理（见图 2-4）介绍传入我国天津市。天津是我国篮球运动的起源地。1896 年在天津基督教青年会举

行了我国第一次篮球游戏比赛,此后逐步
由天津向北京、保定、沿海等地流行、传播,
并逐步推向全社会,至今有 100 多年的历
史,已成为人民群众喜闻乐见的体育运动
项目,是我国社会文化生活的多样化内容
及全民健身手段之一。

图 2-4　来会理

　　2. 中国篮球运动发展概况

　　篮球运动在我国的传播、普及、发展、
提高是经过一个迂回的起伏过程,受不同
时期政治、经济、文化、教育等方面因素的
制约,因此其发展也同样随着上述诸多因素而变化。通常可以把它分成 3 个
时期、7 个不同阶段。

　　(1)以 18954—1948 年为第一个时期,包括 3 个阶段:1895—1918 年的初
始传播阶段。1919—1936 年的缓慢普及阶段。1937—1948 年的局部发展
阶段。

　　在这个时期,1910 年旧中国举行的第 1 届全运会上篮球列为男子表演项
目,1914 年第 2 届全运会成为正式比赛项目;1924 年第 3 届全运会上女子篮球
列为正式比赛项目;旧中国参加了 10 次远东运动会的篮球比赛,第 5 届获一次
冠军。1936 年和 1948 年参加了第 11 届、第 14 届奥运会,促进了我国篮球运动
的开展。1938 年八路军 120 师的"战斗篮球队",是当时非常有名的篮球队。

　　(2)以 1949—1995 年为第二个时期,包括 3 个阶段:1849—1965 年的普
及、发展、提高阶段。1966—1978 年的停滞、困惑阶段。1979—1995 年的复
苏、提高阶段。

　　新中国成立以后于 1950 年 12 月 24 日邀请了苏联篮球队访问我国,在 8
个城市进行了 33 场比赛,加强了国际间的交流。篮球运动跨入了一个崭新的
时期。1955 年起开始举行全国的篮球联赛,期间由于国际奥委会制造两个中
国,导致我国退出国际组织,影响了篮球运动的发展。1959 年的第 1 届新中
国举行的全运会上四川男队、北京女队获得冠军。1966 年"文化大革命"使我
国快接近世界先进水平时机错过,影响了 10 年拉大了与国际强队的距离。
1976 年国际业余篮球联合会恢复了我国的合法席位。我国女队 1983 年第 9
届世界锦标赛和 1984 年第 23 届奥运会上均获得第 3 名,1992 年 25 届奥运
会上获得第 2 名、1994 年第 12 届世界锦标赛获得第 2 名,保持了世界先进水
平。1994 年男队在第 12 届世界锦标赛上获得第 8 名,这是我国篮球运动的

黄金时代。然而,20世纪90年代中后期,我国男女篮在国际大赛上成绩呈现滑坡状态。

(3)以1996年以后进入21世纪为第三个时期:随着国家政治、经济体制的改革,进入总结经验,深化改革、解放思想、更新观念、创性攀登的新阶段。

1995年创办了CBA职业联赛,1997年成立了篮球管理中心,加强了对我国篮球市场的推广与开发。1998年大篮协举办了CUBA,大学生篮球联赛。

2000年11月国家体育总局篮球管理中心在召开的全国篮球训练工作研讨会上提出了:深入贯彻"三从一大"的科学训练原则,坚持"打好基础,强化体能,全面创新,百花齐放"的篮球运动训练指导思想。

2001年中国运动员王治郅首次进入美国的NBA职业俱乐部,成为进入NBA的亚洲第一人。随后,姚明进入美国的NBA职业俱乐部,以其出色的表现赢得业内外的热烈欢迎。

2006年在日本举办的第十五届世界锦标赛上,中国队在有24支队伍参赛的情况下,仅获得了进入16强的行列。2008年北京奥运会中国男篮获得了第8名,女篮获得第4名。

3. 中国篮球运动的现状与未来

目前篮球运动的水平和成绩与总局的要求及广大群众的期望相差甚远。

(1)由于"弃大球、抓小球、重单项、轻集体"的现象仍十分严重,给篮球项目挖掘和培育后备人才带来了种种困难,近几年成绩的下滑使篮球界有些人,对再攀高峰缺乏强烈的愿望和誓在必夺的决心。

(2)篮球教练员的整体素质亟待提高。

政治思想教育滞后,管理不力。目前我国经济正处于转轨的时期,社会上一些不良风气和消极现象对运动员影响很大,有些队伍放松了思想政治建设,缺乏正面教育,不重视过去一些好的经验、优良传统逐渐消失。对后备人才培养不力。目前的训练工作存在问题较多。

(3)运动员基本功不扎实,基本技术动作不规范,身体对抗能力差。目前,国家男、女篮缺少高水平的核心队员。

坚决贯彻总局的工作方针,以2008年奥运会为契机,抓住机遇,深化改革,转变观念,适应形势,加快体制和机制转换;坚持普及与提高相结合,大力开发和培育篮球市场,吸引更多的人关注、参与篮球运动;充分发挥举国体制的优势,集中优势兵力,抓好国家队、国家青年队和国家少年队的工作;坚决贯彻执行以训练为中心,以梯队建设为基础,以严格管理和科技服务为保障,以提高教练水平为先导,以在奥运会上取得优异成绩为最高目标,团结奋斗,卧薪尝胆,女篮先行,男篮紧跟,振兴篮球。

我国的大中锋姚明(见图2-5)以第一位外国人的身份获得2002年NBA选秀状元,他是我国加盟NBA的一名最优秀的选手,现已经退役,积极参与篮球等相关的事业。

另外还有几名球员先后进入NBA是:巴特尔(见图2-6)、王治郅(见图2-7)、易建联等,相信一定还会有更多的球员进入NBA打球。

图2-5 姚明

图2-6 巴特尔

图2-7 王治郅

三、篮球运动的重要组织及赛事

(一)重要的篮球组织

1. 国际篮球联合会(FIBA)

国际单项组织,简称"国际篮联",1932年6月18日在瑞士日内瓦成立,总部设在意大利罗马(1932—1940年),1940年迁至瑞士伯尔尼,1956—2002年总部设在德国慕尼黑。2002年后把总部迁回瑞士日内瓦。2009年搬到瑞士尼庸(Nyon)以北25 km的新总部。威廉.琼斯是国际篮联的创始人之一。目前国际篮联主席是法国篮协主席伊万·迈尼尼。至目前国际篮联已拥有213个会员成员,成为世界上拥有会员较多的单项体育组织之一。

国际篮联主要任务:定期修改国际篮球规则;积极组织世界性的竞赛活动,如世界男、女篮锦标赛,世界青年男、女篮锦标赛;举办教练员和裁判员训练班;审批国际裁判员。

2. 国际小篮球委员会

是国际篮球联合会下属的国际性组织,于1968年成立,职责是与各国篮球协会附属委员会建立紧密联系,特别与青少年委员会合作,处理小篮球与青少年篮球运动的有关事宜。

3. 亚洲篮球联合会(ABC)

是亚洲单项体育组织,简称"亚洲篮联",于 1963 年成立,目前总部设在马来西亚吉隆坡。1964 年国际篮联承认亚洲篮联为他的区域性组织。

主要举办的比赛:亚洲男、女篮锦标赛;亚洲青年男、女篮锦标赛(每两年举行 1 次)。

(二)五大洲的篮球运动

1. 美洲的篮球运动

美洲是篮球运动的发源地。传播最早,极为广泛,长期走在篮球运动的发展前列,推动着现代篮球运动技术水平的提高,使之具有极大的魅力和更高的观赏价值。

美洲篮球运动的特点:美洲流派最引人注目,最具篮球运动特色。其中典型代表是美国队、巴西队。特别是黑人运动员,有着超人的身体素质,奔跑速度快,爆发力强,弹跳惊人。突出强调个人技能、体能(速度、技巧)及立体型攻防打法与变化。在激烈对抗中,经常表演高空补篮、扣篮和盖冒等高难动作。技术全面熟练,战术快速灵活,攻防并重,地面争夺与空间争夺兼备,全场紧逼防守、攻击性强。运动员智力、心理、身体、技术和战术达到高度统一。美洲男子强队有:美国、巴西、加拿大、古巴、巴拿马、波多黎各、乌拉圭。美洲女子强队有:美国、加拿大、古巴和巴西。

2. 欧洲的篮球运动

篮球运动产生后的第四年,即 1893 年传入英国、法国,1905 年传到俄国,后来逐渐地普及到欧洲各国。1909 年,美国青年会篮球队访问彼得堡,与"米雅克"俱乐部进行了一场篮球比赛。这是世界上最早的一场篮球比赛。

多年来,前苏联、意大利、前南斯拉夫、西班牙、前捷克斯洛伐克称霸欧洲篮坛。但希腊、法国、德国等国家到美国去引进技术和战术,雇佣美国篮球队队员,这样使欧洲篮球运动发生了突变,争夺更加激烈,各队差距缩小。不少男子篮球队都跻身于世界强队行列。

欧洲篮球运动的特点:欧洲型打法:以俄罗斯队、塞黑和立陶宛等队为代表则显现出另一种风格与流派。基本打法以粗犷、凶悍、整体作战为主体,体现了高、狠、准的传统特点,讲究整体实力。普遍在身高和力量上占优势。如希腊、俄罗斯、克罗地亚、意大利、塞黑等欧洲强队,不仅中锋身高超过 2.10m,而且前锋也在 2m 以上。他们的指导思想是以高快结合,强调集体配合。注重内外结合,重视进攻节奏,防守中重视个体与整体性与攻击性的积极协同,充分发挥集体作用,尤其是塞黑、德国、立陶宛等欧洲队,都具有高水平球星在 NBA 征战。他们技术姻熟、积极快速;投篮准确、拼抢凶狠、攻与守转换衔接主动,能很好地掌投与捕捉战机。

3. 亚洲的篮球运动

亚洲篮球运动是随着世界篮球运动的发展而发展起来的。1895 年 9 月篮球运动传入中国,随后菲律宾、日本等国也相继开展了篮球运动。当时亚洲篮球运动首先在东南亚地区得到广泛开展。当今,亚洲篮球运动水平仍然是东强西弱。无论是男篮获是女篮,都是中国、韩国、菲律宾、日本等国较强。

亚洲篮球运动的特点:亚洲流派以中国和韩国为代表,具有自己鲜明的特点。由于队员总体身材不高,缺乏高大全面的中锋,所以队员技术较全面,各有特长,快速、灵活、准确、多变、突破能力强,中、远距离投篮准。其技术特点是以小打大、战术快速灵活,进攻强于防守。以快、准、灵制胜是亚洲流派的技、战术分格。亚洲男队强队有:中国、韩国、日本、中国台北、以色列。亚洲女队强队有:中国、韩国、日本、中国台北。

4. 非洲的篮球运动

非洲的篮球协会联合会(缩写为 AFABA),现有 44 各会员国。强队有埃及、安哥拉、塞内加尔、摩洛哥。非洲的篮球运动处于崛起阶段,近年来进步突出,像尼日利亚等队,已开始向第二集团冲击,但整体技、战术水平与世界强队相比有一定差距,然而运动员的身体素质较好,不乏身材高大且灵活的球员,涌现了一些球星服役于 NBA,其技术风格和打法,近似于美洲型流派。

5. 大洋洲的篮球运动

大洋洲篮球联合会(缩写为 OBC),澳大利亚和新西兰的篮球运动水平较高,类似欧洲流派风格。尤其是澳大利亚男、女篮球队,男子获得 24 届奥运会第 4 名,世界篮球锦标赛第 5 名、女子锦标赛获得第 4 名的成绩。其队员身材高大,作风顽强,拼劲足,速度快,攻防转换速度快、配合默契,传球巧妙。防守时多采用扩大盯人防守压逼对手,阵地进攻多采用双中锋进攻与掩护配合,特别是长于发挥队员的高超技艺,投篮准确的特点。比赛中主动掌握节奏。擅长在进攻中以内线强攻、外线捡护后中远距离投篮取胜。2008 年以后,大洋洲

(三)世界重大篮球赛事简介

1. 奥林匹克运动会篮球比赛

奥林匹克运动会篮球比赛是国际水准的篮球比赛之一。在 1904 年美国

圣路易斯举行的第 3 届奥林匹克运动会上,美国将发明不久的篮球运动做了表演。在 1936 年的第 11 届奥林匹克运动会上,男子篮球被正式列为奥运会的竞技项目之一。

奥运会篮球比赛历届参加的办法不断变更,到 1980 年的第 22 届奥运会时,规定为 12 个国家参加,产生这 12 个国家的办法是:上届奥运会前 3 名;欧洲预选赛和美洲预选赛的前 3 名;亚洲、非洲和大洋洲各 1 名。分两组进行两个阶段的比赛决定名次。每四年举办一次,设男子比赛和女子比赛。男子篮球奥运会前三名国家名次排名(见表 2 - 2)。

表 2 - 2 历届奥运会男子篮球赛前三名国家名次排名表

时间	届	第 1 名	第 2 名	第 3 名	比赛地点	备注
1936	11	美 国	加拿大	墨西哥	德 国	中国 15 - 21
1948	14	美 国	法 国	巴 西	英 国	中国 18
1952	15	美 国	苏 联	乌拉圭	芬 兰	
1956	16	美 国	苏 联	乌拉圭	澳大利亚	菲律宾 7
1960	17	美 国	苏 联	巴 西	意大利	
1964	18	美 国	苏 联	巴 西	日 本	
1968	19	美 国	南斯拉夫	苏 联	墨西哥	
1972	20	苏 联	美 国	古 巴	联邦德国	
1976	21	美 国	南斯拉夫	苏 联	加拿大	
1980	22	南斯拉夫	意大利	苏 联	苏 联	
1984	23	美 国	西班牙	南斯拉夫	美 国	中国 10
1988	24	苏 联	南斯拉夫	美 国	韩 国	中国 11
1992	25	美 国	克罗地亚	立陶宛	西班牙	中国 12
1996	26	美 国	南斯拉夫	立陶宛	美 国	中国 8
2000	27	美 国	法 国	立陶宛	悉 尼	中国 10
2004	28	阿根廷	意大利	美 国	希 腊	中国 8
2008	29	美 国	西班牙	阿根廷	北 京	中国 8
2012	30	美 国	西班牙	俄罗斯	伦 敦	中国 12

女子篮球是在 1976 年第 21 届奥运会上被列为正式竞技项目。奥运会比

赛每 4 年举行一次,参加队一般为上届前 3 名、主办国、各大洲冠军队和选拔赛产生的几个队。近年来奥运会篮球比赛一般采用预赛、复赛、决赛 3 段进行。预赛通常采用分组单循环制,复赛和决赛采用交叉制进行。历届世界女子篮球奥运会前三名国家名次排名见表 2-3。

表 2-3　历届奥运会女子篮球赛前三名国家名次排名表

时间	届	第 1 名	第 2 名	第 3 名	比赛地点	备注
1976	21	苏 联	美 国	保加利亚	加拿大	日本 5(共 6
1980	22	苏 联	保加利亚	南斯拉夫	苏 联	中国第 10
1984	23	美 国	韩 国	中 国	美 国	
1988	24	美 国	南斯拉夫	苏 联	韩 国	中国 6
1992	25	独联体	中 国	美 国	西班牙	
1996	26	美 国	巴 西	澳大利亚	美 国	中国 9
2000	27	美 国	澳大利亚	巴 西	悉 尼	中国未获参赛权
2004	28	美 国	澳大利亚	巴 西	希 腊	中国 4
2008	29	美 国	澳大利亚	俄罗斯	北 京	中国 4
2012	30	美 国	法 国	澳大利亚	伦 敦	中国 6

2. 世界男子篮球锦标赛

国际篮球联合会主办的世界性比赛,始于 1950 年,每届比赛间隔时间不定,一般是 4 年一届。参加队为上一届奥运会和世界锦标赛前三名、东道主、北美洲、中美洲、南美洲、欧洲、大洋洲、亚洲、非洲各 1 个队,主办国特邀队视其情况而定(按规程规定,主办国可邀请 1～2 个国家的球队参加比赛)。

2012 年 1 月 28 日国际篮联宣布:从 2014 年开始,世界篮球锦标赛更名为"篮球世界杯",西班牙为举办国家。国际篮联秘书长鲍曼的解释是:"此举将更加有利于篮球在全世界的推广。相比于世锦赛的名称,世界杯叫起来更简洁响亮,容易被人记住。改名反映出这项世界性篮球赛事的威望与影响力,让人意识到这是全球最具关注度的体育赛事之一。"

比赛办法是:采用单循环预赛各组的前两名进入决赛阶段,与东道主一起争夺 1～7 名。预赛各组的第 3,4 名进入争夺第 8 名以后的名次。决赛阶段采用单循环制排出名次,名列第1、2名的队再进行一场比赛,决出冠亚军。3,4名的队也再赛一场,决出3,4名;其中各队预赛的成绩均带入决赛阶段。历届世界男子篮球锦标赛前三名国家名次排名见表2-4。

表2-4 历届世界男子篮球锦标赛前三名国家名次排名表

时间	届	第1名	第2名	第3名	比赛地点	备注
1950	1	阿根廷	美 国	智 利	阿根廷	
1954	2	美 国	巴 西	菲律宾	巴 西	
1958	3	巴 西	美 国	菲律宾	智 利	
1963	4	巴 西	南斯拉夫	苏 联	巴 西	
1967	5	苏 联	南斯拉夫	巴 西	乌拉圭	
1970	6	南斯拉夫	巴 西	苏 联	南斯拉夫	
1974	7	苏 联	南斯拉夫	美 国	波多黎各	
1978	8	南斯拉夫	苏 联	巴 西	菲律宾	中国第11
1982	9	苏 联	美 国	南斯拉夫	哥伦比亚	中国第12
1986	10	美 国	苏 联	南斯拉夫	西班牙	中国第9
1990	11	南斯拉夫	苏 联	美 国	阿根廷	中国第14
1994	12	美 国	俄罗斯	克罗地亚	加拿大	中国第8
1998	13	南斯拉夫	俄罗斯	美 国	希 腊	中国未获参赛权
2002	14	南斯拉夫	阿根廷	法 国	美 国	中国第12
2006	15	西班牙	希 腊	美 国	日 本	中国第9
2010	16	美 国	土耳其	立陶宛	土耳其	中国进入16强

3. 世界女子篮球锦标赛

国际篮球联合会主办的世界性比赛,始于1957年,一般每4年举行一届,从1986年起,男子和女子的比赛都在同一年进行,也按照4年一届的时间举行。参加队主要为上一届比赛的前3名、上一届奥运会前3名、主办国、亚洲、非洲、北美洲、中美洲、南美洲、欧洲、大洋洲各1个队,以及主办国邀请的一个队。比赛办法:上一届锦标赛冠军和主办国直接进入决赛阶段;其他队分成3组进行预赛,三组的前2名进入决赛阶段,争夺1~8名。预赛各组3、4名争夺9~14名。历届世界女子篮球锦标赛前三名国家名次排名见表2-5。

4.其他的国际赛事

另外还有一些其他的世界篮球赛事:世界青年男、女子篮球锦标赛、国际军事体育理事会男子篮球锦标赛、世界大学生夏季运动会篮球比赛、世界中学生篮球锦标赛、亚洲运动会篮球比赛、亚洲男、女篮球锦标赛、世界青年男子、女子篮球锦标赛、世界大学生夏季运动会篮球比赛、世界中学生篮球锦标赛等比赛。

表2-5　历届世界女子篮球锦标赛前三名国家名次排名表

时间	届	第1名	第2名	第3名	比赛地点	备注
1953	1	智利	美国	法国	智利	
1957	2	美国	苏联	捷克斯洛伐克	巴西	
1959	3	苏联	保加利亚	捷克斯洛伐克	苏联	韩国第8
1964	4	苏联	捷克斯洛伐克	保加利亚	秘鲁	韩国第8
1967	5	苏联	韩国	捷克斯洛伐克	捷克斯洛伐克	日本第5
1971	6	苏联	捷克斯洛伐克	巴西	巴西	韩国4日本5
1975	7	苏联	日本	捷克斯洛伐克	哥伦比亚	韩国第5
1979	8	美国	韩国	加拿大	韩国	日本第6
1983	9	苏联	美国	中国	巴西	韩国第4
1986	10	美国	苏联	加拿大	苏联	中国第5
1990	11	美国	南斯拉夫	古巴	马来西亚	中国第9
1994	12	巴西	中国	美国	澳大利亚	韩国第10
1998	13	美国	俄罗斯	澳大利亚	德国	日9、中国12
2002	14	美国	俄罗斯	澳大利亚	中国	中国第6
2006	15	澳大利亚	俄罗斯	巴西	巴西	中国第12
2010	16	美国	捷克	西班牙	捷克	中国第13

技战术图例如下。

○●	持球队员
④	进攻队员 4 号
❹	防守队员 4 号
Ⓣ ⊗	教师、教练员、固定接应者
⟿ 和 ⟶	转身
⟶	移动路线
⊢	急停
----⟶	传球路线
∿⟶	运球
╫⟶	投篮
⊥	掩护
↙	掩护转身
⊬	夹击

第二节　篮球基本技术

一、篮球基本技术

　　篮球技术是篮球比赛中运动员为了进攻与防守所采用的专门动作方法的总称。它包括移动动作、控制支配球动作、争夺球动作,以及由这些动作各种各样的组合所组成的动作体系。运动技术是理想化了的动作模式,有其动作的规范,既要符合篮球竞赛规则的要求,又要适应攻守对抗的需要,也要符合人体运动科学的原理,并由运动员的个人特点,能解决比赛中攻守的具体任务,从而表现出动作方法上的专业性和合理性。

　　篮球技术又是运动员在比赛攻守对抗情况下合理运用专门动作的能力。它不仅是动作模式的重复,更是队员有意识的运动行为和操作技巧。

　　篮球技术是进行篮球比赛的基本手段,双方运动员都以技术动作进行对抗。是运动员比赛行为的核心。是战术的基础。体现了运动员的智慧、技能、运动素质、心理品质和道德作风。

这里主要介绍具有代表性的篮球技术进行讲解。

二、篮球技术基础动作（基本功）

（一）基本步法的技术范型

篮球步法的技术范型主要有基本站立姿势和起动、跑、跳、急停、转身、跨部以及防守步法等。各技术范型的主要方法如下：

1. 基本站立姿势和起动

基本站立姿势是攻守技术的基础，也是各种技术动作的基本环节。保持正确的基本姿势，能使身体各部位处于适宜的工作状态，便于各技术动作的开始和运用。

动作方法：两脚平行或斜开立同肩宽脚跟微微提起，两腿微屈，上体稍前倾重心在两腿中间，两臂微屈置于体侧或腹前，眼平视。即刻保持起动状态（见图2-8）。起动时跑动方向的异侧脚的前脚掌内侧（向前跑时则用前脚掌）用力蹬地，同时向跑的方向移动重心，两臂用力摆动，迅速跑出。起动后的前两三步要短促、快速。

图2-8　基本站立姿势——起动

易犯错误：重心高，上体过于前倾、全脚着地，起动前身体重心过高，起动后步幅大、频率慢。

纠正方法：屈膝在135°左右。加强腿部力量练习，养成在球场上屈膝降重心的习惯。注意强调提踵、含胸但不过于弯腰，头保持在膝和地面垂线以内。

起动前保持正确的基本姿势。采用3～5步起动跑练习纠正脚蹬地不充分。

2. 跑与跳

跑：跑是队员为了改变位置、方向和提高速度的方法，是移动方法中运用最多的一种。跑是篮球运动技术动作最基础、最重要的动作,会跑才能会打球。篮球运动中跑的方式主要有侧身跑、变速跑、变向跑、后退跑等。

变速跑:是队员在跑动中利用速度变化完成攻守任务的一种方法。由慢跑变快跑时,上体前倾,用前脚掌短促有力地向后蹬地,同时迅速摆臂,前两三步要小,加快跑的频率。由快变慢时,上体抬起,步幅加大,用前脚掌抵地,减缓冲力,从而降低跑速。

变向跑:是队员在跑动中利用方向的变化完成攻守任务的一种方法。在改变方向时(以从右向左变向为例),最后一步用右脚前脚掌内侧用力蹬地,同时脚尖稍加内扣,迅速屈膝降重心,腰部随之左转,上体向左前倾,移动重心,左脚向左前方跨出,加速前进。

易犯错误:跑动过程中急停后再改变方向。动作停顿不连贯。快、慢节奏不明显。

纠正方法:先在慢跑中体会动作,变向时降低重心。变速时要有节奏感。

跳:是篮球运动中攻守争夺空间常用的主要手段,是队员在比赛中争取高度和远度的一种方法。以跳投篮、以跳抢断球、以跳控制空间,以跳堵截和抢位等等。主要有双脚起跳和单脚起跳。双脚起跳在原地或急停后运用较多,主要用于跳球、跳起投篮、抢篮板球等情况。单脚起跳多在行进间运用,主要用于行进间投篮、接球和冲抢篮板球等情况。双脚起跳由基本站立姿势开始,双脚快速用力蹬地,同时双臂上摆,向上腾起,在空中要保持身体平衡。单脚起跳一般由助跑开始,以一脚快速用力蹬地向需要的方向腾起,完成空中动作后,落地时恢复基本站立姿势。

3. 急停、转身、跨步

急停、转身、跨步是篮球运动中被广泛运用并与其它攻守动作结合运用的基础技术。

急停:是队员在跑动中突然制动摆脱对手的一种方法,或在比赛中急停更多的是与接球技术结合运用成面向对手的姿势。

急停的方法有:跳步急停(一步急停)和跨步急停(两步急停)两种。

跳步急停是指停步之前以一脚蹬地跳起并腾空,接着采用双脚落地的方法(见图2-9)。

易犯错误:急停时停不稳,重心前移。

纠正方法:落地时两腿要分大,上体稍后仰,屈膝下降重心。

图 2－9　跳步急停

跨步急停为双脚依次落地的方法(见图 2－10)。

易犯错误:跨步急停第一步过小,第二步未用前脚掌内侧抵住地,使身体前倾,重心前移。纠正方法:落地时两腿要分大,上体稍后仰,屈膝下降重心,采用分解、组合练习。

图 2－10　跨步急停

转身:是根据篮球运动规则的要求,以一脚做中枢脚,另一只脚向前或向后跨出,以改变自己身体的站立方向,适应进攻防守时所需的与对手位置相关的一种技术。转身时,两腿微屈,重心下降,一叫做轴并将脚跟稍提起,前脚掌碾地,另一脚蹬地,同时移动重心,以转头、转肩和转腰的力量带动身体进行弧形移动,使身体改变原来的面向。转身技术包括前转身和后转身两种。移动脚蹬地向中枢脚前方进行弧形移动的叫前转身(见图 2－11);反之叫后转身。转身时要保持身体平衡,如果持球则要注意保护球。

图 2－11　前转身

易犯错误:转身时身体后仰、低头、身体重心上下起伏。纠正方法:降低动作难度。采用限制方法。

4. 防守步法

滑步:是防守移动时应用最广泛、最主要的脚步动作方法,用于抢占和堵截进攻队员的路线和位置。它易于保持身体平衡,可向任何方向移动,滑步可分为侧滑步(横滑步),前滑步、后滑步、后撤步等。侧滑步时(见图 2-12),(以向左滑步为例),右脚前脚掌内侧用力蹬地,同时左脚向左跨出,在落地的同时,右脚迅速随同滑行,然后依次重复上述动作,滑步时身体要保持平稳,两臂侧伸,目平视盯住对手。后撤步的方法为前脚蹬地,在转腰的带动下前脚变为后脚的防守脚步动作(见图 2-13)。

图 2-12 侧滑步

图 2-13 后撤步

(二)基本手法技术范型图

基本手法的主要技术范型有持球手法、接球手法、传球手法、投篮手法和运球手法等。在每种手法的技术范型中,都可以根据实战比赛的要求进行变换运用,这里主要介绍控球的最基本形式。

1. 持球手法

持球手法有双手和单手两种形式,每一种形式又有高手和低手之分。双手高手持球手法是:两手手指自然张开,两拇指相对成八字形,用指根以上部位握球的两侧后下方,手心空出(见图 2-14)。双手低手持球手是:持球的两侧,两小拇指相对成八字形,手心空出(见图 2-15)。单手高手持球手法是:

五指自然张开,球置于手上,以指根以上部位接触球,手心向前并空出(见图 2
－16)。单手低手持球手法与高手相同,只是掌心向上(见图 2－17)。

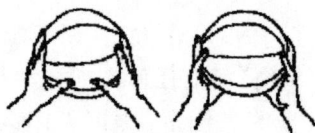

图 2－14　双手高手持球手法　　　　　图 2－15　双手低手持球手法

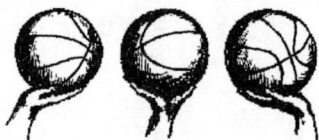

图 2－16　单手高手持球手法　　　　　图 2－17　单手低手持球手法

2. 接球手法

　　接球是篮球比赛中进攻时最基本、最重要的技能,接球手法主要包括双手
接球和单手接球两种形式。双手接球的手法是:接球时,两眼注视来球,两臂
伸出迎球,手指自然分开,两拇指成八字形,两手成半圆形。当手接触球的一
瞬间,双臂随球后引缓冲来球的力量,成双手持球姿势(见图 2－18)。单手接
球的手法是:伸手迎向来球,当手接触球的同时迅速借来球的惯性将球后引至
胸前,成双手持球姿势(见图 2－19)。

图 2－18　双手接球手法

图 2－19　单手接球手法

3. 传球手法

传球手法是进攻中组成战术配合的纽带。传球的手法较常见的有：双手胸前传球和单手传球两种。双手传球的手法是：在双手持球的基础上，借助蹬地使身体重心前移的力量。迅速伸臂，同时拇指用力下压，手腕前屈，食、中指用力拨球，将球向目标传出（见图 2-20）。单手传球的手法是：在单手持球的基础上，借助蹬地使身体重心前移的力量，用手臂向前方挥动，同时传球臂的手腕迅速前屈，手指快速拨球作用与球体，使球向目标飞出（见图 2-21）。

图 2-20　双手传球的手法

③　　　　②　　　　①

图 2-21　单手传球的手法

4. 投篮手法

投篮是所有技术、战术运用的最终目的，一切进攻行动都是为了把球投入球篮，它是篮球比赛中最重要的技能。投篮的手法很多，最为常见的有原地和行进间的双手高手投篮、双手低手投篮 、单手高手投篮、单手低手投篮等。

双手高手投篮的出球手法是：在双手高手持球手法和借助蹬地力量的基础上，双臂向前上方伸直，前臂内旋，拇指下压，手腕前屈，食、中指用力拨球，通过指端将球投出。

双手低手投篮的出球手法是：在双手低手持球手法和下肢蹬地用力的基础上，双臂向前上方伸出，同时两手手腕向上翻，用小指、无名指和中指的力量将球投出。

单手高手投篮的出球手法是：在单手高手持球手法的基础上，左手扶球的左侧,右臂屈肘,上臂与地面接近于水平。投篮时,借助下肢蹬地发力,同时右臂向前上方伸直,手腕前屈,食、中指用力拨球,通过指端将球投出(见图2-22)。

单手低手投篮的出球手法是:在单手低手持球手法的基础上,持球手臂向前伸出,手心向上并托住球,借助身体向上的力量,手腕向上屈,以手指向上挑、拨的动作,将球投出(见图2-23)。

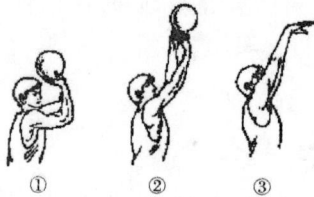

图2-22 单手高手投篮的出球手法　　　图2-23 单手低手投篮的出球手法

(三)基本手法运用变式的提示

(1)双手持球手法可在运用中变化为单手的持球手法,单手也可以变为双手。高手与低手之间也可以相互转换。单手低手投篮手法可变化为勾手或反手投篮手法等等。

(2)采用何种投篮手法取决于比赛中防守的具体情况,篮球手法的关键在于球出手时受力的精确程度,因此,无论采用哪种投篮方法,都必须做到稳定和准确。

(3)运球手法可有多种变化,如向前推和向后拉的结合运球、左手与右手交替的体前左右运球、单手的体前左右运起等等,各种运球都可以与身体动作结合成迷惑对手的假动作,伺机运球超越对手。

(四)篮球技术基础动作(基本功)练习方法

1. 基本步法

(1)由基本站立姿势开始,结合各种跑、急停、跨步、转身、跳练习。

(2)移动技术综合练习(见图2-24):

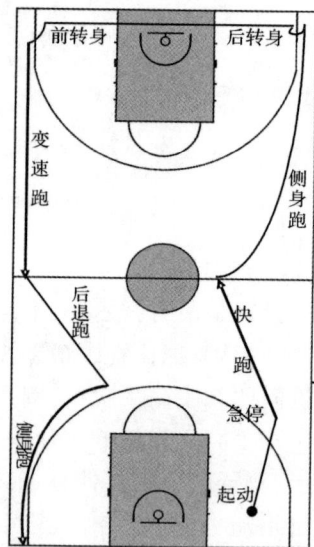

图 2-24

①移动动作组合练习。

②攻守转换练习。

③跑、转身、滑步综合练习

④ 急停练习（见图 2－25）

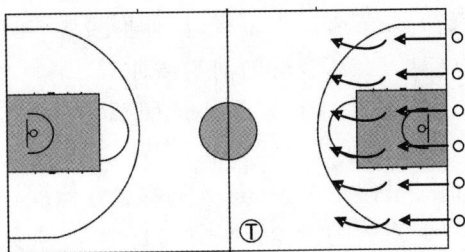

图 　2－25

2．基本手法

①原地双手持球，球围绕身体

练习（见图 2－26）。

②原地双手持球，球围绕单腿

练习（见图 2－27）。

③原地站立，双手持球做向上单手高手和单手低手出球的投、接球的

练习。

④原地屈膝成基本站立姿势，做各种运球练习。

⑤对墙连续做各种传接球手法练习。

图 　2－26

图 　2－27

二、投篮技术

投篮是进攻队员为将球投入对方球篮而采用的各种专门动作方法的总称。投篮是篮球比赛中的得分的唯一手段，一切技术、战术运用的最终目的，都是为了创造更多更好的投篮机会，因此，投篮是整个篮球技术体系的核心。投篮得分的多少决定比赛的胜负，掌握和运用好投篮技术，不断地提高投篮命中率，对于学习篮球运动技能具有十分重要的作用。

(一)投篮技术动作

1．原地投篮

身体正对球篮，双膝微屈，手指指根以上部位持球，肘和身体在一条线上，投篮时双脚蹬地但不跳起,伸展腰腹,抬肘,手臂上伸、手腕、手指前屈,指端拨球,使球后旋,手臂向前自然伸直。

(1)双手胸前投篮。依照双手高手持球手法持球于胸前,肘关节自然下垂,两腿前后或自然开立,两膝微屈,中心落在两脚之间,眼睛注视瞄准点。投篮时下肢蹬地发力,身体向前上方伸展,采用单手高手出球手法将球投出,球出手时身体随投篮出手方向自然伸展(见图2-28)。

图2-28　双手胸前投篮

易犯错误:持球手法不正确,肘外张;手臂僵硬。投篮时两手用力不一致,伸臂不够充分。

纠正方法:强调正确的持球方法,投篮时蹬地、腰腹伸展,手臂上伸。注意伸臂的同时手腕翻动、拇指压球,食指、中指拨球。

(2)单手肩上投篮(以右手投篮为例)。右手依照单手高手持球手法持球于肩上,左手扶球的左侧,右臂屈肘,上臂于地面接近于水平。两脚前后或左右开立,两膝微屈,中心落于两脚之间。投篮时,下肢蹬地发力,身体向前上方伸展,采用单手高手出球手法将球投出,球出手时身体随自然伸展(见图2-29)。

图2-29　单手肩上投篮

易犯错误:持球时肘关节外展,手心触球,出球时成推球动作。手腕向里撇,无名指和小指拨球。

纠正方法:强调大臂与地面垂直,投篮时抬肘向上伸臂,手腕前扣,食指和中指拨球。

2. 行进间投篮

这是一种容易学会而且必须掌握的重要的投篮方法。如果你从右边向篮下运球,当接近球篮时,右腿上抬辅助,左腿起跳使身体腾空,同时手臂抬起举球于头上。右臂与右腿几乎同时向上伸出与抬起,右手将球拨向篮板(篮圈内)使球擦板入篮。

(1)行进间单手低手和高手投篮(以右手投篮为例)。跑动中右脚跨出一大步的同时接球,左脚接着跨出一小步并用力蹬地起跳,右腿提膝,双手向前上方举球。当身体腾空接近最高点时,采用单手低手将球投出,投篮时身体尽量向球篮方向伸展(见图 2-30)。

(2)行进间双手低手投篮。移动中跨右(左)脚的同时接球,左(右)脚接着跨一小步并用力蹬地起跳。起跳后身体尽量向球篮伸展,双手持球,在身体到达腾空最高点时,采用双手低手出球手法将球投出。

易犯错误:投篮时,大臂由下向上撩球。

纠正方法:模仿练习,起跳举球,将球挑起。

图 2-30　行进间单手低手

行进间单手高手投篮技术的方法与低手投篮基本相同,不同是投篮时身体向上方跳起,出手时采用单手高手出球手法(见图 2-31)。

易犯错误:起跳时身体前冲,控制不好身体平衡。以致投篮用力过大。

纠正方法：要求助跑接球时第一步大，第二步小，并先以足跟着地，过渡到全脚掌着地用力向上起跳。

图 2-31　行进间单手高手

3. 急停跳起单手投篮

急停跳起单手投篮是跳投的一种。跳投突然性强，出手点高，不易防守的特点。是当前常见的投篮动作之一。经常与移动、传接球、运球突破等技术动作结合运用。在两脚用力蹬地向上起跳的同时，上体向上伸展，双手举球至肩上方，右手持(托)球，左手扶球的侧方，当身体接近最高时，右臂抬肘向上伸直，最后用手腕、手指的力量将球投出。跳投的关键是向上举球和起跳动作协调一致，利用身体在空中最高点刹那间的稳定迅速出手，全身用力协调一致(见图 2-32)。

(1)接球急停跳起单手投篮(以右手投篮为例)。在移动中跨步或跳步接球的同时，中心下降，两腿弯曲，脚尖指向球篮方向成基本战立姿势，接着快速起跳，双手同时持球上举。当身体腾空并接近最高点时，采用单手高手出球手法将球投出(见图 2-33)。

(2)接运球急停跳起单手投篮(以右手投篮为例)。在运球中，采用跳步急停或跨步急停的方法接球，成基本站立姿势，接着快速起跳，同时双手持球上举。当身体接近最高点时，采用单手高手投篮出球手法将球投出(见图 2-34)。

图 2-32　跳投

易犯错误：急停动作与起跳动作衔接不好；急停起跳时身体重心不稳，不能垂直向上起跳。

纠正方法：模仿练习,降低起跳高度和缩短投篮距离的投篮练习。

图 2-33 单手高手出球手法

图 2-34 单手高手投篮出球手法

4. 勾手投篮

这种投篮方式对进攻篮下高个队员的防守非常有效。和上篮动作一样,不过。勾手投篮不是面对球篮,而是把非持球手一侧的身体转向球篮,单手持球从外向上做弧形摆动。

5. 扣篮

是一种要求身高、力量和弹跳力的投篮方式,但身材并非是必不可少的条件,1986 年在达拉斯扣篮大赛上身高 5 英尺 7(约 1.70 m)的斯帕德．韦伯经典的背转身扣篮夺魁。凭借这记扣篮,确立了他在 NBA 和全明星历史上的地位。

这种投篮是球员在高高跳起时球不离开手,当球超过篮圈时,把球塞入或大力扣入球篮内,完成此动作用双手或单手均可,对运动员的身体素质和身高有较高的要求。

(二)投篮技术运用变式的提示

(1)投篮的方法,除所列技术动作范型以外还有多种形式,如头上投篮、勾手投篮、补篮、扣篮、后仰投篮等。

(2)投篮方法可根据防守的情况灵活运用,相互转换,如高手投篮与低手投篮转换运用、单手低手与勾手投篮的转换运用等。

(3)可采用多中脚步动作改变投篮时与对手的位置关系,创造有利的投篮时机,在对手远离时果断投篮。

(4)在实战比赛中,无论采用何种投篮方法,都应该视具体情况而定,要与其他技术,特别是假动作配合使用,通过投篮与过人技术的结合,创造更好的投篮机会。

(三)投篮技术动作注意要点

瞄准点:指投篮时眼睛注视篮圈或篮板的那一点。它是为了精确地目测投篮的方向和距离,从而决定投篮出手的角度、用力的大小、速度的快慢和球飞行弧度的高低。根据投篮时瞄准点的不同,可分为投空心篮的瞄准点和碰板投篮的瞄准点两种。投空心篮的瞄准点通常是指篮圈前沿的正中点;碰板投篮的瞄准点是以篮板的一点作为瞄准点,投篮时将球投向这一点能够反弹入篮。碰板投篮时,应根据投篮的位置、距离、球飞行的弧度和球的旋转等因素选择适宜的瞄准点。一般规律是:若碰板角度小,距离远,则瞄准点离篮圈的距离高而远;若碰板角度大,距离近,则瞄准点离篮圈的距离低而近。一般来说,投篮队员与篮板成 15～45°角的位置时采用碰板投篮效果较好。

球的旋转:球的旋转是依靠手腕前屈或翻转和手指拨球动作产生的。由于投篮的动作方法与用力方向、大小不同,球的旋转也不同。一般中、远距离投篮时,大都使球围绕横轴向后旋转,这样易于加大球的飞行弧线,提高投篮命中率。在篮下低手投篮时,应使球围绕横轴向前旋转。篮下碰板投篮,应使球向篮圈一侧旋转或向后旋转,这样有利于缓和篮板的弹力,使球入篮。

抛物线与入篮角:投篮时,球出手后在空间飞行的弧线轨道称为投篮抛物线(见图 2-35)。抛物线的高低,直接关系到能否取得合适的入篮角(见图

2-36)，这对投篮命中率有极其重要影响。而抛物线的高低取决于投篮出手角度、出手力量和出手速度。因此，投篮时必须根据不同的投篮距离，投出不同的抛物线。投篮抛物线有低、中、高三种。

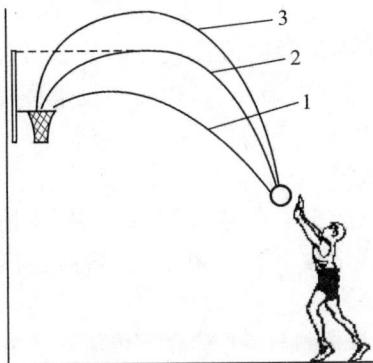

图2-35　投篮抛物线
1—低弧线；　2—中弧线；　3—高弧线

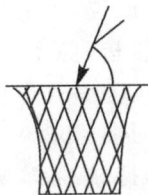

图2-36　入篮角

　　采用低抛物线投篮，球的飞行距离短，力量容易控制，但由于球飞行太低，近于水平，篮圈暴露在球下的面积，而大部分被球篮的前沿所遮盖，所取得的入篮角很小，因而不易投中；中抛物线球飞行的最高点大致与篮板上沿在一条水平线上，球篮的大部分暴露在球的下面，所取得的入篮角适宜，所以容易投篮命中，是一种常用的抛物线；高抛物线球飞行入篮的弧线过高，近于垂直，虽然篮圈暴露在球下面的面积最大，球容易入篮，但由于球飞行的路线太长，需要较大的出手力量，用力的精度要求过高，不易掌握飞行方向，从而影响命中率。

　　三威胁姿势：在运球、传球、投篮之前，最好的持球位置应该是双手持球于胸前的"三威胁"姿势。它是最基本和最重要的基本姿势，必须正确和熟练的掌握。

　　所谓"三威胁"（见图2-37）即采用这种姿势，可以投篮，也可以突破，还可以传球。当你双手持球，进入了"三威胁"状态，就没有你不能做的事情。你可以运球突破上篮，当防守者离你较远时，可以直接跳投或传球。从这个"三威胁"姿势，你还可以先做各种各样假动作，然后再衔接运球、投篮或传球。

图2-37　"三威胁"姿势

　　投篮技术是最重要的技术,投篮技术多种多样。投篮的技术范型是指比赛中最常用的投篮形式。主要有原地投篮、行进间投篮、接球急停跳起投篮、运球急停跳起投篮等,主要动作方法在下面介绍。

(四)投篮准确的要点

　　(1)瞄准:投篮时瞄准点在哪里? 你的眼睛应注视篮圈的后沿部分。当看这一点时,就能投进网里。应该每次都投向瞄准点,犹如神投手一样。如果瞄准前沿,那么投篮时就要比瞄准点更远。

　　(2)站位:无论是罚球还是跳投,站位是非常重要的。如果右手投篮,右脚应该直接指向篮圈中央。罚球情况下应把右脚放在罚球线中点,稍前于左脚约 10 cm 左右。最重要的是感觉自己站位舒适。请记住:培养投篮的稳定性来源于习惯。来源于感觉舒适和自然。

　　(3)持球:持球要小心,用手指和掌根触球,手掌心不得触球。在球与手指之间应有空隙,这样才能感觉柔和。用指端控制住球,不要太紧。持球手型(见图 2-38)。

　　(4)膝:膝关节要保持稳定与一致,稍微屈膝。

　　(5)球出手与出手后手臂的跟随动作:出手要柔和、流畅,不要猛然用力。否则会使球离手太快,这样命中率就下降。要使球柔和入网,球应该从指端出手,自然离开手指,如果球触手掌,球就不能柔和地触篮圈。整个投篮,从开始到球出手的跟进,应该连续的一次性的流畅进行。球出手时,投篮手的手臂、手腕和手指用充分伸直。球出手后:即使投完篮也要使手掌充分伸直,保持到球触及篮圈后为止。正确的出手跟随动作是:手腕与手指呈鹅颈型(见图2-39)。

图 2-38　持球手型

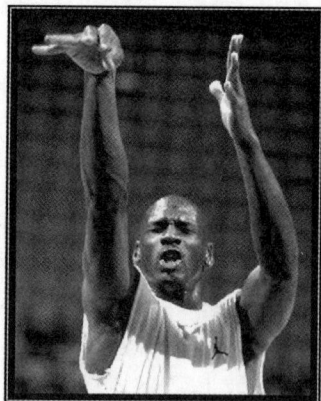

图 2-39　球出手后手臂的跟随动作

（6）弧线：罚球时弧线的最高点应在篮圈上约 1m 左右，投的越远，弧线就相应高一点。弧线不够使球不能柔和触及篮圈。

（7）眼睛注视（球出手后）：不要把眼睛集中于球的飞行，这样就容易在球出手前偏离目标，就会影响命中率。应该注视着篮圈后面的点，这样不会影响你的注意力。

（8）球的旋转：球的旋转非常重要，如果没有适当的后旋，就会使球碰及篮圈后向外而不落入球网内。另外，可以使球的飞行更稳定。球的出手应该最终是由指端离手的，因此，指端对球的控制很重要。

（9）自信心：适合的练习带来成功，从而给人自信，而自信又使你深信练习的效果，并继续练习。两者相互促进，优秀的投手在投篮前就心中有数。

（10）注意力：投篮应是机械似的运动，向是习惯动作，应该集中注意力知道自己要干什么，这样在投篮中就不会由外界的因素干扰了。

（五）投篮技术的练习方法

（1）正面定点投篮：如（见图 2－40）所示，站在罚球线前半步的地方，学生每人一球依次投篮，投完篮后到由左侧画弧线跑至右侧篮下排队，篮下另一组抢篮板后，排到另一队的队尾，依次练习。

（2）不同角度投篮：学生 5 列队站在五个投篮点，每组 2～4 人，每组一球（或两个球），面对球篮站成弧形，距离篮圈 5m 左右，依次进行投篮。投篮后按顺时针方向移动换位。自投自拣球。依次连续练习。也可以篮下站 1－2 人抢篮板传球（见图 2－41）。

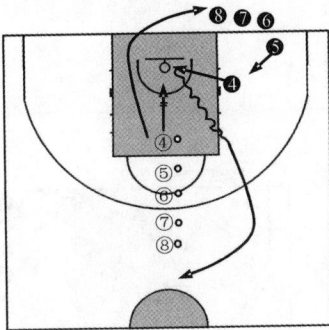
图　2－40

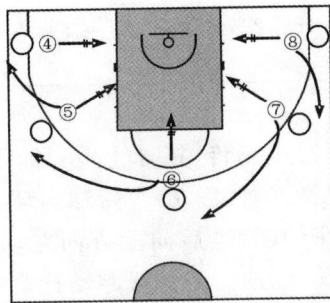
图　2－41

（3）直线移动接球后投篮：④上步接Ⓣ传球后投篮，之后④抢篮板球（见图 2－42）。

（4）斜线移动接球后投篮：④持球，⑤上步接④传来的球投篮，⑤投完篮后移动到④队尾排队,④传球后再去抢篮板球,之后运球至⑤队尾排队(见图2-43)。

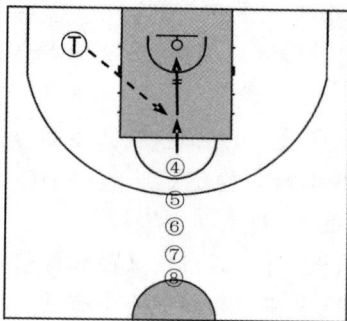
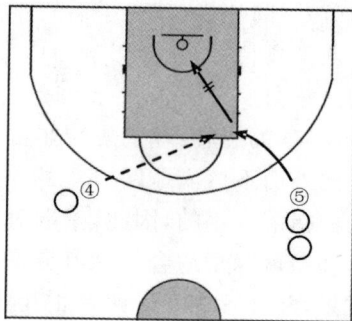

图　2-42　　　　　　　　　　　　图　2-43

(5)折线移动接球后投篮:④向端线方向移动1～2步后,突然折返向Ⓣ的方向移动(假动作),并接Ⓣ的传球投篮并抢篮板球。(见图2-44)。

(6)弧线移动接球后投篮:④画弧线,接Ⓣ传球后投篮,之后④抢篮板球(见图2-45)。

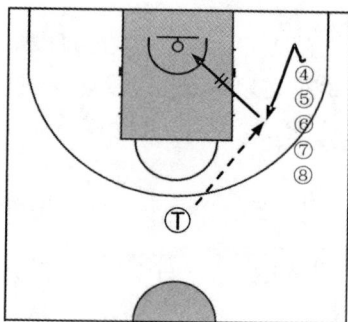
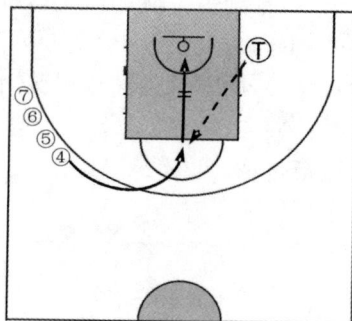

图　2-44　　　　　　　　　　　　图　2-45

(7)半场传、接球上篮:两人半场传球投篮(见图2-46),❹组持球运球,传给对面移动过来的④,之后向篮方向跑动接④的回传球上篮,④向篮下弧线跑动抢篮板球,两人互换位置,依次练习。

(8)全场运球、传球、接球投篮:两队分别在两边端线落位,⊕为固定接、传球队员,两端同时开始,④和❹同时运球、传球给⊕,再

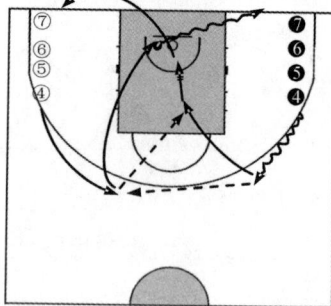

图　2-46

接他的回传球,运球上篮,并自己抢篮板球后传给另一队的第一个队员,之后排在队尾(见图 2-47)。

三、运球技术

运球技术是持球队员在原地或移动中,用手连续拍、按借由地面反弹起来的球的动作方法,它是一项重要的进攻技术,不仅是个人摆脱防守、创造传球、突破、投篮得分的重要进攻方法,也是进攻队员发动快攻、组织全队配合的重要纽带。熟练的运球技术能提高控制和支配球的能力,以及个人攻击和组织全队配合的能力。经常进行各种运动 ,不仅可以提高运球技术,而且对传、接球和投篮等技术都有很大的促进作用。

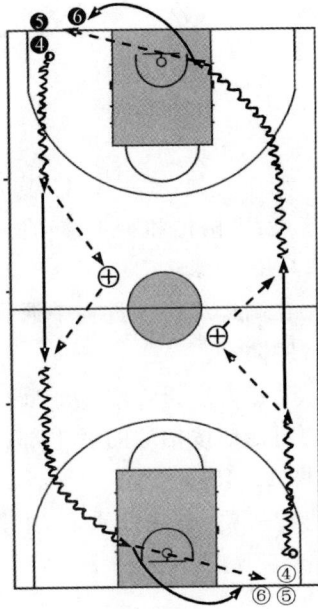

图　2-47

现代篮球技术的不断发展,是运球的技巧有了很大的提高。表现在:身体重心低,侧身掩护球隐蔽性大强,手臂控制范围大,手腕手指翻转时停留手中的时间稍长。运球方式变化多,使运球技术更具有保护性、突发性和攻击性。

运球按动作位置变化可以分为原地运球和行进间运球两大类,当然还有些动作介于两者之间,譬如胯下运球,既可以原地运用,也可以行进间运用。按照运球的方法可以分为高运球、低运球、运球急停急起、行进间提前变向运球、运球转身、背后运球等。

(一)运球技术动作

1. 高运球

通常在没有防守队员时运用。其特点是球反弹较高,便于观察场上情况。同时在行进中按拍球的速度较均匀,因此动作简单易学。

动作方法:运球时两腿微屈,上体稍前倾,目平视。以肘关节为轴,前臂自然屈伸,手腕和手指柔和而有力地按拍球的后上方,用指根及指腹部位触球。球的落点控制在运球手同侧脚的外侧前方,球的反弹高度在胸腹之间,手、脚协调配合。快速运球行进时,手触球的部位要向后移,用力要稍加大,球的落点离脚要远些(见图 2-48)。

图　2-48

动作要领：在手型正确的基础上，主动迎球，随球上引，前臂屈伸，控制球的落点；手按拍和脚步移动协调配合。

2. 低运球

在高运球行进过程中遇到防守队员紧逼和抢阻时，常用低运球以保护球和摆脱防守。

动作方法：运球行进中遇防守队员时，减速弯腰屈腿，屈腕用手指和指根部位短促地按拍球的后上部，使球控制在膝关节高度，从防守人的一侧超越（见图 2-49）。

动作要领：降低重心，上体前倾，控制好按拍球的反弹力量，上下肢协调配合。

图　2-49

3. 运球急停急起

在运球推进时，进攻队员利用速度的变化摆脱防守的一种运球方法。

动作方法：在快速运球中突然急停，使身体重心下降，手按柏球的前上方，使球停止向前运行。急起时，两脚用力蹬地，上体迅速前倾起动，同时手按拍球的后上方，人、球同步快速前进。

动作要领：急停稳、起动快，人和球速一致，上体前倾和脚的蹬地协调配合。

4. **体前变向运球**

在快速行进间运球中,当对手堵截运球前进路线时,突然向左或向右改变运球方向,借以摆脱防守的一种运球方法。分为体前换手和不换手运球。

动作方法:以右手体前换手运球为例,运球队员从防守队员左侧变向突破时,先向对手左侧运球,当对手向左侧移动堵截运球时,突然用右手按拍球的右侧后上方,使球经自己体前向左侧前方反弹。同时右脚迅速随球向左侧前方跨步,上体同时向左扭转,身体重心要降低,侧肩贴近防守者,将球压低。然后换手左手按拍球的后上方,左脚跨出,从对手的右侧突破。右脚蹬地迅速前迈,超越防守(见图 2-50)。体前不换手变向运球(见图 2-51)。

图　2-50

图　2-51

5. **运球转身**

当对手逼近,不能用直线运球或体前变向运球突破时,且距离又较近时,可用此方法摆脱防守。

动作方法:当对手堵右侧突破时,迅速上左脚,微屈膝,重心移至左脚,并以左脚前脚掌为轴做后转身,右手将球拉至身体的后侧方,并按拍球落在身体的外侧方,然后换左手运球,加速超越防守(见图 2-52)。

动作要领:控制好重心和球,转身迅速,蹬、转、拍协调连贯。

图　2-52

6. 背后运球

当对手堵截运球一侧,距离较近,不便于运用体前变向运球时,可采用背后运球,改变方向突破防守。

动作方法:在跑动中背后向左变向时,右脚前跨,同时右手按压球的前上方,手臂逐渐外旋,手指迅速向下手心向前,在背后直臂按拍球的右侧后上方,使球向左脚的侧前方落地,随即迈左脚,球反弹后换左手继续向前推拍前进,加速超越防守(见图 2-53)。

图　2-53

动作要领：按拍球的部位正确、手脚动作配合协调一致。

7. 胯下运球

当防守者迎面堵截抢球时，可利用胯下变向运球摆脱防守。以右手为例，变向时，左脚在前，右手按拍球的右侧上方，使球从两腿之间穿过，右脚向左前方跨出，换左手运球继续前进（见图 2-54）。

图 2-54

8. 变节奏运球

亦称变速运球，是一项水平较高的运动员才能掌握的技术。即进攻者突然改变运球的节奏，防守队员容易失去平衡而被对手突破。

要点：方向、速度的改变是核心。

(二)运球技术的练习方法

运球技术是篮球其它技术的基础，是篮球运动员发展提高的基石。控球技术好的运动员对一支球队的进攻来说很关键。稳定的控球队员应具备组织和参与快攻、打乱对方防守的能力。一名运动员无论高矮、速度快慢，都必须不断提高控球技术。

1. 原地运球练习

(1)原地高运球、低运球，体会基本动作练习。

(2)左右手交替做横运球，体会换手时拍按球的部位和拉球、推球的动作。

(3)做体侧前拉后推运球练习体会向前、向后运球的触球部位。

(4)原地双手运两个球，提高控制球能力。

(5)原地"8"字运球(在两腿的外侧和中间交错运球，提高控制球能力。)

2. 行进间运球

(1)全场"之"字多种运球练习。

(2)运球与其它技术结合练习(运、传接、突破、投篮)。

（3）半场或全场一攻一守练习。

（4）全场往返直线运球。分为三组同时练习。练习直线高、低运球。

（5）运球急停起练习。根据教师口令、手势、信号等，练习急停急起或变速运球。成体操队形，两队同时做或横排集体做（见图 2-55）。

要求：要停稳，起动快；变速时注意掌握好节奏、高低，注意加速。

（6）运球转身或背后运球。可两组同时开始；也可单组进行，交换练习，（见图 2-56）两组按图要求进行运球转身或背后运球，到端线后在变速直线运球返回。两手交替运球。

（7）绕障碍物或弧线运球。如图 2-57 所示，两组同时开始绕球场的三个圆圈做变向运球；返回时，按图路线运球到障碍物时，做后转身运球一次或背后运球一次，再换手继续向另一障碍物运球。要求：沿圆圈运球时，注意身体重心内倾，手按拍球的侧后上方，克服惯性力。变换动作要突然加快运球速度。

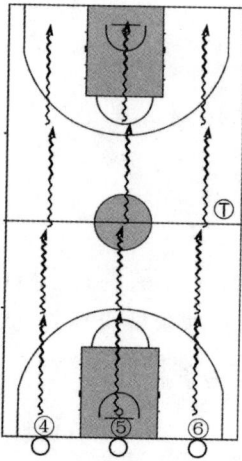
图　2-55

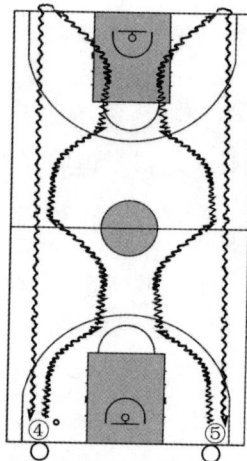
图　2-56

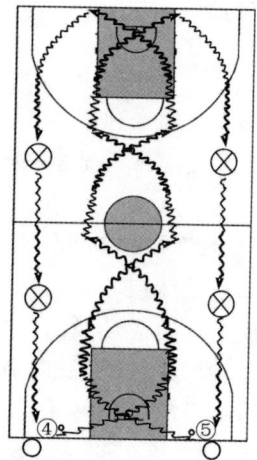
图　2-57

3. 运球对抗练习

（1）全场"一攻一"练习。两组同时进行全场一攻一守的练习，然后分别站到对组的队尾。依次轮流练习。

要求：开始时只准堵位，不准抢球、打球，然后逐渐由消极到积极防守，最后到强烈对抗，真攻真守。

（2）全场"两防一"练习．一人运球，两人防守，进行全场攻守练习。

要求:开始时只准堵位,然后逐渐由消极到积极防守,进行围堵、拼抢,以提高运球能力(见图 2-58)

4. 运球技术综合练习

(1)结合投篮和接、传球的运球。如图 2-59 所示,⑤和❺各持一球,同时开始运球,到接近中线时,分别传结④和❹,然后立刻向篮下切入,分别接⑤和❺的回传球运球上篮。然后分别将球传给⑥和❻继续练习。

要求:远、传、投的动作要衔接好,不要带球走。

(2)运球上篮结合抢篮板球后的第一传。方法如图 2-60 所示,④和❹运球上篮,然后抢篮板球传给本组第二人,自己到对面组的队尾。依次进行练习。

要求:投篮后立刻冲抢篮板球,传球要快速、准确、有力。

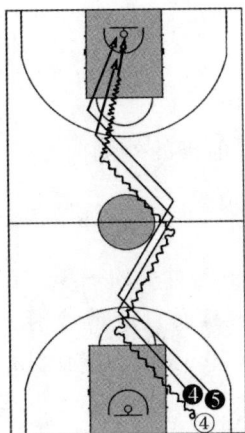
图 2-58

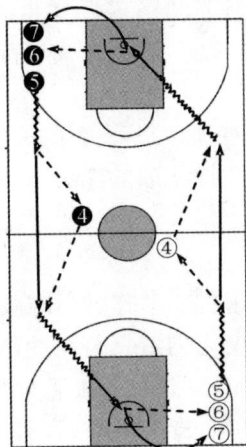
图 2-59

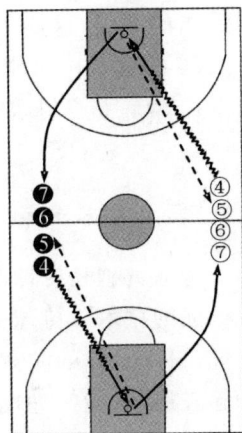
图 2-60

(三)运球技术练习中易犯错误及其纠正方法

1. 掌心触球(拍球时有声响)

原因是手型不正确(没有成半球形);手没有主动迎接从地面反弹起来的球、随球上引缓冲不好;没有用第一指节触及球。

纠正方法:讲清正确动作概念,做正确示范,帮助分析原因;多体会和练习做手指、手腕随球上引和柔和按拍球的动作,如对墙连续拍球、坐在小凳上拍球等。

2. 带球跑

原因是对带球跑的概念理解不清,或衔接其他动作时脚步动作不清楚,球运得太高。

纠正方法:运球教学要结合规则进行,讲清概念.并对易犯的几种违例现象——示范,进行分析;练习中要严格要求,发现走步违例要及时纠正、重做,反复练习;运球时用力要适度。

3. 两次运球

原因是手接触球的部位不正确,停止运球时没有接稳球(注意力不集中或紧张);双手运球。

纠正方法:结合规则讲清两次运球概念,并多做正、误示范和模仿,严格要求.及时纠正,养成好习惯。

4. 运球低头看球

原因是控制球不熟练,或降低重心时只弯腰、不屈膝。

纠正方法:教师要强调大胆运球,鼓励学生不看球,在快速运球中培养学员手指的球感,这样才能解放视野;要强调屈膝降重心。

5. 运球时脚踢球

原因是手控制球的能力差,球的落点不好;注意力不集中。

纠正方法:反复练习,提高控制球的能力;强调落点在前脚的外侧前方

四、持球突破

持球突破是持球队员运用脚步动作和运球技术快速超越对手的一项攻击性很强的技术。持球突破不仅能创造良好的个人攻击机会,而且能造成对方犯规,打乱对方的防守部署。持球突破若能巧妙地与投篮、传球假动作有机结合起来运用,能使进攻技术更加灵活、机动,富有攻击性。

(一)持球突破技术

1. 交叉步突破

以右脚做中枢脚为例(见图2-61)。准备姿势呈两脚左右开立,两膝微屈,持球于胸前。突破时左脚先向左跨出一小步(假动作),而后,左脚前脚掌内侧用力蹬地,同时上体向左侧转,左肩下压,使身体向由前方跨出,将球引向右侧并运球,使球落于左脚侧前方。此时,中枢脚蹬地上步继续运球前进超越对手。重点是假动作要逼真,后蹬要有力,启动速度突然,动作连贯。

易犯错误:第一步跨步太小,不能摆脱对手,突破时没有转探,并饶开防守者,重心过高,中枢脚移动。

纠正方法:模仿练习;技术分解练习;语言提示;一同学手臂侧平举,从手臂下通过。

图 2-61

2. 顺步突破

以左脚为中枢脚为例(见图 2-62)。准备姿势和突破前的动作要求与交叉步相同。突破时,右脚向右前方跨出一步,向右转体探肩,重心前移,右手运球,左脚前脚掌迅速蹬地,向右前方跨出,继续运球前进,突破防守。重点是起步突然、跨步、推放球快速连贯,中枢脚离地前球要离手。

易犯错误:第一步跨步太小,不能摆脱对手,突破时没有转探,并饶开防守者运球,重心过高,中枢脚移动。

纠正方法:模仿练习;技术分解练习;语言提示;一同学手臂侧平举,从手臂下通过。

注意的要点:蹬跨积极,转探肩保护球,第二次加速蹬地积极。蹬、转、探、拍、蹬各个环节动作连贯协调;中枢脚不要移动,拍球部位用力方向要正确。

图 2-62

（二）持球突破技术的练习方法

1. 原地各种步法的徒手练习

（1）原地徒手或者结合球做持球突破的各种脚步动作的练习。

（2）每人一球，利用假动作做交叉步、同侧步突破的脚步动作练习，主要体会假动作、蹬跨、转体探肩、推放球加速几个技术环节的衔接和连贯动作。

2. 无防守情况下的突破练习

（1）行进间自抛自接，接球后做交叉步、同侧步突破练习（见图 2－63）

（2）原地持球突破练习。练习者每人一球，位于右侧 45°角处成一路纵队。练习开始做原地交叉步和同侧步持球突破后运球上篮。投篮后抢篮板球运球至队尾。依次练习（见图 2－64）。

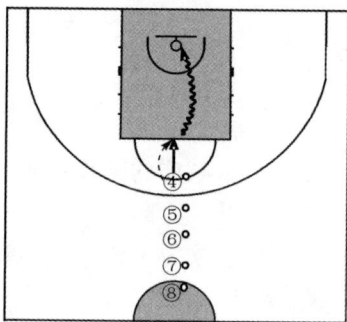
图　2－63

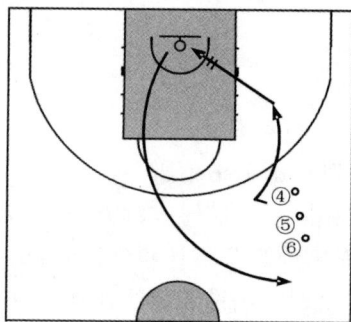
图　2－64

（3）原地跨步虚晃后交叉步突破上篮练习。④在突破前左脚先向左跨出半步再迅速向右蹬地、侧身、跨步、推拍运球突破上

篮。固定防守⊗随着假动作移动位置，但不做防守动作。投篮后抢篮板球运球至队尾。依次练习（见图 2－65）练习要求：虚晃时不要失去身体重心，突破动作正确、快速有力。

（4）接球跳停突破上篮练习。❹将球传给Ⓣ后上步接回传球，利用时间差或用假动作突破，投篮后抢篮板球运球至队尾。依次练习（见图 2－66）。练习要求：防守协助进攻练习，不故意堵截，进攻队员要利用各种动作创造突破机会。

（5）移动接球急停突破练习。一组持球，④传球给固定位置的助攻者⊗组，之后向篮下移动，接⊗传球后突破上篮。④转身抢篮板后排在④组，④上篮后到⊗组排队，依次练习（见图 2－67）。要求：脚步清楚，突破动作合理。

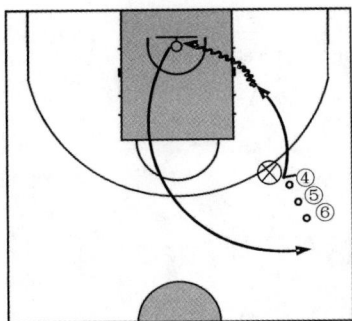

图 2-65

图 2-66

3. 有防守情况下的突破练习

(1)在有防守情况下三人连续突破练习。三人一组。④持球成三威胁姿势，做投、突破动作吸引防守者❹，然后做同侧步或交叉步突破，向前运球传给⑤，并立即防守⑤，⑤接球后用同样的方法突破④。三人轮换攻防，依次练习（见图 2-68）。

(2)假动作一对一练习。④组持球，❹组防守。④突破前瞄篮跨步、虚晃调动防守者❹，防守❹根据突破队员的动作进行移动防守，进行一对一攻守练习。④上篮后排到❹组队尾，❹防守后转身抢篮板持球排至④组队尾。依次练习（见图 2-69）。要求：先消极防守，不打球，不破坏运球但应根据进攻队员的动作进行合理移动防守。进攻队员应根据防守位置进行突破。

(3)插上接球后突破上篮练习。Ⓣ为传球者，❹是防守者，④摆脱❹背对球篮接球后，根据防守者的位置情况，可直接做前、后转身突破或转身做交叉步突破或同侧步上篮。④投篮后排至❹位置，❹抢篮板后传球给Ⓣ，至队尾（见图 2-70）。依次练习。

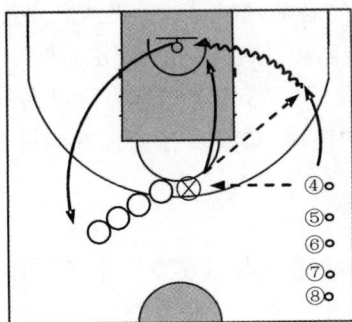

图 2-67

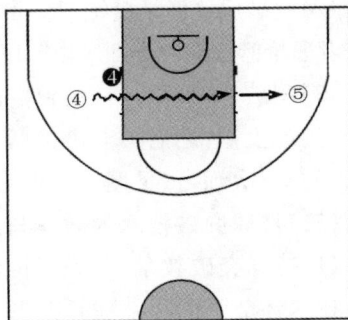

图 2-68

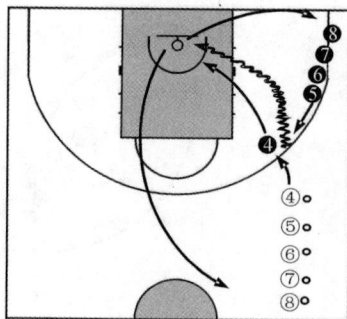

图　2-69

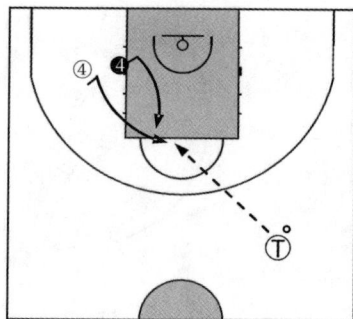

图　2-70

4.持球突破技术综合练习

（1）一攻一防突破练习。④传球给固定位置的⊗后,跑到防守者❹前接⊗的回传球,然后根据防守者的位置选用适宜的突破技术上篮。④上篮后排到❹组队尾,❹防守后转身抢篮板持球排至④组队尾。依次练习(见图2-71)。要求:接球突破前要结合各种假动作使用,突破要快速果断,防守要积极主动。

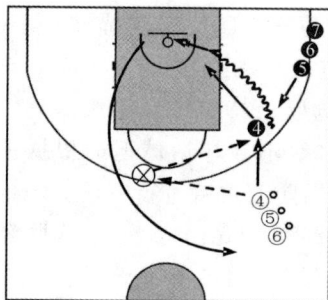

图　2-71

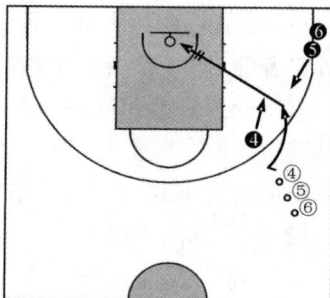

图　2-72

（2）突破后急停跳投练习。④持球突破防守者❹,❹后撤,④迅速急停跳投,防守者❹抢篮板球后排到④组队尾,④排至❹组队尾,依次练习(见图2-72)。

（3）突破分球练习。④持球突破防守者❹后,遇到防守者❻,立即传球给❻,❻接球投篮,之后排至❻的队尾,❹到❻的队尾,❻转身抢篮板球后排至④的队尾。依次练习(见图2-73)。

（三）持球突破技术的教学与练习建议

（1）持球突破教学,首先要讲清楚其动作结构特点与在竞赛中的作用,强调各技术环节间的相互联系及竞赛规则对持球移动的限制。

（2）教学的步骤是:应先教原地交叉步突破和同侧步突破,它们是教学训练的重点。

（3）通过教学使学生掌握两脚都能做中枢脚，并能及时合理地向不同方向突破。

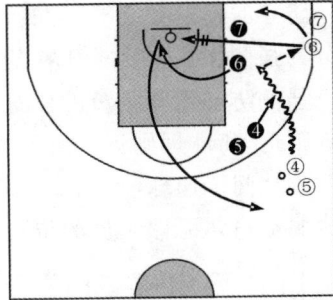

图 2-73

（4）教学训练步骤和方法应遵循由易到难、由简到繁的原则。先学单个技术动作，再学组合技术动作，最后在消极防守和积极防守中学会运用。

（5）在掌握持球突破技术的基础上，要把突破技术与其他技术进行组合训练，提高突破与投篮、突破与传球的结合运用能力。提高组合运用技术的能力。

（6）教学训练中注意技术动作规范，要教会学生两脚均能作中枢脚，并能合理运用，防止带球走违例。

（7）要提高运用突破技术的意识，善于正确判断和掌据各种突破时机。

（8）持球突破是与对手有接触的攻击性技术，要培养学生具有勇敢顽强的作风和敢打敢拼的精神。加强突破意识和运用能力的培养。

五、防守技术

防守对手是防守运动员为阻挠和破坏对手的进攻，合理运用脚步移动、手臂动作和身体姿势，积极抢占有利位置以达到控制球目的所采用的各种专门动作的总称。

防守对手是由脚步动作、手部动作和结合防守的位置、距离、姿势、移动、步法、视野等因素构成。以球为主，"球、人、区"三位一体防守原则。

（一）防守技术分析

1. 防守无球队员技术分析

防守无球队员的防守方法包括防守的位置、防守姿势和脚步动作。

（1）防守的位置与距离：防守时，位置的选择非常重要。正确合理地占据有利位置，是防守主动的重要条件。防守队员要根据对手、球篮和球的位置与距离，以及对手的身高、速度、进攻特点、战术需要和防守队员自身防守能力来选择防守的位置与距离。为了做到人球兼顾，应与球和对手保持一定的角度和距离。站位于对手与球篮之间偏向球一侧的位置上。防守无球队员时，始终要坚持"球—我—他"的选位原则，即防守者的位置始终要位于对手与球篮之间，并偏向有球一侧，与求和所防对手三者要成钝角三角形，防守者始终处于钝角处，视野范围内一定要有自己所防队员和持球进攻队员。

防守的距离要视对手与持球人距离而定。根据球在场上的位置,可将球场分为强侧和弱侧。求所在的一侧为强侧,远离球的一侧为弱侧。

强侧防守无球队员的位置选择,应站在对手与篮筐之间,偏向球一侧。离球近则近,离球远则远。对手与持球队员之间没有进攻队员,防守时要达到干扰对方之间传递球(见图 2-74),形成球、对手与防守者之间的三角型关系。

弱侧防守无球队员的位置选择,应站在与对手相对远的位置,靠近篮筐。

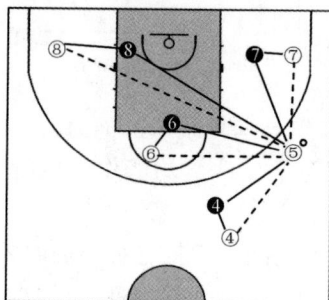

图 2-74

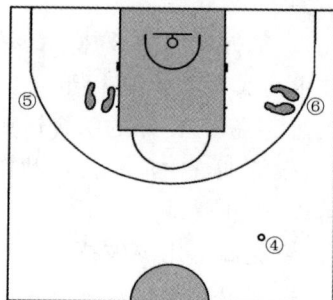

图 2-75

(2)防守姿势:正确的防守姿势能保证扩大控制面积和及时向不同方向移动。选择防守姿势与对手和球的距离远近有关。

强侧(有球侧)防守方法:防守距离球较近的对手时,经常采用面向对手侧向球的斜前站立姿势(见图 2-75)。靠近球侧的脚在前,屈膝,重心在两脚之间,便于随时启动,堵截对手摆脱移动的接球路线。伸右手臂,拇指朝下,掌心向球,封锁传球路线,干扰对手接球。特殊情况下,为了不让对手接球,在弱侧防守时也采用这种防守姿势。

弱侧(无球侧)防守方法:防守距离球较远的对手时,为了便于任丘兼顾和协防,经常采用非面向球,侧向对手的站立姿势(见图 2-76)。两脚开立,两脚稍屈,两臂伸于体侧,掌心向着球的方向。密切观察球、人的动向。并随着球或人的移动而不时通过调整自己的防守位置。

(3)脚步动作:防守时,防守队员要根据球和人的移动,合理地运用上步、撤步、滑步、交叉步、碎步和快跑等脚步动作,并配合身体动作抢占有利位置,堵截其摆脱移动路线。在于对手发生对抗时,重心下降,双脚用力扒地,两腿弯曲,扩大站位面积,上体保持适宜紧张度,在发生身体接触瞬间体前发力,主动对抗。合理使用手臂动作烦扰对手视线,扩大防守空间,保持身体平衡,快速移动,抢占有利位置。有效的防守必须靠灵活的脚步动作,而迅速、及时的移动,需要有一个正确的预备姿势—防守基本站立姿势(见图2-77)。

防守位置、姿势与脚步动作三者间有着内在的联系。不同位置、不同姿势、不同动作的有机结合、运用于变化,构成了完整的防守。

图 2-76   图 2-77

(4)防守无球队员的动作方法:

1)防摆脱:在人盯人防守情况下,防守队员要根据对手所处的位置不断调整自己的防守位置和距离,始终在自己的视野内注意球的动向和对手的动向,防止对手摆脱防守,进入有威胁的区域或接球进攻。

2)防纵切:如(见图2-78)所示,进攻队员④传球给⑥,防守队员❹及时偏向球侧错位防守,当④向篮下纵切要球时,❹应枪前移动,合理运用身体堵截纵切路线,同时伸出左臂封锁接球,迫使对手向远离方向移动。

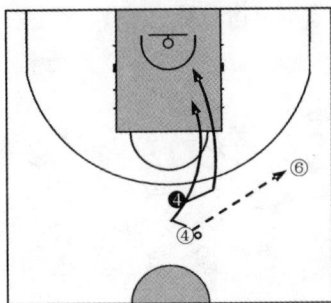 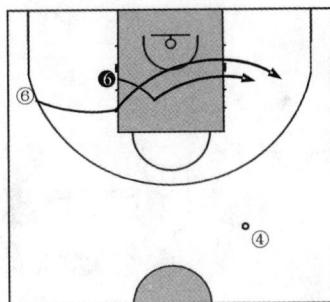

图 2-78   图 2-79

3)防横切:如图2-79所示,④持球,⑥横切要球时,❻上左脚,合理运用身体堵截,同时伸左臂封锁接球,不让其从自己身前横切要球。这时如果⑥变向沿底线横切时,❻应面向球,贴近对手,迅速撤右脚,滑步,同时转头,伸右臂封锁接球,不让其在限制区内接球,迫使其向场角移动,有时亦可撤左脚。当⑥直接从底线横切(亦称溜底线)时,如图2-80所示,❻开始面向球滑步移动,卡堵对手,以身体某部位接触对手,跟随其移动,同时伸左臂封锁接球。待对手移过纵轴线进入强侧时,❻迅速上右脚前转身贴近对手,伸右臂封锁接球,将对手逼向场角。

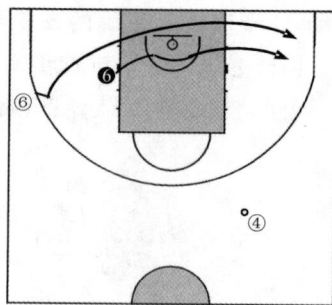

图　2-80

4)横断球:横断球是从接球队员的侧面跃出截获球的动作。断球时,屈膝,身体重心下降,判断来球的方向和高度,当球刚由传球队员手中传出的一刹那,迅速起动,用单脚或双脚蹬地跃出,身体伸展,两臂前伸,将球截获(见图2-81)。

纵断球:纵断球是从接球队员身后或侧后跃出截获球的动作。当防守队员从接球队员的右侧向前断球时右脚先向右侧前方跨出半步,然后侧身跨左脚绕到接球队员的前方,左脚或双脚用力蹬地向前跃出身体伸展,两臂前伸,将球截获(见图2-82)。

图　2-81

图　2-82

(5)防守无球队员的练习方法:

移动选位练习一。后卫队员④和⑤传球,接球后都要做瞄篮和持球跨步突破的假动作,而后将球传出,防守者❹和❺要针对对手有球和无球情况,及时移动选位,做出相应的防守动作(见图2-83)。练习数次后互换攻守。

要求:练习时注意力集中,当对手接到球后,防守者要及时到位,当球传出后应立即向球和球篮方向移动,做到人球兼顾。

移动选位练习二。(见图 2 - 84)进攻队员在外围传球,可做摆脱接球动作,但不能穿插、掩护。防守队员根据球的位置做相应选位,积极防守摆脱接球,反复练习数次后,攻守交换。

要求:根据球的转移随时调整防守位置,始终做到人球兼顾,保持正确防守姿势,强侧区要靠近对手,弱侧区要远离对手。

强侧、弱侧防守练习。进攻队员在外围传球,可做摆脱接球动作,但不能穿插、掩护。防守队员根据球的位置做相应选位,积极防守摆脱接球,反复练习数次后攻守互换。

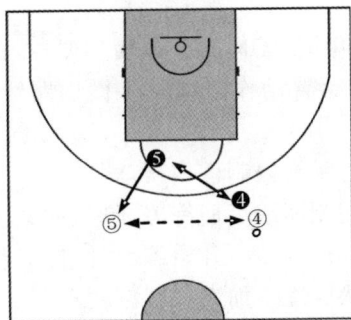
图 2 - 83

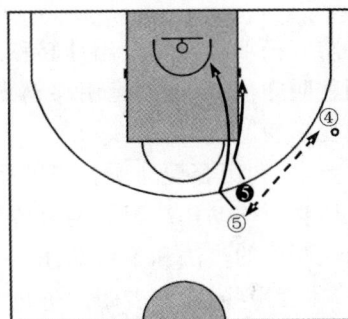
图 2 - 84

要求:根据球的情况随时调整防守位置,始终做到人球兼顾,保持正确的防守姿势。

防守纵切练习。①持球,❹防④;当④向球纵切时,❹抢先移动至对手与球之间,堵截④的接球路线,阻止对手接球。④进攻后变为防守,❹防守后至④组队尾(见图 2 - 85)。

要求:防守者站在对手与球之间,人球兼顾,对手向有球去切入时抢位在前,当对手背向球越过篮下时跟防在后,始终保护"球—我—他"的位置关系。

防守横切练习一。①在中圈附近持球,⊗为传球队员,❹防守④。当①传球给⊗时,❹及时调整位置;当④下压横切要球时,❹抢先堵截其接球路线,组织其接球;如④溜底线接球,❹撤左脚面向球贴近对手防⊗传球给④。④进攻之后去担任防守,防守者❹到④组队尾(见图 2 - 86)。依次练习。

要求:防守者随球转移及时到位,人球兼顾,防对手横切时抢先堵截其接球路线,对手溜底线时要撤步后转身面向球跟防。

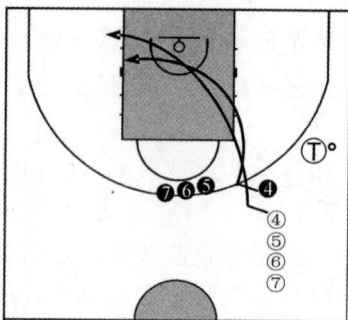

图　2-85

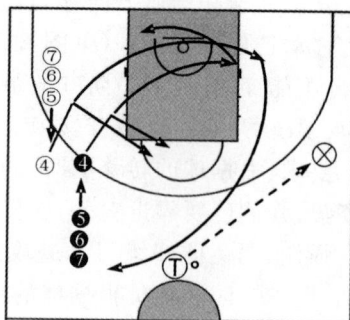

图　2-86

　　防守横切练习二。当球转移到右侧⑤手中时,④向球方向横切要球,❹及时调整防守位置,合理运用移动步法、身体和手臂动作阻挡对手横切路线,使其改变横切路线(见图2-87)。依次练习。

　　要求:利用合理动作和积极移动不允许对手在限制区内接球。

　　体会断球动作练习。两人传球,另两人在侧面或后面练习断球,体会横断球和纵断球的步法和手臂动作。攻守交换练习。要求:开始练习时,传球距离远些,速度慢些,防守者距离进攻队员近些,然后逐步加大难度。

　　断球游戏:5人一组,3攻2守(见图2-88)。攻方3人站成三角形,互相传球,守方2人站在三角形内练习断球。攻守交换轮流练习。要求一防守者紧逼有球人,另一防守者站在两无球的进攻队员中间,在手中停留不得超过2秒钟,否则违例。

　　这个游戏也可以7人一组,四攻三守。4个进攻队员站成方形,互相传球面练习断球。要求同前。

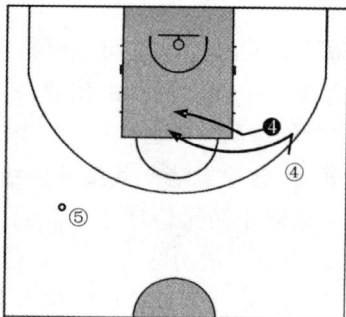

图　2-87

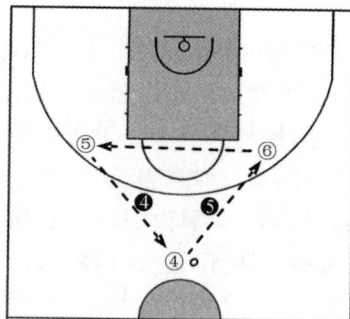

图　2-88

(6)防守无球队员的教学建议:

1)防守技术是全队防守的基础,防无球队员是防守的重要方面,与防有球队员一样重要。进行防守无球队员教学训练时,首先要让学生明确防无球队员在整个篮球竞赛中的重要地位,向学生灌输积极防守的指导思想,克服重攻轻守的倾向,强调在防守时始终要全神贯注,一丝不苟。

2)在教学与训练时,教师先要讲解、示范防守的位置、距离、姿势和步法,是学生简历明确的概念,然后按照由简到繁、由易到难的原则,增加防守内容,设定不同区域,限定相关条件,逐步增加练习难度。

3)在教学训练中,不断扩大队员的视野范围,提高防守的预见性。

4)要特别重视加强从防无球到防有球,从防有球到防无球,从防强侧到防弱侧,从防弱侧到防强侧的转化练习,增强应变意识和反应能力。

2.防守有球队员的动作方法

(1)防投篮:防对手中距离投篮时,应站在对手与球篮之间贴近对手的位置上,采用侧步防守,两脚前后斜站,屈膝直腰,前脚同侧手伸向对手瞄篮的球,并积极挥动,干扰和影响其投篮,重心略偏前脚,并稍微提踵,脚下要不停地前后碎步移动。另一臂侧张,以防其传球和保持身体平衡,以便随时变换防守动作。

如果防守队员距离对手较远时,应在他接到球的同时,迅速移动到适当距离的位置上;如果进攻队员已接到球,而防守队员的距离较远时,防守队员就应积极挥摆前伸的手,同时积极移动脚步,逐渐接近对手,防止其接球后立即投篮。防守队员向前移动时切忌步幅太猛和过大,以免失去身体重心,使投篮队员获得突破的机会。如果投篮队员进行投篮时,或防守队员上步不及时,应随对手的出球动作,迅速顺势起跳.单臂上伸封盖,影响其投照的方向和出手的角度。

(2)防运球:在一般情况下,为了不让对手运球超越自己,防守队员应与对手保持一臂左右的距离,两臂侧下张,两腿弯曲,在积极移动中保持正确的防守姿势,准确判断,随时准备抢、打球。如果要使防守具有攻击性,也可以采用贴近对手的平步防守,以扩大阻击面,增加对手做动作的难度。

防守中应遵循两条原则:一是堵中路迫使其向边、角运球;二是堵其强手迫使其用弱侧手运球。为了扩大防守面积,堵截对手向纵深方向运球时,采用平步防守姿势。当对手开始运球时,防守者应将视线集中于对手运球的手和球上,并抢先快速向运球方向滑动,以身体的躯干对着球的着地点,阻止对手从中路运球突破。

（3）防突破：防对手持球突破，要根据对手的习惯、技术特点（中枢脚、突破方向、速度、假动作等）来采取相应对策。如对手以左脚为中枢脚，用交叉步从防守者的右侧突破时，防守者可稍偏向对手的左侧站立，以右脚在前的斜步（或平步）防守堵其左脚侧，与前脚同侧的手臂前伸指向球的部位，并伺机以小臂和手的短促动作挑打球，另一手侧伸防对手突破；当对手突破时，要及时用撤步、交叉步或滑步继续防守。

对手距球篮远，又善于突破时，防守队员应以防突破为主，选占持球队员与球篮之间贴近对手的位置，做好防守姿势。如持球队员由投篮变为向防守队员左侧突破时，防守队员的前脚应迅速用前脚掌内侧用力蹬地，撤步并迅速向左侧斜后方滑步，阻截其突破路线（见图2-

图　2-89

89）；如进攻队员变投篮向防守队员右侧突破（交叉步突破）时，防守队员应迅速蹬地向右侧斜后方做后撤步，并伴随对手做横滑步，阻截其突破路线，使其被迫改变动作方式和动作方向。

（4）防传球：防守队员一般应贴近传球队员，两脚卡住对手的中枢脚，两臂上举，左右挥动，封锁其主攻一侧的传球路线，在对手传球一瞬间，准确判断，跳起封球、扑球。如果进攻队员运球已停止或突破分球，则应全力封传；如果进攻队员运球进入"死角"，则应封锁强侧，竭力使其失误、违例。在任何时候，都要积极挥动手臂干扰对手传球，延误其传球的时机，为同伴的打、抢、断球创造条件。

持球队员离球篮较远时，主要的传球意图是向中锋供球和转移球。离篮较近时，主要防其突然地传（分）球，应注意对手眼神和假动作——往往是眼向上看，球向下传；眼向右看，球向左传等。防守队员要精神集中，要见球行事，随球动而采取打、封、阻动作，打球时以肘关节为轴，前臂上下、左右迅速屈伸。

（5）抢球：抢球是从进攻队员手中夺取球。抢球时，首先要判断好时机，在持球队员注意力分散或没有保护好球而使球暴露比较明显时，迅速接近对手，以快速、敏捷、有力的动作，把球抢夺过来。抢球时手部的动作方法有两种：

1）拉抢：防守队员看准对手的持球空隙部位，迅速用两手抓住球后突然猛拉，将球抢夺过来。

2）转抢：防守队员抓住球的同时，迅速利用手臂后拉和两手转动的力量，将球从对方手中抢过来。抢球时，可以利用转体动作，把球抢过来。如果抢球不成功时,应力争与对手造成"争球"(见图 2-90)。

抢球的要点:抢球时机判断要准确、抢球动作幅度不易大、抢球要具有突然性。

图 2-90

抢球的主要时机:当对方刚接到球时;当对方持球转身时;当对手跳起接球下落时;运球停止时的瞬间;当持球队员只注意注视他的队员,而忽略其他防守队员时等,要果断快速地抢球。

(6)打球:打球就是打落对方手中的球。当进攻队员持球、运球和行进间投篮时,防守队员快速地移动,接近对手,掌握好时机,根据对手持球位置,采用向上、向下或向侧打球。打球时,动作不可过大,用力不要过猛。

1)打原地持球队员手中的球(见图 2-91):当对手持球时,注意力分散,防守队员迅速上步打球。持球队员持球部位较高,一般采用由下而上的方法打球。打球时,掌心向上,用手指和指根击球的下部。如持球较低,则多采用由上而下的方法打球。打球时,手掌击球掌心向下,用手指和手掌外侧击球的上部,小臂与手腕的短促快速弹击,不可以挥大臂上步抢打。手臂出击动作要快,判断要准确。

图 2-91

2）打运球队员的球：以右手运球为例，当运球队员向前推进时，防守队员用侧后滑步移动，用右手臂堵住运球队员左面，防止他向自己的右侧变向运球，左手臂干扰运球，当球刚从地面弹起，尚未接触运球队员的手时，及时用手以短促的手指、手腕和前臂的力量从侧面将球打出.并及时上前抢球（见图 2－92）。

如运球队员从防守队员右侧突破时，防守队员可以左脚为轴立即前转身，右脚跨出一大步，在运球队员的背后用手指手腕和向前伸臂的抄打动作击球的后侧部，将球打出。

图　2－92

3）打行进间投篮队员手中的球：进攻队员运球上篮时，防守队员要随之移动，当运球队员跨出第一步接球时，就要靠近他，当他跨出第二步起跳举球时，迅速移动到他的左侧稍前方，用手从他的胸部向下将球打落（见图 2－93）。在打球过程中，防守队员的脚步应伴随投篮队员移动，保持适当的距离，这样才能掌握打球的时机以及取得有利的打球位置。

图　2－93

（7）盖帽：防守队员将进攻队员刚投出的球或处于上升阶段的球打掉，称为"盖帽"。"盖帽"前，要根据进攻队员的投篮动作及其身高和弹跳等特点，迅速接近他，选择好恰当的位置和距离，准确地判断他球出手的时间，及时跳起，手臂高举，当对方球出于时，将球拍出或打掉（见图 2－94）。对于行进间投篮的"盖帽"，可以保持较远的距离，从球将要经过的路线进行拦截。打球时，动作不可过大，用力不可过猛。

图 2-94

(二)防守有球队员技术的练习方法

(1)一攻一守脚步移动练习。成两人一组,一攻一防,相距2～3 m,进攻队员抛接球,防守队员迅速逼近对手,进攻者向左右运球突破,防守者做横滑步堵截;防守队员可以逐步接近对手,进攻队员开始做投篮假动作,然后突然突破,防守者做撤步、滑步堵截。

要求:防守队员要做到判断准确、反应敏捷、移动快速。

(2)全场一攻一守练习。两人一组,一攻一守,进攻队员运球突破,防守队员运用各种防守步法积极移动,保持有力防守位置并伺机抢、打球。一旦防守者被进攻队员突破时,迅速运用撤步、交叉步追防,力争尽快重新占据合理防守位置。

要求:防守队员应始终与进攻队员保持一臂距离,遵循堵中路、防强侧手的原则。

(3)防中投练习。两人一组用一球。进攻者离篮6 m站位,防守者将球传给进攻者后,立即进行防守,进攻者可做投突结合动作,或原地跳起投篮,或向左右拍一次球急停跳投。防守者练习防中投动作。练习一定次数后,攻守互换。

要求:防守者保持正确位置,判断对手起跳投篮出手的时机,迅速做出打、盖反应行动。

(4)综合练习。练习者一路纵队站在罚球线延长线外,❹持球用地滚球或反弹球给④后,立即迎前进行防守。④接球后做投、切假动作,然后根据情况从左、右突破投篮或突破急停跳投。防守者全力防突破防中投。④投篮后抢篮板球,将球传给下一个同伴后立即防守。防守者排到队尾,依次交换练习(见图2-95)。

要求:防守、突破和投篮时,尽快摸清进攻者的习惯动作,制约对手特长的发挥。

（5）原地强球、打球练习。将学生分为两人一组。持球队员在原地做投切结合的脚步动作,防守者体会抢球、打球动作要领。联系数次后,互换攻守。

要求:进行抢、打球时,要保持正确防守位置,控制身体平衡,抢、打球动作要果断,主要以小臂、手掌、手指短促动作突然抢、打球。

（6）围抢、打中锋队员手中球的练习。三人一组,两组进行三攻三守练习。④和⑤相互传球,随时准备将球传给中锋⑥,⑥接球后做转身跨步动作;防守队员❹、❺、❻在⑥接球时,迅速夹击围守中锋,并伺机抢、打球。连续练习数次后,转换位置,互换攻守(见图2-96)。

要求:防守者要随球转移,及时调整防守位置,当中锋得球时,立即回缩夹击围守中锋,抢、打球动作要迅速、准确。

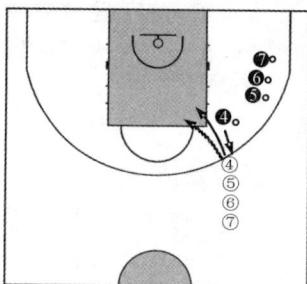 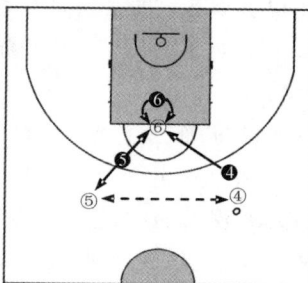 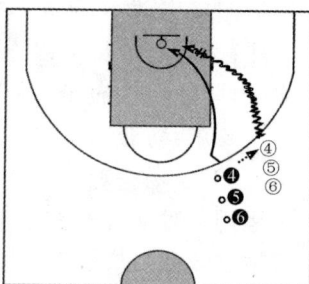

图　2-95　　　　　　　　　图　2-96　　　　　　　　　图　2-97

（7）打运球起步上篮的球。学生分为两排站在罚球线外,❹持球传给④后变成防守者,④接球后沿边线运球上篮,❹迅速追防,当④起步刚要起跳上篮时。❺用右手将球打落。攻守交换位置,依次轮流练习(见图2-97)。

要求:进攻队员只准沿边线运球上篮,防守者要看准时机:当运球者跨出第二步,将球由体侧移到体前刚要向上举球时,防守者用右手斜击打球。

(三)防守有球队员技术的教学建议

（1）在教学与训练中,首先要树立"积极防御"的指导思想,培养积极主动、富有攻击性的防守意识和不怕苦、不怕累,勇猛顽强,勇于拼搏的防守作风。

（2）教学与训练顺序:先教防守选位原则,再教单个技术、组合技术;先在消极进攻情况下练习,然后在积极对抗的情况下练习。

（3）防守有球队员要与防守无球队员结合起来练习。

六、抢篮板球

篮球比赛中,队员争抢投篮末中的球统称为抢篮板球。进攻队员争抢本队投篮未中的球称为抢进攻篮板球；防守队员争抢对方末投中的球称为抢防守篮板球。争夺篮板球是获得控制球权的重要来源之一。如进攻篮扳球占优势，即可增加进攻次数和篮下直接得分机会，还能增强投篮队员的信心，同时减少对手反击快攻的机会；如防守篮板球占优势，不仅能为发动快攻创造机会，还能增加进攻队员投篮的心理压力。因此，一个球队篮板球掌握的好坏，对比赛的胜负起着至关重要的作用。

篮球比赛中，抢得篮板球是获得控制球权的重要手段，是攻守矛盾转化和比赛胜负的关键，也是衡量运动员个人和全队整体实力的标志。凶悍的争拼和控制篮板球是现代篮球运动当代化的重要特征。

(一)运球技术动作分析

抢篮板球技术室一项较复杂的技术，他一般由判断与抢占位置、起跳动作、空中抢球动作和获得球后动作等四个环节组成。但完成以上四个动作的前提是简历正确判断和及快速起动基础上的。

1. 判断与抢占位置

准确判断投篮后球的反弹方向、距离、落点是抢篮板球的首要任务。球的反弹有一定的规律，一般情况下，篮板球的反弹规律是投篮距离与球反弹距离成正比，投篮距离远则反弹距离远；反之，投篮距离近则反弹距离近。再者，投篮出手弧度与反弹距离也有关，弧线高则反弹近。根据统计，大多数的反弹球落在 5 米左右半径内。

2. 起跳动作

起跳动作是抢位后紧随进行的一个连续动作。起跳不仅要求在起跳腾空后，身体能够达到一定的高度，而且要根据球的反弹高度、方向和落点，采取不同的起跳蹬地用力的方向，使起跳后抢球手有利于在空中接近球反弹的方向和落点。

防守队员抢篮板球时，一般多采用原地上步、撤步或跨步的双脚起跳方法；进攻队员则多采用助跑单脚起跳或跨一两步双脚起跳的方法。起跳分为单脚起跳和双脚起跳，运用单、双脚起跳是根据球落的方向和个人的习惯。

枪篮板球多以双脚起跳为主，起跳前，两腿弯曲，两臂屈肘于体侧，上体稍前领，眼睛注视球，注意观察判断球的反弹方向，及时起跳。起跳对两脚用力蹬地，两臂同时上摆，手臂上伸，力争在最高点拿到球。如果离篮较远时可采用单脚起跳，单脚起跳抢篮板球是在判断球的反弹方向后，向球的落点迈出，用力单脚跳起，手伸向球的方向。

3. 空中抢球动作

根据比赛时场上队员所处的位置、球反弹的方向、高度以及个人的特点，空中抢球动作可分为双手抢球、单手抢球和点拨球三种。

(1)双手抢篮板球：双手抢篮板球的触及球高点不及单手，但控制球比较牢固，更便于保护球和结合其他动作，尤其是抢防守篮板球时，运用双手抢篮球更有利。

起跳后，腰腹肌用力控制身体平衡，身体在空中充分伸展，两臂用力伸向球的方向，以提高制高点和扩大占据空间；当身体和手达到最高点时，双手指端触球的一刹那，双手用力握球，腰腹用力，迅速屈臂将球拉置胸腹部位，同时双肘外展，保护好球；高大队员枪到球后，为避免被对手掏掉，可以双于将球举在头上保护好球。

(2)单手抢篮板球：单手抢篮板球优点是触球点高，抢球空间大，抢球速度快，灵活性好；不足之处是不如双手握球牢固。

起跳后身体在空中充分伸展，达到最高点时，用近球侧手臂尽量向球伸展，指端触球迅速屈指，屈腕，屈肘收臂，将球拉下，另一手尽快扶握置球于胸腹部位，同时双腿弯曲，保持身体平衡，以便结合其他技术动作；单手抢篮板球时，触球及收臂拉球要连续，速度快而有力，注意保护好球。

(3)点拨球：点拨球技术与单手抢篮板球相似，它是在遇高大队员或身体距球较远不易获得球时，运用点拨球的方法将球点拨给同伴或便于自己截获球的位置。其优点是触球点高，缩短了传球时间，有利于发动快攻；缺点是准确性较差。

4. 获得球后动作

抢获球落地后，应紧紧握牢，两脚分开，前脚掌先着地，两膝屈，保持身体平衡，两肘外展保护好球；若遇防守时，则将球置于防守人远侧，并利用肩背式转身跨步，不断移动球的位置，防止对方将球打掉，高大队员在得球后，可将球置于头上，这样更易于传球或护球。

当进攻枪到篮板球后，应尽可能在空中将球补投进，如果没合投篮机会，要迅速将球传给同伴，重新组织进攻。防守队员抢到篮板球后，力争在空中将球传给同伴，完成发动快攻第一传，若空中不能直接传，落地后应迅速传出，或运球突破后及时传给同伴。

(二)抢篮板球技术动作方法

1. 抢进攻篮板球

进攻队员抢篮板球时一般处于防守队员的外侧，需要移动和摆脱对手，因此,抢进攻篮板球时要突一个"冲"字,就是要"冲抢"篮板球。

动作方法:队员处于篮下或内线抢进攻篮板球。当同伴或自己投篮时,靠近篮下的队员要在及时判断球反弹的方向,同时以假动作绕跨挤到对方的身前或身侧前方,利用跨步或助跑起跳,跳到最高点进行补篮或直接获取篮板球。

队员处于外线位置枪篮板球。当同伴投篮时,如进攻队员面向球篮,则首先要观察判断球的反弹方向、速度和落点后,突然起动冲向球反弹方向进行补篮或抢获篮板球。譬如从防守人身后左侧冲抢为篮板球,要求进攻队员面向球篮时,右脚向侧跨步,向右侧做假动作,随后以左脚为支撑脚,右脚向左跨一小步,重心移至左脚,同时右脚立即向前跨步绕前,挤靠防守人。跳起补篮或抢篮板球后组织第二次进攻。要强调进攻队员冲抢篮板球的意识。

2. 抢防守篮板球

防守队员抢篮板球要突出一个"挡"字,就是要利用自己占据篮下或内侧位置"挡抢"篮板球。

动作方法:队员处于篮下防守时。当进攻队员投篮时,根据对手移动情况和位置运用上步、撤步和转身等动作把进攻队员挡在身后,并抢占有利位置。在篮下抢位档人时,一般采用后转身挡人,降低重心,两肘外展,抢占空间面积,保持最有利的起跳姿势。

外围防守队员抢篮板球。当进攻队员投篮,防守队员面向对手时,首先要观察判断对手动向,采用合理动作利用转身阻止对手向篮下移动,并抢占有利的位置。起跳抢球时,在两臂上摆的同时两脚前脚掌用力蹬地,身体和手臂尽力向球的方向伸展,达到最高点时,用单手、双手或单手点拨球的方法抢球。最好在空中将球传给同伴,完成发动快攻第一传;如不可能,则落地时应侧对前场,观察情况,迅速传球发动快攻或运球突破摆脱防守及时将球传给同伴。

动作要点:防守队员首先要准确判断球的方向和落点,抢占有利位置运用移动和转身动作,合理地先"挡"住对手向篮下冲跑的路线,再进行"抢"篮板球。

(三)抢篮板球技术的练习方法

1. 徒手练习

(1)学生面向教师或教练员,背向球篮站立,听信号或看教师的投篮动作,迅速做转身挡人、起跳和空中抢球动作的模仿练习。

(2)两人一组面对面站立,❹面向假设的球篮做投篮的模仿动作,投篮后以假动作虚晃,摆脱超越另一组的防守者❹,❹可做松动防守,"配合"❹练习数次后,再交换练习。

(3)两人一组结合球篮进行练习。④做各种进攻移动,❹防守他的进攻移动,当④做模仿投篮动作或教师发出"冲抢"、"挡抢"的口令时,④做摆脱冲抢,❹做转身挡人的练习。练习中有时可以进攻为主,有时可以防守为主,或者做攻守对抗练习。

2. 结合球的练习

(1)每人一球,先做原地向不同方向抛球、跳起接球练习,再做跑动中自抛自接练习,之后做向篮板自投自抢的练习。

(2)两人一组一球,迎面站立,一人抛球,另一人跳起抢球或做转身挡人抢球练习。

(3)两人一组,每组一球,④投篮,❹防守。④投篮后虚晃摆脱超越❹,冲抢篮板球,或者❹做转身挡人抢篮板球,也可以攻守对抗进行抢篮板球练习。

(4)三人一组,每组一球,二人传球与投篮,另一人防守。投篮后做抢进攻篮板球或抢防守篮板球练习。

(5)五人一组,每组一球,三人传球与投篮,另二人防守。投篮后做抢进攻篮板球或抢防守篮板球练习。

(6)三防三、四防四或五防五练习,在接近比赛条件下进行抢进攻或抢防守篮板球的技术练习。

(7)学生在球篮两侧45°角成纵队站立,排头学生背对球篮。练习时教师 Ⓣ 向篮板掷球,排头学生学生转身挡人起跳抢篮板球,抢到球后将球回传给教师 Ⓣ,站在各自的队尾,各队排头再背对篮做此练习(见图2-98)。

(8)学生在球篮一侧45°角距离球篮约5米处成一路纵队站立,教师 Ⓣ 在篮筐另一侧向篮板掷球,排头学生冲到篮下单脚起跳空中抢球,落地后再投一次篮,投篮后原地起跳抢篮板球,回传给教师 Ⓣ,站在队尾,依次练习(见图2-99)。

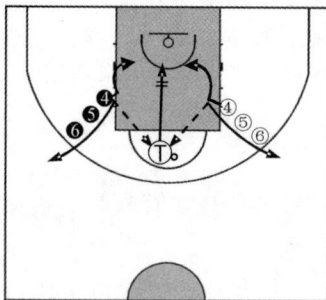

图　2-98

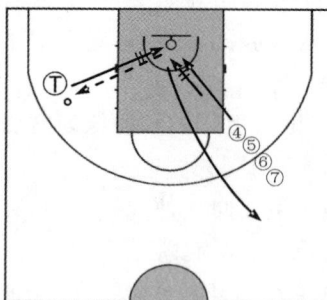

图　2-99

第三节　篮球基本战术

一、篮球战术概念及基本特征

1. 篮球战术

篮球战术是为篮球比赛中队员和队员之间有策略、有组织、有意识的协同运用技术进行攻守对抗的布阵行动，是以篮球技术为基础，在一定的战术指导思想支配下的集体攻守方法。

篮球战术是篮球运动的重要组成部分，是比赛中发挥集体力量和个人作用的手段。其目的是把队员组织起来，保证整体实力和特长的发挥，制约对方，掌握比赛的主动，争取比赛的胜利。

根据篮球运动的攻守特点，篮球战术分类如（见图 2-100）。

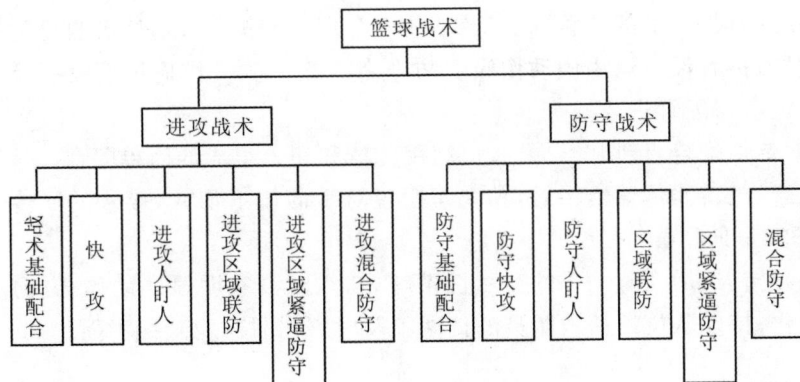

篮球战术

进攻战术　　　　　　　防守战术

战术基础配合　快攻　进攻人盯人　进攻区域联防　进攻区域紧逼防守　进攻混合防守　防守基础配合　防守快攻　防守人盯人　区域联防　区域紧逼防守　混合防守

图 2-100　篮球战术分类

2. 战术特征

(1)目的性和针对性的统一：战术组织和运用都具有明确的制胜目的，要从本队的实际出发，根据队员的身体、技术等条件，正确选择符合本队的攻守战术形式和方法；同时也要针对的方法去制约和限制对方，还要依据现场的情况及时调整变化，才能取胜。

(2)原则性和机动性：由于受对手的影响，因此，队员必须在统一的思想支配下，协调的行动，发挥集体的优势和力量；另一方面，由于比赛的特点，又容许队员个人机动灵活的变化，才能把握战机，克敌制胜。

(3)多样性和综合性：进攻战术的多原动机和防守战术方法的综合运用。

（4）个体性和整体性的统一：战术是集体行动的展现，一方面个体具有明显的个性化特征，同时每一位队员的行动又不能孤立的进行，而是在同伴的活动背景下实施的。

二、篮球战术讲解

（一）战术基础配合

1. 进攻战术基础配合

（1）掩护配合：掩护配合是进攻队员选择正确的位置，用自己的身体以合理的技术动作挡住同伴的防守队员的移动路线，使同伴借以摆脱防守，获得进攻机会的配合方法（见图 2 - 101）

配合方法：如图，④与⑤互传球，④传球给⑤后去给做⑤掩护，⑤接球后做投篮或突破的动作，吸引防守者，当④到达掩护位置时，⑤持球从右侧突破投篮。④掩护后转身挡人并及时移动到有利的位置去接球或抢篮板球。

易犯错误：掩护的位置、距离及动作不合理。掩护者没有隐蔽自己的行动意图，被掩护者没有运用假动作吸引防守者。掩护队员作掩护后没有及时转身护送或参与配合进攻。

（2）传切配合：传切配合是队员利用传球和切入组成的简单配合。

配合方法：⑤传球给④后，⑤立即摆脱对手向篮下切入，接④的回传球投篮（见图 2 - 102）。

易犯错误：切入时动作的突然性不够；切入时没有明显的动作、方向和速度的变化；持球队员给切入队员的传球不及时、不到位，隐蔽性不强。

图　2 - 101

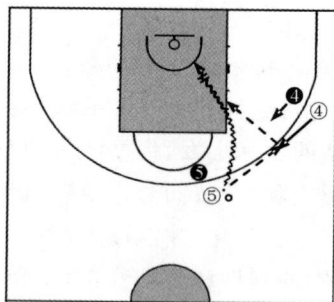
图　2 - 102

（3）突分配合：突分配合是持球队员在突破过程中受到防守队员阻截时，

及时将球传给无人防守或已摆脱防守的同伴为同伴创造进攻机会的配合的方法。

配合方法:④持球从底线突破遇防守队员❻的补防时,及时传球给纵插到有利位置的⑤投篮(见图2-103)。

易犯错误:突破时只看球篮没有随时观察场上攻守队员的位置与行动,分球不及时。配合队员选位摆脱时间、位置与距离不当。

(4)策应配合:策应配合是进攻队员背对或侧对球篮接球后,以他作为枢纽,配合同伴的切入或掩护,形成的一种里应外合的配合方法。

配合方法:④摆脱防守插到罚球线做策应,⑤将球传给④并立即空切篮下,接④的策应传球投篮(见图2-104)。

易犯错误:策应者摆脱抢位不及时、不主动;接球后重心太高;没有随时注意观察场上情况,不能及时将球传给获得有利进攻机会的同伴或自己寻找机会进攻;位置、距离不适宜。

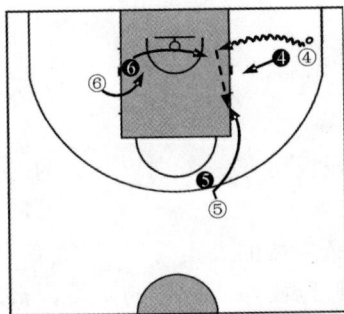

图 2-103

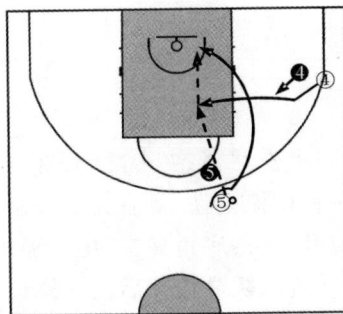

图 2-104

2. 防守战术基础配合

(1)交换配合:是为了破坏进攻队员的掩护配合,防守队员之间彼此及时地相互呼应交换自己所防守的对手的一种方法。

配合方法:④将球传给⑤,④去给⑤做掩护,⑤运球突破。❹发出交换防守信号后立即防守⑤,❺随之后撤调整位置,堵住④的切入,并准备抢断⑤的传球(见图2-105)。

配合要点:防守掩护者的队员要主动发出换人信号,准备换防。两防守队员要到位,及时换防。

易犯错误:防守队员之间相互呼应不够,行动不统一。

(2)"关门"配合:"关门"配合是临近的两个队员靠拢协同防守突破的

配合。

配合方法(某种):当进攻队员从正面突破时,❹与❺进行"关门"配合(见图2－106)。

配合要点:在防守队员积极堵截持球队员的突破路线的同时,临近突破一侧的防守队员要及时快速地向同伴靠拢进行"关门"配合。

易犯错误:"关门"的行动不统一,"关门"不紧,给突破者留有空隙通过;"关门"配合成功后,回防自己的对手的速度不及时。

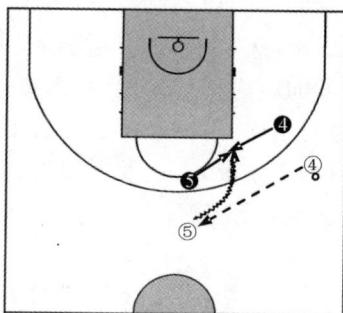

图　2－105　　　　　　　　　　　　　图　2－106

(3)夹击配合:夹击配合是两个防守队员积极防守一个进攻队员的配合。它是一种积极主动、具有强烈攻击性的防守配合。

配合方法:底角夹击、中场夹击以及对中锋队员的夹击等。(以底角夹击为例)。进攻队员接球后由底线运球时,❺大胆地放弃所防守的队员,与❹夹击持球突破的进攻队员(见图2－107)。

易犯错误:夹击时行动补积极、不果断,突然性不强;夹击的时机、位置选择不当;没有充分利用身体、腿步及挥动手臂控制对手的活动和封堵其传球的路线。

(4)补防配合:补防配合是防守队员当同伴出现漏防时,立即放弃自己的对手,去补防那个威胁最大的漏防的进攻者,而漏人的防守队员及时换防另一进攻者的一种协同防守配合方法。

配合方法:⑤将球传给④,突然摆脱❺的防守直插篮下。此时❻放弃对■的防守而补防⑤,❺去补防■(见图2－108)。

配合要点:补防时,动作要迅速、果断,其他队员也要注意观察突破队员的分球意图,以便及时抢占有利位置争取断球。

易犯错误:防守队员没有随时观察场上进攻队员的行动;补防队员的行动

不果断,不及时;漏人的防守队员没能及时的换防。

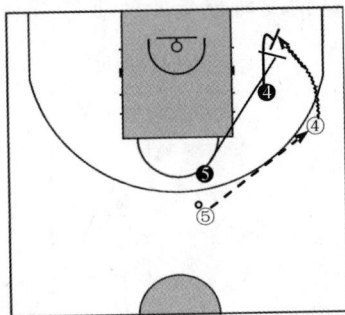

图 2-107

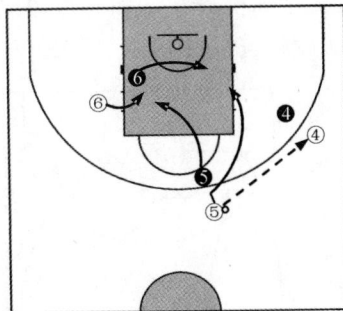

图 2-108

(二)快攻与防守快攻

1. 快攻战术

快攻是由防守转入进攻时,全队以最快的速度、最短的时间,将球推进至前场,争取造成人数上和位置上的优势,以多打少,果断而合理地进行快速攻击的一种进攻战术。

快攻是篮球进攻的重要组成部分。其特点是发动突然,攻击迅速,所以它是现代进攻战术中最锐利的武器最重要的反击得分手段。其关键是争取时间、创造战机、速战速决。

快攻的组织形式上,分长传快攻、短传与运球结合快攻两种。

(1)长传快攻:指队员在后场获得球后,用一次或两次传球,将球传给快速向对方篮下跑动的同伴投篮的一种配合。长传快攻只有发动和结束阶段,它最大的特点是结构简单,速度快,参加的人数少和成功率高。但由于传接球距离较长,传球的准确性比较难控制。

配合方法:如图以抢后场篮板球长传快攻为例,⑥抢到后场篮板球后,首先观察场上情况,寻找长传快攻机会。④和⑤判断有可能抢到篮板球时,便立即起动快下,争取超越防守队员接⑥的长传球投篮,⑦沿边线和⑧从中路跟进(见图 2-109)。

(2)短传与运球结合快攻:是指队员在后场获得球后,利用快速的短距离传球、运球推进到前场进行攻击的一种配合方法。其特点是:容易发动,层次清楚,易于成功,配合机动灵活,不易防守。但由于队员传接球距离短,速度快,对配合的技巧性要求较高。短传快攻由发动与接应、推进和结束三个阶段组成。

配合方法:⑥抢到篮板球后,将球传给接应的⑦,⑦又把球传给插上中路的⑧,⑧运球推进。④和⑤沿边线快下,⑦根据情况将球传给④或⑤投篮,⑥和⑧随后跟进(见图2-110)。

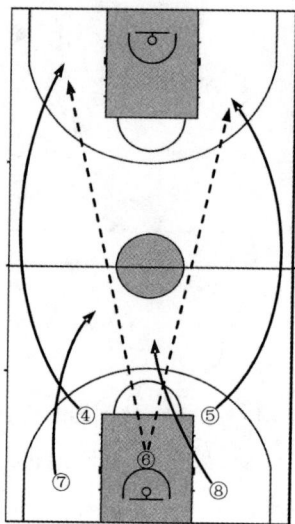

图 2-109

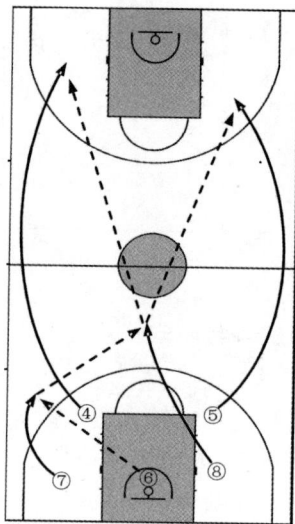

图 2-110

快攻结束的配合方法:

二攻一的配合方法:示例:(见图2-111)。④和⑤快速推进中,④传球给⑤,⑤吸引对方上前防守,此时传球给向篮下切入的④投篮。⑤跟进抢篮板球或二次进攻。

快攻的发动有:抢获篮板球后发动快攻、抢断球后发动快攻和跳球获球后发动快攻。

快攻的接应有:固定接应和机动接应。固定接应有:固定人,固定地区,不固定人,固定地区,固定人,不固定地区,以上固定接应初学者可以采用。

快攻运用的注意事项:

1)快攻战术成功的关键是,从抢到篮板球后,队形分散要快、一传和接应要快、推进速度要快、最后快攻结束投篮要稳和准。

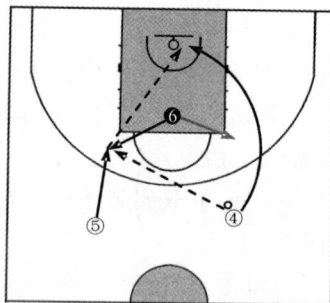

图 2-111

2)接应点要尽量靠前,接球位置要在罚球线延长线向前两侧空位的区域。

3)球在中路推进时要与两侧队员形成反三角形,两侧在前,中路在后,所以两侧队员要向前快速移动跑位,中路队员要掌握好快攻配合的节奏。

4)快攻结束时,要利用多中投篮机会,在对方收缩篮下时可采用中远距离投篮。

2. 防守快攻

防守快攻是由攻转守的刹那间,快速度抢占有利的防守位置,利用强有力的个人防守行动和配合,达到限制对手的速度、破坏对方攻击,使对方转入阵地进攻的一种防守战术。

(1)防守快攻的基本要求:

1)全队要保持攻守平衡,进攻投篮后既要有人积极拼抢篮板球,又要有人迅速退守。

2)积极封堵和破坏一传接应,抢占对方的习惯接应点,并堵截接应队员,堵截、延误、干扰对方的推进速度。

3)要具有积极拼抢的意识,当对方形成快攻时,应快速退守,及时迅速的在以少防多的情况下,大胆出击,赢得时间和力量上的平衡。

4)要随机变换防守战术,在失去球后,立即采取前场紧逼防守,退回后场,采用半场人盯人防守,使对方不适应,破坏其快攻。

(2)防守快攻战术的方法:

1)提高投篮命中率,拼抢前场篮板球。

2)积极封堵地一传和接应。

3)堵截接应点。

4)防守快下队员。

5)提高以少防多的能力。

①配合要点:合理地运用封、夹、抢、断球等手段,尽最大的努力破坏、减少对方发动快攻,后线防守队员退守速度要快,前线防守队员在控制对方发动快攻后也要快速退守,同时提高以少防多的能力。

②针对快攻不同阶段而采取的配合:防快攻的发动与接应:首先,要提高进攻的成功率,减少失误;积极争抢篮板球。其次,封堵对方的一传和接应,破坏和干扰其传球或突破。

防快攻的推进:在封堵一传和接应的同时,其它队员应快速退守并保持有利的防守队形,控制对手快速推进,阻挠其传球与运球,达到减慢推进速度的防守目的。

防快攻的结束:经常出现以少防多的局面,只要防守队员积极退守,里外兼顾,左右照应,准确判断出击断球和打球时机,也能造成对方失误或延误进攻速度,争取队友们回防。

(三)半场人盯人防守与进攻半场人盯人防守

1. 半场人盯人防守

半场人盯人防守是防守战术中最基本、最广泛的攻防战术。半场人盯人防守是防守战术是在每名防守队员分别防守一名进攻队员的基础上相互协作的一种全队防守战术。从运用的角度看,它能有效地控制对手,制约对手的特长,并能根据对方的配合范围和攻击的侧重点,进行及时调整防守位置和配备防守力量。因此,它是一种攻击性较强的防守战术。

根据需要5名队员分别防守对方的5名队员,队员间可以交换防守,但还是以防自己原来的对手为主。

注意的要点:由攻转守时,每个队员都要快速退回自己的后场,找到对手,组成集体防守。根据对手、球、球篮,选择有利位置,有球紧,无球松;近球紧,远球松;积极移动,控制对手。要做到球、人、区兼顾,与同伴协同防守,破坏对方进攻配合,加强防守的集体性。

2. 进攻半场人盯人防守

进攻半场人盯人防守战术是由各种传切、突分、掩护、策应等基础配合而组成的全队进攻战术。以单中锋进攻法为例。

(1)进攻半场人盯人防守的阵形与方法:

1)主要阵形:2—1—2阵形,单中锋站在罚球线附近(见图2-112)。2—2—1队形,主要单中锋外策应进攻为主及其变化的方法(见图2-113)。2—3阵形,单中锋策应配合为主及其变化的方法(见图2-114)。1—3—1阵形,主要以双中锋上下站位及其变化的方法(见图2-115)。1—2—2阵形,主要以双中锋篮下进攻及其变化的方法(见图2-116)。

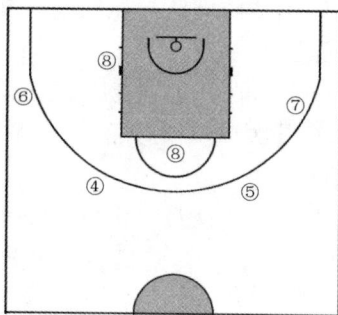

图　2-112

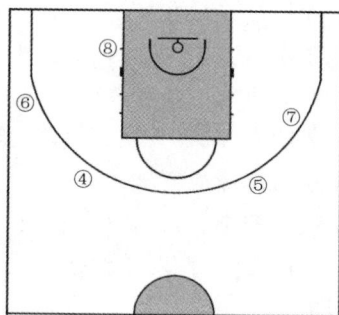

图　2-113

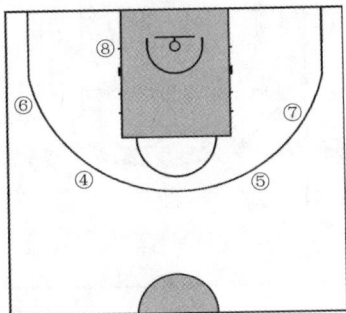

图 2-113

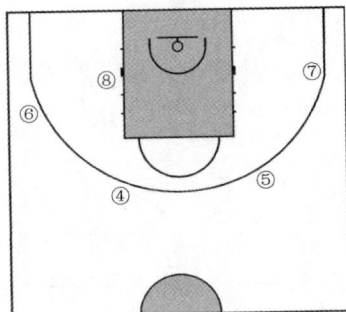

图 2-114

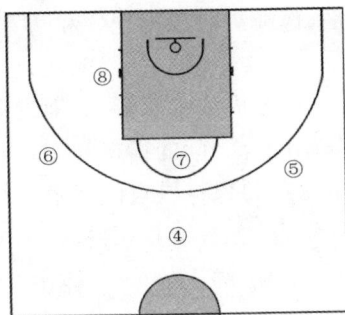

图 2-115

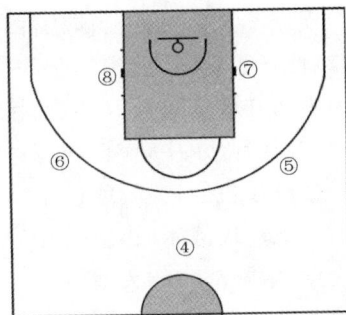

图 2-116

2)进攻半场人盯人防守的方法示例:

单中锋进攻法:⑤传球给⑥,⑦给⑤做行进间掩护,⑥策应传球给⑤投篮,⑦掩护后,如果对方换人,则应转身切入接⑥的球继续进攻。此时⑧跟进抢篮板球,⑥传球后也要冲抢篮板球。④向中间移动,随时准备退守(见图 2-117)。

运用传切、策应配合创造投篮机会:④传球给⑤,⑤接球后做投篮或突破的假动作吸引防守者,然后把球传给摆脱防守切向篮下的④投篮。如果这个机会不成,可把球传给摆脱防守向右横切的⑦,⑦接球后可根据情况投篮或突破。当对方围守⑦时,⑦可把球传给移过来的⑥投篮。⑧⑦④冲抢篮板球。如果上面的机会都没有实现,则⑧向外移动,④经底线移到⑧原来的位置。这样就形成与原来对称的阵形,然后采用同样的方法,从左侧重新开始进攻(见图 2-118)。

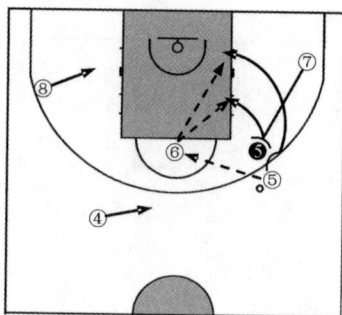

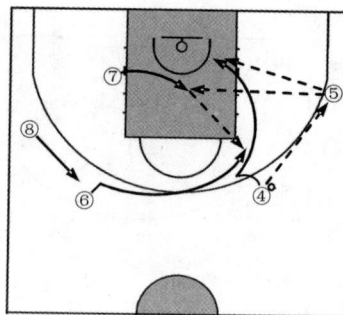

图　2－117　　　　　　　　　　　　　　　图　2－118

（2）进攻半场人盯人防守的基本要求：

1）根据本队队员的身体条件、技术水平，选择进攻战术配合和适宜的战术队形，以便扬长避短，发挥本队的优势。

2）由防守转入进攻时，在前场要迅速落位，形成战术队形，立即发动进攻。

3）在组织战术中，应该注意各种进攻基础配合之间的衔接和变化，既要明确每一个进攻机会，又要明确全队的进攻重点还要保持进攻的战术连续性。

4）组织进攻战术时，应该尽量做到内外结合、左右结合；要扩大进攻面，增多进攻点，增强战术的灵活性。

5）在进攻配合中，既要积极地穿插移动，又要保持攻守平衡。在进攻结束时，既要有组织地抢前场篮板球，又要有组织的进行退守。

（3）进攻半场人盯人防守战术的运用提示：

1）要动起来打：传完球以后，不要站在原地不动，要积极的穿插、换位，把对方调动起来。但不要盲目乱跑，要注意保持适当距离，要注意攻守平衡。

2）要抓住对方的弱点，通过各种配合，结合中远距离投篮。要内外线结合，内外互相牵制。

3）每次投篮以后，都要积极地冲抢篮板球，争取第二次进攻。

4）要保持冷静的头脑，要要有勇有谋，不要盲目蛮干。要敢于运用自己的特长。

（四）区域联防与进攻区域联防

1. 区域联防

区域联防是由进攻转入防守时，防守队员迅速退回后场，按每个队员分工负责防守一定的区域，严密防守进入该区域的球和队员，并与同伴协同防守，用一定的队形，把每个防守区域有机的联合起来，组成区域联防战术。随着现代篮球运动战术打法向综合化发展,区域联防战术也有了较大的发展和完善。如:扩大防守区域,增加共同防守的职责与区域;当进攻队员运球突破、空切、溜底线时,则打破防守区域界限而采用人盯人护送的方法,加强防守时的换位、补位和协同防守的配合;在半场、全场不同范围内采用区域联防战术配合,或在半场、全场不同范围内采用区域联防和人盯人防守两种战术相结合的配合,从而派生出对位联防和区域紧逼等针对性、攻击性、机动性与伸缩性较强的防守打法。

(1)区域联防的特点:

特点:防守队员所处的位置较为固定,分工明确,有利于组织抢后场篮板球和发动快攻。

弱点:受区域分工的限制,各种区域联防都存在一定的薄弱地区,容易被对方在局部区域以多打少。

(2)区域联防的阵形与方法:

1)主要阵形:区域联防根据各防守队员所站的防守区域,组成各种不同的区域联防阵形。如"1—3—1"(见图 2-119)、"2—3"(见图 2-120)、"3—2"(见图 2-121)、"2—1—2"(见图 2-122)等阵形。在图中的阴影区为联防的共管区,也同时是联防的薄弱区。

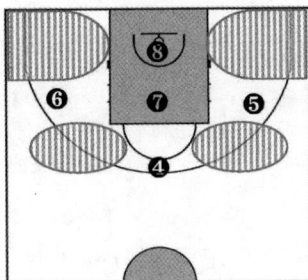 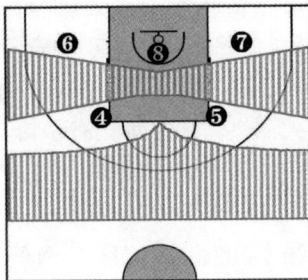 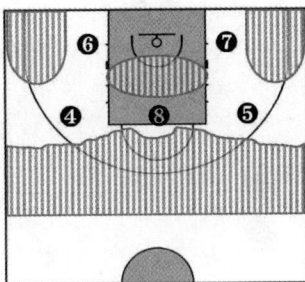

图 2-119   图 2-120   图 2-121

①"2—1—2"区域联防:

优点:队员的分布比较均衡,移动距离近,便于相互协作,控制篮下,有利于抢篮板球和发动快攻。缺点:三分线的正面、30°～45°区及篮下是防守的薄弱区域(见图2-122)。

各位置队员应具备的条件:突前的④号队员、⑤号队员应是机智、灵活、快速、善于抢断反击和组织快攻的队员。⑧号队员应是身材高大、补位意识强、善于抢篮板球的队员。⑦号队员、⑥号队员则是身材高大、技术较全面具有争夺篮板球和发动快攻能力的队员。

"2-1-2"区域联防的方法:由攻转守时要快速布阵;明确任务,分工合作;随球转移,保持阵形,有球盯人,无球则人球兼顾,并注意协防。

②"3-2"区域联防:

优点:这种防守阵形加强了外围防守,有利于防守外围中、远距离投篮和抢断球发动快攻。但是,灰色是薄弱区域,不利于防守两

图 2-122

个场角的中远距离投篮和篮下进攻,也不利于抢篮板球。

缺点:两个场角及限制区是防守的薄弱区域。

各位置队员应具备的条件:④、⑤、⑧为突前防守的队员,应是快速灵活、善于抢断球和反击的队员。⑥、⑦、应是身材高大、善于在内线防守,并具有抢篮板球发动快攻能力的队员。

③"2-3"区域联防:

优点:这种区域联防的优点是:加强了篮下和底线的防守,有利于抢篮板球。

缺点:正面及 35°～45°角区是防守的薄弱区域。

各位置队员应具备的条件:突前的④、⑤应是机智、灵活、快速、善于抢断反击和组织快攻的队员。⑧应是身材高大、补位意识强、善于抢篮板球的队员。⑥、⑦则是要求身材高大、技术较全面具有争夺篮板球和发动快攻能力的队员。

④"1-3-1"区域联防:

优点:这种防守阵形加强了正面、罚球区和两侧的防守,有利于分割进攻队员前、后、左、右之间的练习,造成进攻队员之间传球的困难,有利于防止正面、罚球区和两侧的投篮和抢篮板球发动快攻。

缺点:两个 50°～70°角区、底线及两个场角。

各位置队员应具备的条件:在弧顶突前防守的④活动范围较大,因此在该区防守的队员应是移动速度快、个人防守能力强、头脑清醒、善于抢断球和快攻反击的队员。在罚球区防守的⑦应是身材高大、技术全面、善于补防和抢篮板球的队员。在底线防守的⑧活动范围大,应是移动速度快、善于防守篮下进攻和抢篮板球的队员。在两侧防守的⑤、⑥应是防守技术全面和善于抢篮板球的队员。

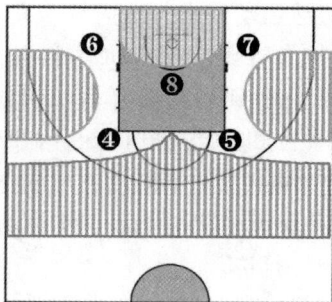

（3）区域联防的基本要求：

根据区域联防战术守区、防球、保篮的特点，有以下几点要求：按区各自负责，积极阻挠进入所管区域进攻队员的行动，并与同伴协作联合进行防守。防球为重点，随球的转移经常调整位置，做到人球兼顾；保持防守姿势，挥摆双臂进行阻挠；彼此呼应，及时换位、护送，相互帮助，协同防守。对有球队员要靠近防守，阻挠其投篮和运球突破；对无球队员的移动要阻截，防范处在所管区内接球。全队队员必须快速退回组阵，严防进攻队员在篮下活动，极力防范球和进攻队员轻易向内线穿插深透。对中锋队员要采取侧前或绕前防守，封锁接球路线，尽可能不让其接球；当进攻队员投篮时，一定要进行封盖，并组织好抢篮板球，力争获得球由守转攻。

2. 进攻区域联防

不管进攻哪一种联防，最有效的办法是利用快攻，趁对方尚未返回防守阵地时，以快攻得分。但是任何一个队，都不会总是让对手打成快攻的，因此，就必须学会进攻各种联防。

在进攻联防时，要针对这种防守战术主要是每人防守一定区域的特点，集中优势兵力，在局部地区形成人数上的多数，并进行穿插、迂回、声东击西，调动和打乱对方的联防阵形，创造投篮的机会。

（1）进攻区域联防的形式与方法：进攻区域联防战术阵形常用的有以下几种："1－3－1"，"1－2－2"，"2－2－1"，"2－3"等。

进攻区域联防的方法：进攻区域联防是针对区域联防的特点、队形、方法和变化所采用的进攻战术。以"1－3－1"进攻"2－1－2"联防为例（见图2－123）。

"1－3－1"进攻方法：这种队形，队员分布面广，攻击点多，便于内外联系，左右配合有利于组织抢篮板球。

各位置队员应具备的条件：④、⑥应是头脑清楚，战术意识强，技术全面，善于巧妙传球和中距离投篮的队员。⑤应是善于在罚球线附近进行策应和转身跳投的队员。⑦应是具有准确的中距离投篮，切入篮下得分和冲抢篮板球能力的队员。⑧应是具有篮下进攻和抢篮板球能力较强的队员。

配合方法（某种）：④传球给⑤，⑤传球吸引防守，⑦斜插篮下接⑤的传球投篮，若没有进攻机会，向场角移动接⑤的球投篮或传球给插入篮下的⑧（见图2－124）。

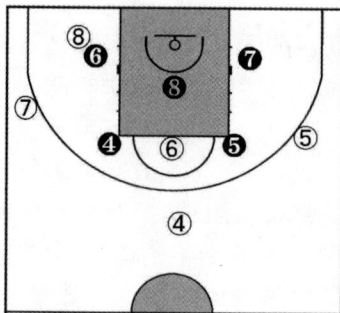

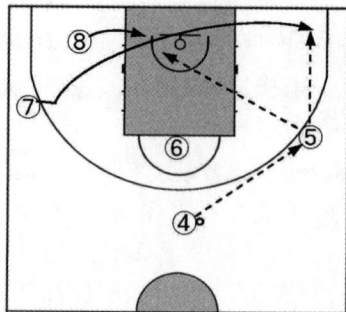

　　图　2-123　　　　　　　　　　　　图　2-124

　　（2）进攻区域联防的基本要求：由防守转入进攻时，首先要积极发动快攻，打乱对方的战略部署；当防守队已组成区域联防时，进攻队应针对防守队形，采用插空站位的队形组织进攻；组织进攻区域联防战术，应耐心地运用快速的传球转移进攻方向和积极穿插移动，调动和牵制防守，创造进攻机会；要多采用准确的中远距离投篮，迫使对方扩大防区，以利于内外结合的攻击，要在防守薄弱的区域组织进攻，要在局部地区以多打少，拼抢篮板球，争取二次投篮机会，还应注意保持攻守平衡，准确退守。

　　（3）进攻区域联防战术方法运用提示：

　　1）要有目的的传接球，调动防守者移动，造成投篮的机会。接球后，不要停球不传。

　　2）在自己有把握的区域内，要大胆、果断地进行中远距离的投篮。

　　3）无球队员要穿插移动，跑向空的位置，这样才能有威胁的调动防守者，从而创造投篮的机会。

　　4）每次投篮后要有三人冲抢篮板球，另两人准备退守。要注意攻守平衡。

　　5）要有耐心。急躁、蛮干很容易失误，给对方造成反击得分的机会。有耐心地进攻，即使24 s违例，也还能组织起防守，不让对方快攻得分。

第四节　篮球竞赛规则与裁判法

一、篮球竞赛的组织

　　篮球竞赛是篮球运动的基本形式，也是篮球运动体系的一个重要组成部分，是现代篮球运动中最具魅力的活动，篮球运动的价值往往就是在竞赛中得以最充分地表现。不论组织哪一类的竞赛,都具有一定的时限性和相关的方面。因此,在篮球竞赛组织的工作系统中,横向的协调融合和纵向的连贯流畅,是篮球竞赛活动顺利进行和圆满完成的重要保证。

(一)竞赛的种类

1. 非职业性比赛

(1)综合运动会中的篮球比赛:如全国运动会、工人运动会、大学生运动会、中学生运动会中的篮球比赛等;还有各省、地、市及厂矿基层单位的运动会中的篮球比赛。

(2)单一篮球项目的比赛:主要反映参赛国或单位单项运动的水平。国际性的比赛如世界锦标赛、世界青年锦标赛、各大洲的锦标赛等;全国性的比赛如全国锦标赛、全国甲级联赛、全国青年联赛以及各行业系统的篮球比赛、省市基层单位的比赛等。

(3)交往性的比赛:主要是加强交流,增进友谊,发展相互关系。有国际性的国与国之间的访问比赛及邀请赛;也有国内的省、地、市之间协作性比赛;还有基层单位间的友谊赛和表演赛等。

特点是:普及的面比较广,参加的运动员层次各不同,技术水平有较大的差异。

2. 职业性比赛

(1)国外的职业比赛:主要是靠比赛的票房和其他的收入来维持球队的生存与创造利润。如美国的 NBA 以及其他国家职业联赛。

(2)国内的职业联赛:我国从 1996 年开始举办了首次 8 个队参赛的职业篮球比赛。

特点是:涉及的范围比较窄,参赛的运动员的技术水平比较高,具有明显的商业性,对篮球运动的发展和篮球运动的产业化进程是个促进。

(二)竞赛的组织工作

组织篮球竞赛,不论参赛队伍多少、水平高低及时间长短,首先都需要有多种工作部门的参加与配合。其次,篮球竞赛具有一时性和突击性的特点,特别是业余比赛,更需要使用和发挥现有机构的人员和职能。它是有目的的组织、指挥、控制和调节竞赛工作的过程,主要分三个阶段:

1. 竞赛前的准备工作

(1)建立竞赛组织机构:领导小组(筹备委员会)→具体的工作机构(秘书处、竞赛部门、技术代表、仲裁、场地和总务部门等)。

(2)确定组织方案:竞赛任务、规模、水平、承办单位的条件、经费状况等情况。

(3)制定竞赛规程:是指导性的文件,组织者和参与者都必须遵守的章程。包括竞赛名称、目的、任务、日期、地点,参赛单位、参赛资格、报名办法、分组、所采用的规则、奖励办法及其他的注意事项。

(4)拟定工作计划:即各部门的具体工作计划。

1)竞赛部门的主要工作:进行资格审查,做好竞赛的编排,竞赛日程、时间、场地的安排、编印秩序册、召集领队、教练员会议,比赛成绩公告等。

2)裁判部门的主要工作:组织裁判员的赛前学习,研习规则,统一尺度,记录台的实习。

3)场地部门的主要工作:检查、落实比赛场地、器材设备情况,做到标准、可靠、安全,能够符合比赛的要求和顺利进行。

4)宣传部门的主要工作:布置赛场,宣传、报道、渲染比赛的氛围。吸引人们的关注。

5)总务部门的主要工作:做好食宿的安排、物资供应、交通调度、安全保卫、医务保障、门票订购等。

2. 竞赛期间的工作

(1)比赛活动的管理:

根据日程安排好裁判员、记录员、技术统计人员和场地工作人员。重要的是关于裁判员的工作,赛间要及时检查、小结与监控,保证比赛的顺利进行。

(2)非比赛活动的管理:

1)对开幕式闭幕式的管理:主体要明确,安排要紧凑,场面要热烈,以扩大篮球运动的影响,提高篮球运动的地位,加强篮球运动员的责任感。

2)对赛事服务工作的管理:尽快传递比赛的成绩及信息,场地的保养,饮食的安全,保证与会人员的休息,为参赛人员提供某些特殊的服务。

3)对赛场观众的管理:做好文明观赛的宣传工作,加强赛场的安全应急措施,观众出入口的疏导。

3. 竞赛的结束工作

主要有:编印比赛成绩表,获奖名单、比赛技术资料的处理归档、器材设备的整理、参赛人员离会手续的办理、竞赛的经费收支情况、进行工作总结。

二、篮球竞赛方式与方法

(一)竞赛方式

1. 赛会制

赛会制是指把参加比赛的球队集中在一个地方,用一段时间连续进行比赛的一种竞赛方式。

特点：运用范围比较广泛，比赛队伍集中、地点固定、赛期短、场次连续、强度大、调整恢复时间短、易产生疲劳。

2. 赛季式

赛季式是一种比赛时间长，参赛队伍不集中，分别在参赛队各自的赛地进行比赛，赛完一场后休息若干天后需异地再赛的一种分主客场的竞赛方式。

特点：采用主、客场的形式进行比赛、赛期长，一般为跨年度的半年时间、需要经费比较多，因此采用的比较少。美国的 NBA 从 1946 年开始有。我国的 CBA 是从 1996 年开始的。

(二) 竞赛方法

篮球竞赛有三种基本的竞赛制度（方法）：循环制、淘汰制和混合制。这三种竞赛制度（方法）本身都各有利弊，究竟采用哪种竞赛制度（方法），还需根据球队多少、比赛限长短、场地多少等因素来决定，以达到趋利除弊，相得益彰。篮球比赛中通常采用的是淘汰法和循环法两种。

1. 淘汰法

获胜队可以继续参加进一层比赛，失败队失去继续参加进一层比赛资格的方法。失败一次就失去比赛资格的为单淘汰，失败两次就失去比赛资格的为双淘汰。

单淘汰：编排法：根据报名参加队的对数，来确定场数、轮数和号码位置数。公式为 $2^n \geqslant N$（N 为参赛队。n 为大于 1 的正整数）。比赛场次＝N－1。比赛轮数＝n，号码位置数＝2^n。然后由参赛队抽签，确定参赛队在比赛中的号码位置，再按顺序将号码两两相连，列出单淘汰的轮次表。单淘汰制只能确定冠、亚军，如果需要确定其余名次，应进行附加赛。如将第二轮失败的两队再进行一次比赛，则胜者即为第 3 名，负者第 4 名。第一轮比赛的负队进行附加赛，可以确定第 5～8 名。

另外还有双淘汰和多次淘汰的编排法。

2. 循环制

是每个队都能和其他队比赛一次或两次，最后按成绩计算名次。这种竞赛方法比较合理、客观和公平，有利于各队相互学习和交流经验。

单循环：是所有参加比赛的队均能相遇一次，最后按各队在全部比赛中的积分、得失分率排列名次。如果参赛球队不多，而且时间和场地都有保证，通常都采用这种竞赛方法。

编排法：单循环比赛轮次的计算。如果参加的队数是偶数，则比赛轮数为队数减 1(比赛轮次＝N－1)。，如果参加的队数是奇数，则比赛轮数等于队数(比赛轮数＝n)。单循环比赛场次计算的公式为：N(N－1)／2＝X。即队数(队数－1)／2＝比赛总场次。

单循环比赛顺序的编排，一般采用轮转法。不论参加队数是偶数还是奇数，都应按偶数编排。如果是奇数，可以补一个"0"号，与"0"相遇的队就轮空一次。例如：有 8 个队参赛的情况下，其编排如表 2－6 所示。"逆时针轮转法"，这种编排方法可使最后的比赛保持精彩，是通常采用的编排方法。在有5 个队参赛的情况下，可用补"0"的办法编排，如表 2－7 所示。

表 2－6　8 个队参赛的比赛顺序(逆时针轮转法)

第一轮	第二轮	第三轮	第四轮	第五轮	第六轮	第七轮
1—8	1—7	1—6	1—5	1—4	1—3	1—2
2—7	8—6	7—5	6—4	5—3	4—2	3—8
3—6	2—5	8—4	7—3	6—2	5—8	4—7
4—5	3—4	2—3	8—2	7—8	6—7	5—6

表 2－7　5 个队参赛的比赛顺序(轮转法)

第一轮	第二轮	第三轮	第四轮	第五轮
0—5	0—4	0—3	0—2	0—1
1—4	5—3	4—2	3—1	2—5
2—3	1—2	5—1	4—5	3—4

3．混合制

混合制就是在同一竞赛中分阶段采用循环制和淘汰制的竞赛方法。正式的重大的篮球竞赛来看，采用混合制的居多。一般先在第一阶段预赛中采用分组循环制，第二阶段决赛中采用淘汰制；或者相反。任何一种赛制或方法的优缺点都不是绝对的，如其符合竞赛的目的、性质、队数、时间、场地等需要，就是相对正确和先进的。

(三)竞赛日程表

编排竞赛日程表，首先要贯彻机会均等、公平竞争的原则，当然也要适当地照顾到比赛的需要(观众)，可以从时间(上午、下午、晚上)、场馆(大馆或小馆)、地区(本地或外地)等不同的方面做出调整，使各队大体上平衡。要考虑到轮次中间的间隔长短，以保证运动员有足够休息时间。如果竞赛期限允许，通常打完 3 轮后要休息一天。较为正式的竞赛日程表格式见表 2-8。

表 2-8　竞赛日程表

竞赛日程表				
日期	轮次	地点	时间	比赛队
5 月 15 日 （星期五）	1	西工大体育馆	14:30	开幕式
			15:00	中国—韩国
			16:30	西工大—陕西
			19:30	澳大利亚—山东
			21:00	加拿大——"八一"

三、篮球竞赛规则与裁判法

(一)篮球规则制定和修改的遵循原则

篮球规则作为篮球运动的法，必须保持一定的稳定性和连续性。但这种稳定性和连续性是相对的，随着篮球运动的发展，篮球规则也相应的变化。篮球规则只有及时的进行废、改、立，才能使规则反映和适应篮球运动发展的客观要求。

篮球规则的制定和修改遵循以下 10 个基本原则：

(1)公平：规则必须保证比赛公平的进行，不允许队员和球队使用不正当的手段从对方获得不公平的利益。公平公正比赛，这是一条最基本的和超越其它因素的标准。

(2)均衡：规则必须使进攻和防守均衡，在比赛中很容易得分或得分很困难都会使比赛变得不精彩。如果进攻较之防守占优势或相反，比赛就会变得没有吸引力。

(3)定义：严肃谨慎地规定规则的文字和措词是必要的，定义能取消繁杂和冗长的说明用语。

(4)编纂：比赛规则必须经过整理，在标题下列出有关的规定并使彼此适当地联系着，否则就会变得十分庞杂或者矛盾百出。

(5)简短：规则的规定应力求简单扼要，尽可能避免重复。

(6)例外：由于比赛存在着例外情况，规则也应该有例外的规定，否则结果就会不公正。但例外太多也会给阅读和执行规则带来困难。

（7）安全：在所有比赛中，由于参加者进行身体活动，安全是最重要的，要规定适当的法则以确保安全。

（8）能力：规则要确保裁判员有能力（权力）来实施规则。

（9）连续：运动员和观众都希望保持活动（动作）的连贯性，如果比赛经常被打断，比赛就会失去魅力。保持连续流畅，是使球处于活球状态。使球呈死球是制止违纪，给与替换的机会，也是变换战术的需要。

（10）无利：不允许从违反规则中获得好处。为了制止犯规，罚则中应有合适的规定。

另外：篮球规则的修改常常要考虑其他因素，如篮球比赛的娱乐性、观赏性和商业性。同时为了在比赛中提高精彩程度、市场的需要、增加财政收入，规则修改也会增订一些有关的内容。

（二）篮球规则简介

1. 关于场地、器材的线条及尺寸

（1）篮球场地所提到的线条都要用相同颜色画出（建议白色）宽度为5 cm，和清晰可辨。长 28 m，宽 15 m。一块标准场地（见图 2 - 125）。

（2）篮球：球是圆形的，为认可的橙色。按惯例它应有八瓣成型的镶片。外壳是皮革、橡胶或合成物质。充气后，使球从 1.80 m 的高度（从球的底部量起）落到球场的地面上，反弹起来的高度不得的低于 1.20 m，也不得高于 1.40 m（从球的顶部量起）。球的圆周不

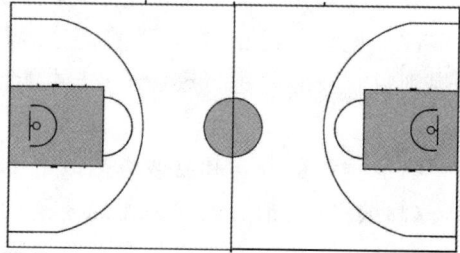

图　2 - 125

得小于 74.9 cm，不得大于 78 cm（7 号）。重量不得少于 567 g，不得多于650 g。

2. 工作人员及其职责

裁判员及其助理人员：裁判员包括主裁判员和副裁判员各一名，记录台人员，即：记录员、助理记录员、计时员和 30 s 计时员各一名为其助理。裁判员、记录台人员或技术代表都无权同意改变规则。

（1）裁判员的服装是：裁判衫，黑色长裤，黑色篮球鞋和黑色袜子。

（2）主裁判员的权力：

1）检查和批准在比赛过程中使用的所有器材。

2）指定正式的比赛计时钟、24 s 计时种、秒表，并确认记录台人员。

3）不得允许任何队员佩戴可能对其他队员造成伤害的物品。

4）在中圈执行跳球开始第一节和管理掷球入界开始所有其他节。

5）当情况需要时,他有权停止比赛。

6）如果球队在得到通知后拒绝比赛,或其行动阻碍比赛的进行,他也有权判定该队弃权。

7）在比赛实践结束时,或任何他认为有必要的时候,仔细审查记录表、核定比分。

8）每当有必要或裁判员的意见不一致时做出最终的决定。

9）有权决定规则中未明确规定的任何事项。

3.要登记暂停与替换

（1）暂停：

1）在上半时(前两节)每队允许 2 次暂停,在下半时的任何时间可以允许 3 次暂停,以及每一次决胜期中能有 1 次暂停。未用过的暂停不能遗留在下半时或决胜期。

2）在第 4 节或任一决胜节的最后 2 min,在一次投篮成功后比赛计时钟停止时,得分的队不得获得一次要登记的暂停,除非裁判员已停止了比赛。

3）只有教练员或助理教练员有权请求要登记的暂停。他应与记录员建立目光练习,或者亲自到记录员处清楚地要求暂停,并用手做出正确的常规手势。

4）当裁判员鸣哨并给出暂停手势时,暂停开始。当裁判员鸣哨并招呼球队回到场地时,暂停结束。

（2）替换：

1）球成死球其比赛计时钟停止时,以及当裁判员报告犯规或违例以结束了和记录员的联系时,可以进行替换。

2）当裁判员招呼某替补队员进场时,他即成为队员。当裁判员招呼那名队员的替换者进场时,该队员即成为替补队员。

3）只有替补队员有权请求替换。他要亲自去记录员处清楚地要求替换,并用手做出常规手势请求“替换”。

4）一旦替换机会开始,记录员就要发出他的信号,向裁判员表明已提出了替换请求。

4.违例:违例是违犯规则

（1）运球规则：

1）当在场上已获得控制球的队员将球掷、拍、滚、运在地面上,或故意将球掷向篮板并在球触及另一队员之前再触及球为运球开始。

2)队员用双手同时触及球或允许球在一手或两手中停留时运球即结束。

3)队员的手不和球接触时,运球队员的步数不受限制。

4)投篮。球被对方队员拍击,或传球或漏接,然后球触及了另一队员或被另一队员触及。

(2)3 s规则:

1)某队在场上控制球并且比赛计时钟正在运行时,该队队员不得在对方的限制区内停超过持续的3 s。

2)划定限制区的各线都属于限制区的一部分,队员触及任何一线都算位于限制区内。

3)一名队员为了建立他自己在限制区外的位置,他必须把双脚置于限制区外。

4)对下列情况的队员必须予以默许:试图离开限制区、他在限制区内,当他或在限制区之内或之外的同队队员正在做投篮动作,并已球正离手或恰已离手时、他在限制区内已接近3 s时运球投篮。

(3)24 s违例:

任何时候当一名队员在场上获得控制活球时,该队必须在24 s之内试图投篮。必须满足下列条件,才构成一次投篮:

1)24 s钟装置鸣响之前球必须离手。

2)球离手后在24 s钟装置鸣响前必须触及篮圈。

如果一个控制球的队在24 s内未能投篮,应由24 s装置的鸣响来宣布。

当在24 s接近结束时投篮,球已经离手在空中飞行时24 s装置鸣响,如果球进入球篮,此球为投中。

罚则:由对方在违例发生最近处掷界外球。

(4)带球走违例:当持活球的队员用同一脚向任何方向踏出一次或数次,另一脚(称为中枢脚)不离开与地面的接触点时出现了旋转。带球走或带球行进(在场地内)是持球队员一脚或双脚向任一方向移动超出了本条规则所述的限制。

(5)球回后场:

1)某队控制活球,在他的前场。

2)在他的前场最后触及球,使球回他的后场。

3)然后他或者同队的队员在后场首先触及球。三条缺一不可。如若违反既是回场球违例。

罚则：由非回场的队在其前场掷界外球。

5．犯规

犯规是违反规则的行为,含有与对方队员的身体接触或违反体育道德的举止。对犯规队员要进行登记,随后按规则的有关条款进行处罚。

(1)侵人犯规：

1)阻挡：是阻止持球或不持球的对方队员行进的非法的身体接触。

2)撞人：是持球或不持球的队员推动或移动到对方队员躯干上的身体接触。

3)从背后防守：是防守队员从对方队员的背后与其发生的身体接触。即使防守队员正在试图去抢球,从背后与对方队员发生身体接触也是不正当的。

4)拉人：是干扰对方队员移动自由而发生的身体接触。这个接触(拉人)能用身体的任何部位来造成。

5)非法用手：发生在防守队员处防守状态时,用手去接触对方队员阻碍其行进。

6)推人：是用身体的任何部位强行移动或试图移动已经或没有控制球的对方队员时发生的身体接触。

7)非法掩护：是试图非法拖延或阻止非控制球的对方队员到达希望到达的场上位置。

罚则：掷界外球或补罚球或两次罚球等情况。

(2)技术犯规：比赛的正当行为要求双方球队的成员(队员、教练员、替补队员和随队人员)与裁判员及其助理人员有完美和真诚的合作。比赛双方均有权做出最大的努力来获得胜利,但胜利的取得必须符合体育道德精神和良好的比赛作风。队员不理裁判员的劝告或运用如下不正当行为,是技术犯规．

1)同裁判员、到场的技术代表、记录台人员或对方队员讲话或接触没有礼貌。

2)使用很可能引起冒犯或煽动观众的言语或举动。

3)戏弄对方或在对方眼睛附近摇手妨碍他的视觉。

4)妨碍迅速地掷界外球以延误比赛。

5)被判犯规后,在裁判员要求举手时不正当地举手。

6)离开场地去获得不正当的利益。

7)队员把整个身体的重量悬挂在篮圈上。

8)显然是无意的和对比赛没有影响的,或属管理性质的技术性违犯不被看作是技术犯规，裁判员提出警告后又重犯。

罚则：队员被判技术犯规后，由对方队员进行1次罚球和骑跨中线的掷界外球。

（三）篮球竞赛裁判法

裁判方法和技巧是一个系统，是作为一种实际的工作方法设计的，以便于裁判员在场上更好地完成任务。其意图在于帮助裁判员获得尽可能好的位置，从而使有关违犯规则的宣判能够正确地作出。

确定是否处罚接触，裁判员在每个场合中必须注意和权衡下述基本原则：

（1）规则的精神和意图以及坚持比赛完整的需要。

（2）运用"有利/无利"概念中的一致性，裁判员不要企图靠不必要地打断比赛的流畅来处罚附带的身体接触，况且，这种接触没有使有责任的队员得利，也未置防守队员于不利。

（3）运用常识来执裁每场比赛的一致性，在比赛中要记住有关队员的能力以及他们的态度和行为。

（4）在比赛控制和比赛流畅之间保持平衡的一致性，要有一种"感觉"：参与者们想做什么以及宣判什么对比赛是对的。

1. 裁判员的占位

现在裁判的执裁方法有两种，一种是2人制，一种是3人裁判制。当前，2人制是运用比较多的一种裁判方法。一场比赛为主裁判员和副裁判员。通常裁判员站在队员和球的左边。当球向前场推进时，一名裁判员应在球的左后方，他被称为"追踪裁判"，另一名裁判员一直保持在比赛的前方，他被称为"前导裁判"。

裁判员占据的位置要使10名队员处于他们两人之间（监控原则）。当比赛改变方向时，裁判员跟着球，前导裁判变为追踪裁判，追踪裁判变为前导裁判。

在每一次的犯规和跳球后，两名裁判员应交换彼此的位置。

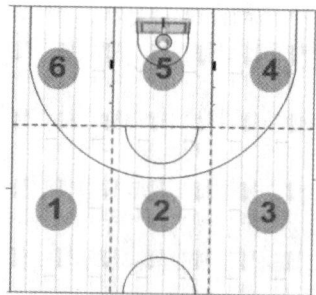

图　2-126

2. 裁判员职责划分

在比赛中两名裁判员需要合作，裁判员应尽可能的获得最佳的场上的位置，为了便于理解，把场地划分为6各区域（见图2-126）。根据球的位置，两名裁判员有不同的职责。一名主要负责球及其围绕球发生的情况，另一名则观察球以外的情况,他应该知道球在那里。

当球在①、②、③、⑤、⑥区时,追踪裁判主要负责球及围绕球发生的情况。当球在④、⑤和⑥的2分区域时,前导裁判负责球及球周围的情况。⑤区和⑥区时两名裁判共同负责。

追踪裁判员主要负责自己左边的边线和中场线,前导裁判员主要负责左边的边线和端线。判罚发生在自己负责的线上的违例(出界球和回场球)。

3. 裁判员的主要职责

(1)追踪裁判的职责:

1)2分投篮和3分试投。

2)若某一队投篮,球离手前,是否该节时间到或发生了24 s违例。

3)注意外线队员的抢篮板球情况。

4)有球和无球掩护。

5)无球区的低策应区。

6)远离前导裁判员的犯规。

7)带球走违例。

8)24 s计时器;8 s违例等。

(2)前导裁判的职责:

1)篮下发生的情况。

2)中锋策应配合或中锋位置的攻防。

3)远离追踪裁判的犯规。

4)场上前导裁判一侧的持球突破。

5)接近球篮的投篮情况等。

第三章　排　　球

第一节　排球运动概述

　　排球运动是当今世界上兼具竞技性和娱乐性,最流行、最成功的体育运动项目之一,它快速、刺激,并极具爆发力,进攻、防守、轮转、隔网对抗、团队配合等运动要素相互作用,在比赛的往返回合中交相辉映。排球比赛是两队运动员在由球网分开的场地上,运用发球、传球、垫球、扣球、拦网等技术进行攻防对抗,按照规则要求将球击过球网,使其落在对方场区的地面上而防止球落在本方场区的地面上的集体比赛项目。

一、排球运动的起源

(一)"小网子"的问世

　　1895 年,美国马萨诸塞州霍利奥克城的基督教青年会体育干事威廉·G·摩根在体育馆内挂上网球网子,用篮球胆在球网上空来回打,并采用网球和手球的一些技术,规则类似棒球,由 9 局组成,连胜 3 分为 1 局,双方上场人数不限,但须对等。摩根将这种新的运动形式命名为"Mintonette",意即"小网子"。

(二)"空中飞球"起飞

　　1896 年,美国马萨诸塞州斯普林菲尔德基督教青年会体育指导大会在霍利奥克城举行。大会期间举行了历史上最早的"小网子"比赛,两队各出 5 人,双方队长分别是霍利奥克市市长库兰和消防队长林奇。观看表演的 A·T·哈尔斯博士觉得"小网子"一词意犹未尽,提议把"Mintonette"改为"Volleyball",取"空中飞球"之意。从此,排球——"空中飞球"——开始起飞。

　　1897 年威廉·摩根先生找到当时美国的司保丁体育用品公司,要求设计一种用软牛皮包制的球,这种球既不伤手指,又不会一打就跑。就这样,司保丁公司做出了第一批排球。球重 255～340 g,圆周 63.5～68.6 cm,橡皮胆外包皮套或帆布套。今天排球的重量和大小就是据此演变而来的。

二、排球运动的发展

(一)随"教"传播,随"战"远航

排球运动出现后,通过教会的传播活动和美国军队的军事与战争活动,传播到了世界各地。

1.排球在亚洲

排球通过基督教青年会传入亚洲。1900 年,排球传入印度;1905 年传入中国;1908 年传入日本;1910 年传入菲律宾。

1910 年美国传教士布朗将 16 人制排球介绍到菲律宾,这种打法又随着1913 年第一届远东运动会的采用而传播到了亚洲各国。因此,亚洲各国都经历了 16 人制,12 人制,9 人制排球的发展过程,直到 20 世纪 50 年代才引进 6人制排球。

2.排球在欧洲

第一次世界大战期间(1914—1919 年)和一战结束后的几年中,排球运动列入了美军军事训练营的训练计划,推广到美国国内及国外的军事营地。这样,排球随着美国军队的军事活动传到了欧洲大陆和地中海沿岸。1914 年传入英国;1917 年传入法国,意大利,俄国;1918 年传入南斯拉夫;1919 年传入捷克斯洛伐克,波兰;1922 年传入德国。

特别值得一提的是,1919 年,美国派遣军分发了 16000 个排球给它的部队和盟军,这一行动大大刺激了排球在欧洲的开展。1925 年,以斯大林为首的苏联共产党中央委员会批准排球为群众性的体育项目,提出了"百万人排球运动"的号召,使排球运动在苏联很快得到普及和发展。第二次世界大战后,受苏军士兵的影响,排球在东欧各国也开展起来。

3.排球在美洲

1900 年,加拿大成为第一个在美国之外开展排球活动的美洲国家,接着排球就传入了南美各国。1905 年传入古巴;1909 年传入波多黎各;1912 年传入乌拉圭;1917 年传入巴西。

(二)国际排联成立,魅力扩展全球

1947 年在巴黎召开了有 17 个国家排协代表参加的大会,正式成立国际排球联合会(FIVB)。法国人鲍尔·利伯当选为第一届主席。中国的魏纪中于 2008 北京奥运会后接任国际排联主席直至 2012 年。

国际排联于 1949 年在布拉格举办了第一届世界男子排球锦标赛。1952年在莫斯科举办了第一届女子排球锦标赛,1964 年东京奥运会上排球被接纳为奥运会项目,1965 年在华沙举办了第一届男子世界杯排球赛,1973 年在乌拉圭举办了第一届女子世界杯赛。至此,形成世界排球锦标赛,世界杯排球赛,奥运会排球赛三项健全的世界大赛制度,各项赛事均每隔四年举办一届。此后,世界排球大赛系列中又增加了世界男女青年联赛(1977 年),世界男女少年锦标赛(1989 年),世界男排联赛(1990 年)和世界女排大奖赛(1993 年)。

1998 年,国际排联就已拥有 210 多个国家和地区的会员,是世界上最大的单项体育运动联合会。世界上参加排球运动的人数已超过 1.5 亿人,排球运动已成为当今世界广泛普及的运动项目,深受各国人民喜爱。

(三)排球运动在中国的发展

1905 年,通过基督教青年会,16 人制排球运动首先在我国广州南武中学和香港皇仁书院倡行。人们根据 Volleyball 的译音,把空中飞球译为"华利波"。

1913 年 5 月,第一届远东运动会在菲律宾首都马尼拉举行。当时的中国政府临时组队参赛,结果以 0∶2 的比局连输两场。这是我国参加最早的国际排球赛。

1914 年在北京举行的旧中国第二届全运会上,排球被列为男子正式比赛项目,并将"华利波"改称"队球"取成队比赛之意。

1919 年我国采用 12 人制。

1921 年,旧中国广东省第八届运动会第一次有了女排比赛。

1927 年改为 9 人制。

1930 年旧中国第四届全运会之前,经中华全国体育协进会研究,根据其球在空中被来回排击和参加者成排站位这两个特点,将"队球"改称"排球"。从此,排球这一名称和运动形式在我国传播开来,沿用至今。

1950 年开始推广和普及 6 人制排球。

第二节　排球基本技术

排球技术是指运动员在规则允许的条件下,采用的各种合理的击球动作和为完成击球动作而进行的必不可少的其他配合动作的总称。技术是战术组成的基础,只有熟练地掌握了技术,才能保证各种战术的运用和发展。

排球基本技术含有球技术和无球技术两大类(见图 3-1)。本节以室内排球为例(也适用于其他排球家族),对准备姿势和移动、发球、垫球、传球、扣球、拦网等技术进行动作分析。

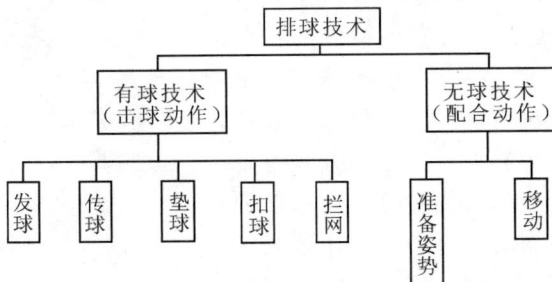

图 3-1　排球技术分类

一、准备姿势与移动

准备姿势的作用就是为了起动快和便于击球。移动的作用是为了及时接近球,迅速占据场上的合理位置,便于各项攻防技术的合理运用和集体战术的有效配合。

1. 准备姿势

准备姿势的目的,是使身体重心处于相对稳定的状态,同时又便于移动和完成各种击球动作,为迅速起动、快速移动及击球创造最好的条件。准备姿势身体重心的高低是根据场上实际需要,以移动灵活为准。可分为稍蹲、半蹲和低蹲三种(见图 3-2)。半蹲准备姿势的动作要点为:脚跟微提,两膝呈 $90°\sim$ $100°$,上体前倾自然放松,全身保持微动,眼注视来球。半蹲、稍蹲、低蹲准备姿势的区别为:以半蹲两膝的角度为中间值,稍蹲时高于此值,低蹲时低于此值。运动员在比赛中多采用稍蹲姿势。

图 3-2　准备姿势　　　　图 3-3　跨步移动

2. 移动

移动的目的为:为了及时接近球,保持好人与球的位置,以便击球。迅速的移动可占据场上有利位置,争取时间和空间。队员能否及时移动到位,直接影响着技战术的质量。常用的几种移动步法有并步、滑步、跨步(见图3-3)、交叉步(见图3-4),除这几项有专项特色的步法外,还有跑步、后退步、转身跑步等。无论采用哪种移动步法,都要求判断准确,起动迅速,步法灵活。这取决于正确的准备姿势,保持好身体的重心,能及时转向移动的方向。移动后的制动也对击球动作效果关系重大,所以移动后制动也要及时,使击球前能站稳并对正球,保持好有利的击球位置。

图3-4　交叉步移动

3. 准备姿势与移动中易犯的错误及其纠正方法(见表3-1)

表3-1　准备姿势与移动易犯错误及其纠正方法

种类	易犯的错误	纠正方法
准备姿势与移动	上体后仰或臀部后坐	讲清要领,重复示范。强调含胸收腹,上体前倾,足跟提起。两人一组练习互相提示纠正。结合做一些高重心的跑、跳练习
	弯腰、直膝	体会要领,移动前重心前移,适当进行静蹲练习
	起动慢,移动步子过大或过小	讲清要领,移动前重心前移,身体保持微动状态,用视觉信号进行徒手练习
	移动时身体起伏过大	讲清并分析身体重心不能起伏过大的道理,多做穿网下的往返移动移
	动后重心过高	多练习移动后手触地动作
	无球队员准备姿势不足	要求有随时击球的思想准备,常采用一打二或一打三练习,使每人都处于紧张状态中

二、发球

(一)发球技术分析与分类

发球是比赛的开始,有攻击性的发球不仅能破坏或削弱对方的进攻,还有直接得分的可能,起到先发制人的作用。但新规则的执行,又产生了如何解决好发球时既要有攻击性,更要有把握性的问题,因为发球失误即造成直接失分。所以提高发球这项技术已被人们越来越重视。但无论采用哪种方式,要想把球发好,必须注意以下三要素:抛球方向与高度、击球部位的统一、击球手法。如发旋转球时,手必须击球的外侧造成偏心斜碰撞。

发球可分为正面发球和侧面发球两大类,用不同的方式能发出飘晃和旋转等不同性能的球。常用的发球技术有:正面下手发球、正面上手发球、正面上手发飘球、侧面下手发球、勾手发飘球、高吊发球、发各类旋转球及跳发球等。这里主要介绍四种发球方法。(以右手发球为例)

1. 正面下手发球(见图 3-5)

这种发球动作简单,容易掌握。但球速慢,力量小,攻击性不强,正式比赛一般不采用。但初学者应学习这种技术,以便结合接发球的练习和进行教学比赛时使用。

图 3-5

(1)准备姿势。面对球网,两脚前后开立,两膝弯屈,上体前倾,左手持球与腹前。

(2)抛球。左手将球轻轻抛起在体前右侧,离手约一球多的高度。

(3)击球。在抛球前,右臂伸直,以肩为轴向后摆动。击球时,右脚蹬地身体重心随着右手向前摆动击球而移动到前脚上,球一离手就迅速前摆右臂,在腹前以掌根击球的后中下部,重心随击球动作前移,迅速进场比赛。

2. 正面上手发球(见图 3-6)

这种发球的力量大,速度快、弧度平、视野广、准确性和攻击性较大,是一种运用较广泛的发球方法。

图　3-6

（1）准备姿势。面对球网,两脚前后开立,左手持球于腹前上方。

（2）抛球。左手将球向右肩前上方,平稳上旋抛出(高度约1 m)。同时,右臂屈时上抬并后引,手指自然张开,上体向右侧转动,重心后移,形成抬头展体姿势。

（3）击球。击球时,两脚蹬地,上体迅速向左侧转动,随身体重心前移,收腹带动右臂向前上方加速挥摆,以全手掌击球的后中下部。击球时的蹬、送、转、挥动作要连贯。

3. 正面上手发飘球

这是一种使发出的球不旋转,从而产生不规则飘晃的发球技术。这种发球便于控制方向,威力大,准确性高,在各种水平的比赛中被广泛采用。

（1）准备姿势。面对球网,两脚前后自然开立,左手托球于体前。

（2）抛球。用抬臂和手掌平托上送动作,将球平稳垂直地抛起在右肩前上方,尽可能地降低抛球高度,以便控制击球点。

（3）挥臂击球。在左手抛球的同时,右臂屈肘后引,肘稍高于肩,上体右转,挺胸展腹。击球时,利用蹬地向左转体和收腹的力量,带动右臂向前直线加速挥动,身体重心从右脚过渡到左脚。右手掌根在头前上方击球后中部位。击球的手掌、手腕保持紧张,掌根触球面积要少,用力要突然、短促,加快球的初速度使球在飞行中不旋转,这样,通过空气对球的挤压就产生了球的飘晃现象。击球后手臂不宜多送,要有突停动作,身体重心也随击球动前移,准备进入场地。

4. 跳发球

跳发球(见图3-7)技术是指运动员在发球区起跳后在冲跳过程中完成击球动作的一种发球技术。

图 3－7

跳发球技术是与其他发球技术一样在强调抛球稳击球准确的要求外,特别强调助跑与起跳动作衔接的合理性和连贯性,使发球队员在冲跳过程中充分利用展体和收腹的力量,加大手臂振幅,加强手腕和手指在击球时的甩腕推送动作,保持较高的击球点,准确而具攻击力地将球发到预定位置。跳发球以其强有力的攻击力,加之球速快,弧度平,强烈的旋转,给对方造成很大的心理压力,使其接发球来不及判断,从而达到破坏一传或直接得分的目的。它的出现突破了传统的发球技术动作结构模式,使其成为现代排球比赛的主要得分手段之一。

由于跳发球技术难度大,对发球队员的弹跳力和原地发球技术均有很高的要求,故在此只做简单的介绍。

(二)发球易犯的错误与纠正方法(见表 3－2)

表 3－2 发球易犯错误与纠正方法

种类	易犯的错误	纠正方法
正面上手发球	抛球不准,太前、太后	讲清要领,向上固定目标抛球
	击球不准,无手腕推压动作	对墙发球,体会手包球动作使球呈上旋
	用不上全身协调力量	对墙掷球或对墙、网平扣;加大动作幅度对墙发球练习
	发球落点惯性偏向一边	调整身体正对方向;向异侧方向调整触球部位
	发球球速慢,无攻击力	加强上肢肱三头肌力量练习

三、垫球

(一)垫球的技术分析与分类

垫球技术简单易学,在比赛中运用较多,主要应用于接发球、接扣球、接拦回球和垫击二传球。垫轻球,两臂夹紧,插到球下,向前上方蹬地抬臂迎击来球;垫重球,降低重心,击球是采用含胸、收腹的动作,配合手臂随球屈肘后撤适当放松,以缓冲来球力量。高水平的比赛,球速快,力量大,飘晃多,对垫球的控制能力要求非常高。因此学好垫球是提高排球整体水平和参与这项运动的基础。

垫球通常分为倒地和不倒地两大类。不倒地的垫球多用于双手,有正面垫球、侧面垫球、低姿垫球、背垫球、挡球、脚垫球。倒地垫球多用于单手,有侧倒垫球、滚翻垫球、前扑垫球、鱼跃垫球等。下面简要介绍几种常用的垫球方法。

1. 正面双手垫球

正面双手垫球是各项垫球的基础,是比赛中运用最多的技术动作之一,也是由防守转入进攻的重要环节,学好垫球,提高垫球能力是为组织进攻和战术组合打下良好的基础。

(1)准备姿势。移动对正来球后两脚开钱后半蹲站立,重心稍前倾,双臂自然弯屈,置于腹前。

(2)手型(见图3-8),击球点和触球部位(见图3-9)。当球接近腹前时,双手重叠,掌根靠拢,合掌互握,两拇指平行前伸,手臂伸直,手腕下压,用前臂外旋形成的平面靠近手腕的部分击球的后下方。击球点应在腹前一臂距离,便于控制用力大小、出球方向和调整手臂的角度。

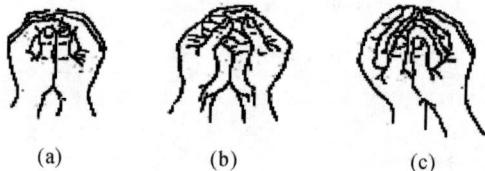

(a)　　　　　(b)　　　　　(c)

图 3-8

(a)抱拳;(b)叠掌;(c)互靠

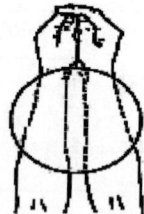

图3-9 垫击部位

(3)击球。两臂靠拢前伸,迅速插到球下,靠手臂上抬力量增加球的反弹力,同时配合蹬地提腰动作,使身体重心随之前移,将球准确地垫在小臂上。击球过程中,两臂要摆平,肩关节要适当放松,避免动作僵硬而影响迎击球的准确性和控制的能力。垫中等力量的来球,由于来球有一定的速度,因此垫击球抬臂动作要小,速度要慢,手臂适当放松,以便适应击球力量,主要靠快速来球本身所造成的反弹力将球垫起。垫重球时,则应采用收腹含胸动作,手随来球屈肘后撤并适当放松以便缓冲来球力量,控制垫球距离。当击球点较低,又距身体稍远时,手臂在缓冲过程中,要屈肘翘腕把球垫在虎口处如图 3－10 所示。

2. 侧面双手垫球

在身体两侧用双臂垫球的动作称为侧面垫球。来球飞向体侧,队员来不及移动对正来球时,可用双臂在体侧垫球。当球向身体右侧飞来时,左脚蹬地,跨右脚,重心右移,两臂夹紧向右伸击,左臂微向下倾斜,用向右转腰和提右肩的动作,使手臂在体侧尽量形成一个平面对正球。击球时,下肢蹬地右转,配合两臂置右后方向前截住球飞行的路线,用两前臂垫击来球的后下部如图 3－11 所示。

图 3－10　正面双手垫球

图 3－11　体侧垫球

3. 背垫球

背垫球就是背向触球方向的垫球,一般为了接应同伴打飞的球,或第三次处理过网球时采用。背垫时,要判断好球的飞行方向,迅速移动到球的落点上,背对击球方向,两臂靠拢伸直,击球点高于肩。击球时要抬头挺胸,展腹后仰,直臂向后上方送出,不要屈肘,以免出球角度偏移(见图 3 - 12)。

4. 挡球

当来球较高,不便于用手臂垫击时,用双手或单手在胸部以上以合理的手型(见图 3 - 13)挡击来球的击球动作。双手多用于挡击力量大速度快的来球(见图 3 - 14),单手多用于挡击来球较高力量较轻,在头部上方或侧上方的来球(见图 3 - 15)。

5. 前扑垫球

当来球在前方低而且远的时候,运动员来不及向前跨

图　3 - 12

步、移动去接近球,可采用前扑垫球的防守技术。分双手前扑垫球和单手前扑垫球。

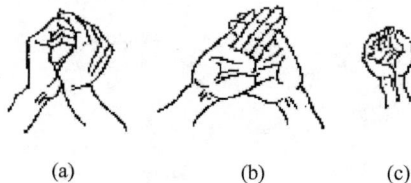

(a)	(b)	(c)

图　3 - 13　　　　　　图　3 - 14　　　图　3 - 15

(a) 抱拳式;(b) 并掌式;(c) 单手

6. 滚翻垫球

当来球距身体远而低时,用跨步垫球不能触及来球时可采用滚翻垫球,其特点是能够充分发挥移动的速度接近球,控制范围较大,并保护身体不受伤,迅速起立转入下一个动作。

7. 鱼跃垫球

当来球远而低时,可采用防守中鱼跃垫球技术,其特点是跃得远,控制范围大,但动作难度也大。

8. 脚垫球

当来球用手无法触及时采用。一般用脚背较为平整的部位,以适当的力

量和角度触及球,使球弹起一定的高度。脚垫球技术还处于探索阶段。

(二)正面垫球易犯的错误与纠正方法(见表 3 - 3)

表 3 - 3　正面垫球易犯的错误与纠正方法

种类	易犯的错误	纠正方法
正面垫球	屈肘,两臂并不拢,垫击面不平	徒手模仿练习,垫固定球,对墙近距离快垫
	移动慢	做各种步伐的移动练习;结合球做向前、后、左、右移动练习
	垫球时动作不协调	垫固定球体会用力和协调发力
	垫球时身体后仰,球垫不到位	多练习垫完球后向前跑几步手触地动作
	垫球姿势居高不下	练习由高重心往低重心变换的动作,并保持持续的低重心垫、传球

四、传球

(一)传球的技术分析与分类

传球技术主要用于二传,为进攻创造条件,在比赛中起着组织进攻的作用;传球可以用以接一传和接对方轻打、吊球、无攻过网的球和本方被拦回的高球;传球还可以用来吊球和处理球,起着进攻的作用。传球技术动作规格为:一般采用稍蹲作为准备姿势。传球前双手位置高于垫球的双手位置,击球点在额前约一球距离处,以五指触球,避免手掌触球。传球除全身协调用力外,手指、手腕爆发力的应用也是极为重要的。传球是攻防转换和被动转为主动的重要环节。一个队进攻能力是否能充分发挥,很大程度上取决于二传队员的传球技术水平。特别是现代排球进攻战术多,变化快,二传起着越来越重要的桥梁与核心的作用。双手传球的技术动作通常分为正传,背传,侧传三种。三种传球都能在原地传、跳传或倒地传中运用。而单手点传一般多用于二传手对于来球过高而且很冲网,不便用双手传球时的弥补动作,是一种难度较高的二传技术。这里主要介绍两种常用的传球方法以及二传手的技术分析。

1. 正面传球

传球的种类很多,正面双手传球是最基本的方法,只有打好正面传球技术的基础,才能进一步掌握和运用其他各种传球技术。

(1)准备姿势。判断来球后迅速移动到球的落点上正对来球。采用稍蹲的准备姿势利用拇指、食指间的"桃"型空隙来观察来球。

(2)击球点与手型(见图 3 - 16)。击球点在额前上方约一球距离,当手触

球时,两臂弯屈,两肘适当分开,两手自
然张开成半球形,传球手指与球面吻合,
以便最大限度提高控制球的能力,保证
传球的准确性。根据传出球角度的需
要,手腕适当后仰,根据来球及要传出球
的高低两拇指相对,呈"八字型"或"一字
型",两手之间距离以不漏球为宜,以拇

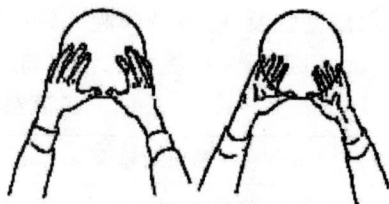

图　3-16

指外侧,食指全部,中指的二三指节触球的后中下部,无名指和小指在两侧触
球,辅助控制传球方向,手腕保持适当紧张。

　　(3)击球。当球接近额前时,开始蹬地、伸膝、伸臂、两手微张向额前上方
迎球。全身各部位的动作要协调一致,以便把力量集中在球上。根据传出球
的距离、弧度、速度不同的要求,用伸臂的力量和手腕手指的手型来控制。伴
随伸臂动作的完成,手指、手腕的反弹地将球平稳传出,球出手后,手臂动作随
传球方向惯性伸展,随后放松落下,准备下一动作,如图3-17所示。

　　2.背传球

　　向后上方传出的球称为背传球(见图3-18)。背传的准备姿势,上体比
正传时稍直立,身体重心稳定在两脚之间,击球点应保持在额上方,手触球时,
手腕适当后仰,掌心向上,击球的下部,利用蹬地、展腹、伸臂、向上送腕及手指
的弹力把球向后上方传出。

图3-17　击球

图3-18　背传球

　　(二)二传技术教学提示

　　1.二传

　　二传是把一传传起来的球传到特定的位置上,便于同伴扣球。因此,要求

二传队员必须做到：

（1）起动及时，移动迅速。二传队员应根据一传的方向、弧度、速度和落点，准确判断，及时起动，迅速取好传球位置，做好传球准备，环视周围情况，用最合理的传球姿势，组织最有效的战术配合。

（2）取位要得当。在移动过程中，应根据来球特点，边判断，边取位。力争人到球到，或提前到达组织战术进攻的合理位置。跑动中传球时，特别强调出球要稳。

（3）扩大视野。二传队员不仅要求传球既稳又准，而且要有效地组织进攻，还要有良好的环视能力。不但观察本队，还要能观察对方情况，做到心中有数。观察方法有二：一是双目正视观察目标；二是用眼睛的余光去观察。观察时机应该在第一传出手之后，第二传接触球之前。一般是在起动后，边移动，边取位，边观察。

（4）掌握熟练的二传技术。二传技术细腻精确，运用多种多样。根据出手的方向可分为正传、背传、侧传（见图3－19）、跳传（见图3－20）等；根据传出球的距离远近和高低又分为集中、拉开、快球、小弧度等。总之，只有熟练掌握了正面传球技术，才有可能练好其他各种传球。只有全面掌握各种传球技术，才可能用各种不同姿势和适当手法传出各种战术所需要的球。

（5）二传技术运用。只有通过专项技术的刻苦训练，全面地掌握了熟练的二传技术，并了解了本队队员的个人进攻特点和全队整体战术意图，在平时训练中反复进行配合练习后，二传队员和进攻队员才能在比赛中合理地运用技、战术，形成默契配合，达到有效进攻的目的。

图3－19 侧传

图 3-20 跳传

2. 讲解与示范

在比赛中顺网正面二传技术的目标明确,动作难度不大,易控制方向和落点,且起有效组织进攻的作用,是二传中最简单、最常用的技术。所以,对二传移动后的身体位置,应尽可能形成顺网正面位置。顺网二传动作与正面传球相似,其区别在于顺网正面二传传球时身体不宜面对来球,要适当地转向传球方向,尽可能保持正面使球顺网飞行。示范时要使二传动作、球飞行弧度、落点全部落入学生视野之内。

3. 练习方法

(1)一人对墙连续传球:近距离、远距离,自抛自传。

(2)一人向墙上固定目标连续自传,自传一次再传向墙上固定目标。

(3)网前自抛自传,固定高度与变化高度结合。

(4)平行网(墙)二人对传,变化高度、速度、弧度、距离。

(5)每向上自传一次,两手击掌一次,依传球高度增高,击掌次数可增加。

(6)接后排抛球做一般二传。

(7)6 号位队员垫或传对方发过来的球至 3 号位,3 号位队员做一般二传。

(8)6 号位传给 3 号位,3 号位传向 4 号位或 2 号位的循环三角传球。

(9)结合接发球进行二传练习,二传从进攻线开始,跑动后顺网二传,马上回到起动位置,反复练习。

(10)结合防守组织反攻进行二传练习。

(三)正面传球易犯的错误及其纠正方法

正面传球易犯的错误及其纠正方法见表 3-4。

表 3 - 4　正面传球易犯的错误及其纠正方法

种类	易犯错误	纠正方法
正面传球	手型不是半球状,触球部位离身体远	轻轻向上自传,检查手型;自抛后,对墙传球,体会手指触球;先摆好手型,接传对方抛来的球;近距离对墙连续传球,巩固正确手型
	击球点过低或过高	击球点偏低,多练自传,对墙传球;击球点偏高,多练自抛传远球;传固定球,体会正确击球点
	用力不协调,过早或过晚	对墙高抛球后传向墙上,提高协调用力;自抛自传,用蹬地伸臂力量将球传出;传实心球,提高全身协调力量
一般二传	身体未转向传球方向	要求传球时右脚必须指向传球方向;注意要边转身边传球
	取位不合适,人与球关系保持不好	结合移动练习,要求保持正面传球;多练结合网的三角传球

五、扣　球

(一)扣球的技术分析与分类

扣球是攻击性最强的基本技术,是由被动转为主动的主要方式,也是得分的主要手段,在比赛中占有重要地位。扣球技术可分为:正面扣球和自我掩护扣球两大类。正面扣球包括扣近网球、扣远网球、扣调整球和各种平、快扣球。如,平拉开、短平快、近体快、背快、背平快等。自我掩护扣球包括"时间差"、"位置差"、"空间差"三种。时间差有:短平快时间差、近体快时间差、背快时间差;"位置差"有短平快错位、快球错位;"空间差"有:前飞、背飞、拉四、拉三;扣球可用双脚起跳,也可采用单脚起跳,单脚起跳比双脚快,更适合扣各种快球。另外,扣球在运用时有各种变化。扣球在实战中可以灵活运用以求最佳效果。如扣直线球,扣斜线球,转体扣球,转腕扣球,扣轻球,打手出界,超手扣球,快抹,吊球,二次球等。这里主要介绍三种常用的扣球方法。

1. 正面扣高球

正面扣高球是扣球技术中最基本的一种,由于正面扣球面对网,便于观察来球和对方的防守布局,因此在比赛中准确性较高;并能根据对方情况随时改变扣球路线和力量,控制球落点,因而进攻效果较好。是初学者必须掌握的进攻技术,下面进行重点分析。

（1）准备与判断。采用稍蹲姿势。一是要观察一传是否到位；二是要看二传的方向、弧度、速度、落点；三是选择好助跑的方向、路线、节奏，根据球的高度及运行情况考虑助跑起跳的时间、地点。助跑可以采用一步、二步、多步，初学者就要有意识地具备向任一方向助跑的能力，如图 3-21 所示。

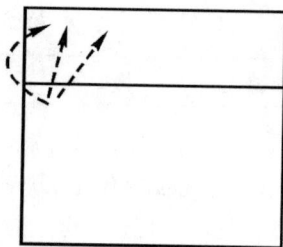

图　3-21

（2）助跑。助跑的作用是接近球，选择合适的起跳点，同时有利于增加弹跳高度。助跑的时机、方向、步伐、速度、节奏要根据不同来球的情况而定。以两步助跑为例：助跑时，左脚先向前迈出一步，接着右脚再迅速跨出一大步，左脚及时并上，踏在右脚之前，两脚尖稍向内转。助跑第一步小，便于对正方向；第二步大，便于接近球和提高助跑速度，最后一步要以脚跟先着地过渡到全脚掌着地，有利于制动身体的前冲力，增加腿部肌肉的紧张，提高弹跳高度。

（3）起跳。目的在于掌握扣球时间和获得扣球高度。腿部力量大的人，下蹲可深一些，反之，可浅一些。髋、膝、踝这三个关节蹬伸要充分，要有爆发力。双臂侧（或后）摆动要放松，突然加速，有利于提高弹跳高度。起跳的目的不仅在于获得高度，还为了掌握扣球时机和选好击球点。在助跑跨出最后一步的同时，两臂经体侧后引，自后积极向前摆动，随之以腿蹬地向上起跳，两臂沉肩垂肘加速上摆配合起跳。手摆的速度越快，越及时，对起跳的高度越有帮助。两臂的摆动可根据扣球技术需要及本人习惯，采用不同摆臂方式。在助跑制动后，向上摆臂的同时，两腿从弯屈制动的最低点，猛力蹬地向上起跳。双腿的弯屈程度，可依每人腿部力量或习惯不同而有所差异，但整个动作要协调、连贯，具有强烈的爆发速度，如图 3-22 所示。

① ② ③ ④ ⑤ ⑥

图　3-22

(4)空中击球。起跳腾空后,身体呈反弓状,扣球手同侧肩后摆带动上体绕中轴转动,预先拉长收腹、收胸肌群。击球时从上体相向运动开始,猛烈收腹、收胸带动上臂屈肘,向前上方鞭甩伸直肘关节,最后通过屈腕、屈指、收肘把球猛力击出。击球是扣球的关键,其动作的好坏直接影响着扣球的质量。起跳后,挺胸展腹,上体向右转,右臂向后上方抬起,身体呈反弓形。挥臂时,以迅速转体,收腹动作发力,依次带动肩、肘、腕各部关节成鞭甩动作向前上方挥动,使全身的用力依次叠加传递,最后集中在手上,以加大击球力量。触球时,五指微张成勺型,并保持紧张,以全手掌包满球,同时主动用力屈腕、屈指向前积极推压下甩,使扣出的球加速呈上旋。击球部位应根据人与球的关系、人与网的距离及高度来确定。击球点在起跳的最高点和手臂伸直最高点的前上方,击球结束后应注意避免触网(见图3-23)。

(5)落地。为了避免腿部负担过重,应力争双脚同时落地。着地时以前脚掌先着地再过渡到全脚掌落地。同时顺势屈膝,以缓冲下落力量,并立即准备好做下一个动作。

图 3-23

2. 扣快球

快球是我国传统的打法,特点是时间短、速度快、隐蔽性强、突然性大,能起到攻其不备的作用。扣快球对一传要求很高,必须在一传到位的情况下,扣球队员随一传得球同时助跑到网前,在二传队员传球前或传球的同时起跳,并迅速挥臂击球,以造成对方来不及拦网的扣球。扣快球时,助跑距离短,节奏快,助跑角度一般与网成45°,上体和挥臂动作的振幅小,主要利用前臂和手腕加速甩动击球。扣上升期的球时应在球传出之前就开始挥臂,球出网口时正好挥臂。要求初学扣快球者一定要牢记:在一传到位的情况下,随球助跑,球起人跳,高点击球或出网击球以及高抬肘快下手的要领,如图3-24和

图 3 - 25 所示。

图　3 - 24

3. 调整扣球

在一传不到位的情况下,为了不失去进攻机会,可进行调整扣球。其技术动作和正面扣球基本相同,但难度较大。要求扣球队员能适应来自不同方向、角度、弧度、速度的球,以灵活的步伐、良好的弹跳、准确的空中动作,调整好人与球的位置,根据与网的距离运用不同的手法,控制球的力量、旋转、弧度、路线和落点。掌握好调整扣球也是为运用后攻技术打下良好的基础。

图　3 - 25

(二)正面扣球易犯的错误与纠正方法

正面扣球易犯的错误与纠正方法见表 3 - 5。

表 3 - 5 正面扣球易犯错误与纠正方法

种类	易犯的错误	纠正方法
正面扣球	助跑起跳前冲,击球点保持不好	进一步讲解,多做徒手助跑起跳动作;采用限制性练习,如地上表明起跳点和落地点,防止前冲;扣固定球或助跑起跳接球
	上步启动时间早,起跳早	用口令、信号或触动队员身体,体会启动上步时间;抛固定高度的球练习扣球
	挥臂动作不正确	起跳掷小皮球和小垒球;挥臂打树叶、扣固定球;原地自抛自扣
	击球手法不正确,手未包满球,球未呈前旋状	低网自抛自扣,学会手腕推压、鞭甩击球动作;击固定球,练习手包满球
	空中击球范围窄	对墙连续扣反弹球;下肢不动,对网自抛自扣,有意识向前、后、左、右抛球,通过伸展肢体扩大扣球范围

六、拦网

(一)拦网的技术分析与分类

拦网是防守的第一道防线,主要作用是拦截对方的扣球,产生直接得分效果或减轻本方防守的压力,是削弱对方进攻最积极、最有效的手段,并且能为本方的防守和组织防守反攻创造条件。拦网一般是在对方击球瞬间伸臂,两手腕主动用力盖帽捂球,使球反弹后落入对方场内。所以,拦网具有强烈的进攻性,也是得分的重要手段之一。拦网可分为原地起跳拦网和助跑起跳拦网两种。组成拦网的形式又可分为单人拦网、双人拦网和三人集体拦网。下面介绍两种常用的拦网方法。

1. 单人拦网(见图 3 - 26)

(1)准备姿势。目的是为了便于起跳和迅速向两侧移动。队员面对球网,两脚平行开立,约与肩同宽,距离 30～40 cm,两膝弯屈呈半蹲,两臂在脸的两侧,或略高于脸的两侧,随时准备移动和起跳。

(2)拦网的判断。判断是拦网的关键环节。一般应从以下几个方面判断:对方进攻战术的打法;对方二传情况;扣球人跑动及起跳情况(方向、时间、身体姿势);扣球人的空中挥臂动作等。其中最主要的是在对方挥臂时看清挥臂的方向,并决定拦网伸臂的部位和手型。另外还要加强预判的能力。

　　(3)移动。为了对正进攻点,需要及时移动。常用的移动步伐有滑步、交叉步、交叉步接并步,还有移动范围较大的助跑步。注意移动后的制动,避免触网或冲撞同队队员。

图　3－26

　　(4)起跳。首先必须掌握好拦网起跳时机。拦高球时,一般应比扣球队员晚跳;拦快球时,可以和扣球队员同时起跳,或提前起跳。根据拦网需要,采用原地起跳或移动起跳。起跳时,重心降低,两膝弯屈,用力蹬地,使身体垂直起跳,同时双臂从体侧贴近球网垂直上举。屈膝下蹲的深度因人而异,以发挥最佳弹跳力为原则。

　　(5)空中动作。起跳后,应含胸收腹,上体保持适度紧张,避免触网。两手从额前贴近并平行于球网向网上沿的前上方伸出,两臂伸直,两肩平行靠近网,防止球从手与网之间或两臂之间漏过。两手尽量张开,屈腕呈勺型接近球,以扩大阻拦面。拦网应在对方击球瞬间为好,使击球人难以变化击球路线。当触球时,两手突然紧张,手腕用力下压盖住球的前中上部。在拦网高度不够时,则不要用压腕动作,可采用手腕上仰、手腕遮线等不同方式,而取得拦回、拦死、拦起的不同效果,提高拦网成功率,如图3－27所示。

　　(6)落地。拦网后,屈膝缓冲,双脚落地,如未拦到球,则在身体下落时随球转头并以转头方向相反的脚先落地,另一脚即向后场方向转体迈出,准备接应或做下一个动作。

　　2. 集体拦网

　　集体拦网是在单人拦网的基础上,进行两人或协同三人拦一个进攻点的配合行动,目的在于扩大拦截面。多数情况是双人集体配合拦网,如拦对方4

图　3－27

号或 2 号位队员扣球时,我方 2 号位或 4 号位队员先取位,拦一般直线或斜线;3 号位队员并过去拦一般斜线或小斜线。如对方 3 号位队员扣球时,两人平均分区拦主线和转体线,有主拦的 3 号位队员先取位。另一个并上去主动配合拦网,不论在哪个位置拦网,两名队员间应保持适当的距离,以不漏球、不重叠为宜,四只手形成一个统一联合的屏障。

(二)单人拦网易犯的错误及其纠正方法(见表 3 - 6)

表 3 - 6 单人拦网易犯的错误及其纠正方法

种类	易犯的错误	纠正方法
单人拦网	起跳过早	讲解分析适宜的起跳时间;采用信号刺激,加强起跳时机判断
	双手前扑触网	徒手模仿提肩屈腕拦球动作;在低网下拦固定方向扣球,防止手触网
	过中线,身体碰网	徒手原地做起跳含胸、收腹动作;练习向左、右移动起跳拦网动作
	手距网远	徒手练习近网起跳,两手伸向对方

第三节 排球基本战术

一、排球战术的基本理论

排球战术,是指排球运动员在比赛中根据排球运动的比赛规律、彼我双方的具体情况和临场变化,有效地运用技术所采取的符合排球规则要求的有预见、有目的、有组织的个人或集体的行动。排球战术分类见图 3 - 28。

下面介绍的排球战术是一般练习者能迅速、快捷地掌握的"中二传、边二传"基本战术和现行排球比赛中正在流行的"心二传"进攻阵形以及常用的"插上"战术。在此基本战术的基础上,可以根据爱好,创造出一些适合本身技术水平、身体素质水平、协作能力水平、符合健身娱乐需要的个人和集体战术。

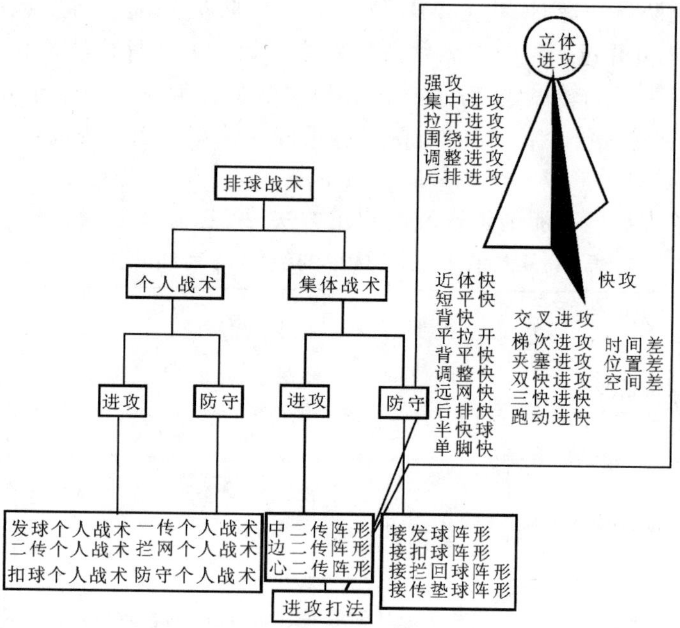

图 3-28　排球战术分类

二、阵容配备

阵容配备就是合理地把全队力量搭配好,更有效地发挥每一个队员的技术特长,保证在进攻中每一轮次都具备较强实力而无明显强弱差距。阵容配备的主要形式如下:

1."四二"配备

两个二传手,四个攻手,其中四个攻手中又分两个主攻手、两个副攻手。

其优点:

(1)每一轮次前排都有了一个二传队员和两个进攻队员,便于组织进攻。

(2)如果两名二传队员都有攻击能力,每轮都可以插上,形成三点进攻,加强了进攻能力。

其缺点:

(1)每个进攻队员必须熟悉两个二传队员的传球特点配合比较困难。

(2)一个队要培养两个高水平二传是比较困难的;如果还要求他们能扣、能拦就更不容易了。

2."五一"配备

一个二传队员,五个进攻队员。但是为了弥补有时主要二传队员来不及传球所出现的被动局面,通常在二传队员的对角位置上,配备一名有进攻能力的接应二传队员。"五一"配备适于较高水平的球队采用。

其优点:

(1)只有一个二传队员容易培养。

(2)二传队员在后排时前排三名队员都是攻手,可以加强进攻和拦网的力量。

(3)全队进攻队员秩序适应一名二传队员传球的习惯、特点,配合上容易建立默契。

其缺点:

(1)二传队员在前排时,后排没有二传队员插上,有三轮只有两点进攻。

(2)防范时,二传队员如果在后排,要插上去传球难度较大。

3. 初学者阵容配备

(1)二传队员固定不轮转。这样先学会组织进攻,培养二传、进攻队员的意识。

(2)3 号位二传轮转制。无论是谁,轮转到 3 号位后就担任二传,只能组织进攻。

(3)"三三"配备。即场上三名二传,三名进攻队员。

三、个人战术

个人战术是队员在比赛中根据临场情况的变化,有目的、有针对性地运用个人技术动作。个人战术是集体战术的基础,队员在比赛中运用个人战术时,要服从于集体战术的需要,密切与全队配合,充分发挥个人作战的特长和作用,丰富全队的战术打法。个人战术包括发球、一传、二传、扣球、拦网及防守等。

(1)发球个人战术。发球的个人战术是不靠与同伴的配合,单靠自己有战术目的的行动,如:找人,发落点,旋转,飘晃等,用不同性能的发球变化使对方难以判断和适应,破坏对方一传。

(2)一传个人战术。一传的个人战术是把来自不同方向、路线、角度、力量、速度、性能的球,垫或传到各种战术需要的位置和高度。在训练中应结合接发球、接扣球、接拦回球和接传球、垫球防守及进攻进行,这样更接近于实战的需要。

(3)二传个人战术。二传个人战术主要是利用空间、时间和动作的变化以及传球动作的虚实,为进攻创造有利的条件。

(4)扣球个人战术。扣球个人战术是扣球队员根据比赛中对方拦网和防守的情况,选择合理有效的扣球方法,以突破对方防守的有意识的行动。

(5)拦网个人战术。拦网既是被动的技术也是由被动变主动的进攻技术。拦网个人战术是通过时间、空间和动作变化等因素变被动为主动。它体现在正确的判断、掌握起跳时机,把握制空权和善于用声东击西来迷惑扣球队员,这样拦网才有实效。在训练中多采用扣、拦结合的方法。

(6)防守个人战术。防守属于被动技术,能否防对方击过来的球,关键在于击球前的判断、移动和取位的准备动作。防守的个人战术体现在防守时能选择有利的位置,并采取合理的击球动作,将球有效地按战术要求防起。

四、进攻阵形

进攻阵形是进攻时所采取的基本队形。随着排球运动的发展,原先的由前排中③号位队员担任二传,②,④号位队员扣球的“中一二”和原先的由前排右②号位队员担任二传,③,④号位队员扣球的“边一二”进攻阵形都已不能涵盖当前一名队员做二传,其他五名队员都参与进攻的立体进攻阵形。因此,我们以二传组织进攻时的位置,把目前的进攻阵形定名为“中二传”、“边二传”和“心二传”进攻阵形,以期能更准确的表述其内涵。

1.“中二传”接发球进攻阵形

由一名队员在前排③号位(②,③,④号位为前排位置)做二传,②,④号位队员进攻的配合形式称为“中二传”进攻阵形。“中二传”进攻阵形是进攻战术的基本阵形之一,在一攻、反攻中都常采用。“中二传”进攻战术容易组织,比较简单,是初学者常采用的一种进攻阵形。这种阵形除组织②,④号位一般高球外,还可以利用网的全长,在网的附近任一点上扣有预先设计的各种高度、速度的传球(见图 3 - 29,图 3 - 30)。

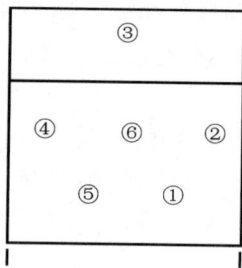

图　3 - 29

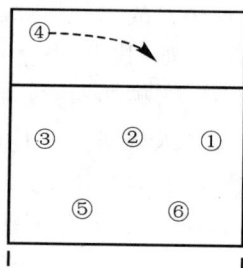

图　3 - 30

2."边二传"接发球进攻阵形

　　由一名队员在前排②号位或④号位做二传,把球传给③,④号位队员进攻,这种进攻的组织形式就叫"边二传"进攻阵形。"边二传"进攻阵形的优点是右手扣球者在③,④号位扣球都比较顺手,战术变化也较"中二传"多;缺点是⑤号位接一传时离②号位较远,控球难度大。在"边二传"基本阵形的基础上,由于③号位多扣的是低、平球,与"中二传"阵形比较,更易于利用全网展开相互掩护的进攻,可组成战术进攻的数量多于"中二传"阵形,可组成的战术进攻变化也优于"中二传"阵形(见图3-31～图3-33)。

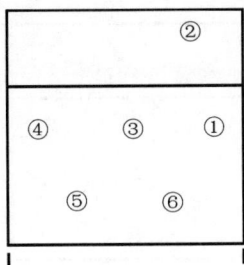
图　3-31

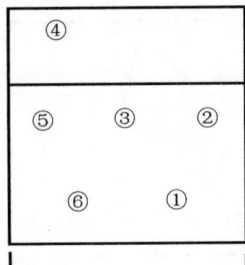
图　3-32

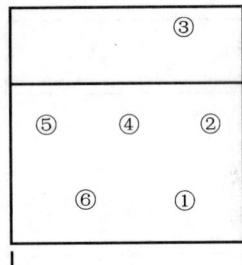
图　3-33

3."心二传"接发球进攻阵形

　　"心二传"是近年来创新的一种进攻阵形。二传队员在中场进攻线附近组织进攻的阵形。其特点是二传队员在中场位置进行二传,有利于组织后排进攻及前后排相互掩护进攻,战术变化多,适合水平较高的队使用,但对一传及队员间的配合要求较高。其站位及变化如图3-34～图3-36所示。

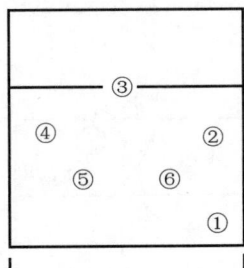
图　3-34

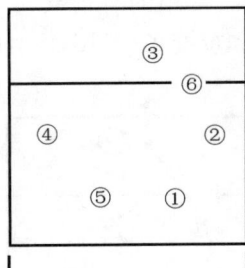
图　3-35

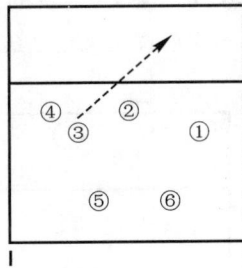
图　3-36

4."插上"进攻

(1)"插上"进攻战术阵形简介。它是由后排的一个队员在对方发球击球后,迅速插到网前②,③号位之间做二传,前排保持有三点进攻,还能组织各种立体进攻,是当前国内外高水平队普遍采用的一种进攻战术阵形。但对排球运动参与者来说,也可以借鉴。因为二传队员不容易培养,如果一个队有一个传球较好的学员,就可以利用他的特长为大家创造进攻机会,大家也就不必为二传的组织进攻犯愁。

　　根据后排队员插上时的位置不同,可分为①号位队员插上(见图3-37),⑥号位队员插上(见图3-38)和⑤号位队员插上(见图3-39)。其中以①号位插上最为方便,因为这时插上队员移动时,不影响其他五名队员,且移动距离短,有利于观察本方和对方情况。

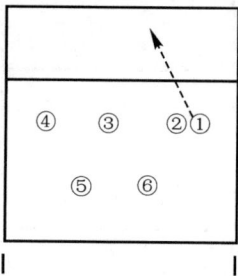
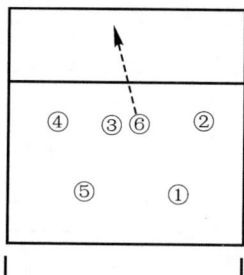
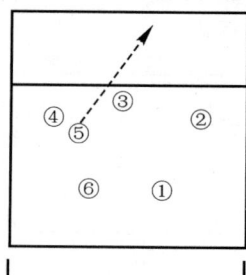

图　3-37　　　　　　　　图　3-38　　　　　　　　图　3-39

　　(2)"插上"进攻的主要打法。"插上"进攻战术打法除"中二传"、"边二传"进攻战术的变化外,还可以组织起各种跑动进攻战术配合。其主要战术打法如下:

　　1)中间快球、两边拉开的进攻打法(见图3-40)。

　　2)"交叉"进攻的战术配合,常用的有前交叉(见图3-41)、后交叉(见图3-42)、背交叉(见图3-43)和反交叉(见图3-44)4种。

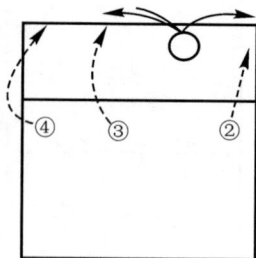
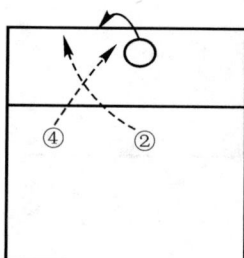
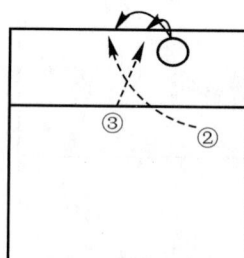

图　3-40　　　　　　　　图　3-41　　　　　　　　图　3-42

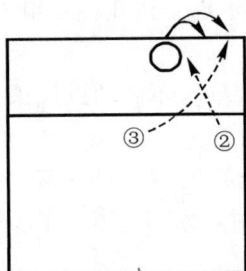

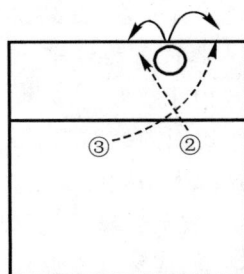

图 3-43　　　　　　　　　　　图 3-44

3)古巴女排常用的"双快"进攻(见图3-45),中国女排常用的"双快一跑动"进攻(见图3-46)。

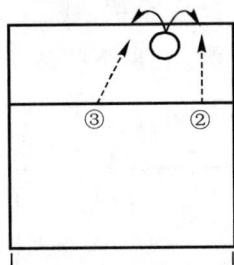

4
)目
前
男
排
和
欧
美

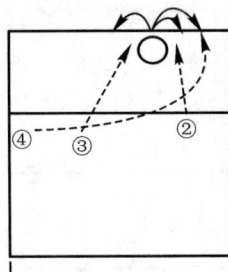

图 3-45　　　　　　　　　　　图 3-46

女排强队常用的"立体"进攻(见图3-47~图3-49)。

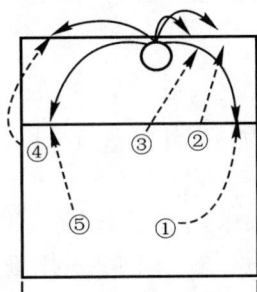

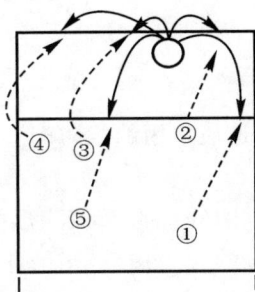

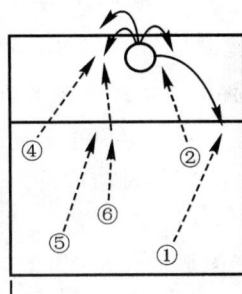

图 3-47　　　　　　图 3-48　　　　　　图 3-49

五、防守阵形

防守阵形是防守时所采取的基本队形。随着排球运动的发展,作为进攻的基础和由守转攻的转折点,合理的防守阵形是必须了解和掌握的。这样才能达到促进攻守平衡,提高比赛观赏性的目的。下面介绍几种常用阵形。

1. 无人拦网下的防守

在对方扣球威力差,或推攻情况下,或竞技性要求不高的以娱乐为主的排球比赛可采用无人拦网阵形。

无人拦网下防守的关键在于:第一要判断取位和互相补位;第二要从思想上克服怕字,敢于迎球;第三要求队员身体迅速对着对方进攻方向,队员分布形成弧形站位(或称马蹄形)。

2. 单人拦网下的防守

若对方扣球水平不高或进攻战术变化多,可主动或被动采用单人拦网下的防守阵形。单人拦网下的防守的关键在于:其一要尽可能做到防守与拦网的有机配合,有相对的拦防个人位置,并可根据对手进攻特点做相应的变动;其二因本方拦网干扰视线,要注意对方的吊球和拦网触手后的球;其三是要随时注意组织好对防起的球进行反击。例如本方②号位拦网下的防守如图 3 - 50 所示,本方③号位拦网下的防守如图 3 - 51 所示。

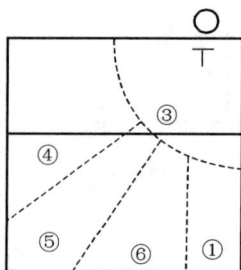

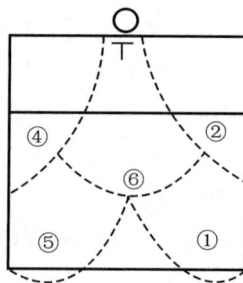

图　3 - 50　　　　　　　　　　　图　3 - 51

3. 双人拦网下的防守

双人拦网下的防守阵形是最常用的拦防配套阵形,为国内外强队所采用。主要有两种防守阵形。

(1)双人拦网下"边跟进"防守阵形。该阵形的特点是防守队员在场上呈半弧形取位,有利于接防对方的大力扣杀,接吊球的任务由"边"上的队员跟进来完成。由于中心较空,若遇对方轻打或吊球时,则本方在取位时又有变化来对付。下面以对方④号位(若是对方②号位进攻,则拦防形式面向对方②号位)、对方③号位进攻为例举例说明。

1) 对方④号位进攻:

活跟:跟进队员,根据判断来决定是"跟"还是"守"(见图 3 - 52)。

死跟:无论对方是否吊球,防守直线的队员固定跟进,⑥号位队员固定向左或向右补位(见图3-53)。

内撤:②或④号位队员后撤时稍向场内或拦网队员身后取位(见图3-54)。

双卡:前排内撤,后排死跟(见图3-55)。

2)对方③号位进攻。若是快攻,本方一般采用盯人的单人拦网。若对方③号位二传较高,本方来得及采用双人拦网,可以以本方③号位队员为主定位,本方主攻队员(④号位置上的队员)移动配合拦网。若对方扣球点靠近本方②号位,可由本方②号位队员移动配合拦网。

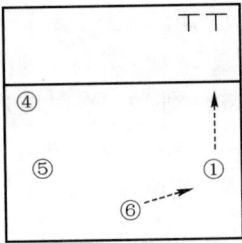
图 3-52

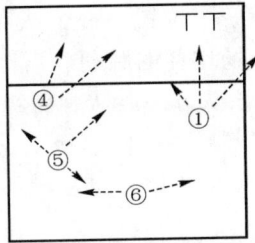
图 3-53

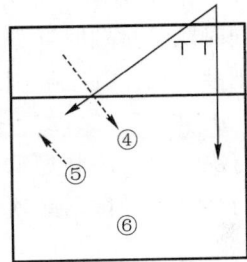
图 3-54

(2)双人拦网下"心跟进"防守形式。该防守形式又称"⑥号位跟进"防守。在对方运用吊球频繁,并较多地吊至本方场地中心时采用。"心跟进"和"边跟进"防守各具有特点,应根据场上变化灵活运用,如图3-56所示。

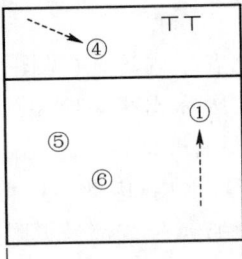
图 3-55

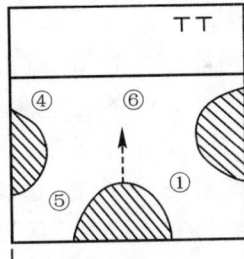
图 3-56

第四节   排球竞赛规则与裁判法

一、排球竞赛方法

排球比赛是两队在用球网分开的场上进行的比赛,它可以有多种比赛方式,以适应各种不同性质比赛的需求,如适合少年开展的 4 人排球,沙滩上开展的 2 人排球,以及通常所见的 6 人排球等。

比赛的目的是各队遵照规则,将球击过球网,使其落在对方场区的地面上,而防止球落在本方场区的地面上。

比赛由后排右边的队员发球开始。发球队员击球使其从网上飞至对区,比赛由此连续进行直至球落地出界或某一队犯规不能合法地将球击回对区。

每队可击球 3 次(拦网触球除外)将球击回对区。同一个队员不得连续击球两次(拦网除外)。

排球比赛中采用每球得分制。接发球队胜一球时,得一分,获得发球权,同时队员按顺时针方向轮转一个位置。一个队赢得 25 分同时超过对方 2 分则胜一局。胜三局则取得一场比赛的胜利。当比分为 24∶24 时,则必须领先2 分,如 26∶24,27∶25 时,该队方为胜队。比赛双方局数打到 2∶2 平时应进行决胜局。决胜局采用 15 分制,一个队赢得 15 分同时超过对方 2 分,当比分为 14∶14 时,则必须领先 2 分,如 16∶14,17∶15 时,该队方为胜队。

二、目前排球规则发展的主要依据原则

依据原则为:①时间的可控性;②促进攻防平衡性;③增加比赛精彩连续性;④利于运动员技、战术个性化;⑤符合电视转播需要。

三、场地器材设备

1. 场地

比赛场地长为 18 m,宽为 9 m。国内正式比赛室内场地(见图 3 - 57)的四周至少要有 2 m 的无障碍区(室外至少 3 m),国际比赛场地端线外至少 8 m,边线外至少 5 m 为无障碍区,球场上空至少要有 12.5 m 的无障碍空间。所有的界线都是 5 cm 宽,边线、端线包括在比赛场地内,因此,球落线上为界内球。中线、进攻线、发球区短线和标志杆向上垂直延长线都是无限延长的。

2. 球网

球网为深色,长为 9.50 m,宽为 1 m。网眼直径为 10 cm,设在中线的中心垂直面上。球网高度男子为 2.43 m,女子为 2.24 m;一般少年男子网高为2.24～2.35 m,少年女子网高为 2.00～2.15 m;基层或儿童比赛的网高根据具体情况自行确定。

标志带:两条宽 5 cm,长 1 m 的白色带子为标志带,分别系在球网两端,垂直于边线。标志带被认为是球网的一部分。标志杆长为 1.80 m,直径为 10

mm,是由有韧性的玻璃纤维或类似质料制成。两根标志杆分别设置在标志带的外沿且球网的不同两侧。标志杆高出球网 80 cm,高出部分每10 cm应涂有明显的对比颜色,最好为红白相间。标志杆被认为是球网的一部分,并视为网区的边界。

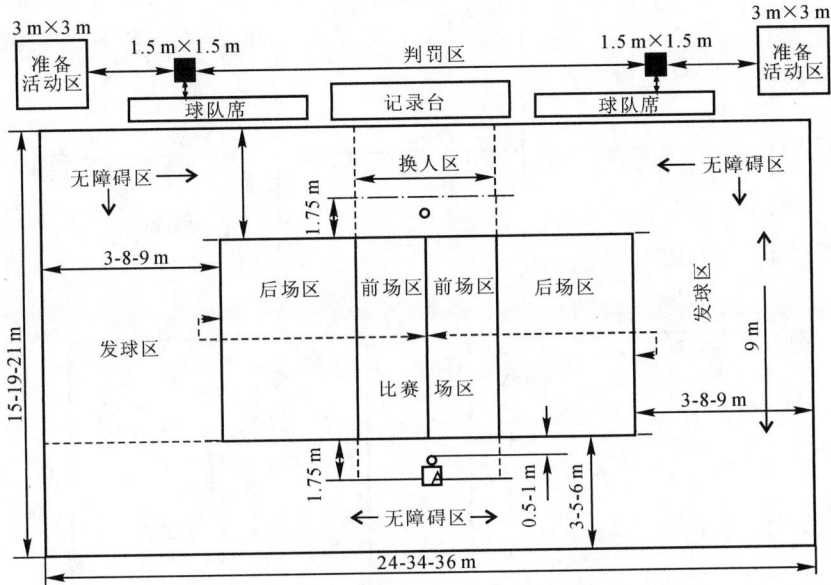

图 3-57

3. 球

正式比赛用球,球的圆周为 65～67 cm,重量为 260～280 g,气压为 $(0.30～0.325)×10^5$ Pa。国际排联世界性比赛采用三球制,设六名捡球员。并要求在一次比赛中所用的球的圆周、重量、气压、牌号都必须是统一的。

4. 位置与轮转

(1) 位置。双方队员各站半场,位置分别是:前排为②,③,④号位,后排为⑤,⑥,①号位(见图3-58)。发球时除发球队员外,都必须站在场内各自的位置上。队员在场上的位置是由身体的着地部分来确定(见图3-59)。规则规定:发球时,同列的前排队员的脚比后排队员的脚距中线更近。同排左边或右边队员一只脚比中间队员双脚距同侧边线更近。否则即为"位置错误"。判断位置正确与否,是以发球队员击球的瞬间来决定的。

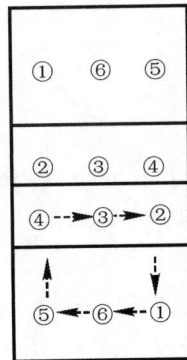

图 3-58

　　（2）轮转。除去每一局发球的第一人外,比赛队每次获得发球时必须首先进行轮转。轮转按顺时针方向进行,轮转次序每局中不得变更。

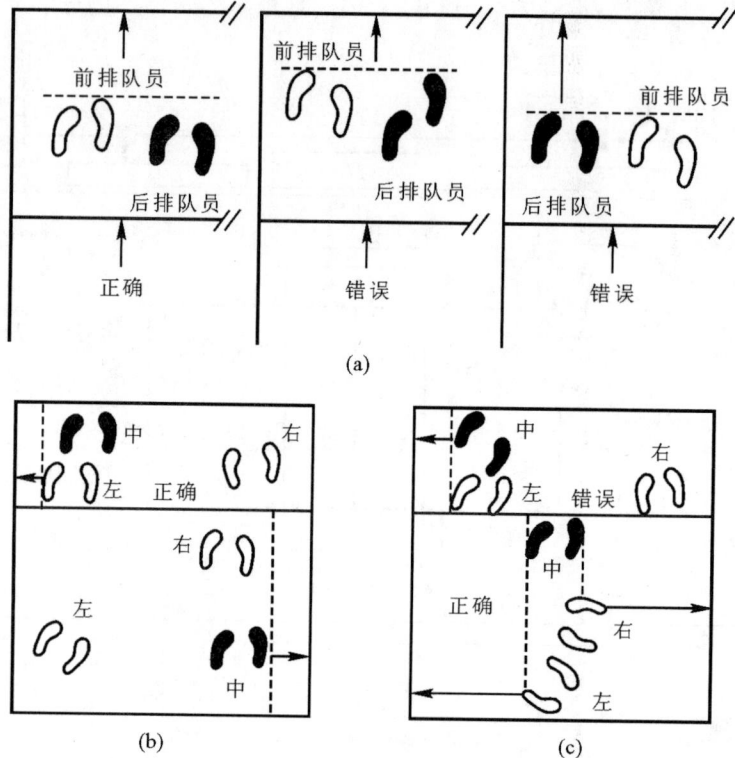

(a)

(b)　　　　　　　　　　　　　(c)

图　3-59

（a）前排与后排队员位置关系；（b）,（c）同排队员位置关系

　　5. 暂停、换人与间断

　　（1）暂停与技术暂停。每局比赛中,每队最多请求两次暂停,每次暂停的时间为 30 s,暂停只能由教练和场上队长在死球时提出请求。另外,在 1～4 局比赛中,每局另外有两次时间为 60 s 的技术暂停,每当领先队达到 8 分和 16 分时自动执行技术暂停。暂停时,比赛队员必须离开比赛场区到球队席附近的无障碍区。

　　（2）换人。换人必须在换人区内进行。每一局每队最多可替换 6 人次。可以同时替换 1 人次或多人次。替换队员每一局只能上场一次,他只能由他所替换下的队员再替换他。一局比赛中,不允许出现甲换乙,乙换丙的现象。

　　（3）后排自由防守队员（自由人）。可在死球时任意替换场上的后排队员,但不得在前排位置上出现,否则,即为位置错误犯规;两人次之间的替换必须经过一次发球比赛的过程;自由人不得发球、拦网;不允许在前场区进行上手传球,组织进攻或在任何位置上对球的整体高于球网上沿的球完成进攻性击球,自由人只用于提高本队的后排防守能力;一次联赛中只能选择一名自由人。

(4) 间断比赛。任何意外情况阻碍比赛进行时,第一裁判员在组织比赛前和主管成员共同研究决定,然后采取何种措施使比赛恢复正常。

1)一次或数次间断时间不超过 4 h。

①如仍在原场地比赛,应在原比分—原队员和原场上位置的条件下继续进行比赛,保留已结束的各局比分。

②如改在另外场地继续比赛,则未结束的一局比分取消。而以该局开始的原上场阵容位置重新进行比赛,并保留已结束各局的原比分。

2)若一次或数次间断时间超过 4 h,则全场比赛应重新开始。

6. 犯规与判断

(1) 发球犯规及判断:

1)发球次序错误。

2)发球队员击球时踏及端线或跳越发球线及其延长线为发球犯规。

3)发球时球未抛起或未使球地离手即击球,为发球犯规。

4)发球队员必须在第一裁判鸣哨发球后 8 s 内将球击出,超过 8 s 为发球延误违例。

5)发球未过网,为发球犯规。

6)球未从过网区越过,发球出界或球触标志杆,为发球犯规。

7)发球一方有两名或更多的队员密集站位形成屏障,遮挡发球队员,而发出的球又通过屏障上空飞向对方场区,则为集体掩护发球犯规。

(2) 击球时的犯规:

1)持球。击球时将球接住或抛出 (如捞棒、推掷、携带等),则为持球犯规。

2)连击。一名队员连续击球两次或球连续触及他的身体不同部位,则造成连击犯规(拦网除外)。但在第一次击球时,除上手传球外,允许身体不同部位在一击球动作中连续触球。

3)四次击球。规则规定每队最多击球三次(拦网除外),第三次必须将球击过网进入对方场区,第四次击球则为犯规。如果某队三次击球后,又在网上与对方同时触球,即为四次触球犯规。

4)借助击球。队员有意借助同伴或任何物体去击球,为借助击球犯规。

(3)球网附近的犯规:

1)触网。比赛中,队员触及 9.50 m 以内的球网、标志带、标志杆为触网犯规,由于球击入球网,而造成球网触及队员为被动触网,不应判触网犯规。

2)过网击球。在对方场区空间内击球为过网击球犯规(拦网除外)。判断过网击球犯规的依据是击球点是否整体在对方场区空间。

3)过中线。比赛进行中,队员手和脚的全部或身体的任何部分越过中线触及对方场区时为过中线犯规,但队员手和脚的一部分还接触中线或置于中线上空是允许的。

4)后排队员犯规。后排队员在前场区对整体高于球网上沿的球,完成进攻性击球,则为犯规。但如果该队员在前场区,对低于球网的球完成进攻性击球,则不构成犯规。

(4)拦网犯规:

1)过网拦网犯规。在对方进攻性击球前或击球时,在对方空间拦网触球为过网拦网犯规。判断犯规的依据是击球队员与拦网队员击球时间的先后。

2)后排队员拦网犯规。后排队员靠近球网,将手伸向高于球网处阻挡对方来球,并触及球,则为后排队员拦网犯规。后排队员在靠近球网处参加集体拦网,并将手伸向高于球网处阻挡对方来球,即使本人未触球,只要有成员中的任何一人触球,也应判为后排队员拦网犯规。

3)拦发球。在前场区球网上沿拦截对方发球,不论球被拦回或拦起,均为拦发球犯规。

(5)对球队成员不良行为的判罚:

1)粗鲁行为。违背道德原则和文明举止,有侮辱性表示。

2)冒犯行为。诽谤、侮辱的言语或手势。

3)侵犯行为。人身侵犯或企图侵犯。

判罚等级见判罚等级表(见表3-7)。

7. 比赛结果

(1)胜一球。比赛采用每球得分制,失一球即失一分。当接发球队胜一球时,该队得一分并获得发球权,队员顺时针方向轮转一个位置。

(2)胜一局。某队先得 25 分同时超出对方 2 分时为胜一局。如比分是 24∶24 时,比赛继续进行,直至某队领先 2 分为止。比赛双方局数打到 2∶2 平时应打决胜局。决胜局为 15 分制,比赛中任何一方先打到 8 分时,双方应交换场地,位置不变,比赛继续进行,先取得 15 分,并领先对方 2 分的队为胜队。局间休息为 3 分钟。

（3）胜一场。正式比赛采用 5 局 3 胜制，即最多打 5 局，胜 3 局的队即胜一场。

（4）比赛结束：

1）退场仪式。比赛结束，双方上场队员分别在端线列队，然后跑到网前握手自行退场。

2）签名。比赛结束后，双方队长要在记录表上签名，表示承认比赛。

表 3 - 7　判罚等级表

不良行为等级	次　　数	处理方法	出示红黄牌	结　　果
粗鲁行为	第一次	警告	语言或手势	无
	第二次（其他队员）	判罚	黄牌	失一球
	第二次（原队员）	判罚出场	红牌	坐在队员席上
	第三次（其他队员）	判罚出场	红牌	坐在队员席上
	第三次（原队员）	取消比赛资格	黄＋红牌	离开比赛控制区
冒犯行为	第一次	判罚出场	红牌	坐在队员席上
	第二次	取消比赛资格	黄＋红牌	离开比赛控制区
侵犯行为	第一次	取消比赛资格	黄＋红牌	离开比赛控制区

第四章　足　　球

第一节　足球运动概述

一、足球运动简介

　　足球运动是以脚支配球为主,两个队相互进行攻守对抗的一项体育运动项目。它的技术包含传球、接控球、运球、抢截球、头顶球等。比赛在足球场上分两队进行,每队 11 人,分别担任守门员、后卫、前卫、前锋等。按照统一的规则,运用各种技术和战术,力争把球射进对方球门,阻止对方把球射进本方球门。每场比赛 90 min,分上下两半场。以射进对方球门多者为胜。

　　足球运动是一项古老的体育活动。我国古代就有一种类似足球的运动,称为"蹴鞠"。当时齐国都城临淄居民开展的体育活动中就有"踢鞠"。"蹴"与"踢",都是有脚踢的意思。"鞠",是指革制的以毛发之物充填的球。到汉代已有专供蹴鞠比赛的场地,叫"鞠域"。特别是在唐宋时期,"蹴鞠"活动更为昌盛,那时已有充气的球和专用的带网球门,女子蹴鞠也很盛行。宋代又进一步完善了蹴鞠的规则。同时,蹴鞠也渐渐成为宫廷之中的高雅活动,十分盛行。

　　英国在现代足球运动的诞生中做出了重要贡献。1857 年英国成立了第一个足球俱乐部。1863 年,英国成立了世界第一个足球运动组织——英格兰足球协会,并制定了 14 条足球规则。因此,人们公认 1863 年为现代足球的开端,并且认为现代足球运动起源于英格兰。早在 1900 年的第 2 届奥运会上就有足球比赛项目,当时只有英、法两国派队参加比赛,英国球队获得冠军。1904 年 5 月 21 日,在巴黎由法国、瑞士、瑞典、比利时、西班牙、丹麦等国发起成立了国际性的足球组织——国际足球联合会(简称"国际足联"),英文缩写为"FIFA"。国际足联在 1928 年代表大会通过决议,决定正式举办"世界足球锦标赛",且每隔四年举办一次,简称为"世界杯"。"世界杯"赛已并且发展成

为世界上影响最大、比赛时间最长、观众人数最多的盛会。1930 年 7 月 13
日,第 1 届世界足球锦标赛在乌拉圭首都蒙得维的亚市举行。最近一次的世
界杯是于 2014 年由巴西主办,德国队战胜阿根廷队,第四次捧得"大力神"杯。

　　国际足联成立近百年来,成员已发展到 180 多个国家和地区,包括 30 余
万个俱乐部,2 000 多万运动员,其中职业运动员 5 万多人,是国际奥委会最大
的单项组织之一。现在足球运动已成为世界上开展得最广泛、最大的体育运
动项目,有"世界第一运动"之称。足球运动水平的高低,不仅代表了一个国家
的体育水平,而且是一个国家的物质文明和精神文明的标准之一。世界上足
球强国有美洲的阿根廷、巴西、乌拉圭等;欧洲的德国、意大利、荷兰、法国、英
国、丹麦、土耳其、葡萄牙等。

　　现代足球运动仍是朝着总体型全攻全守、攻守平衡的方向发展,为适应快
速全攻全守打法,运动员将更加全面化,即在身体素质、技术、战术意识、意志
品质和道德作风等方面必须得到全面发展,才能在快速、激烈的对抗中能攻善
守,既能完成自己位置的特定任务,又具备全面的攻防能力。通过频繁的交
往,相互学习,取长补短,从实际出发,努力发展着各具特色的全攻全守打法,
是今后足球运动发展的总趋势。

二、我国的足球运动

1. 新中国的足球运动

　　新中国成立后,从 1956 年起,我国开始实行甲 、乙级联赛制度,并规定了
升降级办法,同时实行运动员、裁判员等级制。此外,还举办了全国足球锦标
赛、全国青年足球锦标赛等。

　　十年动乱给我国足球运动以严重破坏,从 1978 年开始恢复全国甲、乙级
联赛双循环升降级制度,并建立了全国成年队联赛、青年队联赛的各级较稳定
而系统的竞赛制度。

　　1982 年和 1986 年,中国足球队参加了第 12 届、第 13 届世界杯足球赛的
预选赛。此外,我国还参加了第 23 届、24 届、25 届奥运会的足球预选赛,并参
加了第 24 届奥运会足球决赛阶段的比赛。

　　1994 年 4 月 17 日,中国足球开始向职业化方向发展,极大地促进了足球运
动的发展。经过这几年不懈的努力,终于于 2001 年 10 月 7 日在沈阳举行的第
17 届世界杯亚洲区决赛中,中国队主场 1∶0 战胜阿曼队,首次取得参加世界杯
决赛阶段比赛的资格,实现了 44 年来的凤愿。新中国的足球运动总体上发展较
为平稳,尤其这几年发展比较迅速,但和世界强队比较还有较大差距,在 2002 年

6月中国足球队首次参加了第17届世界杯决赛阶段的比赛,小组赛三战三败,一球未进、一分未得,同我们的邻居韩、日两队的表现相比,相形见绌。

2. 我国女子足球运动简介

1979年7月,我国大陆第一支女子足球队——陕西省西安市东方机械厂子弟学校队——诞生。随后,西安市和陕西省先后成立了市女足和省女足,推动了中国女子足球运动的蓬勃发展。1982年8月4日至14日,在北京举行了有10支省市队参加的首届女足邀请赛,陕西队荣获冠军,这是我国首次举办全国性女子足球比赛。1986年12月14日至23日,中国女子足球队首次参加了在香港举行的第6届亚洲女足锦标赛,以全胜和23个净胜球的优势夺得第一个亚洲冠军。至1999年的第12届为止,这项冠军从未旁落。1991年11月16日至11月30日,首届国际足联女子足球世界锦标赛在广东举行,挪威队获冠军,中国队列第五名。1996年7月至8月,女子足球首次成为奥运会正式比赛项目。在美国亚特兰大举行的第26届奥运会女子足球比赛中,美国队夺冠,中国女足获得亚军。1999年6月19日至7月10日,在美国举行的第3届女子足球世界杯比赛中,中国女足获得亚军。2000年9月,中国女足在第27届奥运会女足比赛中,小组赛即被淘汰,这是中国女足首次在国际大赛中的第一阶段被淘汰。我国女子足球运动的发展明显快于男子。虽然历经近两年的低谷,但很快引起足球高层的重视,近几年来成绩上升幅度很快。女足成绩的取得来自于姑娘们平时刻苦训练,也是女足界教练同仁多年奋斗的结果。我国女足技术、整体实力已达国际领先水平,在重大比赛中多次距冠军仅一步之遥,女足健儿仍需加倍努力,方能圆冠军梦。

第二节　足球基本技术

足球技术是指运动员在比赛中所采用的符合规则的合理的各种攻守动作的总称。随着足球运动的日益发展,足球技术不仅在内容上更加丰富,而且动作难度也在不断提高。特别是当今的足球比赛要求队员能够在快速和激烈对抗的条件下,准确地完成踢、停、顶、运、抢截以及起动、快速跑动、转身和急停等技术动作。

一、足球运动的技术分析

(一)运球技术

运球是运动员在跑动中连续用脚推拨球,有目的地使球保持在自己控制范围内而做的触球动作,是为完成战术配合和个人突破服务的。

运球过人是指运动员运用合理的运球动作越过对手。运球过人时,一定要在快速的运球中做改变方向的拨球、扣球。比赛中常见的运球过人方法有:强行突破、运球假动作突破、快速拉、扣、拨球突破、穿裆突破和人球分路突破等。

运球方法有:脚背正面运球、脚背内侧运球、脚背外侧运球和脚内侧运球等。

1. 脚背外侧运球

(1)动作要领。跑动时身体自然放松,上体稍前倾,两臂自然摆动,步幅要小些。运球脚提起时,膝关节弯屈,脚跟提起,脚尖稍内转,在迈步前伸脚着地前,用脚背外侧向前推拨球。该种运球方式主要用于快速奔跑及改变方向时,也可以向前侧推拨球,球呈曲线或弧线运行(见图4-1)。

图 4-1

(2)注意要点:

1)运球时屈膝,控制好推拨球力量,球离身体不要过远。

2)脚尖内转,触球部位要准确,控制好运球方向。

3)身体重心不易过高或臀部后坐,身体重心要随球前移。

2. 脚背内侧运球

(1)动作要领。跑动时身体自然放松,上体稍前倾并稍向运球方向转动,两臂自然摆动,步幅要小些。运球脚提起时,膝关节弯屈,脚跟提起,脚尖稍外转,在迈步前伸脚着地前,用脚背内侧推拨球。

(2)注意要点。这种运球方法多在改变运球方向并需要用身体掩护球的情况下使用。

3. 脚内侧运球

(1)动作要领。运球时,支持脚稍向前跨,踏在球的前侧方,膝关节稍弯屈,上体前倾并向里转。随着身体的向前移动,运球脚提起,用脚内侧推球的后中部（见图 4 - 2）。脚内侧运球是运球技术中最慢的一种运球方法，主要用于接近对手需用身体掩护球时。

（2）注意要点。不能只顾低头看球，而不随时观察场上情况，以致不能及时传球或射门。

图　4 - 2

运球时，不是踢球而是推拨球，球离身体不能过远。

4. 教学与练习方法示例

（1）走或慢跑中用单脚或双脚交替运球。

（2）直线运球。队员分两组，各成一路纵队，相距 20 m 对面站立。第一人运球到对面球线前，把球传给对面第一人。依次进行。

（3）运球绕过障碍。第一人运球依次绕过标旗，再往回做直线运球。到最后一个标旗时，再将球传给下一个人，然后跑回队尾，依次进行。标旗可排成直线，也可排成折线。

（4）中圈内变向自由运球。队员分成两组，一组在圈内自由运球，另一组站在圈内或自由走动。运球人尽量闪开走动人，两组轮流练习。

（5）运球射门。运球绕过不同的标志杆后射门。

（6）两人一组做一过一练习，控球者做各种运球方法过人，防守者做消极堵截，交替进行练习。

（二）传（踢）球

传（踢）球是足球运动中最重要的技术，一场比赛，每个队一般要传球350～500 次左右，比赛双方平均每 5～7 s 就有一次传球。由于传（踢）球是运动员有目的地用脚的某一部位把球踢向预定的目标，所以，传（踢）球时要求动作熟练、灵活、快速准确、用力要适当。传（踢）球主要用于传球和射门。

踢球的主要方法有：脚内侧踢球、脚背正面踢球、脚背内侧踢球、脚背外侧踢球四种基本脚法。

1. 脚内侧传（踢）球

用脚内侧的跖趾关节、舟骨和跟骨所构成的三角部位接触球的一种踢球方法。

脚内侧传球准确性最高，且易于接控，是保持控球权的有效工具。由于该技术难以对球施加很大力量，故不宜长距离传球和射门。该传球易被对手预测传球方向，同时在快速奔跑中完成推传也是不易之事。

基本动作要领:踢定位球时,直线助跑,支撑脚踏在球的侧方 15 cm 左右处,膝关节微屈,脚尖正对出球方向,在支撑脚着地的同时踢球腿以髋关节为轴由后向前摆动。在前摆过程中屈膝外转,踢球脚的内侧正对出球方向,小腿加速前摆,脚尖稍翘起,脚掌与地面平行用脚内侧部位击球的后中部(见图 4 - 3、图 4 - 4)。

图 4 - 3

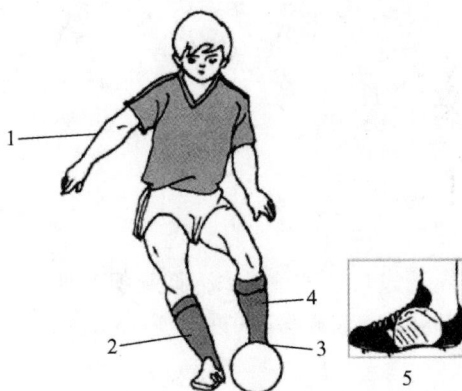

图 4 - 4

1—两臂伸出保持身体平衡;2—支撑脚应置于球的里侧,脚尖指向传球方向;

3—脚内侧传球是短距离内准确而快速传球的好方法,而且能保持低球传递;

4—踢球脚从膝关节处向外转动,与出球方向几乎成 90°;5—用脚内侧的中部击球

脚内侧传球在脚与球接触过程中有两种方法:一种是推送的传法,脚触球时踢球腿要继续前摆,这样踢球脚与球接触的时间较长,出球易平稳;另一种是敲击踢法,踢球时踢球腿的大腿摆动不大,只是小腿快速前摆击球,击球后小腿突然停止前摆,该动作接触时间短促,动作有力。

注意要点:第一,踢球腿膝盖外转不够,脚尖没有翘起。第二,摆腿动作太紧张,成直腿扫球动作。第三,踢球脚脚掌内翻。

2. 脚背正面传(踢)球

用脚背正面的楔骨和跖骨的末端部位触球的一种踢球方法。脚背正面传球摆幅较大,踢球力量较大,准确性较强,因此技术难度较大,必须多加练习才能完全掌握。

基本动作要领:踢定位球时,直线助跑,最后一步稍大并要积极着地,支撑脚在球的侧方约 10～12 cm 处,脚尖正对出球方向,膝关节微屈,踢球腿是在支撑脚前跨和助跑的最后一步蹬离地面时,顺势向后摆起,膝关节曲屈。在支撑脚着地的同时,以髋关节为轴,大腿带动小腿由后向前摆,当膝盖摆至接近球正上方的刹那,小腿做爆发式前摆,脚背绷直,脚趾扣紧,以脚背的正面击球的后中部。踢球腿随球继续提膝前摆(见图 4 - 5)。

图　4 - 5

踢球脚的作用力必须通过球的水平中线,脚趾朝向地面,否则脚背击球的作用力将通过球的中底部,球容易被踢高(见图 4 - 6)。

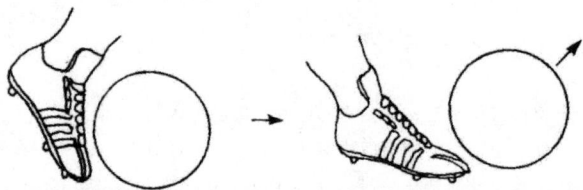

图　4 - 6

脚背传球较易增加传球的力量和速度,常用来做长传和射门。并且,该技术也易隐蔽传球,可以在高速跑动中完成,但由于触球面积小增加了技术难度,要把球传准不太容易。

注意要点:第一,支撑脚的位置靠后,造成踢球时身体后仰,踢球的后下部,出球偏高。第二,踢球腿前摆时,小腿过早前摆,造成直腿踢球,出球无力。第三,摆腿方向不正。第四,踢球时,因怕脚尖触地,脚背不敢绷直,造成脚趾触球。

3. 脚背内侧传(踢)球

用脚背内侧的几个楔骨、趾骨末端部位接触球的一种踢球方法。踢球腿的摆幅大,摆速快,踢球的力量大,由于助跑方向、支撑脚选位灵活性较大,出球的方向变化幅度较大。因此,可踢出平直球、远距离弧线球等,也便于转身踢球。

基本动作要领:踢定位球时,斜线助跑,助跑方向与出球方向成 45°。支撑脚以脚掌外沿积极着地,踏在球的侧后方 20～25 cm 处,屈膝,支撑脚脚尖指向出球方向,身体稍向支撑脚一侧倾斜。在支撑脚着地的同时踢球腿以髋关节为轴,大腿带动小腿由后向前摆,当身体转向出球方向,膝盖摆到接近球的内侧正上方的刹那,小腿做爆发式前摆,脚尖稍向外转,脚面绷直,脚趾扣紧,脚尖指向斜下方,以脚背内侧踢球的后中部(踢高球时,击球的中下部),踢球腿随球继续前摆(见图 4-7)。

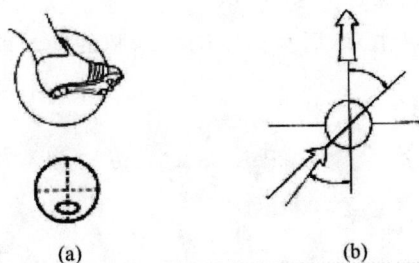

图　4-7

(a)触球部位为脚内则前部、即脚大拇指部分;

(b)击球点在球垂直中线的外侧,使球产生由外向内的腔传、

击球作用力要通过球的水平中线以保证球低平飞行

脚背内侧传球是足球比赛中经常运用的技术,其技术结构与脚背正面传球有相似之处,但技术细节有较大差别。

注意要点:第一,支撑脚的位置偏后,踢球时上体后仰,易把球踢高。第二,踢球脚尖外转不够,接触部位不正确。第三,没有向出球方向摆腿,形成划弧动作以致出球点偏外。

脚背内侧搓踢过顶球时,动作方法基本上与踢定位球相同。只是支撑脚踏在球的侧后方,踢球脚不要过于绷直,踢球的后下部,并稍有下切的动作,使球向前上方飞起并回旋。踢球脚不随球前摆。

该动作易犯的错误在于踢球脚没有插进球底部，击球点不在球的后下部，使球不能产生回旋。

脚背内侧踢弧线球时，用脚背内侧踢球的后中部位，摆腿的方向不通过球心，在踢球的一刹那，踝关节用力向内转并上翘，使球成侧旋沿一定的弧线运行。

该动作易犯的错误在于踝关节用力过大或过小。

4. 脚背外侧传（踢）球

用脚背外侧部位接触球的踢球方法。

技术特点：踢球的部位应视所需球的性质而定。由于运用此种踢球方法时，脚腕的灵活性较大，摆腿方向变化较多，并且在助跑时又是正常的跑动姿势，故其出球隐蔽性较强，在足球比赛中对各种距离的弧线球及非弧线球均可运用。

基本的动作要领：踢定位球时，助跑、支撑脚的位置和踢球腿的摆动，基本上与脚背正面踢球相同。只是用脚背外侧接触球。在踢球腿的膝盖摆到接近球的正上方的刹那，小腿做爆发式前摆，此时要求膝关节和脚尖内转，脚背绷紧，脚趾紧屈并提膝，触（击）球后身体跟随踢球腿的摆动前移（见图4-8）。

图　4-8

注意要点：第一，踢球时，膝盖和脚尖内转不够，造成接触球部位不正确。第二，支撑脚靠后，造成踢球时身体后仰，踢球的后下部，以致出球偏高。

脚背外侧踢定位球是初学者必须掌握的基本动作，但在比赛中，还常用脚背外侧踢弧线球。脚背外侧踢弧线球时，支撑脚踏在球的侧后方约15～20 cm处，踢球脚的脚踝用力，并以脚背外侧踢球的后中部，摆腿的方向不通过球心，并向支撑脚一侧的前方继续摆动，以加大球的旋转（见图4-9）。

该动作易犯的错误在于踢球脚的脚踝用力不够，摆腿方向靠球心轴较近。

图 4-9

5. 颠球

用身体合理部位去接触球,使球驯服于自己随心所欲的控制范围之下的一种熟悉球性的动作。

各合理部位颠球的基本动作要领如下:

第一,挑球:支撑脚踏在球的后侧方约 30 cm 处,膝关节微屈,身体重心移到支撑脚上,挑球脚的脚前掌踏在球的上方并向后轻拉,在球开始向后滚动的同时,脚尖、脚掌迅速着地。在球滚上脚背的同时,脚尖稍翘起向上挑起。

第二,脚背正面颠球:支撑脚的膝关节微屈,身体重心移到支撑脚上,当球落至低于膝关节(离地面约 20 cm)以下时,颠球脚的膝、踝关节适当放松,并柔和地向前稍上方甩动小腿,脚尖稍翘起,用脚背轻击球的底部,将球向上颠起。

第三,大腿颠球:支撑腿膝关节微屈,身体重心移至支撑脚上,两臂自然张开,当球下落到接近髋关节高度时,颠球的大腿屈膝上摆,当大腿摆到成水平状态时击球的底部,将球向上颠起。

第四,头颠球:两脚左右或前后开立,膝关节微屈,身体重心下降于两脚间,两臂屈肘自然张开,头后仰使前额正面成水平状态,当球下降到接近前额正面时,两脚同时柔和地向上蹬地伸膝,用前额正面轻击球的底部,将球向上颠起。

(1)各种踢球的模仿练习。先做原地踢球摆腿模仿练习;再做向前跨一步的踢球模仿练习;然后做 3～5 步助跑的模仿练习。体会踢球摆腿的用力与支撑脚的协调配合。

(2)一人踩球、另一人做原地踢球练习;跨步踢球练习和 3～5 步助跑踢球练习。体会脚触球部位与击球部位,支撑脚的选位与摆动腿的协调用力。

(3)二人一球,相距 10～15 m,两人对传。要求脚法准确,用力自然协调,力量适度。

(4)队员分成两组,相距 15 m 左右,成"一"字相对站立,两组第一人迎面踢球,踢球后,跑到对方的队尾,依次循环。

（5）地面划一直径 6 m 靶位,相距 25～30 m 以练习踢准或踢远。

（6）迎上踢球。两人一组,相距 10 m。甲传给乙,乙迎上几步回传给甲,然后退回原处。甲接球再传给乙……反复练习。

（7）后退踢球。两人对面站立,相距 7 m 左右。甲侧退跑,乙向甲传球并向前跑动。然后甲传球给乙,乙再传球给继续倒退跑的甲。

（8）三角跑动传球练习。四人一组站成三角形,相距 6～8 m。甲传球给乙,然后跑到乙的位置,乙传球给丙然后跑到丙的位置,依次循环。

（9）队员罚球弧站成一路纵队,踢定位球给站在端线处教师。教师再回传地滚球至罚球点附近,队员依次跑动射门。

（三）接控球

接控球是指运动员有目的地用合理部位,把运行中的球接在自己所需要的控制范围内。比赛中接控球是为了更好地处理球,是为传球、运球、过人和射门服务的。

比赛中常用的接控球有脚内侧接控球、脚底接控球、脚背外侧接控球、胸部接控球、腹部接控球和大腿接控球。

1. 脚内侧接控球

脚内侧触球面积大且运用最为频繁。但脚内侧接球时脚必须外转,使得队员在跑动运用该技术时会破坏跑姿、影响跑速。注意:接球时应尽快移动身体至球的运行路线上。

（1）脚内侧接控地滚球。支撑脚脚尖正对来球,膝关节微屈,同侧肩正对来球。接球腿提膝大腿外展,脚尖微翘,脚底基本与地面平行,脚内侧正对来球并前迎。在脚内侧面与球接触的一刹那迅速后撤,把球接到脚下（见图4-10）。

（2）脚内侧接控地滚球。若须将球接在侧面时,支撑脚脚尖应向同侧斜指,脚内侧与来球方向成一定角度去触球,同时支撑脚提起,以前脚掌为轴做适当转动,身体随之移动。当来球力量不大时,只需将脚提到一定的高度,并使脚内侧与地面形成锐角轻触球;也可以在触球时用下切动作使球前进之力部分转变为旋转力,而将球接在脚下（见图 4-11）。

（3）脚内侧接控空中球。要根据来球的速度及运行轨迹,及时移动到位,若抛物线较小的平高球,则应根据临场的实际情况选择适当高度的接球点,将接球腿抬起,使脚内侧部位对准来球的方向并前迎,在接触球的一瞬间后撤,将球接在所需要的位置上（见图 4-12）。

图 4-10

图 4-11

2. 脚背外侧接控球

脚背外侧接球在连接传球或射门动作时具有良好效果,尤其适合于接球变向,所以应鼓励队员使用该部位。

接控时脚应内转,把球挤压至身体外侧,接球点在接球腿一侧,支撑腿膝关节微屈,接球腿提起屈膝,脚内翻使小腿和脚背外侧与地面成一锐角,并对着接球后球将运行的方向,脚离地面的高度应略等于球的半径,然后大腿向接球后球将运行的方向推送,同时身体随球移动(见图4-13)。

图 4-12

图 4-13

3. 脚背接控球

此技术特别适宜于接控垂直下落球。以正脚背或鞋带部位提起至球下,当球接近时,脚和腿下撤,触球瞬间踝关节要放松(见图4-14)。

4. 脚底接控球

图 4-14

图 4-15

　　在接控身前的高球和反弹球时常用该部位,使脚底与地面之间形成楔形,脚底控球时要触球的后上部,使球同时接触脚底和地面。球一旦停死会有利于防守队员的逼抢,所以应注意迅速连接下一动作。该技术熟练后,可在脚触球的同时回拉球(见图 4-15)。

　　5. 大腿接控球

　　一般可以用来接抛物线较大的高空球和略高于膝的低平球。

　　(1)接抛物线较大的下落球。面对来球方向,根据球的落点迅速运动到位,接球腿大腿抬起,在球与大腿接触的瞬间大腿下撤将球接到需要的位置上(见图 4-16)。

　　(2)接低平球。面对来球方向,根据来球的高度,接球腿大腿微屈,送髋前迎来球,当球与大腿接触瞬间收撤大腿,使球落在所需要的位置上。

　　大腿接控球动作要点:触球部位是大腿中部,触球前屈膝迎球,触球时要下撤并伸直腿,使球弹落在脚前(见图 4-17)。

图　4-16　　　　　　　　　　　图　4-17

　　6. 胸部接控球

　　由于胸部的面积大,较有弹性,对球的缓冲作用较好,所以,胸部可更好地完成接控高空球。当球触胸瞬间,胸部应回收以缓冲来球力量,使球落至身前,以便迅速连接下一动作。

　　(1)挺胸式胸部接控球。面对来球站立(两脚左右或前后开立),两膝微屈,重心置于支撑面内,上体后仰,下颌微收,两臂自然张开,触球瞬间,两脚蹬地,膝关节伸直,用胸部轻托球的下部使球微微弹起于胸前上方(见图4-18)。

　　对于较高的平直球,触球瞬间膝关节应由直变屈,脚由提踵状态变全脚掌落地,整个身体保持接球时姿势下撤,将球接在胸前。

图 4-18

（2）收胸式胸部接控球。较多地用于接齐胸高的平直球。面对来球，两脚开立（左右或前后开立），两臂自然张开，挺胸迎球，触球瞬间收胸、收腹、臀部后移将球接在体前（见图4-19）。

7. 接控球技术注意要点

（1）接地滚球时掌握好触球部位距离地面的高度，避免球从脚下漏过。

图 4-19

（2）接反弹球时准确判断球从地面反弹的反射路线，停球脚对准反弹点且脚离地面的高度应略等于球的半径，避免球从脚下漏过。

（3）接空中球时准确判断球在空中运行的速度与轨迹，避免接控球部位未能与球接触而漏过。

（4）接控球时不易将球卡死在接球地点。

（5）尽量将球接控在理想的位置，同时注意身体及时跟上。

8. 接控球的教学与练习方法示例

接控球一般与踢球相结合进行练习，与同伴反复地传接球是体会动作要领的最好手段。

（1）各种接控球的模仿练习。体会接控球的动作方法和要领。

（2）接迎面地滚球。两人对面站立，一人踢地滚球，另一人迎上接控球。

（3）跑动中接正面来球。分成两队，相距20 m成一字型相对站立，甲传地滚球给乙，乙跑上去接控球，再传给甲下一个队员，依次循环。

（4）跑动中接侧面来球。两人一组相距10～15 m。甲向乙侧面传球，乙跑动中用规定部位接控球。乙接控球后再传给甲。

（5）用各种接空中球的方法自抛自接空中球。

（6）两人互抛互接空中球,逐渐改变球的运行弧度、落点,使接控球者练习移动接球。

（7）队员互传高球,练习接控球。

（四）头顶球技术

头顶球技术正确的部位只能是前额骨的正面和侧面。在每一种技术中,由于顶球前的准备动作不同,又可分为原地和跳起,跳起时又可分为单脚起跳和双脚起跳。由于顶球方向的不同,又可分为向前、向后和向两侧顶球。下面仅介绍原地顶球。

1. 前额正面顶球

前额正面坚硬平坦,触球面积大,它处于头的正前方和两眼上方,便于在顶球时观察来球周围情况,使击球准确有力。

原地顶球技术动作:顶球时先选好站位,使身体正对来球方向,两眼注视来球,判断好来球的速度,做好准备工作,两腿前后开立腰部前挺,膝关节微屈,胸部上提,下颌平收,两臂自然张开,上体后倾、身体重心放在后脚上,顶球时后脚迅速蹬地,上体由后向前摆动,在即将触击球的刹那,两腿迅速用力蹬伸,以腰腹和颈部的快速摆动主动迎击来球。击球时,颈部肌肉保持紧张,两眼注视出球方向(见图 4－20)。

图　4－20

2. 前额侧面顶球

前额侧面顶球的部位是前额的两侧。这个部位虽也坚硬,但不平坦,面积亦小,又在两眼的侧前方,顶球时摆体用力方向又与来球方向不是迎面相遇,出球力量较小。故在击球时间、出球方向方面都难于额骨正面顶球。其优点是动作突然,能变换出球方向,特别是前锋队员在门前得边锋传中球射门时威力更大。

原地顶球:顶球前与出球方向同侧腿向前跨出一步,两膝微屈,身体重心放在后脚上,上体和头稍向异侧倾斜并转体约 45°,两眼斜视来球,两臂自然张开。顶球时,后脚蹬地,上体和头向出球方向迅速扭转,屈体甩头,在与出球方向同侧肩的前上方,用额骨侧面顶球(见图 4-21)。

图　4-21

3. 头顶球技术注意要点

(1)顶球时注视来球,避免头接触的部位不对。

(2)顶球时应避免缩头、耸肩。

(3)特别注意蹬地、收腹、甩头的练习,避免造成球顶不远、无力,只用颈力。

4. 教学与练习方法示例

(1)做各种顶球模仿练习。

(2)一人双手举球至对方头高,另一人用额正面、额侧面顶球。领会顶球时的接触部位和击球点。然后逐渐加大顶球力量。一方面消除惧怕心理,另一方面养成注视来球和顶球前不闭眼的习惯。

(3)自抛顶球。自己向空中或对墙抛球,待球下落或弹回时对墙顶球。两人一组,一人抛球一人顶。

(4)三人一组相互抛球,练习前额侧面顶球。

(5)顶球射门。跑动中正面顶球射门。练习顶球队员持球站在罚球弧附近,将球掷给站在球门内或球门侧面(或罚球点侧面)的队员,该队员用手接球后再抛至罚球点附近,顶球队员跑上顶球射门。

(五)守门员技术

守门员是全队的最后一道防线,他的主要任务是不让对方将球射入本方球门。守门员要善于观察全局,起到协助指挥全队防守和进攻的作用,并且随时注意比赛发展情况,力争扩大自己在罚球区内的防守范围,以便尽早截获各种来球,并快速及时地把球传到有利于进攻的位置上,组织发动进攻。

守门员技术有位置选择、准备姿势、移动、接球、扑球、拳击球、托球、掷球和踢球等。

1. 准备姿势

两脚左右开立,约同肩宽,两腿自然弯曲并稍内扣,脚跟稍提起,身体重心落在前脚掌上,上体稍前倾。两臂于体前自然弯曲,两手五指自然张开,掌心向下,两眼注视来球(见图 4-22)。

2. 移动

守门员为了更好地堵截和接住对方的传球和射门,必须根据对方射门前球和人的位置变化而相应调整自己的位置,向左右调整位置移动,一般采用侧滑步和交叉步。

图 4-22

3. 接球

接球是守门员最主要的技术,包括接地滚球、接平直球、接高空球等内容。

(1) 接地滚球。有直腿式和单腿跪撑式两种。直腿接球时,两腿自然并立,脚尖正对来球,上体前屈,两臂并肘前迎。两小手指靠近,手掌对球稍前迎。两手接球的后底部,在手触球的一刹那,立即后引、屈肘、屈腕、两臂靠近将球抱于胸前(见图 4-23)。

图 4-23

(2)接低于胸部的平直球。身体正对来球,两脚左右开立,上体稍前倾,两臂下垂并屈肘前迎,两手小指相靠,手掌对球,当手触球的一刹那,两臂后引并屈肘,顺势将球抱于胸前(见图 4-24)。

图 4-24

（3）接齐胸高平直球。身体正对来球，两臂屈肘并稍上举，两拇指相靠，手掌对球，当手触球时，手腕和手指适当用力，同时屈臂后引，翻掌将球抱于胸前。

（4）接高空球。当判断好球在空中运行路线和确定接球点后，两臂上伸迎球，两手拇指成八字，手指微屈，手掌对球，当手触球时，手腕和手指适当用力将球接住，同时屈肘回缩并下引，顺势转腕将球抱于胸前（见图 4-25）。

图 4-25

4．注意要点

（1）应充分做好接球的准备姿势。

（2）移动与选位的动作要迅速、合理。

（3）手与球接触部位应准确。

5．教学与练习方法示例

（1）徒手模仿准备姿势、接地滚球、平直球、高球。

（2）接同伴抛来或踢来的地滚球、平直球和高球。

（3）接自己对墙掷出或踢出的各种反弹回来的球。

（4）移动中接教师抛或踢的各种球。

（六）掷界外球技术

当球的整体不论在地面或空中越出边线时，应由出界前最后触球队员的对方队员，在球出界处掷界外球。掷界外球是一次很好的组织进攻机会，特别是靠近对方罚球区附近掷界外球，如能掷得既远又准，就有可能获得一次很好的射门机会。

1．动作要领

身体面对出球方向，两脚前后或左右开立，屈膝后仰，两手自然张开，拇指相对持球的后侧部并屈肘置球于头后。掷球时，脚用力蹬地，依次进行摆体收腹、挥臂、甩腕,迅速有力地将球掷向预定目标。整个动作可用移重心、蹬地、挺髋、挥臂、甩腕、拨指来概括。要求从蹬地开始发力,由下至上协调连续地将球掷出。后脚可沿地面向前滑动,两脚均不得完全离地或踏入场内(见图 4 - 26)。

2. 注意要点

(1)身体面向场地。

(2)双脚均不得全部踏入场内。

(3)双脚均不得全部离地,允许在地面上滑动。

(4)动作连惯。

3. 教学与练习方法示例

(1)原地做模仿练习。

(2)两人一组,相距 15 m,做掷界外球练习。

(3)掷远比赛。

图 4 - 26

(七)抢截球

抢截球是把对手控制的球夺回来,转守为攻。它分为抢球和截球。

1. 抢球

在规则允许的条件下,运用各种方法把对方控制的球夺过来,踢出或破坏掉。抢球可分为正面、侧面和侧后抢球等方法。

(1)正面跨步抢球时,面向对手,两脚前后开立,两膝微屈,重心下降放在两脚间,在对手运球脚触球后或刚着地时,支撑脚立即用力后蹬,抢球脚以脚内侧对准球跨出,膝关节弯曲,上体前倾重心移至抢球脚。另一脚立即前跨。如双方脚同时触球时,则顺势向上提拉,使球从对方脚背滚过。同时身体重心要迅速跟上,把球控制好(见图 4 - 27)。

图 4 - 27

(2)侧面合理冲撞抢球。在与运球者平行跑动或从后面追成平行与对手并肩跑动时,身体重心稍下降,同时与对手接触一侧的臂贴紧身体。当对手靠近自己一侧的脚离地时,以肘关节以上部位,冲撞对手相应部位,使其失去平衡,乘机将球控制过来(见图4-28)。

2. 截球

截球是把对方队员间传出的球堵截住或破坏掉。比赛中要根据临场具体情况,选择恰当的位置,果断、快速地利用踢球、顶球、铲球或接球等技术完成截球。

图 4-28

3. 注意要点

(1)选择合理位置。

(2)掌握好抢截球的时机。

4. 教学与练习方法示例

(1)两人一球,一人脚前放定一个球,另一人做抢球练习。

(2)两人一组,相距4 m左右,中间放一球,看手势或听口令,两人同时做向前跨步抢球动作。

(3)两人一组,相距8 m左右,一人向前直线运球,另一人做正面跨步抢球。

(4)两人并肩慢跑做冲撞练习。练习观察对方身体重心的移动,掌握冲撞时机。

(八)假动作

假动作是为了掩盖自己真实的意图,运用各种动作的假象迷惑和调动对手,使其产生错误的判断,造成重心错误的偏移,形成对自己有利的形势以达到自己的目的。假动作渗透在各项技术中,几乎所有的技术动作都有假动作的存在,如踢球、接控球、顶球、运球、抢截球、掷界外球以及守门员技术等。

1. 传球前的假踢

传球前为了使堵住传球路线的对手闪开空当,可先向一方做假踢动作,当对手去堵假踢的传球路线时,突然改变踢球脚法将球从另一方向传出。这种方法也可在运球过人时运用(见图4-29)。

2. 过人时的虚晃假动作

对手在背后紧逼的情况下,可向一侧用身体或腿部做虚晃假动作(或是身体与腿部同时并用),诱使对手跟随运球虚晃动作发生重心的偏移,然后迅速用另一侧脚背外侧向同侧拨球,并转身越过对手(见图4-30)。

图 4-29

① ②

图 4-30

3. 注意要点

(1)做假动作时要注意控制好自己的重心。

(2)假动作后的衔接动作要紧凑。

(3)假动作不易做得太复杂。

4. 教学与练习方法示例

(1)各种假动作的模仿练习。

(2)运球假动作摆脱防守(消极防守)练习。

第三节　足球基本战术

　　足球战术是指在比赛中,双方队员为战胜对手,各自根据比赛中的实际情况,所采取的个人和集体配合行动的总称。足球比赛是由进攻与防守这一对矛盾所组成的,通过比赛中攻防技术与方法的不断变化和发展,逐步形成和发展了个人和集体的进攻与防守的配合行动体系,即进攻与防守的战术系统。在比赛中个人技术的运用都属于个人战术行动,是集体战术的组成部分,也是组成集体战术的基础,两人或两人以上的协同配合属于集体战术,集体战术是个人战术的综合。

一个球队战术水平的高低与全队的技术、身体素质、心理品质紧密相关。技术、身体素质是战术的基础,心理品质是战术的思想保证,比赛中技术、身体素质与心理品质总是在具体的战术配合——战术行动——中体现出来的。有目的地完成技术动作就包含着战术的内容。成功地组织战术和巧妙地运用战术是夺取比赛胜利的重要因素。

一、比赛阵形

比赛阵形是指比赛场上队员的位置分布,是本队攻守力量搭配和职责分工的形式。比赛阵形的选择要根据本队队员的特点和与对手的特点来选择。阵形是比赛战术的一个组成部分。比赛阵型要使每一个场上队员在明确基本位置和主要职责的前提下,充分发挥个人的智慧和全队的攻守特点,以达到克敌制胜。阵形的排列顺序是由后卫数向前锋的,守门员不计算在内。

1. 阵型的演变和发展

现代足球运动从 1863 年英国制定第一个统一规则开始,阵形由重攻轻守的“九锋一卫”、“七锋三卫”、“六锋四卫”等逐步向攻守力量平衡的方向发展。1925 年英国人根据新越位精神,在 1930 年发明了“WM”式阵型,推动了现代足球运动的发展,第一次使攻守人数排列趋于平衡。它一直保持到 20 世纪50 年代初,匈牙利人首创了“四前锋”阵形,向“WM”式阵型发起了挑战,打破了英国人长达 20 年对世界足球的统治地位。“四前锋”阵形成为进攻型踢法的典范,各国纷纷效仿,它被称为现代足球运动发展中的第一次革命。50 年代后期,巴西人发明了“四二四”阵形,以四个后卫紧盯四个前锋的进攻,成为防守战术中大胆的革新,它被认为是现代足球运动发展中的第二次革命。随着人们对足球运动认识的深化,队员技术、战术的日趋全面和身体素质的提高,在 1974 年举行的第 10 届世界杯足球赛上出现了“全攻全守”的踢法。这种踢法要求队员身兼攻、守两种职能,既会攻又善守。跑到哪个位置就能胜任哪个位置的职能。这种踢法使足球比赛出现了崭新的面貌,因此被称为足球运动发展中的第三次革命。

2. 各位置的主要职责

随着“全攻全守”全面型打法的不断发展和完善,要求场上队员在完成各自的主要职责的基础上,还必须积极参与进攻和防守。

下面以“四四二”阵形为例,简述各位置的主要职责及踢法。

守门员:主要职责是守住球门。因此必须具备熟练的守门技术、敏锐的观察判断能力。他既是门前严密防守的指挥者,又是发动进攻的组织者。

边后卫：主要职责是防守进入自己防区的对手，不让其随意得球或运球突破。进攻时要能及时跟上去接应。在中场起到前卫组织进攻的作用，并伺机插入边锋位置起到边锋作用。

中卫：主要职责是防守对方通向球门的中路危险地带，指挥并组织好门前30 m的严密防守队形。两个中卫一般分为盯人中卫和自由中卫。盯人中卫主要盯住对方突前中缝，自由中卫拖后对整个后卫线起到保护补位的作用。由守转攻时，中卫要跟上接应，在中场起到前卫组织进攻的作用。在看准时机的情况下，亦可插到锋线直接参与进攻。

前卫：是锋线间的桥梁和全队攻守的枢纽。故前卫队员应是队中技术、战术最全面、奔跑能力最强的人。前卫是本队进攻的组织者也是不断的参与者。防守时前卫要及时回防到位，争夺中场，起到中卫前的屏障作用。

边锋：主要职责是从边路突破对方防线，切入射门或下底传中，给同伴创造射门机会。当一侧进攻传中时，另一侧边锋则应及时包抄，抢点射门。防守时要盯住对方插上进攻的边后卫或退回本方半场，协助前卫争夺中场。

中锋：位于进攻的最前线，通常是队内的"尖刀"和"炮手"。主要职责是突破射门。进攻中常运用传球配合、运球突破、顶球摆渡等手段为自己或同伴创造射门机会。同时还经常左右前后扯动，与边锋或前卫交叉换位，扰乱对方的防守，为同伴创造切入插上的突破机会。

二、进攻战术

1. 个人战术

个人无球的摆脱、跑位和有球技术的合理应用都包含着战术的内容。队员的战术意识好、技术精，则个人战术的能力就强。

（1）摆脱与跑位。进攻时，无球队员的任务就是摆脱对手的紧逼，积极地跑位，给有球同伴创造传球的有利条件。

摆脱对手紧逼的方法有突然起动、冲刺跑、急停、突然转向、变速和假动作等。

跑位是指有目的地跑向有利位置或空当。其目的是直接接同伴的传球，或者是牵制、扯动对方的防守，扰乱对方的防线，从而制造空当。

（2）传球。传球是集体配合的基础，是完成战术配合、创造射门机会的重要手段。传球者要善于观察场上情况，以便迅速决定向哪里传或传出什么样的球。同时有几个同伴跑位，应传给对对方威胁大的队员，如向前直传和向空当传。传球要掌握时机。传球的力量要适当，原则上应有利于同伴接球或处理球。

（3）运球过人。这是进攻战术中一种极为重要的个人战术。在没有传球配合的可能或射门机会时，都应大胆地运球过人。特别是在对方门前一对一的情况下，运球突破后将直接威胁对方球门。运球突破是破密集防守，创造射门机会的有效手段；是冲破紧逼盯人造成局部地区以多打少，觅得传球空当，获得射门机会的有效方法；同时也是扰乱对方防线的锐利武器。

（4）射门。射门是一切战术配合的最终目的。射门必须突然、果断、有力、准确，同时要具备敏锐的观察力和良好的心理素质。

2. 两人的局部进攻战术

两人的传球配合是集体配合的基础。比赛中最常见的两人战术配合是"二过一"。

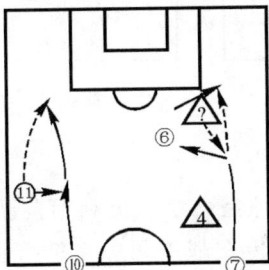 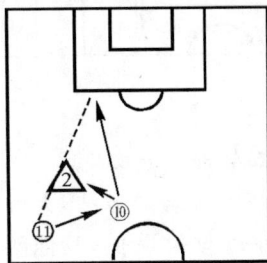

图 4-31　　　　　　　　　图 4-32

（1）斜传直插二过一（见图 4-31），⑪斜回传给⑩，⑩斜线传球，⑪直线插入接球。⑦运球过人，横传给⑥，⑥向前斜传，⑦直线插入接球。

（2）直传斜传二过一（见图 4-32），⑩接⑪横传球，向前直线传球，⑪斜线插入接球。

（3）撞墙式二过一（见图 4-33），⑧向⑨脚下传球，⑨直接出球，球好像碰在墙上，弹向防守者背后的空当，⑧快速切入接球。

（4）回传反切二过一（见图 4-34），⑪回撤迎球，防守者紧逼，⑪回传给⑩并转身反切接⑩传至防守者身后空当的球。

（5）交叉掩护二过一（见图 4-35），⑨向侧面运球，⑩与⑨交叉跑动。二人贴近的时候，⑩运球快速切入（或向前斜传给切入的⑨）。

（6）注意要点：

1）场上局部地区出现二过一的局面往往是极短暂的，因此进攻队员必须抓住这一战机以多打少。

2)在二对一局面时,控制球的队员一定要做运球过人或二过一传球配合的两种准备,这样真真假假才更有利于完成二过一配合。

3)进行二过一配合时,要求插入队员用突然快速的起动去跑位接球。假如防守队员是最后一名防守者,则要注意传球和起动跑位的时机,避免越位。

4)进行二过一配合时,传球一定要准确,力量要适当,使接球队员便于控制球和处理球。

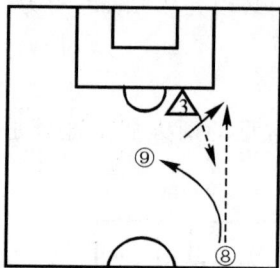 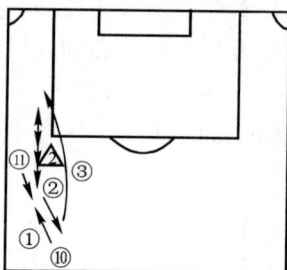 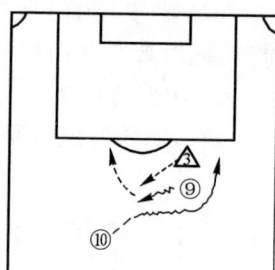

图　4-33　　　　　　　　图　4-34　　　　　　　　图　4-35

3. 三人局部进攻战术

(1)三人配合的方法,大致可分为两种。一种是一个队员利用自己跑向空当,牵制一个防守队员,其他两个进攻队员利用传切战胜另一个防守队员,这种配合称为第二空当。另一种是三个队员通过传球进行一次间接二过一或连续两次二过一的配合以战胜两个防守队员(见图 4-36)。

(2)注意要点。持球队员在传球前,观察场上情况应更全面,范围应更大些,两个接应队员的起动、跑位时间应有先后,以利一人制造空当,一人插入空当。

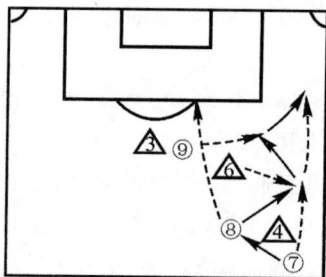 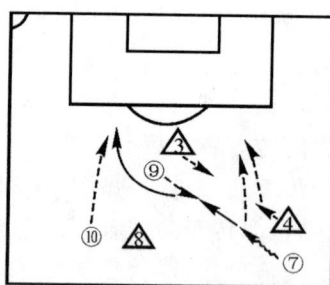

图　4-36

4. 全局性战术

(1)边路进攻。边路进攻一般是指进攻的最后阶段发生在前场禁区线以外靠近边线区域的进攻。边路进攻的发起、推进通常有两种方式：一是进攻过程始终沿边路而行；二是通过中路转移至边路。边路进攻打法的主要目的在于充分利用"宽度"原则，拉开防守面积，削弱中路的防守力量，创造中路破门得分的有利战机。

(2)中路进攻。中路进攻通常是指进攻最后阶段发生在前场中间区域的进攻。中路进攻的形成，一般也来自于中路推进和边中转移两种形式。

中路进攻特点一般说来比边路进攻更具有威胁性和直接性。由于在中路往往防守人员密集，以致进攻有效性的难度很大，但若一旦成功，则威胁效果更大。

(3)快速反击。反击是指获球的防守队员尽快地把球输送给处于有利位置的中、前场队员，使他们在对方还没有完全组织好严密防守之前得到一次良好的射门机会。

(4)阵地进攻。阵地进攻是指有组织、有步骤、层层推进的一种进攻方式，它一般发生在从防守中抢到球后，对方已组织好防守的情况下。

三、防守战术

1. 个人防守战术

选位与盯人是防守战术中重要的个人战术。防守队员的位置一般应处于对方控制的队员与本方球门中心所构成的一条直线上(见图4-37(a))。盯人是指对防守对象实行紧逼的战术。其目的在于阻止对手接球，或把对手脚下的球抢过来，并破坏掉。一般情况下，对有球队员及其附近的队员采用盯人战术(见图4-37(b))，当球和对方队员接近本方球门时，一般要紧逼盯人。距本方球门远时，可松动盯人。

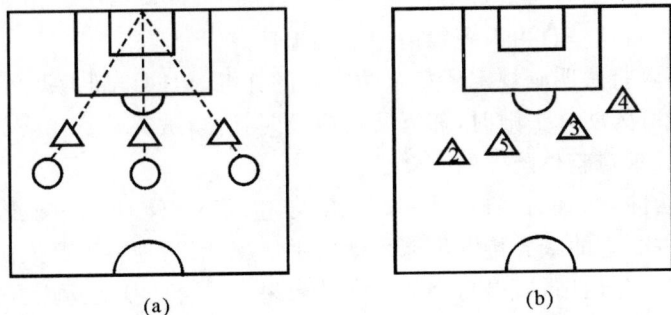

(a)　　　　　　　　　　(b)

图　4-37

注意要点：

(1)防守对手接球时，能断球则断球，不能断球时千万不能盲目出击。

(2)防守有球队员时，采用侧身防守，有意识延缓对方的进攻速度，同时寻找时机，伺机把球抢到或破坏掉。

(3)盯人时，如果自己速度快于对手或对手不善于运球过人。一般可大胆紧逼；相反则要与对手保持一定距离。

2. 局部的防守战术

(1)保护与补位。保护与补位是防守队员间协同配合，弥补漏洞的方法。保护是补位的前提，没有保护也就不可能有效地补位。保护时选位的基本要求是：队员间距离适当且取斜折线站位(见图4-38)。补位有两种，一种是队员去补空当，另一种是队员的相互补位，即交换防守位置。

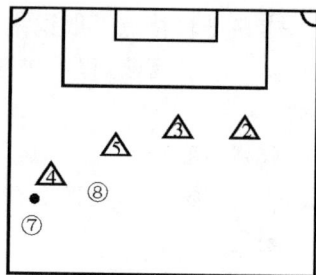

图　4-38

(2)围抢。围抢是指几个人同时围住有球队员进行抢球的一种积极的集体防守方法。一般是在以多防少的有利局面下，在中场边线和底角附近处采用。

3. 全局性的防守战术

(1)人盯人防守。人盯人防守是一种除自由人以外，其他每个队员都有固定盯人对象的防守形式。这种打法突出的特点是，在全场攻守的每一时空间，两两对垒的情况总是使每一进攻队员始终处于压力之中。

(2)区域盯人防守。区域盯人防守的基本含义是，每一防守队员占据一定的活动区域，当进攻者进入该防区时，区域防守队员实施严密盯人，以控制进攻者在此区域的一切有效行动。区域盯人打法中，也有一个自由人担负补位和指挥的作用，这一自由人一般由中后卫担任。

区域盯人打法明确规定了每一防守者的任务，但同伴间仍需必要的协作，当某一区域盯人防守失败时，邻近队员应及时补位，被突破防守队员应及时地与他换位，以求得整体防守的有效性。

(3)混合防守。混合防守是人盯人防守和区域盯人防守两种形式交织一体的防守打法，它的最大特点是能根据对手情况，灵活地将人盯人防守和区域防守的优点充分运用，以提高全队防守的效果。混合防守的运用方式通常是，选择体力好、个人作战能力强的队员以人盯人防守盯住对方的核心队员，限制其行动自由，至于其他队员则多采用区域盯人防守。

(4)密集防守。密集防守是一种缩小防守区域、集防守主要力量于门前危险地带而仅留1～2名队员在中场附近的防守形式。它的主要防守区域是门前的倒"漏斗"。其防守打法的主要特点是,防守人数多,可趁空隙小,渗透性进攻配合较难,因此,破门的难度也相对较大。

4. 制造越位

制造越位是防守队员利用越位规则,限制进攻队员战术配合的一种防守战术,造成进攻队员处于越位位置,使其越位犯规。对方进攻中制造越位战术如图4-39所示,在⑧欲传球给⑨,传或触及球前的刹那,⚠指挥后防线突然压上前跑,置⑨于越位位置,这时⑧传球给⑨,⑨就越位犯规。

运用这种战术,防守队的几个队员必须十分默契,动作协调一致。一般应听从拖后自由中卫的指挥。用这种战术时要谨慎,一旦失败,攻队可直逼球门,形成与守门员一对一的危险局面。

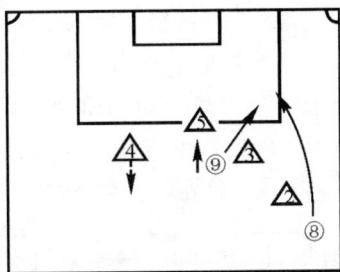

图 4-39

四、定位球战术

定位球战术是指死球状态下的攻守战术运用。它包括任意球、角球、掷界外球、球门球和中场开球战术。定位球战术在现代足球比赛中的作用和效果极为重要,尤其是任意球和角球时常左右赛势与胜负。

1. 任意球战术

(1)任意球进攻战术。任意球进攻,特别是前场任意球进攻。在比赛中常用的进攻方式有两种:一是直接射(直接任意球);二是两人配合射或三人及三人以上配合射,如图4-40所示⑦、⑤做接应,⑤佯跑做发任意球,⑩拉空转身准备插入时,⑧传球至⑩,⑩接球后射门。

(2)任意球防守战术。当对方在中后场发任意球时,防守队员需要很好地组织和站位。如果在前场发任意球,则必须要排人墙。排墙队员的人数取决于球所处的位置。一般来说,球在球门正

图 4-40

中方向,排 6 名队员;球与门成 70°左右,排 5 名队员;球与门成 40°左右,排 4 名队员;球与门成 20°左右,排两名队员。

2. 角球战术

(1)角球进攻战术。

1)长传至门前,同队队员包抄攻门。一般是由踢球技术较好的队员主踢角球,使球内弧线至远端门柱前 10 m 左右的地方,而守门员较难出击,包抄队员应根据球的运行路线选择抢点位置射门;也可将球踢至近端门柱附近,由处于中间位置的同伴抢点射门或经过"摆渡",跟进队员抢点射门。如图 4-41 所示,⑦号主踢角球,⑪、⑩、⑧、⑨等队员包抄射门;⑦号主踢角球,⑪摆渡,⑩、⑧、⑨等队员包抄射门。

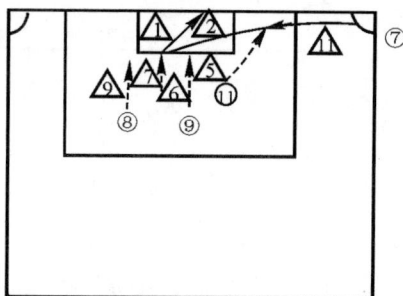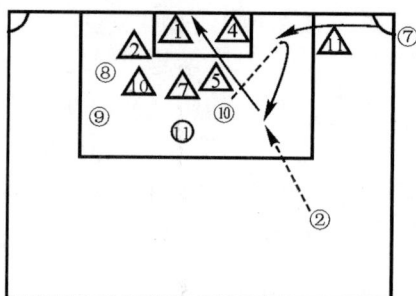

图　4-41　　　　　　　　　　　　　图　4-42

2)短传配合。一般是在对方身材高大,争顶球能力强,而本队球员身材矮小,头顶球较差或碰到较大的逆风时运用。采用这种配合要争取时间,不等防守队员站好位置就立即发球。但传球次数不易过多,通过两三次传递即应完成射门。如图 4-42 所示:⑦用急速地滚球传给快速摆脱插上的⑩,⑩直接回传给突然插上的②射门。

(2)角球防守战术。在角球防守的成败因素中,站位和盯人是重要的环节之一。角球站位和盯人一般应掌握好以下几个原则:

第一,守门员站在靠近远侧门柱附近。这种选位主要是便于观察场上情况和出击。

第二,一名防守队员站在近侧门柱。他可以封住前角。防止进攻者发内旋球射门和限制近角附近进攻队员战术行动。

第三,发角球同侧的一名边锋防守队员,站在发角球队员的前面,阻止或至少干扰对手发快速的低平球,迫使对方发高球,而高球对守方队员,包括守门员是极为有利的。

第四,空中争顶能力强的防守队员盯住头球好的进攻队员。

第五,一个快而运球技术好的队员站在中线附近,主要任务是在本方抢下球后作为"目标人"接球,趁对方防守没有组织好之前,发动快速进攻。

第六,其余队员根据本队战术思想,分别选位和盯人。

五、个人战术戒律

个人战术戒律是指足球比赛中个人的战术原则和运用时必须遵循的规律。

(1)得球即进攻。当本队得控球权时,无论是哪个位置的队员都要有目的地发动进攻。

(2)失球要防守。一旦本队失球后,每个队员必须立即担负起防守任务,并且力争把对手置于外线。

(3)传球后要跑动。控球队员传球后,应立即跟上进行支援和接应。

(4)主动接应球。一是传球后跟上做接应,二是其他队员根据场上情况,有目的跑动接应,不要等球。

(5)有意识地运控球。控球队员在无人接应或不宜于传球情况下,要有意识地运控球,其目的在于牵扯对方队员,以制造空当进行渗透。

(6)利用身体掩护球。当队员得球后,应充分利用自己的身体保护球。以免对方将球抢去或破坏掉。

(7)能断则断,不断则防。当对方传球或运球过人时,凡能主动出击截断的,一定要抢断下来。否则不要盲目出击,防内线放外线。

(8)绝不造成不必要的犯规。任何不必要的犯规行为都会使对方处于主动有利的局面。

(9)随时观察。队员必须始终面向球,看到球,以便做到有的放矢。

六、战术教学与训练

足球比赛的进攻与防守是对立统一的,是相互促进的。因此,对战术教学与训练,既要重视进攻战术,也要重视防守战术的训练,忽视哪一方面,都将导致比赛的失败。

1. 个人战术练习方法

(1)摆脱与跑位:

示例一:两人一组,一人进攻一人防守。进攻者采用各种摆脱的方法甩掉防守者对自己的防守。

示例二:四人两球,两名控球队员相距 20 m 左右。中间两名队员一名进攻,一名防守,进攻队员用各种方法摆脱对手接球回传。

(2)选位与盯人:

示例:进攻队员向端线做折、曲线运球,防守队员倒退与进攻者始终保持 1.5～2 m 的距离,进行选位练习。

(3)运球突破:

示例:罚球弧附近不规则地摆放若干盘球架,队员从中线快速运球绕过盘架射门。

2. 传抢练习

以人数相等或不等的两组进行传抢练习。其活动范围的大小、参加人数的多少可根据训练的目的而定。

示例一:"三对一"传抢练习。根据训练目的的不同,为提高进攻队员一次性准确传球和防守队员的选位和抢截能力。对练习队员要求:进攻队员一次出球;球不得踢出规定的范围,尽量向接应队员脚下传球;防守队员要积极移动选位、堵抢;抢球队员触到球后,与传球失误队员互换攻守。

示例二:"二对二"、"三对三"或"四对四"传抢练习。此种练习对抗性很强,目的是训练队员盯人、摆脱、跑位和切切配合等能力,同时对专项速度耐力的提高也有很大价值。对队员要求:允许运球过人;防守者紧逼盯人;迎球处理球,传球后跑动;完全抢到球后或球出规定范围才能互换攻守。

示例三:"四对二"、"四对三"传抢练习。目的是练习队员传球、跑位、盯人、补位、抢截能力。对队员要求:无球队员积极跑位接应,注意拉开空当;防守队员积极抢截球,互相保护与补位。

3. 半场攻守练习

利用足球场的半场进行练习,队员分成攻守两队。攻守队员人数可以"五对四","五对五","六对五"等。练习目的:训练前卫、前锋队员进攻配合及后卫、防守前卫防守配合的能力。

一般要求:将各种局面、地区的基本配合通过半场攻守练习连接起来。每次进攻力争完成射门,防守队员得球后快速压出并将球传至中圈。

4. 全场比赛

在符合比赛要求的情况下进行的攻、守配合训练。目的是训练队员在实战中的应变能力,培养战术意识,检验战术配合的能力。

第四节　足球专项身体素质练习

身体素质的发展和提高是促进足球技术、战术迅速提高的必要条件。良好的身体条件是提高运动能力、减少运动创伤、延长运动寿命和比赛中发挥最佳水平、取得较好成绩的坚实基础。

一、速度素质

足球专项速度包括反应速度、位移速度和动作速度三个方面。练习方法如下：

(1)各种姿势起跑冲刺 10～30 m。如前滚翻或后滚翻起跑，坐地或坐地转身起跑，转身、半蹲、俯卧、仰卧或侧卧起跑等。

(2)各种活动情况下的起跑冲刺 5～10 m。如小步跑、高抬腿跑、侧身跑、后退跑，看教师手势立即冲刺跑等。

(3)在快速跑中看教师手势做急停、转身、跳跃和改变方向跑。

(4)4×10 m 往返冲刺跑。

(5)25～30 m 快跑，要求射门。

(6)二过一传球配合后冲刺 10～15 m 追球射门。

(7)两人同时冲刺 25～30 m 抢射点球。

二、力量素质

力量是各项素质的基础。足球运动需要的是良好的动力性力量、速度力量和耐力。进行力量练习时应重点发展腿部和腹、背部的力量。练习方法如下：

(1)用哑铃或轻杠铃做各种上肢练习。

(2)俯卧撑、引体向上、双臂屈伸。

(3)仰卧起坐、仰卧举腿、仰卧快速屈体。

(4)仰卧两腿夹实心球或足球举腿，以腰为圆心两腿画圆弧。

(5)肩负杠铃做体前屈和转体。

(6)背靠肋木悬垂举腿练习。

(7)立定跳远、原地三级跳、多级跳、蛙跳等。

(8)单脚或双脚跳台阶。

(9)肩负杠铃的蹲起或提踵及跳跃练习。

(10)跳绳练习。

三、耐力素质

足球运动不仅需要长距离奔跑的一般耐力,又需要有在一定时间和一定距离内保持最快速度奔跑及做动作的速度耐力。练习方法如下:

(1)12 min 定时跑或越野跑。

(2)30 m,60 m,100 m 反复冲刺跑或加速跑等。

(3)跳绳练习。

(4)5 m,10 m,15 m,20 m,25 m 的折返跑。

(5)重复多次的 30～40 m 的快速运球或运球接力比赛。

(6)连续跑动中的传接球和射门练习或规定时间的三对三、五对五的传抢练习。

四、灵敏素质

灵敏就是快速、准确、协调地完成技术动作的能力。练习方法如下:

(1)前滚翻、后滚翻、单肩滚翻、鱼跃前滚翻。

(2)侧向交叉步跑、快速后退跑、S 形跑、绕杆跑、看信号变换方向跑。

(3)在规定范围内(如中圈、罚球区等)多人运球躲闪或抢截球练习。

(4)将球向身后高抛,然后转身做接控球的练习;对墙踢球,然后转身或绕过标志杆做接墙反弹回来的球的练习。

五、柔韧素质

柔韧素质练习可以增加肌肉和韧带的长度和弹性,扩大关节的活动范围,以增大动作的幅度,掌握难度较大的技术动作和避免运动创伤。练习方法如下:

(1)颈前屈、后屈、侧屈和绕环。

(2)体前屈、侧屈、后屈或转体。

(3)各种压肩、压腿、劈叉、踢腿等练习。

第五节　足球竞赛规则与裁判法

一、足球竞赛规则

1. 场地与器材

(1)场地。比赛场地应为长方形,长为 90～120 m,宽为 45～90 m(国际

比赛的场地长为 $100\sim110$ m，宽为 $64\sim75$ m）。场地上画有边线、端线、球门线、中线、中圈、中点、罚球区、罚球点、罚球弧、球门区、角球区等。场地上各线的宽度均为 12 cm，并均包括在场地或各区的面积之内，如图4-43所示。

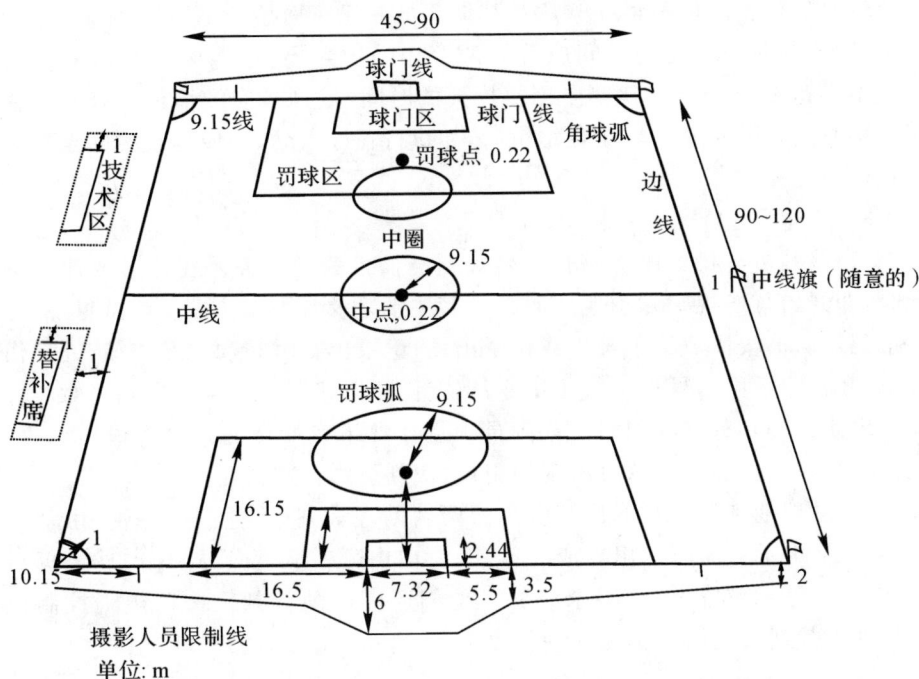

图 4-43

(2)球门。在比赛场地两条端线的正中各设一个球门。球门两立柱内侧相距 7.32 m，横梁下沿离地面 2.44m。门柱及横梁的宽度与厚度，均应对称相等，不得超过 12 cm，其形状可为正方形、长方形、圆形或椭圆形，并不得对队员构成危害，且必须为白色。

(3)球。比赛用球应为圆形，球的圆周长为 $68\sim71$ cm。球的重量为 $396\sim453$ g。充气后其压力为 $0.6\sim1.1$ MPa。

(4)角旗与中线旗。角旗插在场地四角的边线与端线交接处外沿。中线旗插在场地两侧正对中线的边线外 1m 处。角旗与中线旗的高度应不低于1.50 m。

2.队员人数与比赛时间

(1)队员人数。一场比赛应有两队参加，每队上场队员不得多于 11 名，其中必须有 1 名守门员。如果任何一队少于 7 人则比赛不能开始（比赛中一队少于 7 人则比赛不能继续）。在由国际足联、洲际联合会或国家协会主办的正式比赛中，每场比赛最多可以使用 3 名替补队员。被替换出场的队员不得再上场比赛。场上队员可以和守门员互换位置，但须事先通知裁判员，并在比赛成死球时进行。队员不得穿戴危及其他队员的任何物品。

（2）比赛时间。比赛时间应分为两个相等的半场，每半场 45 min。中场休息不得超过 15 min。比赛中因故损失的时间，裁判员应酌情给予补足。在每半场时间终了时或全场比赛结束后，如执行罚球点球，则应延长时间至罚完为止。

3. 裁判员与助理裁判员

（1）裁判员。每场比赛应有一名裁判员执行裁判任务。在他进入比赛场地时，即开始行使规则赋予他的职权。其主要职责是执行规则；判罚犯规；对严重犯规队员按情节给予警告或罚令出场；记录比赛时间和比赛成绩；处理伤号；比赛暂停后用信号指示恢复比赛；审定比赛用球等。裁判员在判罚时应避免做出使犯规队有利的判罚。裁判员根据比赛事实所做的判决为最后判决。在比赛暂停或比赛成死球时出现的犯规，裁判员均有判罚权。

（2）助理裁判员。每场比赛应委派两名助理裁判员，他们的职责（由裁判员决定）应为示意何时球出界成死球；示意应由哪一队踢角球、球门球或掷界外球；示意是否越位；示意要求替补。他们还应协助裁判员按照规则控制比赛。助理裁判员使用手旗为裁判员提示信号。

4. 比赛开始、计胜方法和死球

（1）比赛开始。比赛开始前，通过掷币，猜中的队决定上半时比赛的进攻方向，另一队开球开始比赛。比赛应在裁判员发出信号后，由开球队的一名队员将球踢入（即踢动放在比赛场地中点的球）对方半场开始。在球被踢出前，每个队员都应在本方半场内，开球队的对方队员还应当保持距球不少于 9.15 m；球被踢出后，比赛开始，开球队员不得连踢。如连踢，由对方踢间接任意球。开球可以直接射门得分。胜一球后，由负方以同样方式重新开始比赛。

（2）计胜方法。除规则另有规定外，凡球的整体从门柱间及横木下越过球门线，而此前未违反竞赛规则，即为进球得分。在比赛中，胜球较多的一队为得胜队，如双方均未胜球或胜球数目相等，则这场比赛应为平局。

（3）死球。当球的整体不论从地面或空中越过端线或边线时或当比赛已被裁判员停止时为死球。

5. 越位

（1）越位位置。进攻队员位置比最后第二名对方队员更接近于对方端线，即为处于越位位置。下列情况除外：在本方半场内他齐平于最后第二名对方队员或他齐平于最后两名对方队员。

（2）判罚越位。处于越位位置的队员，在同队队员踢或触及球的一瞬间，裁判员认为该队员就下列情况而言"卷入"了现实比赛中，则应判为越位：干扰比赛或干扰对方队员；利用越位位置获得利益。判罚越位应由对方在越位地点踢间接任意球恢复比赛。

（3）不判罚越位。队员仅仅处于越位位置，而没有影响比赛；在越位位置直接接到球门球、角球、界外球时，不判罚越位。

6．犯规与不正当行为

（1）队员故意违反下列规定中的任何一项者，应判犯规。由对方队员在犯规地点踢直接任意球。如果犯规是守方队员在本方罚球区内发生时，则应由对方队员罚点球。

1）踢或企图踢对方队员。

2）绊摔对方队员，即在对方身后或身前，伸腿或屈体绊摔或企图绊摔对方。

3）跳向对方队员。

4）猛烈地或带有危险性地冲撞对方队员。

5）为了得到对球的控制而抢截对方队员时，于触球前触及对方队员。

6）打或企图打对方队员。

7）拉扯对方队员。

8）推对方队员。

9）故意手球，例如：用手或臂部携带、推击球（守门员在本方罚球区内除外）。

10）向对方队员吐唾沫。

（2）队员违反下列规定中的任何一项者，应判由对方在犯规地点踢间接任意球。

1）裁判员认为其动作带有危险性。例如：企图去踢守门员已接住的球。

2）队员不去踢球而故意阻挡对方者。例如：在球与对方之间跑动或用身体阻挡对方。

3）阻挡对方守门员从其手中发球。

4）冲撞守门员，但下列情况除外：守门员抓住球时；守门员阻挡对方队员；守门员在本方球门区以外。

5）比赛中守门员在本方罚球区内的违例。以手控制球后向任何方向持球、拍球或向空中抛球再接住,超过 6 s 未使球进入比赛状态;虽已使球进入比赛状态,但未经其他队员触球前,自己再次用手触球;守门员用手触及同队队员故意踢回或掷界外球给守门员的球;裁判员认为由于战术上的目的,有意停顿比赛,延误比赛时间而使本队获得不正当的利益。

6)越位、连踢及不正当行为。

(3)可警告的犯规:

1)未得到裁判员的许可进入或重新进入比赛场地或故意离开比赛场地。

2)队员持续违反规则。

3)以语言或行动表示异议。

4)犯有非体育道德行为。

5)延误比赛重新开始。

6)当以角球或任意球重新开始比赛时,不退出规定的距离。

(4)罚令出场的犯规:

1)犯有暴力行为。

2)严重犯规。

3)使用无礼、侮辱的或辱骂性的语言。

4)在同一场比赛中得到第二次黄牌警告。

5)向对方或其他任何人吐唾沫。

6)用故意手球破坏对方的进球或明显的进球得分机会(不包括守门员在本方罚球区内)。

7)用可判为任意球或球点球的犯规破坏对方向本方球门移动着的明显的进球得分机会。

7. 任意球

任意球分两种:直接任意球(这个球可以直接射入犯规队球门得分)及间接任意球(踢球队员不得直接射门得分,除非球在进入球门以前曾被其他队员踢或触及)。

队员在本方罚球区内踢任意球时,在球被踢出罚球区前,所有对方队员都应站在该罚球区外,并须至少距球 9.15 m。当球滚至球的圆周距离,并出罚球区后比赛即为恢复。如球未被直接踢出罚球区,则应令重踢。队员在本方罚球区外踢任意球时,所有对方队员在球被踢出前应至少距球 9.15 m,除非他们已站在自己的球门线上。

踢任意球时,须将球放定。踢任意球的队员将球踢出后,在球经其他队员踢或触及前,不得再次触球。如连踢,则由对方队员踢间接任意球。守方在本方球门区内踢任意球时,可以在球门区内的任何地点执行。凡攻方在对方球门区内踢间接任意球时,应在距犯规地点最近的、与球门线平行的球门区线上执行。

8. 罚球点球

罚球点球应从罚球点上踢出,必须明确主罚队员。踢球时除主罚队员和对方守门员外,其他队员均应在该罚球区外及比赛场内,并至少距罚球点9.15 m处。对方守门员在球被踢出前,必须站在两门柱间的球门线上。主罚队员必须将球向前踢出;在其他队员踢或触及前不得再次触球。当球滚动至球的圆周距离时,比赛即为恢复。罚球点球可直接射门得分。

9. 掷界外球

当球的整体不论在地面或空中越出边线时,应由出界前最后触球队员的对方队员,在球出界处掷向场内任何方向。掷球时,掷球队员必须面向球场,两脚均应有一部分站立在边线上或边线外,不得全部离地,用双手将球从头后经头顶掷入场内。球一进场内比赛立即恢复。掷球队员在球被其他队员踢或触及前,不得再次触球。掷界外球不得直接掷入球门得分。

10. 球门球

当球的整体不论在空中或地面从球门外越过球门线,而最后踢或触球者为攻方队员时,由守方队员在球门区内任何地点直接踢出罚球区恢复比赛。守门员不得将球接入手中后再踢出进入比赛。如球未被直接踢出罚球区,即未进入比赛,应令重踢。踢球门球的队员在球被其他队员踢或触及前,不得再次触球。踢球门球可以直接射门得分,踢球门球时,对方队员在球被踢出罚球区前都应站在罚球区外。

11. 角球

当球的整体不论在空中或地面从球门外越出球门线,而最后踢或触球者为守方队员时,由攻方队员将球的整体放在离球出界处较近的角球区内踢角球。踢角球时,不得移动角旗杆。角球可直接胜一球。防守队员在球未进入比赛时,不得进入距球 9.15 m 以内。踢角球队员在球被其他队员踢或触及前,不得再次触球。

二、裁判法

1. 对角线裁判制

对角线裁判制是目前世界上普遍采用的一种裁判制度。它的特点是:裁判员活动范围大,跑动灵活,距离较近,观察方便,因而有助于裁判员较真实地观察场上队员的动作,能及时而准确地做出判断。

对角线裁判制裁判员和助理裁判员的跑动路线及活动范围如图 4－44 所示,裁判员沿 AB 对角线呈"S"形路线随球跑动。第一助理裁判员(L1)在记录台一侧的边线外沿 DE 巡回线跑动。第二助理裁判员(L2)在记录台对面另一侧边线外沿 GH 巡回线跑动。

裁判员应根据比赛形势的发展和球的运行及时调整跑动路线。注意选择恰当的位置,

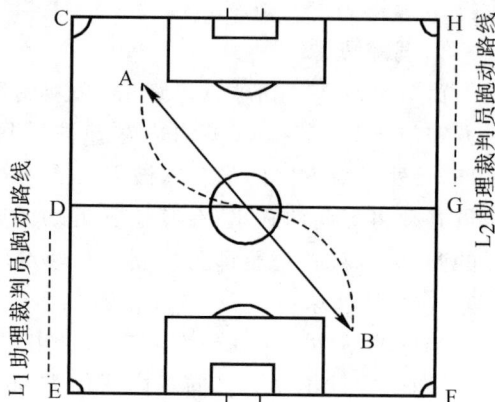

图　4－44

随时观察双方的动作和助理裁判员的旗示。助理裁判员要始终置身于各自分工的巡回线上,并与守方倒数第二名防守队员平行,看好边线、端线、罚球线,协助裁判员准确地判罚球门球、角球、掷界外球和越位等。

2. 裁判员鸣笛、手势和巡边员旗示

(1)裁判员鸣笛。为了能充分地利用比赛时间,使双方队员尽快投入比赛和避免对犯规队有利,一般对明显的球出界、掷界外球、踢球门球、踢角球和罚任意球,裁判员可不鸣笛,只用手势表示。但对比赛开始,比赛结束,胜一球,罚点球,令比赛停止必须鸣笛。

(2)裁判员手势:

1)直接任意球。单臂侧平举指示罚球方向。

2)间接任意球。单臂上举伸掌,保持到球被踢出后被场上另一队员触及或球出界为止。

3)球门球。单臂前平举指球门区。

4)角球。单臂斜上举指角球区。

5)继续比赛。两臂侧平举向前挥动。

6)罚点球。单臂指向点球点。

(3)助理裁判员旗示:

1)越位。持旗手臂上举,以示越位。当裁判员鸣笛停止比赛时,将旗指向越位地点。

2)界外球。持旗手臂先上举,再指示发球方向。

3)球门球。持旗手臂前平举,指向球门区。

4)角球。持旗手臂斜下举,指向近端角球区。

5)换人。双手持旗杆两端,上举于头上。

第五章 乒 乓 球

第一节 乒乓球运动概述

一、乒乓球运动起源

乒乓球运动的起源有不同的传说,它与网球有着密切的关系,网球的英文是 Tennis,而乒乓球则是 Table Tennis,即桌上网球,可以说网球运动是乒乓球运动的前身。

乒乓球运动于 19 世纪末起源于英国,流行于欧洲,英国人捷拉德·卡尼在一篇名为《乒乓球的起源和用具》的文章中谈到:英国的气候促使乒乓球的诞生。英国处于偶然天气多发的腹地,气候多变,在雨天学生们借用室外打网球的拍子,在室内的空地上安置好球网,两个箱子和一根绳子,或是在两把椅子的椅背上,系上根绳子,绳子上挂上报纸,用以代替球网。以后人们又在室内餐桌上,用书或两把高背椅子挂上一根绳子当做球网,采用软木或橡胶做成的球,以羔皮纸贴成的长柄椭圆形空心球拍,在桌上将球打去。这种游戏当初叫做 fidin-flam,又称 Gossima。

最初使用的是小胶皮球,在一个有限的场内相互对打,球经常飞出界外,还很容易碰坏装饰品和吊灯,也曾经使用过软木球,由于弹性太差而很快被淘汰了。

自从英国的退役越野跑运动员詹姆斯·吉布(James Gibb)从美国带回了作为玩具的赛璐珞球,这种小而轻的球就以它弹性好的优势代替了软木球和橡胶球。由于当时普遍使用的是羔皮纸球拍击球,球击到台面时发生"乒"的声音,球拍击到球时发生"乓"的声音,所以人们模拟其声音又叫"乒乓"(Ping Pong)。乒乓球最初是一种宫廷游戏,是贵族间的一种娱乐活动。当时打球的人都穿着晚礼服或长裙,而且还有专门捡球的佣人。后来这种活动逐渐传入民间,成为人们喜爱的运动项目。

二、乒乓球运动的特点

1. 乒乓球运动简介

乒乓球运动的基本形式是站在球台两端的每名或每对运动员,用手中握着的球拍在中间隔放一个球网的球台上,把对方打过来击中本方台面的球,还击到对方台面,这样打过来打过去。

乒乓球是用赛璐珞制成的直径为 40 mm,重 2.7 g 的橙色或白色的小球。乒乓球拍的形状、大小、重量不限,但底板必须是木制的,用来击球的拍面必须覆盖颗粒胶或海绵胶,胶皮上必须印有 ITTF(国际乒乓球联合会英文缩写)字样,乒乓球台长为 2.74 m,宽为 1.525 m,高为 76 cm,网高为15.25 cm。

2. 乒乓球运动的特点

(1)乒乓球运动设备简单,运动量可大可小,是深受人们喜爱的大众体育项目。乒乓球运动具有广泛的适应性、趣味性和娱乐性。打乒乓球不受年龄、性别等条件的限制。同时它还具有很强的竞争性,可以锻炼人的心理素质。

(2)乒乓球小而且轻,要把这种小而轻的球打过网落到对方球台上,对于打球的人来说必须有一定的技巧才能实现。

(3)乒乓球打起来往返速度快、变化多,要求打球的人具有较高的击球频率和较强的反变能力。据测定,在 3 m 左右距离来回击球,每次击球的间隔时间为 1.4 s 左右,最短的时间不到 1 s。这说明对乒乓球选手的击球频率和反应速度要求很高。此外,乒乓球线路变化多,旋转变化更为复杂,它对打球者的应变能力要求也很高。

三、乒乓球技术发展史

"工欲善其事,必先利其器"。乒乓球拍的演变,总是促进着技术的发展,从某种意义上讲是球拍工具不断革新,使乒乓球在速度和旋转之间相互竞争而发展。

1902 年,英国人发明了颗粒胶皮拍,使乒乓球技术由木拍时代单调的打法,进入到颗粒拍使球产生旋转的有趣时代。

1951 年,奥地利人又发明了黑色厚海绵拍,使击球的速度较之胶皮拍有了较大的提高,而且声音小,击过去的球,使对手难以防御。

1952 年,日本人发明了黄色软海绵。在第 19 届世乒赛上,日本男队佐藤博治用海绵拍夺得了男单冠军,在一定意义上将乒乓球技术推进到了快速发展阶段。

1957 年,日本人又发明了正贴海绵拍和反贴海绵拍,比海绵拍又进了一大步,有利于制造旋转,同时又有很好的速度。其中反贴海绵拍,即现今大多数人使用的球拍,既能搓、削,又能拉、冲,扣杀也有速度和力量,正贴海绵拍比较有利于速度和力量的发挥。

1959 年,国际乒联通过了对球拍规格化的决定,规定运动员只准使用木拍、胶皮拍以及带胶皮面的海面拍,并且规定胶皮海绵的总厚度不得超过4 mm。

1961 年,中国运动员在第 26 届世乒赛上首次使用长胶粒球拍,张燮林魔术般的直拍削球,"海底捞月"曾倾倒了众多的球迷。

1965 年,中国运动员又在第 28 届世乒赛上首次使用长胶和反胶两面不同性能的球拍。林慧卿、郑敏之使用这种球拍,为中国队第一次夺得女子团体世界冠军立下奇功。

1970 年,奥地利人发明了防弧海绵拍。这类球拍有利于对付弧圈球,不太吃转。成功使用防弧海绵拍的代表人物当属中国的蔡振华。

当今世界顶尖高手们使用球拍,在规格上并没有新的变化,只是在质地、性能上更加讲究。总的追求目标是既要有利于制造球的速度和旋转,又要有利于"顶大板"和"少吃转",还要有一定的特异性。

第二节　乒乓球基本技术

一、握拍法

1. 直握拍

(1)快攻型直握拍法要点提示(见图 5-1):

拍前:以食指第二指节和拇指第一指节扣拍。拇指与食指间隔 1 cm 左右。

拍后:其他三指自然弯屈,中指第一指贴于拍背面 1/3 上端,使球拍保持平稳。

(2)弧圈球型直握拍法要点提示(见图 5-2):

拍前:拇指紧贴在拍柄的左侧,食指扣住拍柄,形成一个小环状。

拍后:其他三指自然伸直,中指第一指节顶住球拍的背面。

图　5-1　　　　　　　　　　　　　图　5-2

2.横握拍

横握拍拍法要点提示（见图5-3）：

分浅握与深握，浅握时以中指、无名指、小指自然地握住拍柄，拇指在球拍的正面轻贴在中指旁，食指自然伸直斜放在球拍的背面，虎口轻微贴拍；深握法与浅握法基本相同，但虎口稍向拍身方向一些，并使虎口贴紧球拍。

不论横握拍或直握拍，都不应握得太深、太浅或过大、过小，也不能握得过紧，以保持手腕及小臂的肌肉放松。

　　　　　　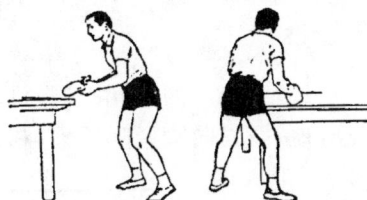

图　5-3　　　　　　　　　　　图　5-4

二、基本站位和基本姿势

正确的基本站位和基本姿势（以右手持拍为例，下同），有利于迅速移动步法，抢占准确的击球位置，做出合理的技术动作，发挥自己的特长。

1.基本站位

基本站位应当根据不同类型打法及个人特点而定，随着技术的提高、打法类型的逐步形成，相应对基本站位提出了要求。快功型打法基本站位在近台中间偏左的位置，弧圈型打法基本站位在中台中间偏左位置。

2.基本姿势

两脚平行站立，左脚稍前，两脚略比肩宽，提踵，两脚前掌内侧着地，两膝微屈，上体略前倾，含胸收腹，身体重心在两脚之间，持拍手自然弯曲置于腹前，离身体25 cm左右，如图5-4所示。

三、基本步法

正确的步法是保持合理的击球位置,熟练运用各种手法击球的前提,步法练习十分重要。基本步法有:

(1) 单步。以一脚为轴,另一脚向前、后、左、右移动一步(见图 5-5)。

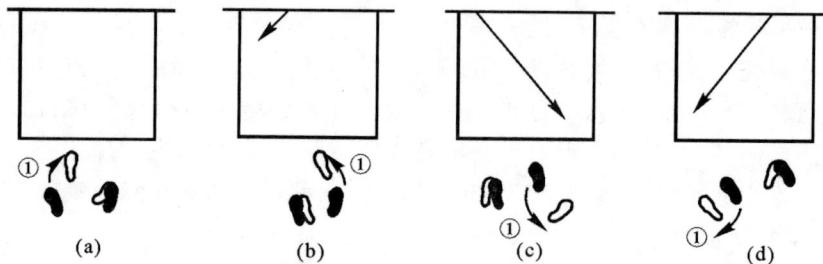

图　5-5

(2)滑步。两脚几乎同时向来球方向蹬地,几乎同时离地,来球异方向脚先落地,同方向脚紧随着地,移动后两脚距离基本不变(见图 5-6)。

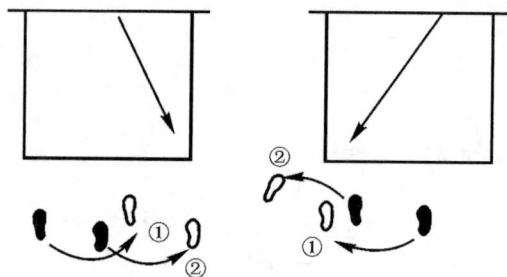

图　5-6

(3)跨步。来球异方向脚蹬地,同方向脚向来球方向跨出一大步,身体重心即移至该脚(攻球时可落脚、击球同时进行),另一脚迅速跟上(见图 5-7)。

(4)交叉步。来球同方向脚蹬地,异方向脚向来球方向跨出一大步。此时,在身前形成交叉状,然后蹬地脚迅速跟上解除交叉(见图 5-8)。

一般情况下,当来球角度不大,距自己较近时,多采用"单步";当来球距自己较远时应根据实际采用"滑步"或"跨步";当来球快而离自己远时,往往采用"交叉步"。

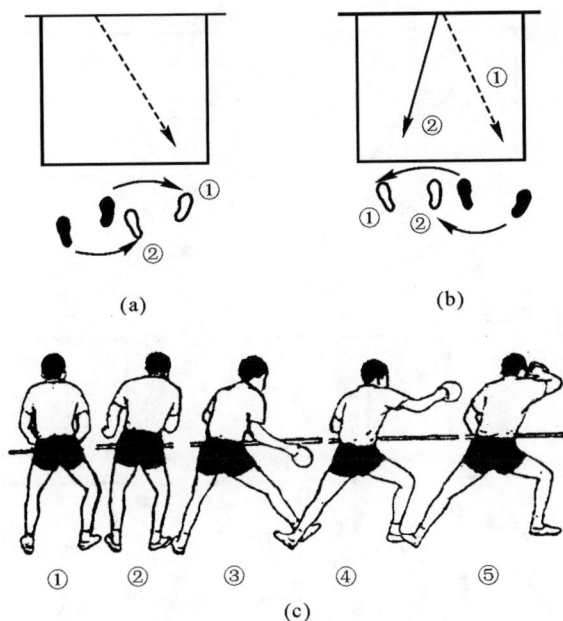

(a)　　　　　　　　　　　(b)

(c)

图　5-7

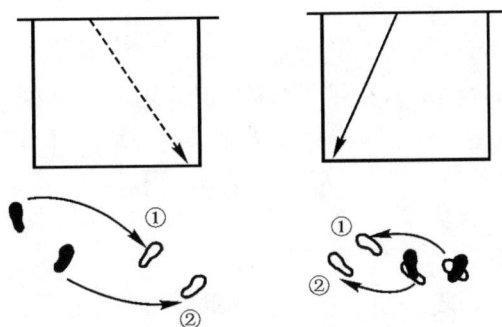

图　5-8

　　(5)结合步。当使用一种步法仍不能获最佳击球位置时,可采用结合步来完成。即完成一次击球时,使用两种或两种以上单一步法的动作方法进行结合(见图5-9)。

　　(6)还原步。是各种步法使用后还原的步法。移动范围可视下一板来球进行调整。它是保证下一次移动的前提。一般还原步多采用滑步来进行。

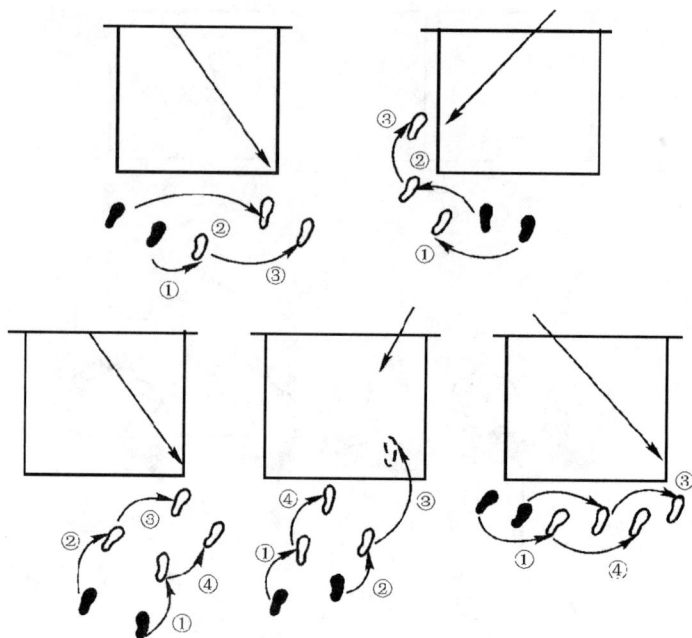

图　5-9

四、发球技术

乒乓球每一回合都是从发球开始的,它是乒乓球技术中惟一不受对方来球制约和限制的技术。我们可以根据规则要求,选择合适的站位,按照自己的意图把球发到对方球台的任何位置上去,限制对方进攻,为自己进攻制造机会,甚至造成对方直接失误。

1. 发球技术要点

(1)反手平击球。不持拍手把球轻抛起,同时持拍手引拍,当球从最高点下降至略高于球网时,持拍手以肘为轴,向前挥拍击球,拍面稍前倾,击球中上部并使第一跳落于距端线 15 cm 左右(见图 5-10)。

(2)正手下旋球。站位左半台,不持拍手将球抛起时,持拍手向后上方引拍,当球下降至略高于球网时,小臂由后上方向前下方挥摆,并做外旋动作,拍面后仰,球拍摩擦球的中下部,拍面触球时小臂制动,手腕加速(见图 5-11)。

(3)正手发左侧上、下旋球。站位左半台,不持拍手将球抛起,同时持拍手迅速向后上方引拍,身体随之向右转,发侧下旋球时小臂从右后上方向左前下方挥动,球拍从球的右侧中下部向左侧下部摩擦球;发侧上旋球时拍触球时拍形垂直,拍触球的后中部,同时小臂制动,手腕加速(见图5-12)。

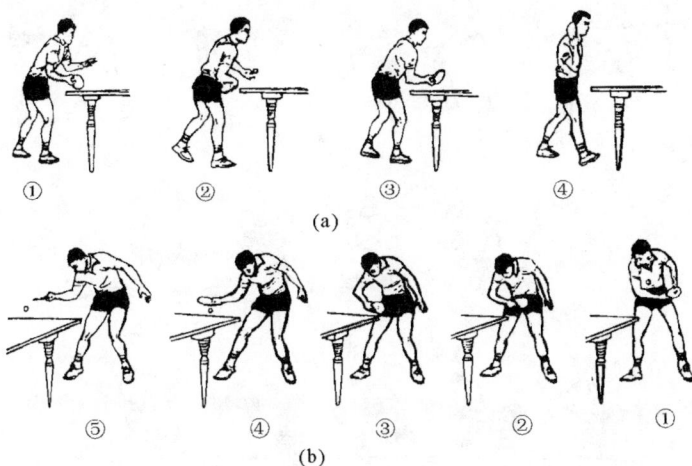

(a)

(b)

图　5-10

①　②　③　④

图　5-11

①　②　③　④

图　5-12

(4)反手发右侧上、下旋球。不持拍手将球抛起时,持拍手向左后上方引拍,此时发球手肘关节接近于人体中线,拍面后仰,发右侧下旋球时,持拍手由左后上方向右前下方挥动,拍面从球左侧中下部向右侧下部摩擦球;发右侧上旋球时拍面从球左侧中部向右摩擦球(见图5-13)。

(5)正手高抛发球。与低抛发球方法基本相同。不持拍手靠近身体向上

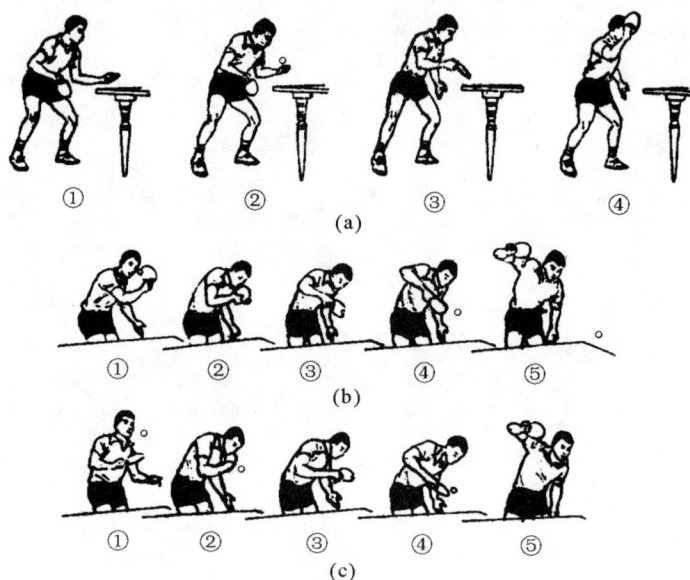

图　5-13

抛球,抛球前重心略有下降,发力时两脚用力蹬地,腰部同时向上用力,同时肩、肘、腕关节相对固定,使球平稳向上抛至3 m左右的高度,这时持拍手向右后上方引拍,拍面朝上,当球下降至接近头部高度时持拍手由右后上方向左前方挥摆(左侧上)或向左前下方挥摆(左侧下)(见图5-14)。

图　5-14

（6）正手发转与不转球。要点同正手发下旋球,只是发不转球拍触球时,小臂稍内旋使拍面平一些,并有一个十分短暂的停顿,有一点向前推球的力,使作用力接近球心,形成不转下旋球(见图 5-15)。

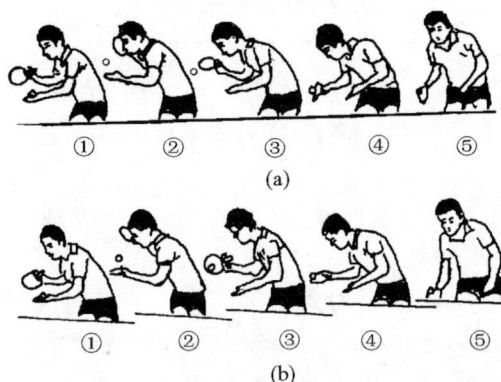

图 5-15

(a)直拍正手发转球；(b)直拍正手发不转球

2. 发球易犯的错误和纠正方法(见表 5-1)

表 5-1 发球易犯的错误与纠正方法

编号	易犯的错误	现 象	纠正方法
1	端线内发球、未将球向上抛起	发球犯规	学习规则,在端线外练习(抛球、抛球后击球)
2	抛球不稳定	发球效果差	抛球时手掌伸平,反复练习抛球动作
3	击球点过高或过低	发球下网或出界	掌握好击球节奏,反复按正确的击球点击球
4	击球点向下过多	发球过高	击球点适当降低,增加一点向前的摩擦力
5	第一落点距球网过近	发球下网	调整拍面角度,第一落点发在距球台底线 15 cm 左右处

五、接发球技术

乒乓球比赛首先从发球与接发球开始,如果接发球技术好,可以破坏对方的进攻或者直接得分,并为自己进攻创造机会。反之,如接发球质量不高,可以给对方较多的进攻机会,容易造成被动的局面。

　　一般接发球方法有搓、削、推、挤、摆、撇以及点、拨、挑、拉等。首先要判断好对方来球的旋转性能、旋转强度、落点、速度，其次是合理的站位，灵活运用各种技术来回接对方的发球。

　　1. 接短球

　　（1）以短回短，把球搓到对方近网处，使其不易发力进攻。

　　（2）以挑、点或撇的方法回接，在高点期击球，拍形垂直击球中部，以手腕、手指用力为主，小臂用力为辅击球，对方发球下旋越转拍触球部位越下，反之亦然。

　　（3）直接搓对方底线大角度球，要求转、低，使对方难以上手。

　　2. 接急球（长球）

　　（1）推挡回接对方反手，一般角度尽量大一些，不宜发力，以借力挡为主，配合推对方中路或正手位。

　　（2）如果对方是横拍，可以推对方中路为主，并准备下一板侧身攻。

　　（3）后退一步，在下降期用中等力量攻或拉球回接，争取主动。

　　3. 接左右侧上（下）旋球

　　（1）来球是左侧旋，应向对方右半台近网处接；来球是右侧旋球，则应向对方左半台近网处回接。

　　（2）对方发侧下旋球时回接的拍形应平一些，向下摩擦球多一些；对方发侧上旋球时回接的拍形应立一些，向下摩擦的力量应小一些。

　　（3）拍面应正对来球的旋转轴，拍形应顺着来球的旋转轴用力摩擦球（用力方向是逆着球旋转的线速度运动方向），摩擦球的动作应短促、迅速。

六、推挡球

　　推挡球是直拍快攻打法的主要技术之一。其特点是动作小、球速快、变化多。

　　1. 平挡球

　　两脚开立平站，身体离球台约 40～50 cm。手臂自然弯曲并做外旋，拍面角度接近垂直，小臂与台面几乎平行，将球拍引至身体腹前，小臂和手腕稍向前迎击在上升期拍触球，拍面接近垂直击球后中部。主要是借助来球的反弹力将球挡回。拍击球后立即停止，迅速还原成准备姿势。

　　2. 推挡球

　　（1）快推。击球前大、小臂适当后撤引拍，击球时手臂迅速前伸，在上升期拍触球中上部。触球一刹那小臂稍外旋，手腕做一外展动作，手臂主要向前上方向用力(见图 5 - 16)。

图 5 - 16

(2)加力推。击球前小臂稍抬起,大臂后收,肘关节靠近身体,在高点期拍触球中上部,同时伸髋、转腰协调发力并使中指顶球拍背面向前用力(见图 5 - 17)。

图 5 - 17

(3)下旋推挡。击球前引拍稍高,拍面稍后仰,在高点期拍触球中下部,向前下方用力,并以小臂发力为主(见图 5 - 18)。

图 5 - 18

(4)减力挡。击球前引拍动作较小,稍屈小臂使拍面前倾,在上升期拍触球中上部,拍触球一刹那手臂不是前伸,而是稍向后收(见图 5 - 19)。

推挡球的重点是正确的拍形、身体的协调配合和准确的击球时间。当然,每一次击球后手臂有意识地放松也是十分必要的。

①　　　　　　　②　　　　　　　③

图　5－19

3. 练习方法

(1) 做徒手的挡球、推挡球的模仿动作(持球拍),体会动作要点。

(2) 两人上球台对练平挡球,落点不限,但基本控制在半个球台。

(3) 先练习挡直线球,后练习挡左斜线球,逐渐加快击球速度。

(4) 一人加力推挡,另一人平挡。两人轮换练习加力推挡球。

(5) 一点推对方两点(一直一斜)。

4. 推挡球技术比较(见表5－2)

表5－2　推挡球技术比较

名称	击球前	击球点	击球部位	发力方法
平挡球	将球拍移至来球路线	上升期	中部或中上部	前臂与台面平行借来球反弹力将球挡回
减力挡	将球拍移至来球路线	上升期	中部或中上部	拍触球时稍向后收
快推	肘关节紧靠身体,后撤引拍至腹前	上升期	中上部	拍触球时手腕稍向外旋
加力推	肘关节紧靠身体,后撤引拍至腹前	上升后期或高点期	中上部	前臂向前推压拍触球时利用蹬腿、转腰发力并加大前臂向前幅度
下旋推挡	将球拍引至胸腹之间	上升后期	中下部	前臂向前下方用力拍,面稍后仰

5. 推挡球技术易犯的错误和纠正方法（见表5-3）

表5-3 推挡球技术易犯的错误与纠正方法

编号	易犯错误	现象	纠正方法
1	手腕握拍过紧或过松	动作僵硬，影响发力	手腕握拍过紧，注意拇指、手腕及手臂放松；手腕握拍过松，注意虎口紧贴住拍柄
2	挡球时，判断球的落点不准，拍型掌握不好	击球下网或出界	提高判断能力，加强手腕的灵活性和调节拍型的能力
3	推挡时，拍型前倾过大	球不过网	掌握正确的击球时间，要求拍触球时减少前倾角度
4	推挡时，击球时间过晚	击球过高	在上升期拍触球，拍面适当前倾
5	快推时，拍型后仰，向下切击球	回球下旋，球下网或出界	肩放松，引拍低于击球点，发力时拇指放松，拍面适当前倾
6	快推时，肘关节远离身体	动作不协调	反复挥拍，强化正确动作
7	推挡时，手臂前送不够	击球力量小	发力时，肘关节向前用力
8	推挡时，手腕太活，拍面角度不稳定	击球易下网	拍触球时，手腕紧张一点，固定好拍型，体会发力基本通过球心的感觉

七、搓球与削球

（一）搓球

搓球是近台还击下旋球的一种基本技术，同时也是学习削球技术的基础。

1. 慢搓

站立近台，两脚平行或左脚稍前，持拍手自然弯曲，大臂贴近右胸前方，小臂与台面平行，拍面后仰。顺来球方向往左肩引拍。当球从台面弹起，持拍手由左上方向前下方挥动，以小臂、手腕内旋发力。球拍在球下降期击球中下部偏左，并使手臂顺势前送，拍触球后迅速放松还原（见图5-20）。

2. 快搓

站位同慢搓，顺来球路线向左肩引拍（幅度小于慢搓），拍面稍后仰，在上升期拍触球，手臂前伸迎球要迅速，根据来球的旋转强弱调节用力方向。来球越转拍向前摩擦越多，拍面后仰就越大；来球越不转拍面要越立，向下多发点力（见图5-21）。

图　5-20

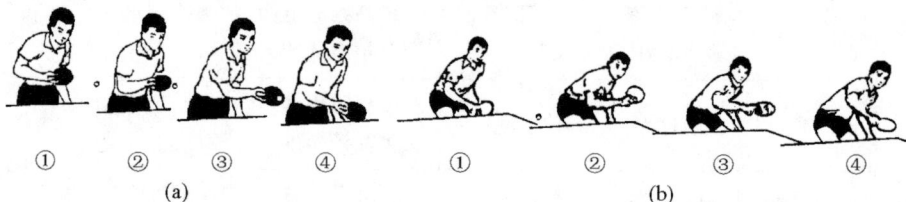

图　5-21

3. 练习方法

(1)徒手做模仿搓球动作练习。

(2)自己向球台放球,当球弹起下降时搓球过网。

(3)对方发下旋球,练习者用搓球回接。

(4)两人对搓练习。

(5)在学会慢搓球的基础上,练习搓转与不转球,练习快搓球。

(6)在定点搓球的基础上练习不同点的搓球。

4. 搓球技术比较(见表 5-4)

表 5-4　搓球技术比较

名称	击球前	击球时间	发力方法
慢搓	引拍至左肩	下降前期	前臂、手腕向前下方发力后前送
快搓	稍引拍	上升期	前臂、手腕向前下方短促发力
搓加转球	稍引拍	上升期或下降期	球拍的下部触球用力向前下方摩擦球
搓不转球	稍引拍	上升期或下降期	球拍的上部或中部触球,多向前推送击球

5. 搓球技术易犯的错误和纠正方法(见表 5-5)

(二)削球

1. 正手削球

正手削球前两膝微屈,两脚平行,当判断好来球后上体向右转,右脚稍向后一步,重心移至右脚,手臂自然弯屈,球拍引至肩高。击球时,手臂向左前下方挥动,在下降期击球的中下部,触球时主要是手腕、小臂发力摩擦球,击球后,球拍顺势前送,重心移至左脚,然后还原(见图5-22)。

表5-5 搓球技术易犯的错误和纠正方法

编号	易犯的错误	现象	纠正方法
1	引拍不够充分,前臂僵硬,碰击球	球无旋转	持拍多做引拍再向前下摩擦球动作的练习,注意臂、腕的放松
2	球拍后仰过多或后仰不够	漏球,出高球或下网	慢搓体会正确的拍面角度
3	触球部位不准,没击到球的中下部,搓出左侧旋球	球不过网,吃转	练习时体会拍面后仰在下降期击球左侧中下部的动作
4	击球时过分向下切击球	球不过网	慢搓体会前臂前送动作

图 5-22

2. 反手削球

右脚稍前,身体左转,手臂自然弯屈,球拍向左上方引至肩高,肘关节在人体中线位置,重心移至左脚。击球时手臂向右前下方挥动,拍形后仰,小臂和手腕加速削切来球,在下降期击球中下部。击球后重心移至右脚,随之动作还原(见图5-23)。

图 5-23

3．练习方法

(1)徒手模仿正反手削球动作,体会大臂带动小臂、手腕的切削球动作。

(2)两人对练,一个人发平击球,一人练习削球,然后互换。

(3)一人搓长球,一人削球。

(4)一人轻打或轻拉,一人削球。

八、攻球技术

(一)攻球技术要点

1．正手快攻

正手快攻是快攻打法运动员得分的主要技术。站位近台,左脚稍前,两膝自然弯屈,重心在两脚之间,上体稍前倾。击球前,将球拍引至身体右侧,身体同时向右转,重心移至右脚,球拍成半横状,大臂与身体夹角约35°,大小臂夹角约110°,当球从台面弹起,手臂主动迎球,小臂迅速收缩,向左前上方挥拍,在上升后期击球的中上部(初学者在球刚过高点期时拍触球),同时手腕用力内旋,使球拍沿球体作弧形运动,击球后,球拍顺势挥至左眼前,此时重心移至左脚,然后迅速放松、还原,准备下一次击球(见图5-24)。

①　　②　　③　　④　　　　　　①　　　②　　　③　　　④

(a)　　　　　　　　　　　　　(b)

图　5-24

2．正手快点

它是还击近网短球的一项技术。当对方快摆正手位短球时,右脚向右前方上步,球拍对准来球路线,手臂迅速伸进台内。击球时,拍触球中部,以手腕发力为主,小臂配合用力,向左前上方挥拍,击球后迅速还原。

3．正手快拉

它是还击下旋球的一项技术。正手快拉时,左脚在前,持拍手向右后下方引拍,身体右转,手臂放松,当球从本方球台跳起时手臂由后向前上方挥动,小臂加速向左前上方提拉,拍触球时手腕加速摩擦球,在高点期拍触球的中部偏上一点,身体重心随之移至左脚,击球后迅速放松、还原(见图5－25)。

图　5－25

4. 正手突击

它是在近台还击下旋球的一种具有突然攻击性的技术。当判断好来球的下旋程度后,左脚稍前,将球拍引向来球方向,手臂与击球点应保持一定的距离,球拍略低于击球点。击球时,小臂随重心转移快速收缩,同时手腕加速帮助摩擦球,在高点期拍触球中上部。击球后迅速放松、还原。

5. 反手攻球

(1)直拍反手攻球。击球时,两脚平行或右脚稍前,身体距球台50 cm左右,持拍手臂自然弯曲,将球拍移至左腹前,重心移至左脚,肘关节稍向前,击球时,小臂、手腕向右前上方挥动,手腕外旋,球拍前倾,在上升期触球的中上部,随势挥拍至右肩前,重心随之移至右脚。击球后迅速放松,还原(见图5－26(a))。

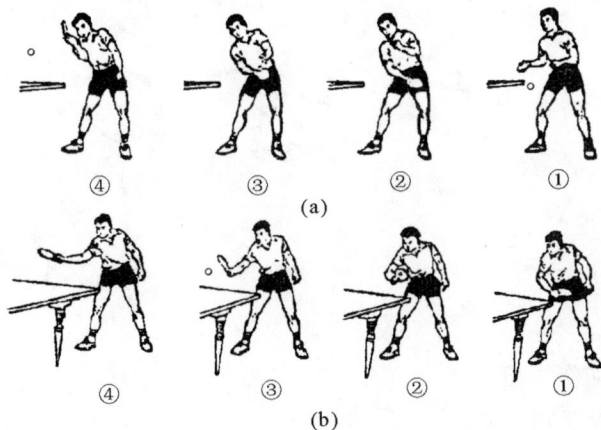

图　5－26

（2）横拍反手攻球。动作要点为：在反手快拨基础上，击球点在上升后期或高点期，引拍幅度增大，动作稍大一些即可（见图5-26(b)）。

6. 反手快拨

它是横拍的主要技术。左脚稍前，小臂自然弯屈，将球拍引至左腹前，当球从台面弹起时，小臂向右前上方挥动（手腕动作不可过多），在上升期触球中上部，击球后，小臂外旋，球拍随势挥至右胸前（见图5-27）。

图　5-27

7. 直拍横打（直拍反面打）

近台站位，小臂将球拍引至左腹前，小臂与球台端线相对平行，球拍略高于台面，同时拇指、中指用力压拍，手腕微曲，使球拍反面正对球台，球拍反面与球台面尽量接近垂直。当球从台面跳起时，小臂以肘关节为轴，向左前上方挥动发力为主（此时拇指用力扣住球拍），大臂适当前移，拍面触球中上部（见图5-28）。

图　5-28

（二）练习方法

（1）徒手动作练习。

（2）一人发平击球，一人攻球练习。

（3）一推一攻练习，对攻练习。

（4）左推右攻或两点攻一点练习。

(三)攻球技术易犯的错误和纠正方法(见表5-6)

表5-6 攻球技术易范的错误和纠正方法

编号	易犯的错误	现象	纠正方法
1	正手攻球时,手腕上翘	动作僵硬,影响发力和拍型的调节	手腕放松,多做徒手动作练习
2	抬肘	动作不协调,准确性差	不持拍手夹住肘关节,在手臂放松的基础上加快前臂的摆速,多做徒手动作练习
3	击球时间过早或过晚	准确性差	建立正确的击球时间,用多球进行练习
4	击球时甩拍	球不过网	触球时手指顶住拍,使拍型固定
5	击球时挥拍的路线不正确,手臂前后或左右摆动	动作不协调,击球准确性差	多做徒手动作练习,用多球进行练习

九、弧圈球

1.弧圈球技术要点

(1)加转弧圈球。左脚在前,右脚在后,球拍随重心右移引至身体右侧,收腹,手臂自然下垂。击球时先右脚蹬地,转腰带动大、小臂及手腕发力,在下降前期拍摩擦球中上部,随之重心移向左脚。应强调的是拍触球瞬间,腕紧张,拍形相对固定,加速摩擦球(见图5-29)。

(2)前冲弧圈球。要领与加转弧圈球相似,其区别是引拍略高,球拍引至腰部的右侧后方,高点期触球,拍面前倾角度较大,用力方向朝前较多(见图5-30)。

(3)侧旋弧圈球。要领与加转弧圈球接近,不同的是球拍随重心右移引拍动作比较低而大,至身体的后方,手臂伸展,球拍拍面接近垂直;击球点在下降期,击球挥拍路线由后下先向侧外再向内上兜球。

2.练习方法

(1)反复做徒手动作练习,体会转腰与手臂动作。

(2)单线一推一拉练习,力量中等,肌肉放松,多摩擦球。

(3)先练习加转弧圈球,后练习前冲弧圈球。

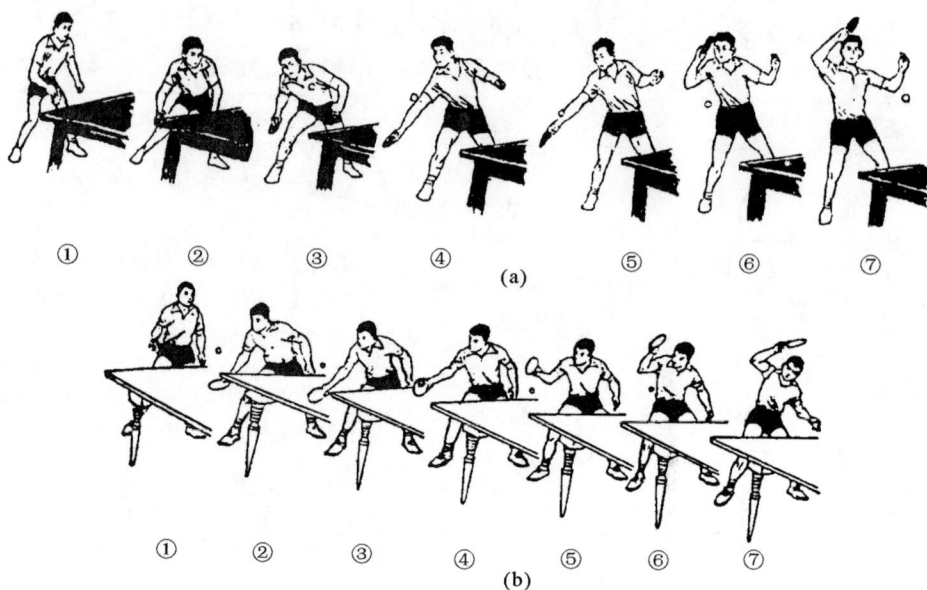

(a)

① ② ③ ④ ⑤ ⑥ ⑦

(b)

① ② ③ ④ ⑤ ⑥ ⑦

图　5-29

① ② ③ ④ ⑤

图　5-30

3. 弧圈球技术比较(见表 5-7)

表 5-7　弧圈球技术比较

名称	击球前	击球时间	击球部位	发力方法
加转弧圈球	引拍位置较低靠近臀部	下降期	中部,中上部	击球时以向前上方发力为主,挥拍至左额前
前冲弧圈球	引拍位置稍高且后引充分	高点期	中上部	击球时以向前方发力为主,挥拍至左肩
侧旋弧圈球	向侧后下方引拍	下降期	侧中部	击球时由后下向侧外、向内上兜球

4. 弧圈球技术易犯的错误和纠正方法(见表5－8)

表5－8　弧圈球技术易犯的错误和纠正方法

编号	易犯的错误	现象	纠正方法
1	拍面角度太小	拉空或拉在拍边上	调整拍面角度,控制好球触拍部位
2	拍型、用力方向掌握不好,击球摩擦少	球上旋力不强	用多球练习改进动作,体会正确的方法
3	击球时前臂向上快收不够	球出界	用多球或接下旋发球中改进动作
4	击球时前臂只向上提拉,没有向前的力量	球不过网	练习时稍加向前的力量
5	重心后坐,发力不集中	动作不协调	多做徒手动作练习,提高身体的协调性
6	击球时判断不准来球路线,时间掌握不好	击球落空	利用多球来提高击球时间的准确性(下降期),提高判断力

十、双打技术

双打比赛为双方各两名队员,比赛时每方运动员必须轮流击球,击球顺序如图5－31所示。在乒乓球台中间,有一条宽3 mm的线把球台分为左右两个半区,双打比赛的时右半区为发球区。发球第一落点必须在本方的发球区或中线上,然后落到对方的发球区或中线上,否则判发球方失分。双打比赛第一局,应先确定第一发球员,然后确定第一接发球员,然后按次序击球,按次序轮流交换发球。以后各局开始,发球方可任意确定第一发球员,而接发球方则必须由上一局与之相对应的发球员来接发球。决胜局交换方位时(有一方比分打到5),发球员不变,接发球一方应交换接球员次序。

(1)双打发球。由于双打发球只能在右半区,这样接发球方较容易进攻。所以要求以发短球为主,以低、转控制好落点配合其他发球。

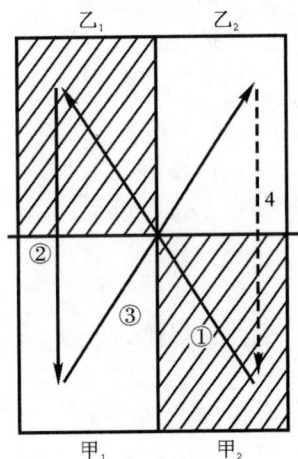

图　5－31

（2）双打接发球。双打接发球首先应主动进攻，没有机会可采用摆短或搓两大角，为同伴创造机会进攻，接发球后要迅速让位。

（3）双打战术指导思想。双打比赛应以落点、旋转为主，击球力量一般不宜过大，以保证击球的命中率，这一点与单打技术区别很大。比赛中应扬长避短，应控制对方较强的运动员，尽量不让其发挥特长，并重点攻击对方弱者。

第三节　乒乓球基本战术

运动员为争取比赛胜利，综合运用技术、心理和身体素质的方法，我们称之为战术。在制定乒乓球战术之前，首先应知己知彼，应了解对手的球拍性能、技术战术特点等情况，以便根据自己的技术状况制定战术。其次应机动灵活，随机应变，在比赛中当对手适应了你的打法时应及时改变，除了落点要有变化外，在旋转、力量和速度上也应灵活多变。另外制定战术不能超越自身的技术能力，以发挥自己的技术特长为主。有些时候当自己的特长行不通，用特短往往能收到好的效果。

一、发球抢攻战术

它是一种先发制人的战术，以攻为主的运动员常以此作为得分手段。

1. 发急球与轻短球结合落点变化进行抢攻

（1）左短右长。

（2）右短左长。

（3）中长中短。

（4）无规律的长短，例如右长左长，右短左长，左短中长等。

2. 发上旋或下旋结合落点变化进行抢攻

（1）根据情况发左、中、右三点。

（2）左长右短。

（3）右长右短。

（4）中长中短。

（5）无规律的长短。

3. 发侧上、下旋结合落点变化进行抢攻

（1）侧上、侧下旋发同一落点。

（2）侧上旋发不同落点。

（3）侧下旋发不同落点。

(4)侧上、侧下旋发不同落点。

4. 发转与不转结合落点变化进行抢攻

(1)转与不转发相同落点,以近网为宜。

(2)转与不转发不同落点。连发近网球后,突然发长球。

二、对攻战术

1. 攻两角战术

(1)逢斜变直线。

(2)逢直变斜线。

(3)连攻右角,再攻左角。

(4)连攻左角,再攻右角。

2. 侧身攻战术

(1)压住对方反手,侧身攻。

(2)先压对方中路,侧身攻两角。

(3)接发球侧身攻。

3. 攻追身球战术

(1)攻追身球后,再攻两角。

(2)攻两角后再攻追身球。先攻对方左角或右角,再扣杀中路

(3)攻追身球,再连续攻追身球。

三、搓攻战术

1. 搓反手大角转与不转球抢攻

(1)搓反手大角长球,伺机抢攻。

(2)搓反手大角转与不转球伺机抢攻。

2. 搓不同点进行抢攻

(1)搓两角伺机抢攻。

(2)搓异线的一长一短进行抢攻。

(3)搓同一条线的一长一短进行抢攻。

3. 搓拉结合落点变化伺机抢攻

(1)先搓后拉,伺机抢攻。

(2)直接拉起球,伺机抢攻。

四、接发球战术

(1)用拉球、快拨或推挡回接,争取形成进攻局面。

(2)用快搓摆短配合突然搓底线球,使对方难以抢攻或抢拉。

(3)用旋转、落点变化来控制对方,以短为主。

(4)用搓、拉、挑、冲、拨、快点、挤等不同的手法回接同一种发球。

(5)一有机会就接发球抢攻或抢拉、抢冲。

第四节　乒乓球竞赛规则与裁判法

一、场地和器材

(1)球台。球台长为 2.74 m,宽为 1.525 m,高为 76 cm。上层表面叫台面,台面为暗色、无光泽,各边有一条 2 cm 宽的白线,长的为边线,短的为端线,台面中间有一条 3 mm 宽的线叫中线,将球台分为左右两个半区(中线本身被看做是右半区),供双打发球时使用。

(2)球网装置。包括球网、网柱和支架。网高为 15.25 cm,网柱离开边线为 15.25 cm。

(3)球。球应为圆球体,直径为 40 mm,球重 2.7 g,乒乓球用赛璐珞或类似的塑料制成,呈白色或橙色,且无光泽。

(4)球拍。球拍的大小、形状、重量不限,但底板应平整、坚硬;底板厚度至少 85% 是天然木料,可以有加强的纤维材料层(碳纤维、玻璃纤维、碳精等),每层厚度不超过底板总厚度的 7.5% 或 0.35 cm,拍面不管是否用来击球,应一律为暗色而无光泽,并且必须是一面鲜红色,另一面为黑色。用来击球的拍面应该用一层颗粒胶覆盖,其颗粒向外,连同粘合剂总厚度不超过 2 mm,或颗粒向内或向外的海绵胶覆盖,连同粘合剂总厚度不超过 4 mm。

(5)比赛场地。正式比赛场地一张球台赛区不得小于长为 14 m,宽为 7 m,高为 5 m 的区域,四周应用 75 cm 高的暗色挡扳围起。

二、基本规则

(1)一场比赛的胜负。由两名或两对选手组成一场乒乓球比赛,一般采用 7 局 4 胜制、5 局 3 胜制或 3 局 2 胜制。

(2)一局比赛的胜负。每局比赛均以先得 11 分者为胜方。但比分打到

10 平时,胜方必须超出对方 2 分。

（3）一分比赛的胜负。比赛中当球被抛起前静止状态的最后一刻起,即处于比赛状态。发球员应进行合法发球,接着双方运动员都必须按规定进行合法还击,使球保持比赛状态。当一方不能进行合法发球、合法还击,而导致结束比赛状态时,就判对方得 1 分。

球处于比赛状态时,任何一方选手的不持拍手触及比赛台面,身体或其穿戴物触及球网装置,或使台面移动等均判对方得 1 分。

（4）重发球。在比赛中,裁判员由于要警告或处罚运动员;要纠正发球、接发球次序或方位的错误;要实行轮换发球法;比赛环境受到干扰,以至该回合的结果可能受到影响;发球触网,或触网后被对方阻挡;接发球员未准备好;发生意外事故时,均判重发球。

（5）选择方位和发球权。每场比赛前,双方用抽签的方法来选定方位和发球权或接发球权,由抽签胜方优先选择。

（6）发球与接发球次序。每局比赛,双方共得 2 分时,即交换发球权,依此类推,当比分打到 10 平或实行轮换发球法时,任何一方得 1 分后,即交换发球权,前一局先发球的一方,下一局应先接发球,发现发球、接发球次序有错误时,裁判员应立即中断比赛,加以纠正,按正确的次序继续比赛,但在此之前的比分一律有效。

（7）交换方位。一场比赛中,一局比赛结束后,下一局比赛双方交换方位。决胜局一方先得 5 分时,应交换方位。如比赛中发现方位错误,应立即纠正,但以前比分一律有效。

（8）合法发球。发球时球应放在不执拍手伸平的掌心上,手掌应静止。不执拍手与球接触时,应高于比赛台面并在球台端线之后。球在不执拍手掌上静止的最后一刻起,直至击球,球拍应始终高于比赛台面;发球员只能用近乎垂直地向上抛球,不得使球旋转,应使球离开手掌后至少上升 16 cm。当球抛起后下降时方可击球,并使球先触及本方台区（双打为本方右半区）,然后直接越过或绕过球网装置,触及对方台区（双打为对方右半区）。从发球开始到球被击出,球要始终在台面以上和发球员的端线之外,而且不能被发球员或其双打同伴的身体或衣服的任何部分挡住（球拍击球点与球网网柱顶点所形成的虚拟三角形之中及之上,不得有运动员的身体及穿带的任何物品）。运动员有权利让裁判员看清楚是否按合法发球的规定发球。一场比赛中,当运动员发球的合法性受到怀疑时,第一次可警告,第二次及之后,不管是否出于同一种原因,都将判失 1 分。运动员因残疾不能按合法发球的规定发球时,在赛前应向裁判员说明,裁判员可适当放宽尺度。

(9)轮换发球法。一局比赛进行到 10 min 仍未结束(双方都已获得至少 9 分时除外),或者在此之前任何时间应双方运动员要求,应实行轮换发球法。

当时限到时,球仍处于比赛状态,裁判员应立即暂停比赛。由被暂停回合的发球员发球,继续比赛。当时限到时,球未处于比赛状态,应由前一回合的接发球员发球,继续比赛。此后,每个运动员都轮发 1 分球,直至该局结束。如果接发球方进行了 13 次合法还击,则判发球方失 1 分。轮换发球法一经实行,该场比赛剩余的各局都必须实行轮换发球法。

(10)几个定义:

"回合":球处于比赛状态的一段时间。

"球处于比赛状态":从发球时,球被有意向上抛起前,静止在不执拍手掌上的一瞬间,到该回合被判得分或重发球。

"重发球":不予判分的回合。

"1 分":判分的回合。

"执拍手":正握着球拍的手。

"不执拍手":未握着球拍的手。

"击球":用握在手中的球拍或执拍手手腕以下部分触球。

"阻挡":对方击球后,处于比赛状态的球尚未触及本方台区,也未超过比赛台面或其端线,则触及本方运动员或其穿戴的任何物品。

"发球员":在一个回合中,首先击球的运动员。

"接发球员":在一个回合中,第二个击球的运动员。

"裁判员":被指定管理一场比赛的人。

"副裁判员":被指定在某些方面协助裁判员工作的人。

"穿或戴"的物品:指运动员在一个回合开始时穿或戴的任何物品,但不包括比赛用球。

"越过或绕过球网装置":除从球网和比赛台面之间通过以及从球网和网架之间通过的情况外,球均应视作已"越过或绕过"球网装置。

球台的"端线":包括球台端线以及端线两端的无限延长线。

第六章　羽　毛　球

第一节　羽毛球运动概述

一、羽毛球运动的起源与发展

羽毛球运动的雏形出现在 19 世纪中叶。当时印度浦那城里有一种类似羽毛球的游戏开展得十分普遍,它用圆形硬纸板或以绒线编织成球形插上羽毛,练习者手持木拍,将球在空中轮流击出。这项活动在英国驻印度军队里开展得尤其活跃。

据现有的资料表明,现代羽毛球运动起源于印度,形成于英国。为了纪念此项运动的诞生地伯明顿(Badminton)被作为羽毛球的英文名字而流传于世界。

1893 年英国创立了羽毛球协会。1899 年举行了第 1 届全英羽毛球锦标赛。此后羽毛球运动从欧洲传到美洲、大洋洲、亚洲和非洲。1934 年国际羽毛球联合会成立,并通过了第一本羽毛球竞赛规则。目前国际羽联共有会员国 135 个,它是国际奥林匹克运动委员会下属的一个单项体育运动组织。从 1992 年起羽毛球运动被列为夏季奥运会的正式比赛项目。

二、羽毛球规则的演变

羽毛球游戏刚兴起时,没有人数、分数和场地的限制,练习者只需要互相对击。现代羽毛球从伯明顿庄园开始有了一定的分数、场地和人数限制。当时的规则很简单:规定了场地呈长方形;中间挂网的高度、双方对击的要求;没有单打、双打的区别。随着人们观赏水平的提高及羽毛球技术、战术的发展,规则也随之变化,出现了单、双打场地区别及发球区的规定,发球得分及发球得分后的换区等规则。国际羽联在 2006 年制定新的规则,21 分制。21 分制的最大变化是取消了有发球权一方才能得分的规则,改为每球得分;打到 20 平时需连赢两分,直至打到 30 分;双打由两个发球权改为一个发球权,国际羽联推行这个规则的主要目的是为了缩短羽毛球比赛时间,增强羽毛球运动的观赏性,力求使羽毛球比赛更加紧张激烈、精彩纷呈。

三、世界羽毛球运动组织

1875 年,第一个军人羽毛球俱乐部在英国成立。1893 年英国创立了羽毛球协会。当时英国已有 14 个羽毛球俱乐部。1899 年举行了第 1 届全英羽毛球锦标赛。这项运动首先在欧洲传播,然后发展到美洲、亚洲和大洋洲。20 世纪二三十年代,加拿大、丹麦。马来西亚等国也相继成立了羽毛球协会。为了推动世界羽毛球运动的发展,1934 年,由英格兰、法国、爱尔兰、苏格兰、荷兰、加拿大、丹麦、新西兰和威尔士 9 个羽毛球协会共同协商成立了国际羽毛球联合会,简称国际羽联。第一任主席是汤姆斯,总部设在伦敦。国际羽联的成立对羽毛球技术、战术的发展起了促进作用。除了传统的全英羽毛球锦标赛照常举行外,1948 年增设了汤姆斯杯赛(世界男子团体锦标赛),1956 年增设了尤伯杯赛(世界女子团体锦标赛),并相继举办了世界羽毛球锦标赛、羽毛球世界杯赛等赛事。目前国际羽联共有会员国 135 个,它是国际奥林匹克运动委员会下属的一个单项体育运动组织。从 1992 年起羽毛球运动被列为夏季奥运会的正式比赛项目,使世界羽毛球运动又向前迈进了一大步。

1981 年,国际羽联和世界羽联正式合并,组成了国际羽毛球联合会(简称国际羽联),使世界羽毛球运动产生了新的飞跃,出现了欣欣向荣的景象。目前,国际羽联已有 94 个国家和地区参加,国际奥委会已把羽毛球比赛列人奥运会的正式比赛项目,羽毛球运动出现了前所未有的发展时机。

四、国际羽联所管辖的世界性比赛

(1)汤姆斯杯(Thomas Cup)世界羽毛球男子团体赛。

(2)尤伯杯(Uner Cup)世界羽毛球女子团体赛。

(3)苏迪曼杯(Sudiman Cup))世界羽毛球男女混合团体赛。

(4)世界羽毛球锦标赛(World Badminton Championships)单项比赛。

(5)世界杯赛(World Cup)单项比赛。

(6)世界羽毛球大奖总决赛(World Grand Prix Findls)单项比赛。

(7)世界青少年羽毛球锦标赛(World Junior Championships)。

(8)奥林匹克运动会羽毛球比赛(Olympic Games)共设五个单项。

(9)男子单打、女子单打、男子双打、女子双打、男女混合双打。

第二节 羽毛球基本理论

一、羽毛球常用术语

(一)羽毛球场地

羽毛球场地是一个长 13.40 m,双打宽 6.10 m,单打宽 5.18 m,场地中央被球网(两边柱子高 1.55 m,中间网高 1.524 m)平均分开的长方形场地(见图 6-1)。

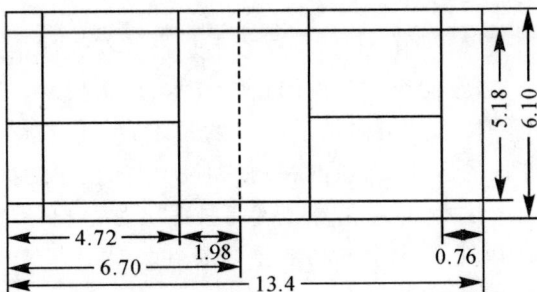

图 6-1

羽毛球场地横向被中线平分为左右两个半区;纵向被分为为前场、中场、后场。前场就是从前发球线到球网之间的一片场地;后场是指从端线到双打后发球线之间的一片场地;中场是前发球线与双打后发球线之间的一片场地(见图 6-2)。

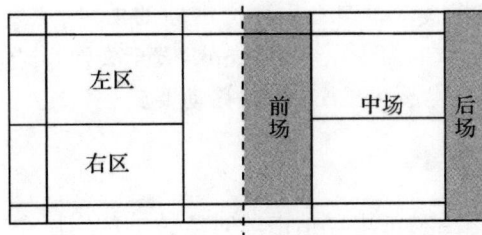

图 6-2

(二)站位与击球

运动员站在羽毛球场上的位置称为站位。站位有两种情况:一种是受限制的站位。如发球、接发球时运动员的站位,就必须按要求站在规定的区域内

（左半区或右半区），另一种是不受限制的站位，可根据自己或同伴（双打）的需要而选择的站位，如单打的站位一般在离前发球线 1 m 左右的中线附近，双打站位可根据双打两个运动员的具体战术需要而选择前后或左右的站位。

根据以上对羽毛球场地的划分，又可把不受限制的站位具体分为：左半区站位、右半区站位、前场站位、中场站位、后场站位。

击球是指运动员挥拍击球时，球拍与球接触的一刹那。运动员站在左半区迎击对方来球叫做左半区击球，在右半区的击球叫做右半区击球，站在前场、中场、后场的击球，则分别叫做前场击球、中场击球、后场击球。除此之外，根据来球高度的不同，我们又可分为上手击球（高于肩的来球，击球点在肩上）和下手击球（击球点低于肩）。

（三）持拍手与非持拍手

持拍手是指正握着球拍的手。非持拍手是指没有握球拍的手。

在羽毛球运动中，我们经常听说的正手技术、反手技术、正手击球、反手击球等术语。所谓正手技术是指握拍手同侧的技术，反手技术是指握拍手异侧的技术。如右手握拍的运动员，在击右侧球时所用的技术就称为正手技术，并由此派生出正手发球技术、正手击球技术等技术名称。

在羽毛球运动中，非持拍手的功能主要是在发球时用来持球、抛球，在击球过程中用来平衡身体，以便更有效地击球。

二、击球点

所谓击球点是运动员击球时球拍与球相接触那一点的时间、空间位置。

击球点包括三个方面的内容：第一包括球拍和球的接触点距地面的高度，第二包括接触点距身体的前后距离，第三包括距身体的左右距离。对击球点选择得是否合适，它将直接影响着运动员击球的力量、速度、弧线、落点，最终将导致影响运动员击球的命中率，造成失分，直至失败。选择合适的击球点应做到如下两点：第一判断要准，第二步法移动要到位（步法要快）。

三、击球的力量

击球的力量是指运动员用球拍击球时球拍给球作用力的大小。在羽毛球运动中，击球力量的大小将直接影响到击球的质量，较大的击球力量将使对手没有充分的时间判断来球，即使判断正确，也可能由于没有时间移动步法而造成回球失误。击球力量的大小，主要体现在球运行的速度上。在具体击球时，增加击球的力量有如下几种方法：

第一，增加挥拍的加速距离。加速距离越长，球拍具有的能量越大，击球时传给球的能量也就越大。

第二，击球时要靠身体各部的协调配合。仅仅靠前臂、手腕将球拍快速挥动是有一定困难的，因此必须靠腰的转动，腿的蹬地，上臂、前臂、手腕、手指的多种力量，既有局部肌肉本身的发力，又有其他部位肌肉发力传导过来的动量，最后汇聚到一起共同完成快速的挥拍动作。

第三，击球前身体各部位要放松。使身体各部肌肉尤其是主动肌放松，并得到充分的拉长（拉长肌肉的初长度有利于发力），握拍亦要放松，在击球时再握紧球拍，这样不仅能发力击球，而且还不易疲劳。

第四，选择合适的击球点。击球点选择得好，能使动作得以充分完成，正确的击球动作是充分发挥击球力量的保证。

第五，提高运动员的力量素质。主要是提高指、腕、前臂内旋、外旋、上臂绕环、腰的转动、伸腰、收腰、下肢的蹬、跳等力量。而以上身体各部位力量的提高，应重点侧重于爆发力，这是提高击球力量最根本的方面。

四、击球的速度

球的速度是指球被球拍击出后在空中飞行的快慢，以及球被球拍击出后落到对方场区所需时间的长短。

我们所指的羽毛球球的速度包括两个含义：一个是指球本身飞行的速度，我们且称之为"绝对速度"；另一个是指运动员将球击到对方场地所需的时间长短，我们且称之为"间接速度"。"绝对速度"的提高好理解，只要运动员给球的作用力大，球的飞行速度就快。而"间接速度"的提高取决的因素就较多且复杂，首先取决于对方击球的位置和击球的方式。第二取决于我方击球所采用的方式、击球时间、击球力量的大小、弧线的高低、落点的远近。因此，研究球的速度，提高球的速度，不仅是技术问题，而且是战术、战略的问题。

那么怎样才能提高球的速度呢？具体有以下几种方法：

第一，加快回球速度。回球速度的快慢完全可以由自己控制，因此这是加快球的速度最主要的方法。回球速度的提高具体有以下几种：一是增加击球的力量（$F = ma$）并将力量完全用于打击球上，这样球向前的速度就快。二是控制好球拍的角度和拍面的方向，控制适当的弧线和落点。三是选好合适的击球点。

第二，加快判断速度、移动速度、前后场技术、正反手技术的连接速度。这些速度是提高球的速度的基础，它们之间是相互依存、相互制约、相互促进的关系，必须同时加强训练。

第三，提高速度素质。即提高反应速度，提高移动速度，主要是步法的移动速度。动作速度的提高，主要是手臂、手腕、手指动作速度的提高。另外要速度和力量相结合，提高速度耐力，只有这样才能保证加快球的速度。

五、球的落点

球被击出后落到对方场区的某一个地方就叫做球的落点。一般来讲，球的落点可以简化为几个区域，比如将球击到对方场区的前场、中场、后场，而前场、中场、后场又均可分为左区、中区、右区三个部分。因此球场基本可以划分为九个击球区为我们经常要求的落点区（见图6-4）。这是几个经常练习的基本落点区，在比赛中，运动员只要有意识地进行控制落点，并能将球击到这九个区的附近就达到了技术和战术的训练要求。

研究球的落点是羽毛球运动的一个重要内容，是"快、狠、准、活"技术风格的要求。"准""活"在球的效果上体现的就是落点准、落点多、变化大。只有具备能随心所欲地将球击到不同落点区的能力和随心所欲地变化击球落点的能力，才可能取得好成绩。落点具体来讲有以下三个方面的作用：一是扩大对方的击球范围。如击"四方"球，先左后右，先长后短，先近网后底线等彼此变化，迫使对手疲于奔命，应接不暇，造成对方击球失误或为我方创造得分的机会。二是利用落点攻击对方的弱点。例如：对方反手弱就专攻其反手，对方网前弱就专控制网前。三是利用落点专攻其难于回接的地方。一般来讲运动员的弱点是怕攻击追身球、过头球、双打两名队员（见图6-3）站位的结合处等，这些地方都是较薄弱的地方。

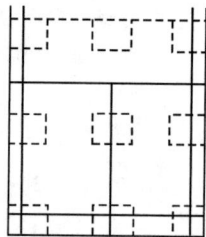

图　6-3

因此，在对击球的基础上，寻找机会攻击对方的这些弱点是有百利而无一害的。在控制落点时应注意以下几点：

首先要明确控制落点的目的。其次要明确影响落点准确的因素是拍形角度、拍面方向、击球力量、击球时间、击球力量的方向而定。拍形要根据击球时间而定。一环扣一环，其中任何一个环节出了问题，球的落点都会控制不准。所以我们在进行技术练习时，要在不同的击球点击球，体会击球点不同对拍形和击球力量的特殊要求。

六、羽毛球技术结构

所谓技术是指那些在羽毛球运动中,具有一定连结形式的科学的合理的动作(或活动)。

所谓羽毛球技术结构是指组成羽毛球技术的动作(或活动)之间的普遍联系和相互作用的形式。研究羽毛球的技术结构能使我们从本质上区分羽毛球的各类技术,能使我们明确组成技术各动作间的相互制约的关系,为教学训练提供科学的依据。

根据羽毛球运动的实际情况,尤其是羽毛球技术结构的特点,可将羽毛球技术大致分为两类:判断技术、动作技术。

(一)判断技术的结构

判断技术是感觉器官和神经系统共同完成的一个由一系列活动组成的特殊技术,这项技术的表现形式是人肉眼很难看到的,只能从运动员的移动和击球效果中来鉴别其判断水平的高低,判断技术的结构是:看→传入神经系统→大脑皮质的综合分析→传出神经系统。

这几个活动中,看是前提,综合分析是关键。只有看得及时、看得全面、看得准确,分析才能有可靠的依据。分析需要有一定的经验与理论做指导,理论水平的高低、分析综合能力的强弱,是影响分析综合效果的主要因素,因此我们必须加强视觉灵敏度、理论水平和分析能力来提高训练。

(二)动作技术结构

动作技术结构是:选位→引拍→迎球挥拍→球拍触球→随势挥拍→身体的协调放松还原。

选位是前提,选位的好坏与移动有关,同时也与对技术的理解程度有关,引拍是决定击球力量和方向的重要环节,同时也影响挥拍的效果,迎球挥拍要有力、及时,球拍触球是关键,随时可改变拍形、挥拍方向、挥拍速度,随势挥拍决定击球后球的稳定性、准确性,身体的协调放松还原是保证下一次击球有更充分的准备时间。以上一系列的动作,要有身体各部位的协调配合,才能保证击球的质量。

羽毛球的技术动作很多,动作方法各式各样,但在技术动作结构上却有相同的规律。即选位→引拍→迎球挥拍→球拍触球→随势挥拍→身体的协调放松还原。所以我们掌握了这一规律就等于找到了打开迷宫的钥匙,对羽毛球技术的入门、提高和改正错误动作提出了理论指导和依据。

第三节　羽毛球基本技术

一、握拍法

正确的握拍法,对于掌握合理、准确、全面的基本技术,关系重大。可使我们随心所欲地把球打到对方场区的任何落点上。相反,如果握拍的方法不得当,往往会影响我们对球的控制能力,会限制我们的一些战术和球路。在完成技术动作的时候,也容易被对方预先判断到我们所要还击的球,同时也会影响技术动作的完成和发挥,降低了击球的效果和准确性,减弱了击球的威力。

(一)正手握拍法动作规范要点

(1)握拍之前,先用左手拿住拍杆,使拍面与地面垂直.再张开右手,使手掌下部(小鱼际)靠在球拍的握柄底托部位,虎口对着球拍柄窄的一面(即对着拍柄窄面内侧的棱角线)。

(2)中指、无名指和小指并拢握住拍柄,小鱼际与拍柄末端相齐。握拍位置不宜过前或过后。

(3)拇指和食指略微前伸贴在拍柄的两个宽面上。

(4)掌心与拍柄面之间留有空隙,有助于灵活调节握拍的动作和发力(见图 6-4,图 6-5)。

(二)反手握拍法动作规范要点

在正手握拍的基础上,拍柄稍外转,食指收回,拇指第一指节的内侧贴在拍柄内侧宽面上,柄端紧靠小指根部,使掌心有空隙(见图 6-6,图 6-7)。

(三)握拍练习方法

按照正确的要领握住球拍,并交替作正手握拍和反手握拍的练习,要注意适当放松手指,要快而准确地变换握法。在练习击球时,要经常提醒和检查握法是否正确,这一点非常重要。良好的握拍是成功击球的关键。

图　6-4

图　6-5

图　6-6

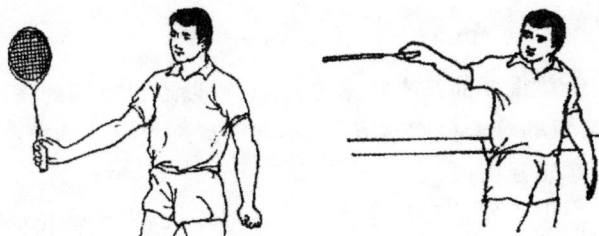

图 6-7

(四)常见的错误握拍法(见图6-8)

(1)"拳握法":五指并拢死劲一把抓的握法,这种握法使手臂的肌肉僵硬,影响手指、手腕的灵活性。

(2)"苍蝇拍握法":虎口对准拍面的握法,这种握法限制了屈腕动作,妨碍对拍面角度的自由控制。

(3)反手击球时,没有转换成反手握拍法,造成打球时,正反手用同一种握拍法,影响反手击球时的发力和控制球的灵活性。

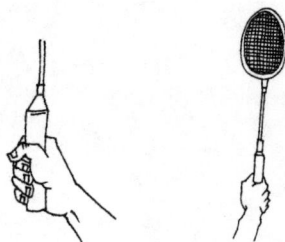

图 6-8

二、发球站位

在开始学习发球技术前,我们先了解一下发球的站位方法。

单打的发球站位,一般选择距前发球线约1 m左右的位置。在场地中部这个位置发球,单打中较有利于迎击对方击来的前、后、左、右任何落点的球(见图6-9)。

双打竞赛特点决定了双打发球的站位位置可稍前一些,这样有利于下一拍的抢网球(见图6-10)。

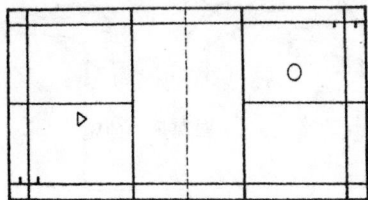

图 6-9

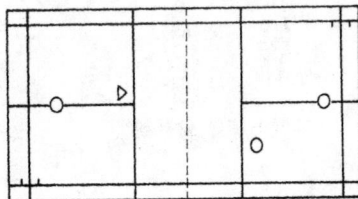

图 6-10

三、发球和接发球

发球是羽毛球重要的基本技术之一．它可以通过不同的发球手法，发出不同弧度，不同落点的球来控制对方，为本方创造进攻得分的机会。尤其对初学者来说应该引起充分重视。

发球可分为正手发球和反手发球。一般来说，发平高球、平快球、网前球均可以用正手或反手发球的技术来完成，而发高远球则必须采用正手发球（见图 6-11）。

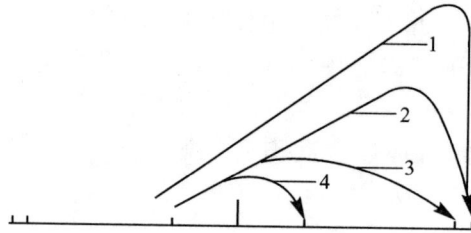

图 6-11　种球的弧线
1—高远球；　2—平高球；　3—平快球；　4—网前球

羽毛球的基本技术动作一般可分解为准备动作、引拍动作、击球动作和随前动作四个部分（以下各项基本技术的分解均同）。为了便于初学者学习基本技术，我们将手腕和前臂的几种生理运动方向的动作用图加以说明，使初学者在自学基本技术时，能理解并学会做前臂的内旋、前臂的外旋，手腕的屈、伸、收、展等动作（见图 6-12）。

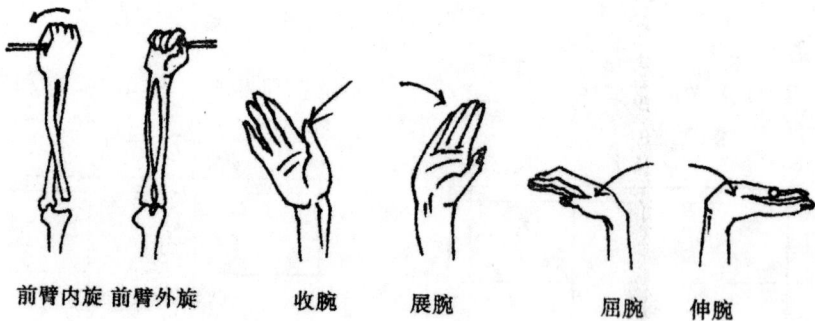

前臂内旋 前臂外旋　　　　收腕　　　　展腕　　　　　屈腕　　伸腕

图　6-12

(一)正手发球(以右手握拍为例)

发球站位:单打发球站在中线附近,离前发球线后约 1 m 左右。双打发球站位可靠近前发球线。

1. 正手发高远球

正手发高远球:正手发高远球是用正手握拍法,以正拍面将球击得又高又远,球飞行到对方的端线上空后突然改变方向,呈垂直下落至端线附近的一种发球。它可以迫使对方退到端线接发球而减小进攻力,是单打的主要发球手段,也是学习发球技术中最基础的练习,初学者学习发球必须从发高远球开始。技术动作要领如下:

(1)准备动作:站位靠中线,距前发球线约 1 m 左右的位置,左脚在前(以右手握拍者为例,以下均同),足尖指向球网;右脚在后,足尖指向右前方,两脚间距与肩同宽,身体重心放在右脚上;左手大拇指与食指、中指轻捏羽毛球的羽毛与毛杆相交处,自然伸臂平举于胸前;右手持拍,自然屈肘于身体右侧,两眼注视对方准备接球的动向(见图 6-13)。

图 6-13

(2)引拍动作:在准备动作的基础上,身体向右后转,左肩对网,右臂随着肘向右后上提,上体微微前倾,前臂稍展开,手腕尽量伸展,把球拍后引至一定高度。

(3)击球动作:随着左手放球,当球落到击球人手臂向下自然伸直能触到球的一刹那,身体自然由右向左转体。转肩、重心前移,持拍手臂前臂由后上方向下经身体侧下,向前上方挥拍并急速内旋,带动手腕由伸展至微屈,,闪动手腕,握紧球拍,并利用手腕力量,向前上方鞭打用力击球,当把球击出的同时,手臂向左上方挥动,击球之后身体重心也由右脚移至在脚,身体微微向前倾,以正拍面发力击球。击球点应在右侧前下方。身体重心随转体动作逐渐由右脚移至左脚。

(4)随前动作:击球后持拍手臂随击球动作惯性自然向左上方挥动,然后将拍收回至体前,并将握拍调整成放松的正手握拍形式。正手发高远球完整动作见(见图 6 - 14)。

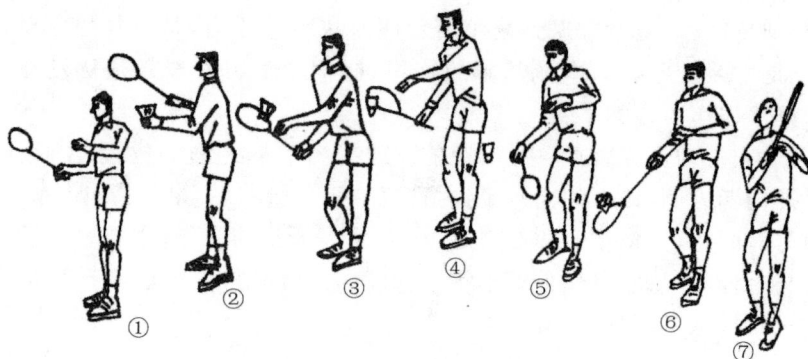

图　6 - 14

2. 正手发后场平高球

正手发后场平高球是用正手握拍,以正拍面击出飞行弧度较发后场高远球低的一种发球。球飞行的高度以对方跳起无法拦截为佳。由于后场平高球飞行弧度不高和球速相对较快,此种发球颇具威胁性,并常在单、双打中与发网前小球配合使用,以增加对方接发球的难度。技术动作要领如下:

(1)准备动作:站位靠中线,距前发球线约 1 m 左右的位置,左脚在前,足尖指向球网;右脚在后,足尖指向右前方,两脚间距与肩同宽,身体重心放在右脚上;左手大拇指与食指、中指轻捏羽毛球的羽毛与毛杆相交处,自然伸臂平举于胸前;右手持拍,自然屈肘于身体右侧,两眼注视对方准备接球的动向。

(2)引拍动作:在准备动作的基础上,身体向右后转,左肩对网,右臂随着肘向右后上提,上体微微前倾,前臂稍展开,手腕尽量伸展,把球拍后引至一定高度。

(3)击球动作:随着左手放球,当球落到击球人手臂向下自然伸直能触到球的一刹那,身体自然由右向左转体。转肩、重心前移,持拍手臂前臂由后上方向下经身体侧下,向前上方挥拍并急速内旋,带动手腕由伸展至微屈,闪动手腕,握紧球拍,击球时以前臂带动手腕发力为主,拍面与地面的夹角小于45度向前推进击球。当把球击出的同时,手臂向左上方挥动,击球之后身体重心也由右脚移至在脚,身体微微向前倾,以正拍面发力击球。击球点应在右侧前下方。身体重心随转体动作逐渐由右脚移至左脚。

(4)随前动作:击球后持拍手臂随击球动作惯性自然向左上方挥动,然后将拍收回至体前,并将握拍调整成放松的正手握拍形式。正手发后场平高球完整动作(见图6-15)。

(5)关键点:发平高球的关键是控制好球的飞行弧的飞行高度,如果拍面仰角大,击出的球过高,达不到战术目的;拍面仰角小,击出的球低,易被对手拦击。而发球准备、引拍动作须与正手其他发球动作保持一致。

图 6-15

3. 正手发后场平快球

正手发后场平快球是用正手握拍,以正拍面击出飞行弧度较正手后场平高球还要低的一种发球,这种球的飞行弧度几乎是擦网而过,直射对方后场,因此具有球速快、突击性强的特点,是单、双打发球抢攻战术中常用的一种发球。在比赛中,在发球方有准备而接发球方无准备的情况下,或是对手接发球站位较前的情况下,这种发球以它的快速、突变陷接球方于被动。技术动作要领如下:

(1)准备动作:站位靠中线,距前发球线约1米左右的位置,左脚在前(以右手握拍者为例,以下均同),足尖指向球网;右脚在后,足尖指向右前方,两脚间距与肩同宽,身体重心放在右脚上;左手大拇指与食指、中指轻捏羽毛球的羽毛与毛杆相交处,自然伸臂平举于胸前;右手持拍,自然屈肘于身体右侧,两眼注视对方准备接球的动向。

(2)引拍动作:在准备动作的基础上,身体向右后转,左肩对网,右臂随着肘向右后上提,上体微微前倾,前臂稍展开,手腕尽量伸展,把球拍后引至一定高度。

（3）击球动作：击球时，拍面仰角较小，前臂内旋带动手腕快速闪动屈指向前发力击球。击球点在规则允许的范围内，可争取略高一些。

（4）随前动作：击球后持拍手臂随击球动作惯性自然向左上方挥动，然后将拍收回至体前，并将握拍调整成放松的正手握拍形式。

关键点：击球后的动作均同正手发后场高远球，引拍动作较发后场高远球略小一些。击球动作小而快，目的性强。

4. 正手发网前球

正手发网前球是用正手握拍以正拍面击球，使球轻轻擦网而过，落在对方前发球线附近的一种发球。它的基本动作要领与正手发高远球基本相同，主要区别在于前臂挥动的幅度和手腕后伸程度比发高远球小一些，手臂用力轻，在向斜前上方挥拍时，主要用前臂力量，击球时拍面从右向左斜向切击球托后部，击球时，握拍要放松，大臂动作要小，主要靠小臂带动手腕向前切送，用力要轻，使球贴网而过，正好落在对方前发球线附近的发球区内（见图 6-16）。

图　6-16

发正手网前球技术要求较高，如果球飞行弧线太低，会不过网，若球飞行弧线过高，易遭对方扑击，所以要更讲究发球技术。

（二）反手发球

反手发球的特点是动作小、出球快，对方不易判断。在双打比赛中多采用此发球技术。

1. 反手发网前球

反手发网前球是用反手握拍，以反拍面击出与正手发网前球飞行弧度一样的一种发球（见图 6-17）。

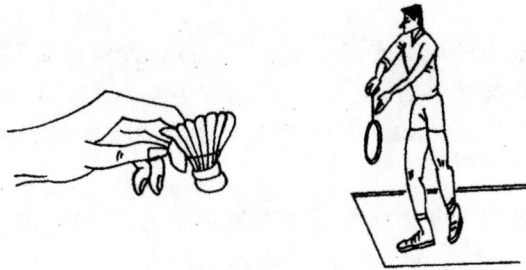

图 6-17

(1)准备动作:站位接近前发球线和中线,右脚在前,重心在右脚,左脚跟提起,持拍手采用反手握拍法持拍于腹前,肘关节屈,手腕前屈,左手拇指与食指、中指捏住球的羽毛斜放在球拍前面。

(2)引拍动作:将球拍稍向后(向自己腹部)摆动至一定距离。

(3)击球动作:前臂向前上方推送,同时带动手腕由屈到微伸而向前摆动,利用拇指力量向前推顶球拍,用球拍对球托作横切推送,使球贴网而过,正好落在对方前发球线附近的发球区内。

(4)随前动作:击球后,前臂继续向上摆到一定高度后回收到胸前(见图6-18,图6-19)。

图 6-18

图 6-19

2. 反手发平快球

平快球是指发出的球又平又快,径直飞向对方双打后发球限制线附近的发球区内。由于它弧线平直,飞行急速,向对方接球能力最薄弱的部位或空档发去,往往能使对手措手不及,收到出其不意的战术效果,是发球抢攻的主要发球技术。

反手发平快球的准备动作与反手发网前球相同,区别在于击球时拍面与地面形成的仰角,一般应在 110 度右,击球力的方向应更平直向前一些。

发平快球的战术效果在于快速和突然性。它的技术关键是:发球姿势要与发其他球的姿势保持一致,不要使对方发现发球方的发球意图;要有较强的手腕爆发力,否则出球速度慢,反遭攻击。

(三)发球常见的错误及纠正方法

发球常见的错误各不相同,但也有其共同点。如:

(1)发球时,挥拍动作僵硬;放球与挥拍配合不好;击球点靠近身体或离得太远;握拍太紧以致力量发不出;发球过手、过腰脚移动。

纠正方法:

1)按正确挥拍路线的慢动作挥拍练习,逐渐过渡到正常速度的挥拍练习。

2)掌握动作结构、顺序,多做放松、协调的发球练习。

3)反复练习发球放球,强调落点,保持球托向下落,采用多环发球练习。

4)了解羽毛球规则,并进行裁判实习。

(2)发高远球时,球拍直向前挥未顺势向左上方挥动缓冲。

发平高球时,弧度掌握不好,手腕爆发力差,发不到底线,易被对方拦截。

发平快球时,手腕没有鞭打动作;造成球速慢,易被对方抢攻。

发网前球时,手腕上挑过高,没有切送动作,球离网太高易被对方扑杀。

纠正方法:

1)加强手腕的爆发力练习,如中小重量的快速屈、伸腕练习。

2)加强发球力量和速度;平时加强上肢力量的练习。

3)强调发球动作的一致性和连贯性。

4)明确接发球动作要领;有针对性的练习发球。

(3)挥拍线路不正确,不是由右后经右前下方,再向左上方的画弧,而是横扫,致使击出的球弧线太低,或造成动作不协调,发力不充分。

纠正方法:

1)按规范挥拍的路线多练习徒手挥拍,在形成了动作动力定型后,逐步过渡到挥拍击球。

2）练习者也可站在墙边，右侧距墙壁约 50 厘米处，作发高远球挥拍练习，球拍不得触到墙壁，这样可以纠正横扫球拍的错误动作。

（4）掌握不好球下落与挥拍之间的时空关系，放球与挥拍配合不好，造成击球不准。

纠正方法：

1）反复练习放球，将球的落点固定在身体右前下侧，挥拍击球时，可以眼睛看球。

2）初学时先用小力量练习，逐渐加大击球的力量。

（5）挥拍时，手臂僵直，没有以肩为轴，或是身体在击球过程中根本就没有转体动作，前臂带动手腕动作不协调，击球无力。

（四）接发球

发球与接发是一对矛盾，发球方想方设法发出各种不同弧线的球，以此来控制对方；而接发球方则后发制人，来达到反控制的目的。

1. 接发球站位

不论是单打还是双打，都应选择一个合理的接发球站位。一般情况下，单打的接发球站位离前发球线约 1.5 m 处，在右发球区应站在靠中线的位置，在左发球区则站在中间稍偏边线位置，主要防备对方发球攻击反手部位。双打接发球时站位可靠近前发球线。

2. 接发球的准备姿势

单打接发球应左脚在前，右脚在后，侧身对网，重心在前脚，后脚脚跟稍提起，收腹含胸，持拍于右身前，两眼注视对方。

双打接发球准备姿势基本同单打，但重心可随意放在任何一脚上，球拍高举在肩上，注意力要高度集中。

（五）正手发球技术动作规范要点

（1）准备发球时，身体稍侧，两脚前后开立，左手持球右手持拍自然屈肘于身体右前侧。

（2）挥拍时，右臂后引，由上而下向前上方挥动，左手相应放球。

（3）击球点位于体前腰下膝上的高度。

（4）在一般情况下，以正拍面击球。

（5）按发各种球的不同需要，调节前臂，手腕的闪动发力和握拍的松紧程度及拍面角度。

（6）挥拍过程中，身体重心从右脚移向左脚。

（六）发球练习方法

（1）分解动作的挥拍教学。

要逐步将准备动作→引拍动作→击球动作和随前动作，按动作要领反复练习。

（2）将分解动作连贯起来反复练习。

（3）不要过早地要求学生用力发球。

（4）发球与接发球结合两人进行对练。

（5）设置球的飞行弧线和落点，进行发球与接发球练习

四、击球法（手法）

初学者在掌握了握拍和发球技术之后就可以逐步进行各种击球技术的学习。

羽毛球各种击球技术，按其特点进行分类，概括起来可有以下几种技术：后场高空击球技术、前场网上击球技术、下手击球技术、中场平击球技术。

（一）后场击高远球技术

后场击示技术注意要点：

击球点要高：击球时，要充分利用身高、臂长、拍长和起跳的高度，争取高点击球。要选准击球点，如果球尚未落到适当高度就过早挥拍，会击不到球；如果击球点过低、或过后、或过于偏左偏右而远离身体，都会影响发力和影响击球的质量。因此，争取高点击球、选准击球点是提高击球质量的关键。

保持动作的一致性：不论回击高远球、平高球。扣杀球或吊球，在准备击球至击到球之前的一段过程，要尽可能做到技术动作一致，目的是不过早暴露自己击球的意图，以增加对方判断的困难。只有到发力击球的刹那间，才使人看到你真正的击球手段。

发力正确，又能控制力量：一般来说，后场击球技术动作幅度较大，所需力量也较大，主要靠力量、速度和控制球的落点制胜对方。因此需要掌握正确的发力，充分运用身体各部分的力量（包括腰腹力、臂力、腕力和指力）击球。另外，还要能控制使用力量，以适应吊球时严格控制力量的要求。

准确控制拍面角度：欲击成直线、对角线和斜线的球路，或高低不同弧线飞行的球，除了力量的因素外，还必须在击球瞬间通过灵活改变握拍法，运用手腕和手指的协调动作，准确控制拍面的角度（包括在击球点上拍面与地面所成的夹角和拍面与端线所成的夹角）才能完成。

1. 正手后场击高远球技术

以正手握拍,在右肩的上方用正拍面击后场高远球,称为后场正手击高远球。

(1)准备动作:左脚在前,右脚在后,两脚间距与肩同宽,侧身对网,身体重心在后脚上。左手自然上举指向来球,右手正手握拍屈臂举于右侧,两眼注视来球。

(2)引拍动作:上臂随着身体向左转体,稍作回环上举,身体充分伸展。

(3)击球动作:上臂上举,拍头向背后下方作回环,前臂急速成旋内,同时球拍由回环动作继续向前上方挥动,手指屈指发力握紧球拍,手腕向屈收方向继续做回环动作,以正拍面击球托的后下部。击球时,持拍手臂自然伸直,击球点应在自己头上方偏右的位置,左手协调地屈臂降至体侧协助转体。

(4)随前动作:身体随惯性向左转体,右脚随身体重心前移并向前跨步。右手向左下方挥拍减速后顺势收回至体前,还原成松握球拍式(见图6-20)。

图 6-20

2. 头顶高远球

采用正手握拍法,击球点在头顶的前上方,用正拍面击出的高远球,称为头顶高远球(见图6-21)。

(1)准备动作:与正手击高远球基本相同,只是最后一步的站位要比正手高远球侧身更多。

(2)引拍动作:与正手击高远球基本相同,身体在充分伸展的同时,后弓幅度更大,要充分利用腰腹力量。

(3)击球动作:上臂上举,绕头后回环挥拍,前臂稍内旋,带动手腕由后伸经内旋往前屈腕,同时肘关节急速制动,以鞭打状产生爆发力击球。击球点应在头顶前上方。

(4)随前动作:与正手击高远球相同。

图 6-21

3.反手后场击高远球

在自己左后场区上空的球,以反手握拍法用反拍面击出的高远球,称为反手击高远球。

(1)准备动作:右脚向左后场区跨出一步,重心在右脚上,膝关节微屈,左脚在后,背向球网,头上仰眼盯球。以反手握拍,拍头微微翘起至左肩部。

(2)引拍动作:上臂与肘关节上举与肩平,拍头向下引拍,手腕屈,同时身体转向左侧。

(3)击球动作:肘关节与上臂继续向前上挥动,击球点应在右肩上方,手腕由屈经前臂内旋至加速伸腕闪击,击球的刹那间握紧拍柄,拇指用力,击球。

(4)随前动作:击球后手臂在空中有个制动,身体随惯性转体面向球网,右手持拍自然下落回至胸前(见图6-22)。

图 6-22

4. 后场正手吊网前球

击球点在右肩前上方,用正手握拍,以正拍面从右后场区向对方前场网前区域击吊球,为后场正手吊网前球(见图6-23)。

(1)准备动作:与正手击高远球相同。引拍动作:与正手击高远球相同

(2)击球动作:击球点在右肩上方,手腕运用旋外,使拍面向侧下方切击球托的后上部,击球瞬间,手腕要控制好拍面角度。

(3)随前动作:球拍随击球惯性和转体向左下方挥去,上臂旋外,收拍至体前。

图 6-23

后场正手吊直线球击球时,拍面的"包切"动作要小一些,击球瞬间以斜拍面击球托后部右侧偏中的位置,并向前下方切压击球。

后场正手吊斜线球击球时,拍面的"包切"动作要大一些,几乎是向前下方侧击球托的右侧部位。

注意:击吊球的准备动作、引拍动作必须同击高远球一致。

后场头顶吊球技术:用正手握拍在左后场区头顶上方以正拍面向对方网前区域击吊小球为后场头顶吊球。同正手吊球一样,头顶也可击直线、斜线吊球。

后场头顶吊球的技术动作要领:

准备姿势、引拍动作和击球后的动作均与后场正手击高远球动作相同。

后场头顶吊直线球的动作与后场正手吊直线球基本相同,只是将击球点选择在头顶的上方。击球动作同样是由前臂内旋带动手腕由伸至屈收、手指捻动发力,向右前下方切击球托右后侧部位。如果是采用滑板击法,则用手指推转拍柄,使球拍向内旋转以斜拍面向前下方"切击"球托后部的左侧。

5. 后场杀球

杀球是在后场或中场争取尽量高的击球点,并全力将球由高点向下往对方中后场区扣压下去的一种技术。杀球时击球力量最大,速度最快,在比赛中通常是进攻直接得分的重要手段。因此,杀球技术必须同平高球、吊球、劈球等各项进攻技术有机地结合起来,并在杀球的力量上、落点上和杀球的时机、时间差上加以灵活运用,才能达到良好的攻击效果。

后场正手杀球技术:在右肩前上方,利用正手握拍以正拍面击杀球为后场正手杀球。

(1)准备动作:与正手击高远球基本相同。

(2)引拍动作:与正手击高远球动作基本相同,不同之处在于,身体向上伸展,重点在后仰、挺胸成反"弓"形。

(3)击球动作:与正手击高远球基本相同,击球点在肩的前上方(比击高球时的击球点稍前些),身体 5 啪时的反"弓"形转而运用转体收腹的力量,加上前臂内旋,腕前屈微内收,闪腕发力击球的后部(球拍正面击球),将球击到对方场区内,尽可能将球击到对手的脚下。

(4)随前动作:杀球后,随击球惯性球拍挥向左下方,然后收回至胸前,呈准备姿势(见图 6 - 24)。

图 6-24

6. 跳起突击杀球

当对方回击弧度较低的平高球时,可向测方(或侧后方)起跳,突然挥拍扣杀球,称为跳起突击杀球(见图 6-25)。

(1)准备动作:与正手杀球动作相同。

(2)引拍动作:手上动作与正手杀球动作相同,右脚向左(右)上方跳起,同时引拍。

(3)击球动作:当跳起至最高点时,以肩带臂,主要以前臂带动手腕快速挥拍扣杀球。

(4)随前动作:击完球后,球拍随挥至左下方,随后收回胸前,用左脚先着地,同时身体重心向前跟进,回到球场中心,成准备姿势。

图 6-25

四、网前击球技术

(一)网前击球技术要领

网前击球技术包括放网前球、搓球、挑球、扑球、推球和勾球等。当代羽毛球运动向快速、全面、进攻的方向发展,从场区的角度来讲,后场和中场固然重要,而前场也越来越成了双方力图取胜必须要展开攻守争夺的重要场区。如果运动员的前场技术不好,对方就会专攻你前场,造成自己被动,即使有再好的后场技术也发挥不出来。如果前场技术占优势,就可以通过前场技术为后场、中场的进攻创造机会,使前、后场技术密切衔接,融为一体,有利于取得全场的主动权。

1. 正手放网前球

当对方将球击至自己正手网前时,以正手握拍法,用球拍轻轻切、托,将球向上弹起恰好一过网就朝下坠落,称为放网前球。

(1)准备动作:侧身向球的方向移动,上身稍前倾,右手握拍于体前。

(2)引拍动作:步法移动的最后一步是右脚向来球方向跨大弓箭步,身体重心要提高,前臂伸向来球,要往前上方举,稍上仰,斜对网。这个动作是正手放、搓、勾。推一致性的体现。

(3)击球动作:争取高点击球,握拍放松稍收腕,向球托斜侧提击或搓切。击球过程中左手要向后平举以协调动作。

(4)随前动作:右脚蹬地退回,持拍手同时收回成放松握拍,退回到中心位置(见图6-26)。

图 6-26

2. 正手搓球

用球拍搓切球右斜侧面或球托底部,使球滚动过网,称为搓球。准备动作和引拍动作与正手放网前球基本相同。

(1)击球动作:击球时争取高点击球,前臂稍外旋,手腕由后伸至稍内收闪动,握拍手的食指和拇指夹住球拍,利用手腕和手指的力量搓切来球的右下底部,使球旋转翻滚过网。

(2)随前动作:与正手放网前球相同,球拍收回(见图6-27)。

图　6－27

3. 反手放网前球

当对方来球飞向左前场时,用反手握拍法以反拍面轻击球,使球越过网即下落的击球方法,称为反手放网前球。

(1)准备动作:侧身面对反手的网前,反手握拍于左体侧,其他与正手放网前球技术相同。

(2)引拍动作:与正手放网前球相同,只是握拍转换成反手握拍法,稍展,屈腕。

(3)击球动作:争取高点击球,稍收腕向球托左斜侧面与底部提击和搓击,左手自然协调配合。

(4)随前动作:与正手放网前球相同。

4. 反手搓球

用反手握拍法,以反拍面搓击球,使球侧旋滚动过网后即下落的击球方法,称反手挂球。

(1)准备动作:与反手放网前球动作相同。

(2)引拍动作:与反手放网前球动作基本相同,前臂稍往k举的同时,手腕前屈,手背约与网上沿同高,而拍面低于网上沿。

(3)击球动作:与反手放网前球动作类似,只是击球方式不同,主要靠前臂前伸外旋和手腕由内收至外展的合力,反拍面搓切球的右侧底部,使球侧旋滚动过网。

（4）随前动作：与反手放网前球动作相同，球拍回收至胸前。

5. 正手推球

在网前较高的击球点上，以正手握拍法，用推击的方法向对方底线击出弧度较平、速度较快的球，称为正手推球。

（1）准备动作：与正手放网前球相同。引拍动作：与正手放网前球相同。

（2）击球动作：前臂内旋，用腕部的转动和手指（主要是食指）的力量向前快速推击。

（3）随前动作：因有制动作，所以随前动作微小。击球后即可收拍于 u，还原成放松的正手握拍姿势（见图 6-28）。

图 6-28

6. 反手推球

在网前较高的击球点上，以反手握拍法，用推击的方法向对方底线击出弧度较平、速度较快的球，称为反手推球。

（1）准备动作：与反手放网前球动作相同。引拍动作：与反手放网前球动作相同。

（2）击球动作：用反手握拍法，前臂伸时稍外旋，手腕由外展至伸直闪腕，中指、无名指和小指突然握紧拍柄，拇指顶压球拍，往前挥拍，推击球托的左侧面。

(3)随前动作:因有制动动作,所以随前动作微小。击球后即可收拍于体侧,还原成放松的正手握拍姿势。

7.正手勾球(高手位)

在网前右场区,用屈腕的动作调整球拍角度,轻巧地将球回击到对方斜对角的网前右场区内,称为正手勾球。

(1)准备动作:与正手放网前球动作相同。引拍动作:与正手放网前球动作相同。

(2)击球动作:争取高击球点,击球瞬间前臂内旋往左拉收,手腕由稍后伸至内收,闪腕挥拍拨击球托的右侧下部,使球沿对角线飞行至对方网前右场区。

(3)随前动作:击球后球拍回收至右肩前(见图6-29)。

图 6-29

8.反手勾球

在网前左场区,用伸腕的动作调整球拍角度,轻巧地将球回击到对方斜对角的网前左场区内,称为反手勾球。

(1)准备动作:与反手放网前球动作相同。引拍动作:与反手放网前球动作相同。

(2)击球动作:当来球过网时,肘部突然下压,同时前臂有点外旋,手腕由稍屈至后伸闪腕,拇指内侧和中指把拍柄往右侧一拉,其他手指突然紧握拍柄,拨击球托的左侧面,使球沿着对角线飞行。

(3)随前动作:击球后,球拍往右回收。

9. 正手扑球

对方击来的右场区网前球刚过网,高度在网沿上面时,用正手握拍法以正拍面迅速上网挥拍扑击下压过去,称为正手扑球。

(1)准备动作:与正手放网前球基本相同。

(2)引拍动作:跨步上网,身体往右前倾,手臂往右前伸,斜上举拍,正拍面朝前,持拍手向前上举拍,肘稍屈。

(3)击球动作:身体向右前飞跃,前臂伸臂内旋,手腕保持伸展,主要运用前臂和手腕的力量(正手扑球屈腕)。击球时上臂动作制动,肘有回动动作。

(4)随前动作:甚小,顺势即可收拍,用并步回动,并持拍于体前,还原握拍姿势(见图 6-30)。

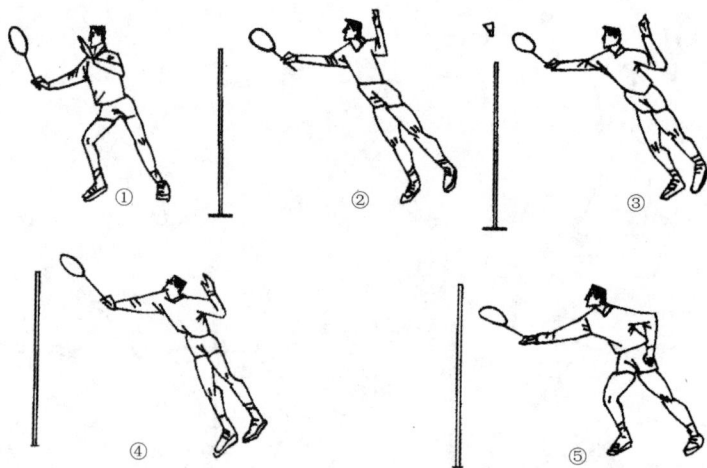

图　6-30

10. 反手扑球

对方击来的左场区网前球刚过网,高度在网沿上面时,用反手握拍法以反拍面迅速上网挥拍扑击下压过去,称为反手扑球。

(1)准备动作:与正手扑球相似,只是方向在左网前,反手握拍法,持拍于左侧。

(2)引拍动作:当身体向左前蹬跳跃起时,持拍手随着前臂伸而向前上方举拍,肘稍屈,手腕外展,拍面正对来球。

（3）击球动作：身体向左前飞跃，用手腕由外展至内收"闪动"的力量向前下加速挥拍扑压击球。

（4）随前动作：击球后马上屈肘，手腕由内收至外展收拍于体前，以免触网。

11. 正手挑高球

把对方击到右场区的网前球，挑高回击到对方后场去，称为正手挑高球。

（1）准备动作：与正手放网前球动作相同。

（2）引拍动作：持拍的手前伸，经右侧上方前臂外旋，手腕伸展下放。将球拍引向右侧下方。

（3）击球动作：右脚步向右网前跨出一大步，同时伸臂，手腕伸展下放，以肩为轴，以小臂带动手腕由伸到屈挥拍击球的底部，将球向前上方击出。

（4）随前动作：前臂随惯性向上挥动，逐渐减速，然后收拍于体侧，还原握拍，同时前脚回动复位（见图6-31）。

图　6-31

五、中场低手击球技术

在中场部位，击球点低于头部高度的击球，称为中场低手击球技术。中场击球技术主要有：半蹲快打（这是一种介于高手击球与低手击球之间的一种特殊打法）、接杀球、挡球和抽球。

（一）中场低手击球战术

击球点低于头部高度的击球称为低手击球。低手击球技术主要有：半蹲快打（这是介于高手击球与低手击球之间的一种特殊打法，我们暂且归到低手击球一类）、接杀球和抽球。半蹲快打和接杀球主要用于中场区油于中场区是攻防转换的主要区域，双方的距离接近，球在空中滞留的时间也缩短了，因此，中场击球技术要求挥拍预摆幅度要小，突出体现一个"快'宇，做到快打。抽球在中场或后场都有应用，在后场，抽球主要用来对付对方的长杀球，以及对方压底线两角时作为反控制的手段。挡球技术略似抽球，但击球点靠近身体，只能用前臂、腕、指发力为主击球，球飞行形式与抽球相同，行程短，打到对方前场或中场。挡球应尽可能争取高点击球，所以多用于双打和混合双打中。

1. 正手抽球

将位于身体右侧高度在肩以下、腰以上的球，用正手握拍法以正拍面平抽过去，称为正手抽球。

（1）准备动作：面对球网，右脚稍在前，膝微屈，前脚掌着地，右手握拍于体前。

（2）引拍动作：右脚稍向右迈出一小步，同时上体稍往右侧，右臂向右侧上摆。球拍上举，肘关节保持一定角度，前臂稍后摆而带有外旋，手腕从稍外展至后伸，使球拍引至后下方。

（3）击球动作：前臂急速往右侧前挥动，从外旋转为内旋，球拍由后伸至伸直闪腕，握紧拍柄，挥拍抽压击球托底部。

（4）随前动作：球拍向左边顺势盖过去，收拍于胸前回位。

2. 反手抽球

在左侧场区的低球，用反手握拍法，以反拍面抽击球，称为反手抽球。

（1）准备动作：向左转体，左脚向左跨一步。

（2）引拍动作：以反手握拍法，前臂往身体前收，肘部稍上抬，前臂内旋，手腕外展，球拍引向左侧。

（3）击球动作：右前臂在往前挥拍的同时外旋，手腕由外展伸直至内收闪腕，手指突然握紧扣柄，拇指前顶，迎球挥拍，从球托的底部盖压过去。

（4）随前动作：击球后，球拍随身体回动而回收。

3. 正手挡球

在右场区近身体处，用正手握拍法以正拍面挡击球，称为正手挡球。

（1）准备动作：两脚自然开立，双膝微屈，面对网，上体直立。

（2）引拍动作：向右侧跨一小步或原地屈肘，前臂外旋伸展腕，手指放松握拍。

（3）击球动作：持拍臂前伸，前臂内旋，屈指发力，握紧拍子向前下方击球，上臂有制动动作。

(4)随前动作:因击球动作惯性小,击球后应立即收拍于体前。

4. 反手挡球

在左场区近身体处,用反手握拍法以反拍面挡击球,称为反手挡球。

(1)准备动作:与正手挡球动作相同。

(2)引拍动作:对着来球向左侧跨一步或原地向反手一侧伸拍,屈肘,转换成反手握拍,伸展腕,手指放松握拍。

(3)击球动作:伸前臂,外旋,保持伸展腕,屈指发力,握紧拍子向前下方击球,上臂做制动动作。

(4)随前动作:与正手挡球基本相同。

5. 接杀球

把对方扣杀过来的球还击回去,称为接杀球。接杀球主要由挡网前、挑后场和平抽球三种技术组成。接杀球是防守技术,但只要反应快、判断准、手法熟,回球落点和线路运用得当,在守中体现出快的精神,就往往能创造由守转攻的条件。接杀球的站位一般在中场或偏于后场。接杀球有靠近身体的接杀球和靠边线的接杀球。下面图中上面的两组是靠边线的拉杀球示意图,在接杀球时必须向左、右跨出一步接球。而下面的一组图是近身接杀球示意图,来球靠近身体,必须在侧身让开的同时挥拍击球(见图6-32)。

图 6-32

(a)正手接杀球; (b)反手接杀球; (c)近身接杀球

接杀球技术：接杀球技术可分为接杀放网前小球、接杀勾网前对角线球、接杀挑后场高球和接杀平抽球等几种球。每一种球又可分为正、反手两种击法（见图6-33）。

在比赛中，接杀球虽然看似一项防守技术，但如果防守严密，回球的战术线路及落点掌握得当，往往是守中反攻的开始。由于接杀球技术是在对方处于攻球，而我方处于将对方凌厉的杀球还击回去的情况下运用的技术，所以要求判断、反应、起动和出手要快，击球前的引拍预摆动作要小。又由于接杀球可借助对方来球的力量反击球，所以击球力量也不大。要想掌握运用好接杀球这项技术，重要的一点就是"巧"。

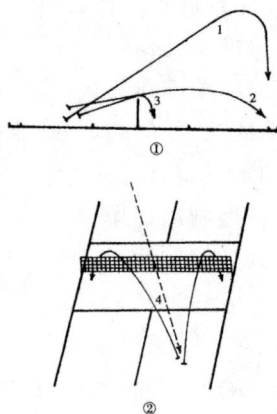

图　6-33

6.半蹲快打

在中场区，对方打过来约肩以上至略高于头部之间的快球，采用半蹲姿势，争取在较高的部位快速地平击回去，称为半蹲快打。

（1）准备动作：在中场区，两脚平行站立或右脚稍前站均可，两膝自然弯屈成半蹲。

（2）引拍动作：屈肘举拍于肩上。

（3）击球动作：以前臂带动手腕快速挥拍，争取在身前较高部位上平击球。击球要敏捷、果断，控制好拍面角度，挥拍幅度小，快而有力（见图6-34）。

(a)　　　　　　　(b)　　　　　　　(c)

图　6-34

(a)半蹲正面击球；　(b)半蹲右侧击球；　(c)半蹲头顶击球

7. 中场击球常见错误和纠正方法

(1)半蹲快打中,击球点在体后,造成击球无力。

纠正方法:进一步明确击球点应在体前的概念和目的,准备姿势的持拍应抬高,拍框应翘起,有利于加快举拍击球。多练习以肘为轴,以前臂带动手腕作小幅度快速挥拍,打完前一拍之后,立即准备打第二拍,提高反应速度。

(2)接杀球中,反应慢,接不到球。

纠正方法:要做好充分的准备,屈膝起群,有利于快速起动;用多球快杀,锻炼初学者接杀球的反应和判断能力。另外,接杀球不过网时,注意握拍要灵活,在触球时,应以手指控制使拍面后仰一些,适当增加向前上方提拉的力量。

(二)后场高空击球技术

后场高空击球也称后场上手击球,即在尽可能高的击球点上,还击对方向底线附近击来的高球。它具有主动性强、击球力量大等特点,可给对方造成较大威胁,是初学者首先必须学好的技术。

1. 正手击高远球

这是羽毛球上手击球技术中的基础。

动作要领:首先判断来球的方向和落点,侧身后退使球在自己右肩稍前上方的位置,左肩对网,左脚在前,右脚在后,重心在右脚上,左臂屈肘,左手自然高举,右手持拍,大小臂自然弯曲,将球拍举在右肩上方,两眼注视来球。击球时,由准备动作开始,大臂后引,随之肘关节上提明显高于肩部,将球拍后引至头后,自然伸腕(拳心朝上),然后在右脚蹬地转体和腰腹的协调用力下,以肩为轴,大臂带动小臂快速向前上方甩动手腕,在手臂伸直的最高点击球。击球后,持拍手臂顺惯性往前下方挥动并收拍至体前。与此同时,左脚后撤,右脚向前迈出,身体重心由右脚移到左脚。

2. 反手击高远球

在被动动情况下的过渡,帮助自己重新调整站位。

动作要领:看准对方的来球落向左后场区的时候,迅速把身体转向左后方,移动到适合的击球位置,背对球网,并用反手握拍,最后一步右脚跨向左后方,球拍由身前举到左肩附近,以大臂带动前臂转动,击球时前臂由左肩上方往下绕半弧形,最后一刹那时手指紧握球拍,击球点应在右肩上方为好,以手腕往右后上方或者根据还击的需要掌握好球拍的角度鞭打进行击球,把球击向后上方。击球后,转身、手臂回收至胸前。

3. 平高球

平高球的弧线较高远球低,速度较高远球快,是一种在较主动情况下运用的击球技术。在实战中,质量较高的平高球常可以调动对方的站位,使其失去身体平衡,回球质量差,从而为已方更有力的进攻创造机会。

动作要领同击高远球一样,只是在击球的一刹那用力主要是向前方,使击出的球弧线较低。

4. 吊球

将对方击来的后场高球还击到对方网前区的球称为吊球。它的作用是调动对方站位,以利于已方组织进攻。

吊球的动作要领:用力较小,挥拍时拍面正面向内倾斜.手腕作快速切削下压动作,称为劈吊。若劈吊斜线球,则球拍切削球托的右侧,并向左下方发力;若劈吊直线,则拍面正对前方,向前下方作切削。

另一种吊球称为轻吊(拦截吊),用力更轻一些,手法是拍面正对来球,当拍面和球接触时,轻轻一挡,将球以较平弧线,较慢速度越网垂直下落。

5. 杀球

把对方击来的高球全力向下扣压称为杀球。它的特点是力量大、速度快、是进攻的重要技术。

动作要领:击球前的准备姿势和击球动作与正手击高远球一样,不同的是最后用力的方向朝下,而且要充分利用蹬地、转体、收腹以及手臂和手腕的爆发力全力地将球向下击出,击球的一刹那要握紧球拍。不管用哪种动作杀球均可作重杀、轻杀、长杀、深杀、直线和斜线扣杀。杀球时只要通过手腕和手指控制拍面倾斜角度,用力方向和大小,就可以扣杀出不同的球来。这些不同形式的杀球主要是为了战术的需要和根据对方站位的情况灵活加以运用。一般都是通过打高球和吊球来为扣杀创造机会,显出杀球的威力。

6. 后场正手高空击球技术动作规范要点

(1)挥拍前,侧身面对来球方向,两腿前后开立,前脚掌着地,两膝稍屈,身体重心落在右脚上,右手向上举拍屈肘(前臂与上臂约成 90 度)置于身体右侧,腕部约与肩平,左臂自然屈肘上举。

(2)向后引拍时,腿部蹬伸同时展体,右手举拍后引,肘关节向前上方抬起,前臂后摆,手腕后伸。

(3)高球击球时,主要以前臂和手腕的闪动发力击球(同时握紧球拍)。

(4)高球吊球时,击球点位于右肩上方略微偏前,处于自然直臂举拍时拍面中心点的高度。杀球、劈球时,击球点比高球和轻吊球时的略微偏前。

(5)高球杀球时,以正拍面击球;吊球时,以正拍面或斜拍面击球;劈球时,以斜拍面击球。

（6）挥拍过程中,身体向左旋转,一般在身体重心向上或达到(重心轨迹)最高点时击球。

（7）击球后,右脚向前跨步,同时右手减速收拍至体前。

(三)前场网上击球技术

网上击球是调动对方,寻找战机的重要手段,并可直接得分。因为它技术动作轻松而细巧,运用力量要求控制适度,所以在学习网上击球时,除了要注意动作规范之外,还应细心体会击球时手腕、手指的细微感觉。

准备姿势:侧身对网,右腿跨步成弓箭步,左脚在后自然拉开,上体略有前倾,右手持拍前伸约肩平,肘关节微屈,注意握拍要放松。

网上击球有,搓球、放网前球、勾对角球、推球、扑球。

1. 搓球

击球前准备姿势同上。击球时,拍面稍前倾,利用手腕和手指的力量向前"切削"球托底部或向后"提拉",使球击出后旋转或滚动过网。搓球一般在对方来球较靠近网上时运用,反手搓球除握拍不同外,其它要领相同。

2. 放网前球

准备姿势同上。击球时,拍面稍朝前下方倾斜,前臂带动手腕和手指用前送动作击球托底部。正、反手放网前球时除握拍不同之外,其它要领相同。

3. 勾对角球

在网前把来球回击到对角线网前叫勾对角。准备姿势同上。击球时,拍面斜向对方右(左)网前。正手勾对角时击球托的右侧,手腕和手指带动球拍向左内勾动;反手勾对角时,击球托的左侧,同时向右内勾动。

4. 推球

在网上将来球用较平的弧线快速推到对方场区底线叫推球。准备姿势同上。击球时拍面前倾几乎与网平行.利用前臂带动手腕和手指的快速"闪动"将球击出。正手推球多用食指力量,反手推球多用拇指力量。

5. 扑球

在网上把高于网的来球迅速扑压下去叫扑球。击球时,拍面前倾,前臂带动手腕和手指快速闪动发力,击球后立即收拍,以免触网犯规。扑球时要求判断准、上步快、抢高点、动作小。正、反手扑球均可。

6. 前场网上击球技术动作规范要点

(1)击球时,侧身对右边网前(正手击球)或左边网前(反手击球),右腿前跨成弓步状,上体正直(略有前倾)右手举拍前伸,肘关节微屈。

(2)争取在高点击球。

（3）搓球，放网时，主要依靠手腕、手指的发力击球，推球、扑球、挑球时，主要依靠前臂和手腕、手指的闪动发力击球。

（4）击球后，肘关节放松，然后收拍。

（四）下手击球技术

下手击球一般是在防守时所采用击球技术。它虽然不象上手击球那样具有进攻性威胁，但如运用得当，往往也能起到守中有攻的效用。因此，对下手击球技术，尤其是初学者，往往重攻而轻守，这样就会影响技术的全面掌握和提高。

下手击球为：底线抽球、挑球、接杀球。

（五）中场平击球技术

中场平击球主要是对付对方击来的弧线平于或稍低于网，且落点在中场附近的低平球时所采取的还击技术。在双打比赛中多采用这种技术。它的击球点在与肩同高处或在肩与腰之间。因为来球的速度较快，弧线较平，所以击出的球速也较快、较平。因而中场平击球也是一种对攻的技术。它有正、反手中场平抽球、半蹲式中场平击球两种。

1. 正、反手中场平抽球

这主要是对付来球离身体较远的平球．人站位于中心附近，两脚左右开立，面对球网，两膝微屈，右手持拍于体前。击球时，判断准来球并向右（左）侧横跨一步，同时挥拍依靠前臂和手腕的动闪发力击球．正手平抽球时，多用食指的力量向前发力。反手平抽球时，多用拇指的反压力朝前发力。此外，不论是正手还是反手中场平抽球，其击球点都应争取在身体侧前方，这更便于手臂的发力。

2. 半蹲式中场平击球

主要运用在双打比赛中，这是进行对攻的一种击球技术。这种技术是将对方击来的位于肩部或面部附近的球，在半蹲姿势下还击回去。击球时看准来球，迅速取半蹲姿势，同时举拍在正面或右肩上或头顶等位置，以前臂带动手腕快速闪动挥拍击球。

3. 中场平击球技术动作规范要点（右手持拍）

（1）击球前，两脚左右开立，面对球网，两膝微屈，前脚掌着地，上体略有前倾，右手握拍持于体前。

（2）争取在身体侧前方击球。

（3）主要依靠前臂、手腕的闪动发力击球。

（4）在击近身球的挥拍过程中，下肢、上体积极协助挥拍击球动作。

(5)击球后迅速收拍至原处。

在基本技术规范的教学过程中，要注意"眼功"、"手功"、"脚功"的培养。

在重视技术动作规范化的同时，要注意贯彻因人而异、区别对待、循序渐进的原则。练习的难度和技术要求，应符合学生基本技术掌握程度的实际情况。

六、步法

上网的步法和手法(即各种击球法)是相辅相成、不可分割的。许多击球技术都是靠熟练、快速、准确的步法移动来完成的。

主要的步法有：上网步法、后退步法、两侧移动步法、起跳腾空突击步法。

(一)上网步法

上网步法包括：跨步上网、垫步或交叉步上网、蹬跳上网。

不论用哪种步法上网，其上网前的站位及准备姿势都是一样的.即站位取中心位置，两脚左右开立(稍有前后)，约同肩宽，两膝微屈，两脚前脚掌着地，后脚跟稍提起并左右微动，上体稍前倾，右手持拍于体前，两眼注视对方的来球。

1. 跨步上网

判断准对方来球后，左脚掌内侧用力蹬地并侧身向来球方向迈出，接着右脚也向前迈一大步，以脚掌外侧和脚跟先落地，再过渡到前脚掌，右膝关节弯曲并成弓步，紧接左脚自然地向前脚着地方向靠上小半步。击球后，右脚蹬地用小步、交叉步或并步回到中心位置(见图6-35)。

注意事项：右腿成弓步时，要防止因上网前冲力过大使重心越过右腿而失去身体平衡，另外，前脚脚尖应朝着边线方向，而不应朝向内侧。

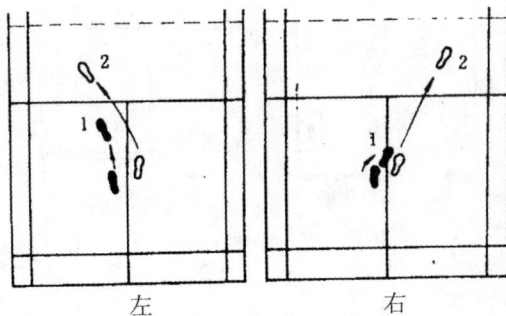

左　　　　　右

图 6-35　跨步上网步法

2. 垫步或交叉步上网

判断准对方来球后,右脚先迈出一小步,左脚立即向右垫一小步(或从右脚后交叉迈出一小步),左脚着地后,脚内侧用力蹬地,右脚再向网前跨一大步成弓步,身体重心在前脚。击球后,前脚朝后蹬地,用小步、交叉步或并步退回中心位置(见图 6-36)。

垫步或交叉步上网的特点:步法调整能力强,在被动情况下,能利用蹬力强、速度快的特点迅速调整脚步,去迎击来球。注意事项同前。

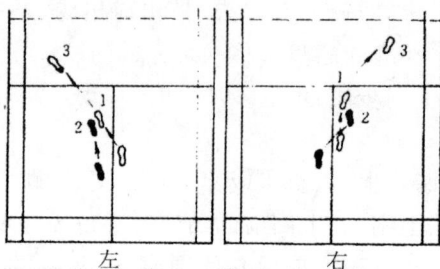

图 6-36　垫步或交叉步上网步法

3. 蹬跳上网

蹬跳上网是在预先判断准来球的基础上,利用脚蹬地,迅速扑向球网,以争取在球刚越过网时立即进行还击. 比赛中常用此法上网扑球. 其步法是站位稍靠前,对方一有打网前球的意图后,右脚稍向前刚一点地便起蹬侧身扑向网前。击球后应立即退回中心位置。

注意事项:蹬跳上网既要快,又要防止因前冲力过大而触网或过中线犯规(见图 6-37)。

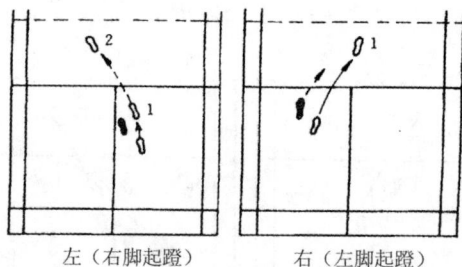

图 6-37　蹬跳上网步法

(二)后退步法

正手击球后退步法和头顶击球后退步法,可用并步或交叉步移动后退,实战中可根据场上情况和个人特点灵活使用。反手击球后退步法应根据离球距离的远近来调整步法。最后一步都是右脚在后,重心在右脚上。如反手部位击球,需右侧髋部转向左后方背部朝网。击球后,迅速回中心位置。

(三)两侧移动步法

两侧移动步法多用于接对方的扣杀球和打来的半场低平球。其移动前的准备姿势及站位基本同上网步法。

1. 向右侧移动步法

判断准来球后,上体稍倒向左侧,用左脚掌内侧用力蹬地,右脚同时向右侧跨大步,髋关节随之右转,上体稍倒向右侧,重心在右脚上。若距来球较近,可采用上述动作,若距来球较远,则需左脚先向右脚垫一小步再起蹬,右脚同时向右侧跨大步(见图6-38)。

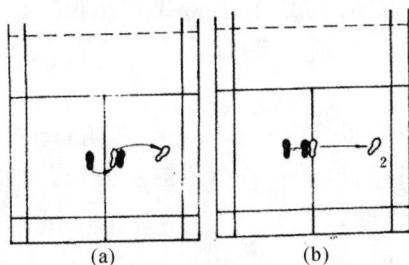

图6-38 向右侧移动的步法

(a)向右侧蹬跨步; (b)向右侧垫步加蹬跨步

2. 向左侧移动步法

当判断来球后,上体稍向右侧,用右脚掌内侧用力蹬地,左脚随髋关节的转动同时向左侧跨大步。若来球较远,左脚先向左侧移一小步,紧接着右脚往左侧方向起蹬并转身(背对网)向左跨大步(见图6-39)。

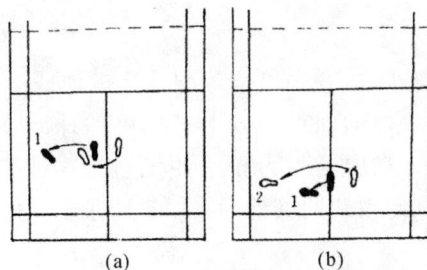

图6-39 向左侧移动步法

(a)向左侧蹬跨步; (b)向左侧并步加蹬跨步

第四节　羽毛球基本战术

战术与打法的关系是很密切的。在实战中,战术是根据双方的打法和场上的具体情况而定的。"以己之长,攻彼之短"是一大原则。现简单介绍一些常用的战术如下:

一、单打战术

1. 发球抢攻战术

从发球的第一拍起,争取控制对方,以攻杀得分.这种战术,一般为发网前低球结合平快球、平高球,争取第三拍的主动进攻.用这种战术对付应变能力较差的对手,或实施于比赛的关键时刻,效果往往很好。实施这一战术时,应有高质量的发球予以保证,否则很难成功。

2. 攻后场战术

此战术是通过击高球,重复压对方的底线两角,造成对方的被动,然后寻找机会进攻。用它来对付初学者或后场还击能力较差,或后退步法较慢以及急于上网的对手是很有效的。

3. 攻前场战术

对网前技术较差的对手,可运用此战术先将其吸引到网前,然后再攻击其后场。采用此战术,自己首先要有较好的网前击球技术。

4. 打四方球战术

若对手步法较慢、体力较差、技术不全面,可以用快速、准确的落点攻击对方场区的四个角落,寻找机会向空当进攻。此战术的主要目的是通过打落点,逼迫对方前后奔跑,被动应付,并在其回球质量下降或露出破绽时乘虚而攻之。

5. 杀、吊上网战术

对手打来的后场高球,本方先以杀球配合吊球把球下压,落点选在场区的两条边线附近,致使对手被动回球。若对手回网前球时,本方迅速上网搓球、勾对角球或平推球,创造在中场大力扣杀的机会。这种战术必须能很好控制杀、吊球的落点,在使对方被动回网前时,才能主动迅速上网。

6. 打对角线战术

对付身体灵活性差、转体较慢的对手,不论是进攻还是防守,均应以打对角线球为主,这样,对方会因移动困难而被动,为我方创造进攻机会。

7. 防守反击战术

在对方主动进攻、我方被动防守时,我方可高质量地接杀挡网;或抓住对方攻杀力量减弱或落点不好的机会,以平抽底线球还击对方后场,扭转被动局面,并进行反击。

二、双打战术

双打比赛不仅仅是竞赛双方在技术、战术、体力上的较量,同时也是双打同伴相互间配合程度的较量。因此,在学习双打战术之前,首先要了解两人之间站位形式上的配合。

一般情况下,有两人一前一后站位和两人分边(左、右)站位两种形式。一前一后站位即在后场的人分管后半场的球,站在前场的人则负责前半场的球。这种站位形式有利于进攻,而不利于防守。所以,一般在本方进攻时多采用此站法。分边站位多在防守时采用,这样,各人分管半边场地,在防守时就没有什么空当了。

站位形式不是固定不变的,它在比赛中随着进攻与防守之间的不断转换而变化。

1. 攻人战术(二打一)

集中攻击对方中有明显弱点的人,并伺机攻击另一人因疏忽而露出的空当,或对此人偷袭。双打比赛中的配对选手的技术,一般总有一人好,另一人稍差些。即便两人水平相差不多,但若能集中力量攻击其中一人,也可给其造成很大的心理压力,从而使其出现失误。

2. 攻中路战术

当对方分边站位防守时,将球攻击到对方两人的中间,当对方前后站位时可将球下压或平推两边半场。这样可使对方防守时互相争抢或互让而出现失误。

3. 攻后场战术

对方后场打杀能力差,本方可采用平高球、推平球、接杀挑底线,把对方一人紧逼在底线两角移动。当对方被动还击时,则抓住机会大力扣杀。如另一对手后退支援时,即可攻网前空当。

4. 后攻前封战术

当本方处于主动进攻前后站位时,站在后场的队员见高球就杀或吊网前,迫使对方接球挡网前,这为本方前场队员创造了封网扑杀机会。前场队员要积极封锁网前,迫使对方被动挑高球。一旦对手挑高球达不到后场,就为本方创造了再进攻的机会。

5. 防守反击战术

在防守中寻找反攻的机会,以便摆脱困境,转被动为主动。例如,挑底线高球,即不论对方从哪里进攻,本方都应设法把球挑到进攻者的另一边底线。如对方正手后场攻直线,就挑对角线,如对方取对角就挑直线.这是一种较容易争得主动的防守战术,在女子双打中运用更为有效。时机有利时,即可运用反抽或挡网前回击对方的杀球,从守中反攻,争得主动权。运用此战术时,要注意挑高球一定要挑到底线,否则将会出现对方连续攻杀而本方无力反击的局面。

三、战术运用

在羽毛球比赛中,如何正确地运用战术是一个很重要的问题。战术运用得当,可使自己牢牢地掌握场上的主动权。相反,错误的战术则使自己处处被动。当然,在双方技术水平悬殊太大时,再合理的战术也无济于事.只有在技术水平相当的情况下,战术才能起到决定的作用。正确运用战术时应注意以下几个问题。

1. 知己知彼

知己知彼是制定战术的依据。如了解到对方的网前技术较差,那么对付他的主要战术应当是攻前场,对手的身体灵活性较差,那就多运用打对角线战术。知己知彼,还有一层意思,即在了解对方短处、己方之长处的同时,了解对方的长处和自己的短处,以制定出避实就虚、扬长避短的战术。

了解对手的方法一是赛前观摩和调查,二是在打遭遇战时,以多种球路进行试探。

2. 以我为主

不论运用哪种战术,都要坚持以我为主的打法.以我为主即比赛时坚持赛前所制定的战术,而不能因比赛中出现了一二次失误即刻就盲目地改变战术.另外,以我为主还应在比赛中坚持自己的打法特点.因为每位选手的打法特点是经过各方面的选择后和在长期的练习中所形成的,不能轻易更改,否则必将失去自身的优势。

3. 随机应变

羽毛球比赛场上的情况是千变万化的,因此,对战术的运用也必须有应变的能力。在比赛中,选手除了要坚持制定的战术之外,还要不断地检验战术的效果。如在比赛时频频得手,打得很顺当,就应当将战术坚持下去,如双方僵持不下或本方比分逐渐落后,本方应尽快找出原因,改变对策,制定新的战术。例如,本方原以打网前球为主,交手后对方主动靠前站位保护前场,这时,本方就应一改初衷,去压对方的后场.再如,本方原施行打杀、吊上网为主的战术,面对出色的防守,就不妨改用打四方球战术,以准确的落点来调动对方的站位,使其被动后,再实施进攻战术.当自身的特长打法被对方的战术所遏制时,本方可用辅助打法去摆脱对方,使其战术失效.总之,根据临场情况随机应变,才能保证在比赛中经常处于主动地位。

第五节　羽毛球竞赛规则与裁判法

1. 挑边

1.1 比赛开始前应挑边。赢方将在 1 或 2 中做出选择。

①先发球或先接发球。

②在一个场区或另一个场区开始比赛。

1.2 输的一方,在余下的一项中选择。

2. 计分方法

2.1 除非另有规定("礼让比赛"和"其他记分方法"),一场比赛应以三局两胜定胜负。

2.2 除规则 2.4 和 2.5 的情况外,先得 21 分的一方胜一局。

2.3 对方"违例"或球触及对方场区内的地面成死球,则该方胜这一回合并得一分。

2.4 20 平后.领先得 2 分的一方胜该局。

2.5 29 平后,先到 30 分的一方胜该局。

2.6 一局的胜方在下一局首先发球。

3. 交换场区

3.1 以下情况,运动员应交换场区:

(1)第一局结束。

(2)第二局结束(如果有第三局)。

(3)在第三局比赛中,一方先得 11 分时。

3.2 如果运动员未按规则 3.1 的规定交换场区,一经发现.在死球时立即交换。已得比分有效。

4. 发球

4.1 合法发球。

(1)一旦发球员和接发球员作好准备,任何一方都不得延误发球开始。发球时发球员球拍的拍头做完后摆,任何迟滞都是延误发球开始(规则4.2)。

(2)发球员和接发球员,应站在斜对角的发球区内(图A),脚不得触及发球区和接发球区的界线。

(3)从发球开始(规则4.2),至发球结束(规则4.3)前,发球员和接发球员的两脚,都必须有一部分与场地的地面接触,不得移动。

(4)发球员的球拍,应首先击中球托。

(5)发球员的球拍击中球的瞬间,整个球应低于发球员的腰部。腰指的是发球员最低肋骨下缘的水平切线。

(6)发球员的球拍击中球的瞬间,球拍杆应指向下方。

(7)发球开始(规则4.2)后,发球员必须连续向前挥拍,直至将球发出(规则4.3)。

(8)发出的球向上飞行过网,如果未被拦截,球应落在规定的接发球区内(即落在界线上或界线内)。

(9)发球员发球时,应击中球。

4.2 一旦运动员站好位置准备发球,发球员的球拍头第一次向前挥动,即为发球开始。

4.3 一旦发球开始(规则4.2),发球员的球拍击中球或未能击中球,均为发球结束。

4.4 发球员应在接发球员准备好后才能发球,如果接发球员已试图接发球,即被视为已作好准备。

4.5 双打比赛发球时,发球员和接发球员的同伴应在各自的场区内。其站位不限,但不得阻挡对方发球员或接发球员的视线。

5. 单打

5.1 发球区和接发球区。

(1)一局中,发球员的分数为0或双数时,双方运动员均应在各自的右发球区发球或接发球。

(2)一局中,发球员的分数为单数时,双方运动员均应在各自的左发球区发球或接发球。

5.2 击球顺序和位置。

一回合中,球应由发球员和接球员交替从各自所在场区一边的任何位置击出,直至成死球为止(规则10)。

5.3 得分和发球。

（1）发球员胜一回合（规则 2.3）则得一分。随后，发球员再从另一发球区发球。

（2）接发球员胜一回合（规则 2.3）则得一分。随后，接发球员成为新发球员。

6．双打

6.1 发球区和接发球区。

（1）一局中，发球方的分数为 0 或双数时，发球方均应从右发球区发球。

（2）一局中，发球方的分数为单数时，发球方均应从左发球区发球。

（3）接发球方上一回合最后一次发球的运动员应在原发球区接发球。他的同伴接发球的站位与其相反。

（4）接发球员应是站在发球员斜对角发球区的运动员。

（5）发球方每得一分后，原发球员则变换发球区再发球。

（6）除规则 7 的情况外，发球都应从与发球方得分相对应的发球区发出。

6.2 击球顺序和位置。

每一回合发球被回击后，由发球方的任何一人和接球方的任何一人，交替在各自场区的任何位置击球，如此往返直至死球（规则 15）。

6.3 得分和发球。

（1）发球方胜一回合（规则 2.3）则得分随后发球员继续发球。

（2）接发球方胜一回合（规则 2.3）则得一分。随后接发球方成为新发球方。

6.4 发球顺序。

每局比赛的发球权必须如下传递：

（1）首先是发球员，从右发球区发球。

（2）其次是首先接发球员的同伴，从左发球区发球

（3）然后是首先发球员的同伴。

（4）接着是首先接发球员。

（5）再接着是首先发球员，如此传递。

6.5 运动员在比赛中不得有发球、接发球顺序错误或在一局比赛中连续两次接发球（规则 12 的情况除外）。

6.6 一局胜方的任一运动员可在下一局先发球；一局负方的任一运动员可在下一局先接发球。

7．发球区错误

7.1 以下情况为发球区错误：

（1）发球或接发球顺序错误；

（2）在错误的发球区发球或接发球。

7.2 如果发现发球区错误，应予以纠正，已得比分有效。

8. 违例

以下情况均属违例：

8.1 不合法发球（规则 4.1）。

8.2 发球时：

（1）球停在网顶。

（2）球过网后挂在网上。

（3）接发球员的同伴接到球。

8.3 比赛进行中，球：

（1）落在场地界线外（即未落在界线上或界线内）。

（2）从网孔或网下穿过。

（3）未从网上方越过。

（4）触及天花板或四周墙壁。

（5）触及运动员的身体或衣服。

（6）触及场地外其他物体或人。

（7）被击时停滞在球拍上，紧接着被拖带抛出。

（8）被同一运动员两次挥拍连续两次击中（但一次击球动作中，球被拍框和拍弦面击中，不属违例。）。

（9）被同方两名运动员连续击中。

（10）触及运动员球拍，而未飞向对方场区。

8.4 比赛进行中，运动员：

（1）球拍、身体或衣服，触及球网或球网的支撑物。

（2）球拍或身体，从网上侵入对方场区（击球时，球拍与球的最初接触点在击球者网这一方，而后球拍随球过网的情况除外。）。

（3）球拍或身体，从网下侵入对方场区，导致妨碍对方或分散对方的注意力。

（4）妨碍对方，即阻挡对方紧靠球网的合法击球。

（5）故意分散对方注意力的任何举动，如喊叫、故作姿态等。

8.5 运动员严重违犯或屡犯规则 11 的规定。

9. 重发球

9.1 由裁判员或运动员（未设裁判员时）宣报"重发球"，用以中断比赛。

9.2 以下情况为"重发球":

(1)发球员在接发球员未做好准备时发球(规则 4.5)。

(2)在发球过程中,发球员和接发球员都被判违例。

(3)发球被回击后:球停在网顶、球过网后挂在网上。

(4)比赛进行中,球托与球的其他部分完全分离。

(5)裁判员认为比赛被干扰或教练干扰了对方运动员的比赛。

(6)司线员未能看清,裁判员也不能做出裁决时。

(7)遇到不可预见的意外情况。

9.3 "重发球"时.该次发球无效,原发球员重新发球

10. 死球

以下情况为死球:

10.1 球撞网或网柱后,开始向击球者网这方的地面落下。

10.2 球触及地面。

10.3 宣报了"违例"或"重发球"。

11. 比赛连续性、行为不端及处罚

11.1 除规则 11.2 和 11.3 允许的情况外,比赛自第一次发球开始至该场比赛结束应是连续的。

11.2 间歇:

(1)每局比赛,当一方先得 11 分时,允许有不超过 60 s 的间歇。(2)所有比赛中,每局之间允许有不超过 120 s 的间歇。(有电视转播的比赛,裁判长可在该场比赛前决定变更 11.2 规定的间歇时间。)

11.3 比赛的暂停:

(1)遇不是运动员所能控制的情况,裁判员可根据需要暂停比赛。

(2)遇特殊情况,裁判长可要求裁判员暂停比赛。

(3)如果比赛暂停,已得比分有效,续赛时由该比分算起。

11.4 延误比赛:

(1)不允许运动员为恢复体力、喘息或接受指导而延误比赛。

(2)裁判员是"延误比赛"的唯一裁决者。

11.5 指导和离开场地:

(1)在一场比赛中,死球时(规则 10),允许运动员接受指导。

(2)在一场比赛中,运动员未经裁判员允许不得离开场地(规则 11.2 规定的间歇除外)。

11.6 运动员不得有下列行为:

（1）故意延误或中断比赛。

（2）故意改变或损坏球，以此影响球的速度或飞行。

（3）举止无礼。

（4）规则未述的其他不端行为。

11.7 对违犯者的处罚：

（1）对违犯规则 11.4、11.5 或 11.6 的运动员，裁判员应执行：警告、对已被警告过的一方判违例。同一方如此违例两次则被视为"屡犯"。

（2）对严重违犯、屡犯或违犯规则 11.2 的一方判违例，并立即报告裁判长。裁判长有权取消其该场比赛资格。

12. 技术官员职责和申诉受理

12.1 裁判长对比赛全面负责。

12.2 临场裁判员主持一场比赛，并管理该比赛场地及其紧邻的区域。裁判员对裁判长负责。

12.3 发球裁判员负责宣判发球员的发球违例（规则 4.1 中的（2）、（8））。

12.4 司线员负责宣判球在其分管线的落点是"界内"或"界外"。

12.5 技术官员对其所分管职责内事实的宣判是最后的裁决。当裁判员确认司线员明显错判时，应予以纠正。

12.6 裁判员应：

（1）维护和执行羽毛球比赛规则，及时宣判"违例"或"重发球"。

（2）对在下一次发球前提出的申诉做出裁决。

（3）确保运动员和观众能随时了解比赛进展情况。

（4）与裁判长磋商后指派或撤换司线员或发球裁判员。

（5）在技术官员不足时，对无人执行的职责做出安排。

（6）在技术官员视线被挡时，执行其职责或判"重发球"。

（7）记录并向裁判长报告与规则 11 有关的所有情况。

（8）仅将与规则有关的申诉提交裁判长（此类申诉必须在下次发球击出前提出；如果该场比赛结束，则应在申诉方离开场地前提出。）。

第七章　武　　术

第一节　武术运动概述

武术是以技击为内容,通过套路、搏斗等运动形式,来增强体质、培养意志的民族传统体育。

一、武术的历史

武术在我国有悠久的历史,它的产生源于远古祖先的生产劳动。作为一种独立的社会文化现象,是同中华民族文明的产生同步的。到了春秋战国以后,列国争雄图霸,很重视技击在战场上的运用,因而得到长期的发展。明清时期是武术的大发展时期,各种流派林立,拳种纷呈。新中国成立以后,武术成为社会主义文化和人民体育事业的一个重要组成部分,得到了蓬勃发展。1956 年中国武术协会在北京成立,武术被正式定为体育表演项目,首次试行评分的办法。1958 年国家体委制定了第一部《武术竞赛规则》。1984 年由国务院批准设立武术的硕士学位。1985 年在西安举行了首届国际武术邀请赛,并成立了国际武术联合会筹委会,这是武术发展中历史性的突破。1987 年在日本横滨举行了第 1 届亚洲武术锦标赛,从此,武术被列为亚运会的正式比赛项目。可以预言,经过武术工作者的潜心努力和武术国际交流的日益频繁,这一优秀的民族文化会逐渐地被世界人民所认识,造福于全人类。

二、武术的内容

武术的内容丰富多彩,按其运动形式可分为两大类:套路运动,搏斗运动。

(1)套路运动。是武术动作以攻守进退、动静疾徐、刚柔虚实等矛盾运动的变化规律编成的整套练习形式。主要内容包括拳术、器械、对练、集体表演。

(2)搏斗运动。是两人在一定条件下按照一定的规则进行斗智角力的对抗练习形式。目前武术竞赛中正在逐步开展的有散手、推手、短兵 3 项。

第二节　24 式简化太极拳

一、第一组

1. 起势

（1）身体自然直立，两脚开立，与肩同宽，两臂自然下垂，两手放在大腿外侧。眼向前平视（见图 7 - 1）。

要点：头颈正直，下颏微向后收，不要故意挺胸或收腹，精神要集中。

（2）两臂慢慢向前平举，两手高与肩平，手心向下（见图 7 - 2，图 7 - 3）。

（3）上体保持正直，两腿屈膝下蹲，同时两掌轻轻下按，两肘下垂与两膝相对。眼平视前方（见图 7 - 4）。

要点：两肩下沉，两肘松垂，手指自然微屈，重心落于两腿中间。屈膝松腰，臀部不可突出。两臂下落要和身体下蹲的动作协调一致。

图　7 - 1　　　　图　7 - 2　　　　图　7 - 3　　　　图　7 - 4

2. 左右野马分鬃

（1）身体微右转，重心移至右腿上。同时右手收于胸前平屈，手心向下；左手经体前向右下划弧放在右手下，手心向上，两手相对抱成球状。左脚随之收到右脚内侧，脚尖点地。眼看右手（见图 7 - 5，图 7 - 6）。

（2）上体左转，左脚向左前方迈出，右脚跟后蹬成左弓步，同时左、右手慢慢分别向左上、右下分开，左手高与眼平（手心斜向下），肘微屈。右手落在右胯旁，手心向下，指尖向前。眼看左手（见图 7 - 7～图 7 - 9）。

图　7-5　　　　　图　7-6　　　　　图　7-7　　　　　图　7-8

（3）上体慢慢后坐，重心移至右腿上，左脚尖跷起微向外撇，随即左腿慢慢前弓，身体左转，重心再移至右腿上。同时左手翻转向下，收在胸前平屈，右手向左上划弧放在左手下，两手心相对成抱球状；右脚随之收到左脚内侧，脚尖点地。眼看左手（见图 7-10～图 7-12）。

图　7-9　　　　　图　7-10　　　　　图　7-11　　　　　图　7-12

（4）右腿向右前方迈出，右脚跟后蹬成右弓步。同时左、右手分别慢慢向左下、右上分开，右手高与眼平（手心斜向上），肘微屈。左手放在左胯旁，手心向下，指尖向前。眼看右手（见图 7-13，图 7-14）。

（5）与（3）同，唯左右相反（见图 7-15～图 7-17）。

图　7-13　　　　　图　7-14　　　　　图　7-15　　　　　图　7-16

（6）与（4）同，唯左右相反（见图7-18，图7-19）。

要点：上体勿前俯后仰。两手分开要保持弧形，身体转动要以腰为轴，做弓步与分手的速度要一致。做弓步时，迈出脚的脚跟先着地，然后慢慢踏实，膝盖不要超过脚尖；后腿稍后蹬，使该腿与地面保持约45°。前后脚的脚跟在直线两侧，两脚横向距离应为10～30 cm。（身体的正前方为纵轴，其两侧为横向，下同。）

图　7-17　　　　　　　图　7-18　　　　　　　图　7-19

3．白鹤亮翅

（1）上体微向左转，左手翻掌向下在胸前，右手向上划弧，手心转向上，与左手成抱球状（见图7-20）。

（2）右脚跟进半步，上体后坐，重心移至右腿上；左脚稍向前移，脚尖点地，同时两手慢慢地分别向右上、左下分开，右手上提停于头部右侧（偏前），手心向左后方，左手落于左胯前，手心向下。眼平视前方（见图7-21，图7-22）。

要点：胸部不要挺出，两臂上下都要保持半圆形，左膝要微屈，体重后移和右手上提要协调一致。

图　7-20　　　　　　　图　7-21　　　　　　　图　7-22

二、第二组

1. 左右搂膝拗步

（1）右手从体前下落，由下向后上方划弧至右肩外侧，臂微屈，手达耳高，手心向上；左手上起由左经上向下方划弧至右胸前，手心向下。同时上体微向左再向右转。眼看右手（见图 7-23～图 7-25）。

图 7-23   图 7-24   图 7-25   图 7-26

（2）上体左转，左脚向前（偏左）迈出成左弓步。同时右手屈回由耳侧向前推出，高与鼻尖平；左手向下由左膝前搂过落于左胯旁。眼看右手手指（见图 7-26，图 7-27）。

（3）上体慢慢后坐，重心移至右腿上，左脚尖跷起微向外撇；随即左腿慢慢前弓，身体左转，重心移至左腿上，右脚向左脚靠拢，脚尖点地。同时左手向外翻掌由左后向上平举，手心向上，右手随转体向上、向左下划弧落于左肩前，手心向下。眼看左手（见图 7-28～图 7-30）。

图 7-27   图 7-28   图 7-29   图 7-30

（4）与（3）同，唯左右相反（见图 7-31，图 7-32）。

（5）与（3）同，唯左右相反（见图 7-33～图 7-35）。

图 7-31　　　　图 7-32　　　　图 7-33　　　　图 7-34

(6) 与(2)同(见图 7-36,图 7-37)。

要点:手推出后,身体不可前俯后仰,要松腰松胯。推掌时须沉肩垂肘,坐腕、舒掌必须与松腰、弓腿上下协调一致。做弓步时,两脚跟的横向距离一般不少于 30 cm。

图　7-35　　　　图　7-36　　　　图　7-37

2. 手挥琵琶

右脚跟进半步,上体后坐,身体重心移至右腿上,左脚略提起稍向前移,变成左虚步,脚跟着地,膝部微屈。同时左手由左下向上举,高与鼻尖平,臂微屈;右手收回放在左臂肘部里侧。眼看左手食指(见图 7-38~图 7-40)。

要点:身体要平稳自然,沉肩垂肘,胸部放松。左手上起时不要直向上挑,要由左向上、向前,微带弧形。右脚跟进时,前脚掌先着地,再全脚落实。重心后移和左手上起要协调一致。

3. 左右倒卷肱

(1) 右手翻掌(手心向上)经腹前由下向后上方划弧平举,臂微屈;左手随之翻掌向上,右脚尖落地,眼随向右转体先向右看再转看左手(见图 7-41,图 7-42)。

图 7-38　　　　　图 7-39　　　　　图 7-40

(2) 右臂屈肘回收,右后由耳侧向前推出,手心向前;左手回收经左肋外侧向后上划弧平举,手心向上;右手随之再翻掌向上。同时左腿轻轻提起向左后侧方退一步,脚尖先着地,然后慢慢踏实,重心在左腿上,成右虚步。眼随转体左看,再转看右手(见图 7-43~图 7-45)。

图 7-41　　　　图 7-42　　　　图 7-43　　　　图 7-44

(3) 与(2)同,唯左右相反(见图 7-46~图 7-48)。

图 7-45　　　　图 7-46　　　　图 7-47　　　　图 7-48

(4) 与(2)解同(见图 7-49~图 7-51)。

(5) 与(2)解同,唯左右相反(见图 7-52~图 7-54)。

　　图　7－49　　　　　　图　7－50　　　　　　图　7－51

　　要点：前推的手臂不要伸直，后手也不可直向回抽，仍走弧线。前推时，要转腰松胯，与两手的速度一致，避免僵硬。退步时，脚尖先着地，再慢慢踏实，同时把前脚扭正，退左脚略向左后斜，退右脚略向右后斜，避免使两脚落在一条直线上。后退时，眼神随转体动作向左右看（约转 90°），然后再转看前手。

　　图　7－52　　　　　　图　7－53　　　　　　图　7－54

三、第三组

1. 左揽雀尾

　　（1）身体慢慢向右转。左手自然下落经腹前划弧至右肋前，手心向上；右臂屈肘，手心转向下，收至右胸前，两手相对抱球状。同时右脚尖微向外撇，右脚收回靠拢左脚，左脚脚尖点地（见图 7－55，图 7－56）。

　　（2）左脚向左前方迈出，上体微向左转，右脚跟向后蹬，脚尖微向里扣成左弓步。同时左臂向左掤出（即左臂平屈成弓形，用前臂外侧和手背向左侧推出），高与肩平，手心向后；右手向右下落放于右胯旁，手心向下。眼看左前臂（见图 7－57，图 7－58）。

　　要点：掤出时，两臂前后均保持弧形，分手与松腰、弓腿三者必须协调一致。

图 7-55 　　　图 7-56 　　　图 7-57 　　　图 7-58

　　(3) 身体微向左转,左手随之前伸翻掌向下,右手翻掌向上经腹前上向前伸至左腕下方;然后两手下捋,上体稍向右转,两手经腹前向右后方划弧,直至右手手心向上、高与肩齐,左手手心向后平屈于胸前,同时重心移至右腿上。眼看右手(见图 7-59,图 7-60)。

　　要点:下捋时,上体不可前倾,臀部不要突出。两臂下捋须随腰旋转,仍走弧线。

　　(4) 上体微向左转,右臂屈肘收回,右手附于左手腕里侧(相距约 5 cm),双手同时向前慢慢挤出,左手心向后,右手心向前,左前臂保持半圆。同时身体重心前移变成左弓步。眼看左手腕部(见图 7-61,图 7-62)。

　　要点:向前挤时,上体要正直,动作要与松腰、弓步相一致。

图 7-59 　　　图 7-60 　　　图 7-61 　　　图 7-62

　　(5) 右手经左腕上方向前、向右伸出与左手齐,手心向下;左手翻掌向下,两手向左右分开,宽与肩同。然后上体后坐,重心移至右腿上,左脚尖跷起。两手屈肘回收至胸前,手心向前下方。眼向前平视(见图 7-63~图 7-65)。

　　(6) 上式不停,两手向前、向上按出,手腕部高与肩平,同时左腿前弓成左弓步。眼平视前方(见图 7-66)。

图 7-63　　　　　图 7-64　　　　　图 7-65　　　　　图 7-66

2. 右揽雀尾

(1) 上体后坐并向右转,重心移至右腿上,左脚尖内扣。右手向右平行划弧至右侧,然后由右下经腹前向左上划弧至左肋前,手心向上;左手翻掌向下平屈胸前与右手成抱球状。同时重心再移至左腿上,右脚向左脚靠拢,右脚尖点地(见图 7-67～图 7-70)。

图 7-67　　　　　图 7-68　　　　　图 7-69　　　　　图 7-70

(2) 同左揽雀尾(2),将左变成右即可(见图 7-71,图 7-72)。

(3) 同左揽雀尾(3),将左变成右即可(见图 7-73,图 7-74)。

图 7-71　　　　　图 7-72　　　　　图 7-73　　　　　图 7-74

(4) 同左揽雀尾(4),将左右互换即可(见图 7-75,图 7-76)。

(5) 同左揽雀尾(5)解,将左右互换即可(见图 7-77～图 7-80)。

图 7-75 图 7-76 图 7-77

要点：均与左揽雀尾相同，唯左右相反。

图 7-78 图 7-79 图 7-80

四、第四组

1. 单鞭

（1）上体后坐，重心逐渐移至左腿上，右脚尖里扣；同时上体左转，两手（左高右低）向左运转，直至左臂平举于左侧，右手经腹前运至左肋前（左手心向左，右手心向后上方）。眼看左手（见图 7-81，图 7-82）。

图 7-81 图 7-82 图 7-83

（2）身体重心再渐渐移至右腿上，左脚向右脚靠拢，脚尖点地。同时右手向右上方划弧至右侧方时变勾手,臂与肩平;左手向下经腹前向右上划弧停于右肩前,手心向后;眼看左手(见图 7-83,图 7-84)。

(3)上体微向左转,左脚向左侧方迈出,右脚跟后蹬地成左弓步。在身体重心移向左腿的同时,左掌慢慢翻转向前推出,手心向前,手指与眼齐平,臂微屈。眼看左手(见图 7-85,图 7-86)。

要点:上体正直,松腰。右臂肘部下垂,左肘与左膝上下相对,两肩下沉。左手向外推时,要随转随推,不要翻掌太快。全部过渡动作,上下要协调一致。

图 7-84 图 7-85 图 7-86

2. 左云手

(1)重心移至右腿上,身体渐向右转,左脚尖里扣。左手经腹前向右上划弧至右肩前,手心斜向后,同时右手变掌,手心向右。眼看左手(见图 7-87~图 7-89)。

(2)身体重心慢慢左移。左手由面前向左侧运转,手心渐渐转向左方;右手由右下经腹前向左上划弧至左肩前,手心斜向后,同时右脚靠近左脚,成小开立步(两脚的距离约为 10~20 cm)。眼看右手(见图 7-90,图 7-91)。

图 7-87 图 7-88 图 7-89 图 7-90

(3)右手继续向右侧运转,左手经腹前向后上划弧至右肩前,手心斜向后;同时右手翻转手心向右,左腿向左横跨一步。眼看左手(见图 7-92~图 7-

94）。

图 7-91 图 7-92 图 7-93 图 7-94

（4）同（2）（见图 7-95，图 7-96）。

（5）同（3）（见图 7-97～图 7-99）。

图 7-95 图 7-96 图 7-97 图 7-98

（6）同（2）（见图 7-100，图 7-101）。

要点：身体转动要以腰脊为轴，松腰、松胯，避免忽高忽低。两臂随腰运转，要自然、圆活。速度要缓慢均匀。下肢移动时，重心要稳定。视线随左右手而移动。

图 7-99 图 7-100 图 7-101 图 7-102

3. 单鞭

（1）右手继续向右运转，至右侧方时变成勾手，左手经腹前向右上划弧至右肩前，手心向后。眼看左手（见图7－102～图7－104）。

（2）上体微向左转，左脚向左侧方迈出，右脚跟后蹬成左弓步。在身体重心移向左腿的同时，左掌慢慢翻转向前推出，成单鞭式（见图7－105，图7－106）。

要点：与前单鞭式相同。

图　7－103　　　　图　7－104　　　　图　7－105　　　　图　7－106

五、第五组

1. 高探马

（1）右脚跟进半步，身体重心移至右腿上。右勾手变成掌，两手心翻转向上，两肘微屈，同时身体微向右转，左脚跟渐渐离地，成左虚步。眼看左手（见图7－107）。

（2）上体微微左转，右掌经耳旁向前推出，手心向前，手指与眼同高；左手收至左侧腰前，手心向上，同时左脚微向前移，脚尖点地。眼看右手（见图7－108）。

要点：上体自然正直，双肩要下沉，右肘微下垂。

图　7－107　　　　图　7－108　　　　图　7－109　　　　图　7－110

2. 右蹬脚

（1）左手手心向上，前伸至右手腕背面，两手相互交叉，随即两手分开自两侧向下划弧，手心斜向下；同时左脚提起向左前方进步成左弓步（见图 7－109～图 7－111）。

（2）两手由外圈向里圈划弧合抱于胸前，右手在外（手心均向后）；同时右脚向左脚靠拢，脚尖点地。眼平视右方（见图 7－112）。

（3）两臂左右分开平举，手心均向外，同时右脚提向右前方慢慢蹬出。眼看右手（见图 7－113，图 7－114）。

要点：身体要稳定。两手分开时，腕部与肩平齐。左腿微屈，蹬脚时脚尖回勾，劲使在脚跟，分手和蹬脚须协调一致。右臂和右腿上下相对。

图　7－111　　　　图　7－112　　　　图　7－113　　　　图　7－114

3. 双峰贯耳

（1）右腿收回，膝盖提起，左手由后向上、向前下落，右手心也翻转向上，两手同时向下划弧分落于右膝盖两侧，手心均向上（见图 7－115，图 7－116）。

（2）右脚向右前方落下变成右弓步，同时两手下垂，慢慢变拳，分别从两侧向上前划弧至脸前成钳形状，拳眼都斜向后（两拳中间距离约 10～20 cm）。眼看右拳（见图 7－117，图 7－118）。

图　7－115　　　　图　7－116　　　　图　7－117　　　　图　7－118

要点：头颈正直，松腰，两拳松握，沉肩垂肘，两臂均保持弧形。

4. 转身左蹬脚

（1）重心渐渐移至右腿上，右脚尖内扣，上体向左转，同时两拳变掌，由上向左右划弧分开平举，手心向前。眼看左手（见图 7-119，图 7-120）。

图　7-119　　　　　图　7-120　　　　　图　7-121

（2）重心再移至右腿上，左脚靠近右脚内侧，脚尖点地。同时两手由外圈向里圈划弧合抱于胸前，左手在外，手心均向后。眼平视左方（见图 7-121，图 7-122）。

（3）两臂左右分开平举，手心均向外，同时左脚进起向左前方慢慢蹬出。眼看左手（见图 7-123，图 7-124）。

要点：与右蹬脚式相同，唯左右相反。

图　7-122　　　　　图　7-123　　　　　图　7-124

六、第六组

1. 左下势独立

（1）左腿收回平屈，右掌变成勾手，然后掌向上，向右划弧下落，立于右肩前。眼看左手（见图 7-125，图 7-126）。

（2）右腿慢慢屈膝下蹲，左腿向左侧（偏后）伸出，成左仆步，左手下落向左下经右腿内侧穿出。眼看手（见图 7-127，图 7-128）。

要点：右腿全蹲时脚尖微向外撇，左腿伸直时脚尖向里扣，脚掌全部着地，左脚尖与右脚跟在一条直线上,上体不可过于前倾。

图 7-125　　　　图 7-126　　　　图 7-127　　　　图 7-128

(3) 以左脚跟为轴,脚尖向外扭直(略外撇),随着右腿后蹬,左腿前弓,右脚尖里扣,上体微向左转,前起身,同时左臂继续向前伸出(立掌)。眼看左手(见图 7-129)。

(4) 右腿慢慢提起平屈(成独立式),同时右勾手下落变成掌,并由后下方顺右腿外侧向前摆出,屈臂立于右腿上方,肘与膝相对,手心向左;左手落于左胯旁,手心向下。眼看右手(见图 7-130,图 7-131)。

要点:上体正直,独立的腿微屈,右腿提起时脚尖自然下垂。

图 7-129　　　　图 7-130　　　　图 7-131

2. 右下势独立

(1) 右脚下落于左脚前,脚尖点地,然后以左脚掌为轴向左转体,左脚微向外撇。同时左手向后平举变成勾手,右掌随着转体向左侧划弧,止于左肩前。眼看左手(见图 7-132,图 7-133)。

(2) 同"左下势独立"(2),将左变为右即可(见图 7-134,图 7-135)。

(3) 同"左下势独立"(3),将左变为右即可(见图 7-136)。

(4) 同"左下势独立"(4),将左变为右即可(见图 7-137,图 7-138)。

要点:右脚尖触地后必须稍提起,然后再向下仆腿,其他均与"左下势独立"相同,唯左右相反。

图 7-132　　　图 7-133　　　图 7-134　　　图 7-135

图 7-136　　　　图 7-137　　　　图 7-138

七、第七组

1. 左右穿梭

（1）身体微向左转，左脚向前落地，脚尖外撇，右脚跟离地成半盘式，同时两手在左胸前成抱球状（左上右下）。然后右脚向左脚内侧靠拢，脚尖点地。眼看左前臂（见图 7-139～图 7-141）。

图 7-139　　　　图 7-140　　　　图 7-141

（2）右脚向前方迈出成右弓步，同时右手由面前向上举并翻掌停在右额前，手心斜向上；左手先向左下再经体前向前推出，高与鼻尖平，手心向前。眼看左手(见图 7-142~10-144)。

(3)身体重心略向后移,右脚尖稍向外撇,随即体重再移到右腿上,右脚跟进,附于右脚内侧,脚尖点地,同时两手在右胸前成抱球状(右上左下)。眼看右前臂(见图 7-145,图 7-146)。

图 7-142　　　　图 7-143　　　　图 7-144　　　　图 7-145

(4)同(2),唯左右相反(见图 7-147~10-149)。

要点:推出后,上体不可前俯。手向上举时,防止引肩上耸。前推时,上举的手和前推的手的速度,要与腰腿前弓上下协调一致。做弓步时,两脚跟的横向距离不少于 30 cm 为宜。

图 7-146　　　　图 7-147　　　　图 7-148　　　　图 7-149

2. 海底针

右腿向前跟进半步,右脚稍向前移,脚尖点地,变成左虚步。同时身体稍向右转,右手下落经体前向后、向上提抽起,并由右耳旁斜向前下方插出,指尖向下;与此同时,左手向前、向下划弧落于左胯旁,手心向下。眼看前下方(见图 7-150,图 7-151)。

要点:身体要先向右转,再向左转,上体不可太前倾,避免低头和臀部外凸,左腿要微屈。

3. 闪通臂

上体稍右转,左脚向前迈出成左弓步。同时右手由体前上提,掌心向上翻,右臂平屈于头上方,拇指朝下;左手上起向前平推,高与鼻尖平;手心向前。眼看左手(见图 7-152～图 7-154)。

要点:上体自然正直,松腰、松胯,左臂不要伸直,背部肌肉要伸展开。

图　7-150　　　　图　7-151　　　　图　7-152　　　　图　7-153

4. 转身搬拦捶

(1) 上体后坐,重心移至右腿上,左脚尖里扣,身体向右后转,然后重心再移到左腿上。在这同时,右手随着转体而向右向下(变拳)经腹前划弧至左肘旁,拳心向下;左掌上举于头前方,掌心斜向上。眼看前方(见图 7-155,图 7-156)。

图　7-154　　　　图　7-155　　　　图　7-156　　　　图　7-157

(2) 向右转体,右拳经胸前向前翻转撇出,拳心向上,左手落于左胯旁,同时右脚收回后再向前迈出,脚尖外撇。眼看右拳(见图 7-157,图 7-158)。

(3) 身体重心移至右腿上,左脚向前迈一步。左手上提经左侧向前平行划弧拦出,掌心向前下方,同时右拳收到右胯旁,拳心向上。眼看右手(见图 10-159,图 7-160)。

（4）左腿前弓成左弓步，同时右拳向前打出，拳眼向上，高与胸平，左手附于右前臂里侧。眼看右拳（见图7-161）。

要点：右拳松握，前臂先慢慢内旋后收，再外旋停于右腰旁，拳心向上。向前打出时，右肩随拳略向前引，沉肩垂肘，右臂微屈。

图 7-158　　　图 7-159　　　图 7-160　　　图 7-161

5. 如封似闭

（1）左手由右腕下向前伸，右拳变掌，两手心向上慢慢回收；同时身体后坐，左脚尖跷起，重心移至右腿。眼看前方（见图7-162～图7-164）。

图 7-162　　　　图 7-163　　　　图 7-164

（2）两手在胸前翻拳，向前推手，与肩平，手心向前；同时左腿前弓成左弓步。眼看前方（见图7-165～图7-167）。

要点：身体后坐时，避免后仰，臀部不可凸出。两臂随身体回收时，肩、肘部略向外松开，不要直着抽回。两手宽度不超过两肩。

6. 十字手

（1）身体重心移至右腿上，左脚尖里扣，向右转体。右手随着转体动作向右平摆划弧，与左手成两臂侧平举、肘部下垂；同时右脚尖随着转体稍向外撇，成右弓步。眼看右手（见图7-168，图7-169）。

（2）身体重心慢慢移至左腿上，右脚里扣，然后右脚向左收回与左脚成开立步,两脚距离与肩同宽。同时两手向下经腹前向上划弧交叉于胸前,右手向外,手心均向后,成十字手。眼看前方(见图 7 - 170,图 7 - 171)。

图　7 - 165　　　　　图　7 - 166　　　　　图　7 - 167

要点:两手分开和合抱时上体勿前俯。站起后,身体自然正直,头微上顶,下颏稍向后收。两臂环抱时须圆满舒适,沉肩垂肘。

图　7 - 168　　　　图　7 - 169　　　　图　7 - 170　　　　图　7 - 171

7. 收势

两手向外翻掌,手心向下,慢慢下于两胯外侧;眼看前方(图 7 - 172 ～图 7 - 174)。

要点:两手左右分开下落时,全身注意放松,同时气徐徐向下沉(呼气略加长)。呼吸平稳后,把左脚收到右脚旁,再走动休息。

图　7 - 172　　　　　图　7 - 173　　　　　图　7 - 174

第三节 初级长拳第三路

一、预备动作

并步站立，两手五指并拢贴靠腿外侧，挺胸，收腹，两眼平视（见图7-175）。

（1）虚步亮掌。右脚向右后撤步成左弓步，右掌向右、向上、向前划弧，掌心向上，左掌提至腰间，掌心向上，眼视右掌；重心后移，左掌经胸前从右臂上向前穿出伸直，右掌收至腰间，两掌心均向上，眼视左掌；左脚移至右脚前，脚尖点地成左虚步；左臂内旋向左、向后划弧成勾手，勾尖向上，右手继续向后，向右划弧至头左前上方成亮掌，向左转头两眼平视（见图7-176）。

图 7-175 图 7-176

（2）并步对拳。右腿直立，左腿提膝平衡，左腿向前落步，左勾变掌经左肋前伸，右臂外旋向前下落于左掌右侧，两掌同高，掌心均向上，眼视两掌，右脚向前上步，两臂向下后摆，左脚向右脚并步，两臂继续向上经胸前屈肘下按，两掌变拳，拳心向下，停于小腹前，向左转头，两眼平视（见图7-177）。

图 7-177

二、第一段

（1）弓步冲拳。体左转 90°，左脚向左上步，脚尖向斜前方，右腿微屈成半马步，左臂屈肘向左格打，拳眼朝后，拳与肩平，右拳收抱腰间，眼视左拳，右腿蹬直成左弓步，左拳收抱腰间，右拳向前冲出成立拳，拳与肩平，眼视右拳（见图 7－178）。

（2）弹腿冲拳。左腿微屈支撑；右腿提膝向前弹踢，脚与腰平，右拳收抱腰间，左拳向前冲出成立拳，拳与肩平；眼视左拳（见图 7－179）。

（3）马步冲拳。右脚尖里扣向前落步，体左转 90°，两腿下蹲成马步，左拳收抱腰间，右拳向前冲出成立拳，眼视右拳（见图 7－180）。

图　7－178　　　　　　　图　7－179　　　　　图　7－180

（4）弓步冲拳。体右转 90°，右脚尖外撇向斜前方成半马步，右臂屈肘向右格打，拳眼朝后，拳与肩平，眼视右拳，左腿蹬直成右弓步，右拳收抱腰间，左拳向前冲出成立拳，拳与肩平，眼视左拳（见图 7－181）。

（5）弹腿冲拳。右腿微屈支撑，左腿提膝向前弹踢，脚与腰平，左拳收抱腰间，右拳向前冲出成立拳，眼视右拳（见图 7－182）。

图　7－181　　　　　　　　图　7－182

（6）大跃步前穿。左腿屈膝，右拳变掌内旋，以掌背向下挂至左膝外侧，上体前倾，眼视右掌，左脚向前落步，两腿微屈，右掌继续向后挂，左拳变掌，臂向后下伸直，眼视右掌，右腿向前提膝，左腿蹬地向前跃出，两臂向前上摆起，眼视左掌，右腿落地全蹲，左腿随即落地向前铲出成左仆步，右掌握拳收抱腰间，左掌由上向右下划弧成立掌,停于右胸前,眼视左脚(见图7-183)。

图 7-183

(7)弓步击掌。右腿用力蹬直成左弓步,左掌经左脚面向身后划弧成勾手,勾尖向上,右拳变掌向前推出成立掌(见图7-184)。

(8)马步架掌。体右转90°,左脚尖里扣,两腿半蹲成马步,右臂向左侧平摆稍屈肘,左勾变掌由后经腰间从右臂内向前穿出,两掌心均向上;眼视左掌,右掌立于左胸前,左臂屈肘向头左上方抖腕亮掌,头向右转,眼平视(见图15-185)。

图 7-184

图 7-185

三、第二段

(1)虚步栽拳。右脚蹬地屈膝提起,左腿伸直以前脚掌为轴向右后转体180°,右掌随之向下经右腿外侧向后划弧成勾手,左臂随体转外旋,掌心向上,眼视右手,右脚向右落步,右腿半蹲,左脚跟提起外展成左虚步,左掌变拳下落在左膝上,拳眼向里,右勾变拳屈肘架在头右上方。眼向左平视(见图7-186)。

(2)提膝穿掌。右腿稍伸直,右拳变掌收抱腰间,掌心向上,左拳变掌由下向左、向上划弧盖压在头上方,右腿蹬直,左腿提膝平衡,右掌从左臂内向右前上方穿出,掌心向上,左掌收至右胸前成立掌。眼视右掌(见图7-187)。

（3）仆步穿掌。右腿全蹲，左腿向左后前伸铲地成左仆步，右臂不动，左掌沿左腿内侧向左脚面穿出，两掌心向里。眼视左掌（见图7－188）。

图　7－186　　　　　　　　图　7－187　　　　　　图　7－188

（4）虚步挑掌。右腿蹬直，重心前移成左弓步，右掌稍下降，左掌随重心前移向前挑起，右腿向前上步成右虚步，随之体左转180°，同时左掌由前向上、向后划弧成立掌，掌与头平，右掌由后向下、向前上挑起成立掌，掌与肩平。眼视右掌（见图7－189）。

（5）马步击掌。右脚尖外撇重心右移，左掌握拳收抱腰间，右掌俯掌向外搂手，左脚向前上步体右后转180°；两腿下蹲成马步，左掌从右臂上面向左侧击出成立掌，掌与肩平。眼视左掌（见图7－190）。

图　7－189　　　　　　　　　　图　7－190

（6）叉步双摆掌。重心向右移，同时两掌向下向右摆，指均向上，眼视右掌；右脚向左腿后叉步，前脚掌着地，两臂继续由右向上向左摆停于身体左侧，均成立掌，右掌至于左肘窝处。眼视双掌（见图7－191）。

（7）弓步击掌。左掌收抱腰间，掌心向上，右掌向上向右划弧，掌心向下，左腿后撤一步成右弓步，右掌向下向后伸直摆动成勾手，勾尖向上，左掌向前击出成立掌。眼视左掌（见图7－192）。

图 7-191　　　　　　　　　　　图 7-192

(8)转身踢腿马步盘肘。两脚以前脚掌为轴向左后转体 180°，同时左臂向上、向前和右臂向下、向后各划半个立圆，右臂继续由后向上、向前和左臂由前向下、向后再各划半个立圆，右臂向下成反臂勾手，勾尖向上，左臂向上成亮掌，左腿直立，右腿伸直脚尖勾起向额前踢腿，右脚尖里扣向前落步，右手不动，左臂屈肘下落至胸前，掌心向下，眼视左掌，体左转 90°，两腿下蹲成马步，同时左掌向左平搂握拳收抱腰间，右勾变拳，臂伸直由体后向左向前平摆至体前屈肘，肘尖向前，肘与肩平，拳心向下，眼视肘尖（见图 7-193）。

图 7-193

四、第三段

(1)歇步抡砸拳。右脚尖外撇，右臂由胸前向上、向右抡直，左拳向下、向左使臂抡直，目视左拳，两脚以前脚掌为轴向右后转体 180°，右臂向下、向后抡摆，左臂向上、向前随身体转动，两腿全蹲成右歇步，左臂微屈顺势向下砸拳，拳心向上，同时右臂向上举起。眼视左拳（见图 7-194）。

(2)仆步亮拳。左脚由右腿后抽出前上一步，左腿蹬直，右腿半蹲成右弓步，上体微向右转，左拳收抱腰间，右拳变掌向下经胸前向右横击掌，掌心向下，眼视右掌，左腿直立支撑，右腿屈膝提起，体右转 90°，左拳变掌从右掌上向前穿出，掌心向上，右掌掌心上翻平收至左肘下，右脚向后落步屈膝全蹲左腿伸直成左仆步,左掌向下向后划弧成勾手,勾尖向上,右掌向右向上划弧抖腕亮掌,头随右手转动至亮掌时眼向左平视(见图7-195)。

图　7-194

图　7-195

(3)弓步劈拳。右腿蹬地起立,左腿收回并向左前方弧形上步,右掌握拳收抱腰间,左勾变掌由下向前上经胸前向左搂手,右脚经左腿前向左绕上一步屈膝前弓,左腿蹬直成右弓步,左手向左平搂后再向前挥摆,虎口朝前,同时右拳向后平摆并向前上抡劈拳,拳与耳平,拳心向上,左掌外旋接扶右前臂,眼视右拳(见图7-196)。

图　7-196

(4)换跳弓步冲拳。右脚蹬地稍向后移,后腿支撑,右拳变掌,臂内旋以掌背向下划弧挂至右膝内侧,左掌背贴靠右肘外侧,目视右掌,右腿自然上抬体稍向左扭转,右掌挂至体左侧,左掌伸向右腋下,眼随右掌转视;右脚用力向下震跺,左脚急速抬起,右手由左向上、向前搂盖并握拳收抱腰间,左掌伸直向下、向上、向前下按时屈肘,掌心向下,体右转90°,眼视左掌;左脚向前落步成左弓步,右拳向前冲出成立拳,拳与肩平,左掌背贴于腋,眼视右拳(见图7-197)。

图 7-197

(5)马步冲拳。体右转90°,两腿下蹲成马步,左掌握拳向左冲出成立拳,拳与肩平,右拳收抱腰间,眼视左拳(见图7-198)。

(6)弓步下冲拳。体左转90°,右腿蹬直成左弓步,左掌经体前架在头左上方,右掌前斜冲出成立拳,眼视右拳(见图7-199)。

图 7-198

图 7-199

(7)叉步亮掌侧蹬腿。上体稍右转,右拳变掌,左掌由头上下落在右手腕上交叉成十字,眼视双掌,右脚向左腿后插步;前脚掌着地,左掌向下向后划弧成勾手,勾尖向上,右掌向右向上划弧成亮掌,眼视左方,右腿支撑,左腿提膝向左上方蹬踹,眼视左脚(见图7-200)。

(8)虚步挑拳。左脚向左前落步,两手变拳,右拳稍向后移,左拳向左上挑起,拳背向上,体左转90°,左拳继续上挑,右腿提膝,右拳向下、向前划弧挂于右膝外侧,眼视右拳;右脚向左前上步,脚尖点地成右虚步,左拳向后划弧收抱腰间,右拳向前屈臂挑出,拳眼斜向上,拳与嘴平,眼视右拳(见图7-201)。

图　7－200

图　7－201

五、第四段

（1）弓步顶肘。右脚踏实，右臂内旋以拳背下挂于右膝内侧，眼视前下方，左腿直立，右腿屈膝上抬，左拳变掌，两臂向上划弧摆起，眼随右转视，左脚蹬地起跳，身体腾空，两臂继续向头上方摆，右脚落地，右腿屈膝，左脚向前落地，前脚掌着地，同时两臂向右下屈肘停于右胸前，右拳变掌，左掌变拳，右掌心贴靠左拳面，左脚向左上步成左弓步，右掌推左拳，从左肘尖向左顶出，肘与肩平，眼向左平视（见图7－202）。

图　7－202

（2）转身左拍脚。以两脚前脚掌为轴向右后转体180°，随之右臂伸直，向上、向右下抡摆，左臂伸直，左拳变掌向下、向后、向前抡摆，左腿向前上摆踢，左掌握拳收抱腰间，右掌由体后向前拍击左脚面（见图7－203）。

（3）右拍脚。左脚向前落步，左拳变掌向下后摆，右掌握拳收抱腰间，右腿向前上摆踢，左掌由后向前拍击右脚面（见图7－204）。

（4）腾空飞脚。右脚向前落步，左脚向后摆起，右脚蹬地跳起，同时右拳变掌向前上摆起，左掌先上摆后下降拍击右掌背，右腿继续上摆，右手拍击右脚面，左掌由体前向后上举，掌心向下，眼视右脚（见图7－205）。

（5）歇步下冲拳。左右脚先后落地，左掌握拳收抱腰间，体右转90°，两腿交叉全蹲成右歇步,右掌抓握外旋变拳收抱腰间,左拳向前下方冲出成平拳,眼视左拳(见图7-206)。

图 7-203

图 7-204

图 7-205

图 7-206

(6)仆步抡劈拳。左臂随身体重心升高向上摆起,右臂向体后伸直,右脚以前脚掌为轴体左转270°,左腿屈膝提起,左拳由前向后下划立圆一周,右拳由后向下、向前上划立圆一周,左腿向后落步屈膝全蹲,右腿伸直脚尖里扣成右仆步左拳后上举,右拳由上向下抡劈成立拳,目视右拳(见图7-207)。

图 7-207

图 7-208

(7)提膝挑掌。重心前移成右弓步,同时右拳变掌由下向上抡摆,左拳变掌稍下落,右掌心向左,左掌心向右,左右臂在垂直面上由前后各划立圆一周,右臂停于头上挑掌,掌心向左,左臂停于身后成勾手,勾尖向上,同时右腿提膝成左独立式平衡,两眼平视(见图 7－208)。

(8)提膝劈掌弓步冲拳。右掌向下猛劈停于右小腿内侧,左勾变掌屈臂停于右上臂内侧,目视右掌;右脚向右后落步,体右转 90°,同时左掌握拳收抱腰间,右臂内旋向右划弧做劈掌,左腿蹬直成右弓步,右手握拳收抱腰间,左拳向前冲出成立拳,拳与肩平,目视左拳(见图 7－209)。

六、动作结束

(1)虚步亮掌。左腿直立,右脚提起扣于左膝后,两拳变掌,两臂右上左下屈肘交叉于体左前,目视右掌;右脚向右后落步,右腿半蹲,上体稍右转,同时右掌向上、向右、向下划弧停于左腋下,左掌向左向上划弧停于右臂上与左胸前,两掌心左下右上,眼视左掌,左脚稍向右移,脚尖点地成左虚步,左手向左后划弧成勾手,勾尖向上,右臂向下向右上划弧抖腕亮掌,头向左转,目平视(见图 7－210)。

图　7－209　　　　　　　图　7－210

(2)并步对拳。左腿后撤一步,同时两掌从腰间向前穿出,臂伸直掌心向上,右腿后撤一步,同时两臂向体后下摆,左脚后退向右脚并步直立,同时两臂由后向上屈臂下按,两掌变拳停于腹前,拳面相对,头向左转,两眼平视(见图 7－211)。

(3)还原。两臂自然下垂,头向前转,两眼平视(见图 7－212)。

图　7－211　　　　　　　图　7－212

第四节 初级刀术第三节

一、预备式

两脚并立，目平视前方。左手抱刀（虎口朝下，拇指在前，其余四指在后握住刀柄，手腕部贴靠刀盘），刀刃朝前，刀尖朝上，刀背贴靠前臂内侧，右手五指并拢，垂于身体右侧（见图 7 - 213）。

图 7 - 213 　　 图 7 - 214 　　 图 7 - 215 　　 图 7 - 216

（1）右手向右、向上成弧形直臂绕环上举，手心朝左（见图 7 - 214）。右臂外旋并屈肘，从左肩下降至左腋近侧，手心朝上，左手握刀，在右手屈肘下降同时，由身前屈肘从右臂里面直臂向上穿出，手心朝右，刀尖朝下，目视右手（见图 7 - 215）。右手从左腋向下，向右弧形绕环，同时左手握刀从上向左、向下弧形绕环。目随右手（见图 7 - 216）。右手继续向上绕环至头顶，屈腕成横掌，掌心朝前，肘关节微屈，左手握刀继续向下绕环至身后，反臂斜举，手心朝右。右腿在右手成横掌同时屈膝半蹲，左脚则随之向前伸出，前脚掌虚点地面，膝微屈，目左平视（见图 7 - 217）。

（2）左脚向前上半步，膝微屈。右腿蹬直。右掌同时从身前向身后弧形下落，至身后反臂斜举（见图 7 - 218）。右脚前进一步，膝微屈，左腿蹬直。左手握刀与右手同时从身后向两侧平举（见图 7 - 219）。有腿伸直，左脚向前并步。左手握刀与右手同时从两侧向前额前上方绕环，至额前上方时，右手拇指分开贴近刀盘，准备接握左手之刀（见图 7 - 220）。

图　7－217　　　图　7－218　　　　图　7－219　　　图　7－220

二、第一段

（1）弓步缠头。右腿屈膝，左脚向左上步，右手持刀使刀背贴身从左绕向身后，左臂内旋（拇指侧朝下）向左伸出，掌心朝后。目左视，体左转，右腿伸直左腿膝屈，成左弓步。右手持刀手心朝上，与上体左转同时从身后向右、向前，向左胁处绕环平扫，手心朝下，刀背贴靠于左胁，刀身平放，刀尖朝后，左臂随之上举至头顶上方成亮掌（见图7－221）。

（2）虚步藏刀。体右转成右弓步。右手持刀手心朝下，与上体右转同时从左胁处向右平扫，刀背朝前，左掌随之向左侧平落，手心向上，目视刀身。顺扫刀之势右臂外旋，手心朝上，使刀背向身后平摆，以右前脚掌为轴碾地，脚跟外展，上体随左转。左脚后收半步，膝微屈，右腿屈膝。右手持刀，刀尖朝下，从背后向左肩外侧绕行，同时左手经体前向下、向

图　7－221

右腋处弧形绕环，目视左前方。右腿屈膝半蹲，左膝微屈，左前脚掌点地成右虚步。右手持刀从左肩外侧向下向后拉回，肘微屈，刀刃朝下，刀尖朝前，左手向前推出成立掌，目视左掌（见图7－222）。

（3）弓步前刺。左脚稍前移，右脚上步成右弓步，右掌在上步同时从前向上向后直臂弧形绕环，至身后平举成勾手，勾尖朝下，右手持刀随之向前直刺，刀刃朝下，目视刀尖（见图7－223）。

（4）并步上挑。左脚不动，重心后移，右脚蹬地回收，并步直立，右手持刀

在并步同时向上挑起,并屈腕使刀身向背后落下,刀尖朝下,刀背贴靠脊背,左勾手随之左平摆;与肩同高,目视前方(见图7-224)。

图 7-222

图 7-223

图 7-224

(5)左抡劈。左脚不动,右脚向左斜前方上步。右手持刀同时向左斜前方劈下,左勾手变掌附于右肘处,目视刀身,劈刀同时右臂内旋屈腕,使刀尖从下摆向身后,身体重心逐渐前移。右脚不动,左脚向左斜前方上步成左弓步。右手持刀向上提起,刀刃朝上,左掌仍附于右肘处。右手持刀从上向右斜前方劈下,刀尖稍上翘;左臂上举至头顶上方成亮掌,目视刀尖(见图7-225)。

图 7-225

（6）右抡劈。右腿屈膝，重心后移至右腿上，左膝微屈，右手持刀向右下方抽回，刀刃朝下。右手持刀臂外旋使刀尖向下，向右绕行至右侧时，刀背朝上，左掌同时从上向右胸前绕环。右腿蹬直，左脚向右斜前方上步，左掌向左侧下方绕环，右手持刀臂外旋将刀举起，刀刃朝上，右脚向右斜前方上步右弓步，右手持刀同时从上向左斜前方劈下，刀尖微上翘，左掌随之从下向左、向上弧形绕环，至头顶上方成亮掌（见图7－226）。

图　7－226

（7）弓步撩刀。右手持刀臂外旋屈肘使刀刃朝上，刀尖朝前，右脚提膝。右脚落步，右刀向上、向后、向下贴身弧形绕环，左掌从上向下按于刀背上，目视刀尖，左脚上步成左弓步，右刀在上步同时向前撩起，刀刃斜朝上，刀尖斜朝下，左掌扔按刀背，掌指朝上，上体前探，目视刀尖（见图7－227）。

图　7－227

（8）弓步藏刀。右刀手心朝下，从体前向后平扫，右臂平举于左侧，上体右转，左脚尖里扣，右脚向身后撤步成左弓步，右刀顺扫刀之势臂外旋，使刀背向身后平摆，刀尖朝下。左脚向左斜后方撤步，右腿屈膝，左腿伸直，同时左掌向下、向右腋弧形绕环，右刀从背后向左肩外侧绕行。右腿屈膝成右弓步，右刀从左肩外侧向右后下方拉回,刀刃朝下,刀尖朝前,左掌随之从右腋处向前立掌推出,高与眉齐(见图 7-228)。

图 7-228

三、第二段

(1)提撩缠头。右脚不动,左脚向前上步,右掌屈肘收于右肩前方,右刀背顺外侧向左后绕行,刀尖朝下,左脚尖外撇,上体左转,右手持刀继续顺左臂外侧绕行至背后,左掌随之向左直臂平摆。左脚不动,膝部伸直,右脚从身后屈膝在身前提起,脚面绷平,右刀从背后向前向左胁处绕环平扫,至左胁下,顺扫刀之势臂内旋,手心朝下,使刀平摆于左胁下,刀背贴胁,刀尖朝后,左掌同时从左侧屈肘上举至头顶上方亮掌,目向右平视(见图 7-229)。

(2)弓步平斩。右脚向右侧落步成右弓步,上体稍右转,右手持刀(手心朝下)从左胁处向身前平扫,拦腰斩击,左掌同时从上向后平落,掌指朝后,目视刀尖(见图 7-230)。

图 7-229

图 7-230

(3)仆步带刀。右手持刀臂外旋使刀刃朝上,刀尖稍向下斜垂。左腿全蹲,右腿膝伸直平辅成仆步,右刀向左上方屈肘带回,刀刃朝上,刀尖稍下垂,左掌屈肘附于刀把内侧拇指一侧朝下,目向右平视(见图7-231)。

图　7-231

(4)歇步下砍。上体稍抬起,刀尖朝下,从右肩外侧向背后绕行,左掌同时向左侧平伸,拇指一侧朝下。右脚不动,左脚从身后向右侧插步。同时左掌从左向下向右腋处弧行绕环,右刀从背后向左肩外侧绕行,手心朝下,刀身平放,刀尖朝后,目右视,两腿全蹲成歇步,右手持刀同时从左向前,向右下方斜砍,刀刃斜朝下,刀尖朝前,左掌随之向左摆出,在左侧上方成亮掌,目视刀身(见图7-232)。

图　7-232

(5)左劈刀。身体起立,左掌屈肘收至右额前,并附于右腕,右刀尖朝下,使刀背顺左臂外侧向左后方绕行。两前脚掌碾地使上体向左后转,左掌随之使左侧平摆,右刀顺左臂绕行至背后,右膝微屈。上身继续左转成左弓步。左脚不动,右脚向左斜前方上步,右膝微屈,右手持刀同时从身后向上、向前、向左侧下方斜劈,刀尖斜向下,左掌随之肘附于右肘处,顺劈刀之势右臂内旋,屈腕使刀尖摆向身后,刀刃朝下,左掌附于右腕处,目向前平视(见图7-233)。

图　7-233

（6）右劈刀。上体稍起并向右转，右手持刀上举，刀尖朝下，使刀背顺左肩外侧绕向身后，左掌随之上举，左脚向右斜前方上步；右膝微屈，同时右手持刀从身后向上、向前、向右侧下方斜劈，刀尖斜向下，左掌附于右腕处，顺劈刀之势右臂外旋并屈腕使刀尖向后摆起，刀刃朝下，左掌随之分开，目视刀尖（见图7-234）。

图　7-234

（7）歇步按刀。右手持刀臂外旋屈肘，刀尖朝下，使刀背从右肩外侧向后绕行，目视右手，左脚跟外展，右脚从身后向左侧插步，右手持刀从背后向左肩外侧绕行，同时左掌从左侧上举附于右手的拇指近侧，两腿全蹲成歇步，左大腿盖压在右大腿上面，右手持刀向左侧下按，左手附于右腕，刀刃朝下，刀尖朝身后，目视刀身（见图7-235）。

图　7-235

图　7-236

(8)马步平劈。两腿稍蹬起,上体向右后转,右手持刀与左掌随身体转动至上体左侧时,两手从左向上举起,刀尖向下目视刀尖,两腿屈膝成马步,右手持刀从左向上、向右劈下,刀尖稍向上翘与眉相齐,左掌在头顶上方成亮掌,目视刀尖(见图7-236)。

四、第三段

(1)弓步撩刀。左掌从上向右肩弧形绕环至右肩前,目视左掌,上体左转,右脚向左侧上大步成右弓步,左掌继续向下、向左、向上圆形绕环,至身后斜上举,掌心朝上,右手持刀随右脚上步同时向下、向左侧撩起,刀刃斜朝上,刀尖斜朝下,目视刀尖(见图7-237)。

图　7-237

(2)插步反撩。上体左转成左弓步,同时右手持刀从右向上,向后弧形绕环,左掌屈肘收于右胸前,目随刀转,上体右转,左脚从身后向右侧插步,右手持刀继续向下、向右反臂弧形绕环撩刀,刀刃斜朝上,同时左掌向左侧成亮掌,拇指一侧朝下,肘微屈,目视刀尖(见图7-238)。

图　7-238

(3)转身挂劈。两前脚掌碾地使上体向左反翻转,右手持刀手腕反屈(向手背方向弯屈),使刀尖翘起从下、向左、向上挑挂,刀刃朝前,刀尖朝右上,左掌随体转动,上体继续左后转,两腿交叉,左腿在前,右手持刀随体转动同时从上向下、向左弧形绕环挂刀，左掌屈肘附于右腕处，目视刀尖，左脚不动，右脚向右跨步，右手持刀臂内旋，使刀刃朝上，向上举起，左掌从右腕处向下，向左弧形绕环平伸，右腿伸直，左腿提膝，上体略右倾，同时，右手持刀从上右用力下劈，刀刃朝下，刀尖稍上翘，左掌屈肘上举在头顶成亮掌，目视刀尖（见图 7－239）。

图　7－239

（4）仆步下砍。左脚在左侧落步，右腿伸直，左腿屈膝。右手持刀臂外旋屈肘，使刀刃朝后，刀尖下垂，从右肩外侧向后沿肩背绕行，同时左掌从上向左、向下、向右胸前弧形绕环，至右胸前成侧立掌，左腿全蹲成仆步，右手持刀从背后向左、向前、向右下方绕行平砍，刀刃朝右，刀尖朝前，左掌举于头顶上方成亮掌，目视刀身（见图 7－240）。

（5）架刀前刺。左腿起立向右侧上步，体右后转，右膝微屈，右手持刀臂内旋，使刀刃朝上向上横架，左掌附于右腕拇指近侧，目向前平视。左前脚掌碾地，右腿提膝，体右后转，转身时，右手持刀上举，刀身经过头顶，刀尖方向不变，转身后，两臂屈肘使刀平落，刀刃朝上，刀尖向右，右脚向前落步，成右弓步，右手持刀向前直刺，刀刃朝下，同时

图　7－240

左掌向左后方平伸，掌指朝后上方，目视刀尖（见图 7－241）。

（6）左斜劈。两前脚掌碾地使体右转，右手持刀臂内旋，刀尖朝下，使刀背沿左肩外侧向后方绕行，左手从右向左前方弧形平摆，目视左手，左腿提膝，右手持刀从后向右、向前、向左下方绕环下劈，左掌附于右前臂，体略前倾，顺劈刀之势，右臂内旋屈腕，使刀尖向左后上方摆起（见图 7－242）。

（7）右斜劈。左脚向前落步，体右后转，右腿提膝，右手持刀从左向前、向

图　7－241

图　7－242

右下方斜劈,左掌随之左侧斜上举,目视刀尖(见图7－243)。

(8)虚步藏刀。右脚向后落步伸直,左腿屈膝。右手持刀在落步同时臂外旋、屈腕,使刀尖朝下沿右肩外侧向左后绕行,重心后移,右膝微屈,左脚后退半步,右手持刀从背后向左肩外侧绕行,同时左掌向下,向右腋处弧形绕环,右手持刀从左肩外侧向下,向后拉回,肘微屈,刀刃朝下,刀尖朝前,左掌成侧立掌平直推出,掌指朝上,右腿半蹲成右虚步,目视左掌(见图7－244)。

图　7－243

五、第四段

(1)旋转扫刀。左脚踩实,右手持刀臂内旋,使刀尖朝下沿左臂外侧向左肩部绕行,左掌屈肘附于右手腕的拇指近侧,左脚尖外撇,右脚上步,体左转,右手持刀沿左肩向右后方绕行,同时左掌从右向左平摆,目视右方。左脚从身后向右侧方插步,右手持刀继续从背后向右外侧绕行,目视右手,两腿全蹲成歇步,右手持刀手心朝上,从右肩外侧向前下方迅速平扫,目视刀身,体左后转,右手持刀随转体低扫一周,转身后两腿直立,右手持刀顺扫刀之势臂内旋,手心朝下,将刀贴靠于左臂外侧,左掌附于右腕的拇指侧(见图7-245)。

图 7-244

图 7-245

　　(2)翻身劈刀。体右转,同时右手持刀向右侧下劈,左掌附于右前臂,目视刀尖,右脚向左侧摆起,左脚蹬地跳起,同时,体向左后翻转,右脚向前落地,同时,左掌从右前臂处向下,向左后,向上弧形绕环,至头顶成亮掌,右手持刀随转体向下,向左后绕环撩起,刀刃朝上,目视右手,体继续后转,左脚向身体的右后方落步,左腿全蹲成仆步,体向右前方探伸,同时,右手持刀从上向前劈下,左掌随之向下、向后、向上摆起成亮掌,目视刀尖(见图7-246)。

　　(3)缠头箭踢。体立起,左掌屈肘收于右肩前方,右手持刀臂内旋,刀尖朝下,使刀背沿左臂外侧向后绕行,同时左脚向前摆起,右脚蹬地纵起,左掌从右肩向左侧平摆,在空中持刀做缠头动作,左掌举至头顶成亮掌,同时右脚用脚跟向前蹬踢,左脚前脚掌落地(见图7-247)。

　　(4)仆步按刀。体右转,右手持刀从左胁处向前,向右,向后下方斜劈,左手左斜举,手心向上,右腿屈膝收回,右手持刀臂外旋,刀尖朝下,使刀从右肩外侧向背后绕行,目视右方,体右后转同时左脚纵起,右脚下落,右手持刀在纵

图　7－246

步同时从背后向左肩外侧绕行，左掌随之附于
右手腕的拇指近处，右腿全蹲成右仆步，右手
持刀与左掌同时向下按切，左手附于右腕，刀
尖朝左，刀刃朝下，目左平视（见图7－248）。

　　（5）缠头蹬腿。右腿蹬直，左膝提起，右手
持刀向右后拉回，左掌向左前方立掌推出，目
视左手，体左转，右手持刀从后向前由左膝下
方朝左裹膝抄起，左掌附于右前臂，目视前下
方，右手持刀从左肩外侧向后沿肩背绕行，左

图　7－247

图　7－248

脚即向左斜前方落步，左掌向左平摆，掌心朝下。左腿屈膝成左弓步，右手持
刀从背后经右肩外侧向前，向左肋绕环平扫，至左肋时顺扫刀势臂内旋，刀背
贴靠左肋，左掌随之头上亮掌，右脚尖上跷做右蹬腿，目视脚尖（见图7－
249）。

图 7－249

(6)虚步藏刀。右脚向前落步,左脚向前跃步,右脚提起,同时体向右后转,右手持刀手心朝下,随转身平扫一周,左掌从上向左后方平摆,掌心朝上,右脚向后落步,右手持刀臂外旋,使刀从右肩外侧向后绕行。左掌从左侧向下,向右腋处弧形绕环后附于右腕处,右手持刀从背后向左肩外侧绕行,右腿屈膝,左脚尖点地成虚步,右手持刀向下,向后拉回,刀尖朝前,左掌向前立掌推出,目视左掌(见图7－250)。

图 7－250

(7)弓步缠头。左脚向左前方上半步,右手持刀臂内旋,刀尖朝下,使刀从左肩外侧向后绕行,做缠头动作。左腿屈膝成左弓步,右手持刀从背后向右、向前、向左胁处绕环平扫,至左胁时臂内旋,使刀背贴靠于左胁,刀尖朝后,左掌至头顶上方成亮掌,目向前平视(见图7－251)。

图 7－251

(8)并步抱刀。左腿伸直,右腿屈膝,体右转,右手持刀向右平扫,左掌向左摆,掌心朝上,目视刀尖,顺扫刀之势右臂外旋,使刀背向身后平摆,目视右手,右腿伸直,左脚向右脚靠拢,并步直立,右手持刀,刀尖朝下,刀刃朝后,刀把向额前上举起,同时左掌向额前上方举起,拇指张开,用掌心握住刀把,准备接右手刀,目视右侧(见图7-252)。

图　7-252

六、结束动作

左手接刀,与右掌同时从上由前分向两侧,落下,左手抱刀,刀背贴靠臂肘,刀刃朝前,刀尖朝上,左脚向后退一步,右脚向后撤一步,同时,右掌从下向后,向上绕向右耳侧成亮掌,掌心朝前,目视右手,左脚后退向右脚靠拢,并步直立,右掌随即从右耳侧向下按落,掌心朝下,肘微屈向外撑开,左手握刀不动,目左平视(见图7-253)。

图　7-253

第八章　健　美　操

第一节　健美操运动概述

健美操在国外被称为"有氧体操",是有氧运动的一种。健美操从兴起、发展到现在只有短短的 20 多年时间,且存在着多种练习形式和流派,人们对健美操的认识有一定的差异,对健美操概念的理解也不相同。

一、健美操运动的概念

健美操发起人之一美国的简·方达认为"健美操是改善形体和心理感觉的体操",而在我国"健美操是融体操、舞蹈、音乐为一体,经过再创造,按照全面发展身体的要求,组编成操,在音乐伴奏下,达到增进健康、培养正确体态、塑造美的形体、陶冶美的情操的一种锻炼手段"。最新的健美操定义是"一项融体操、舞蹈、音乐为一体,以有氧练习为基础,以健、力、美为特征的体育运动项目"。

二、我国健美操运动的发展概况

世界性的健美操热传到我国,是在 20 世纪 80 年代初。

1981—1983 年,在健美操传入我国的初期,不少高校教师陆续在报刊杂志上刊登了一些介绍健美操和探讨美育教育的文章,并编排了一些健美操成套动作,如"女青年健美操""哑铃健美操""形体健美操"等,从此,追求人体健与美的"健美操"一词迅速被广大体育工作者所采用。

1984 年,北京体育学院成立了健美操研究组,尤其是编排并推出的"青年韵律操"传遍全国各大专院校,无数青年学生投入到学习"青年韵律操"的热潮,使健美操迅速在我国大专院校得到普及。此后,许多高校将健美操内容列入教学大纲,成为一项重要的体育教学内容,各种健美操教材也陆续出版,促进了健美操的理论研究。

为了推动全国大学生健身健美操的开展,中国大学生体协健美操艺术体操分会决定从 1993 年开始,每年在大学生中推广一套由协会审定的健身健美操。如今,高等院校已成为我国竞技健美操发展的重要基地。

1987 年,我国第一家健美操健身中心"利生健康城"面向社会开放,首次把健美操这项新的体育运动介绍给广大人民群众,其新颖的锻炼方式、良好的健身效果很快被人们所接受。

1992 年,中国健美操协会成立。中国健美操协会是中国奥委会承认的全国性协会,协会的成立,使我国健美操运动进入一个有组织、有计划发展的新时期。

1995 年底,我国首次派队参加了由 FIG 在法国巴黎举行的第 1 届健美操锦标赛。1997 年,健美操协会并入体操中心。2004 年健美操国家队在保加利亚举行的第八届世界锦标赛中实现奖牌零突破。2005 年健美操国家队在德国举行的第八届世界运动会中首次获得世界冠军。2013 年前全国健美操冠军王宏当选国际体操联合会健美操技委会副主席。

第二节　健美操基本技术

一、健美操的基本手型

健美操中的手型有多种,它是从爵士舞、芭蕾舞、西班牙舞、迪斯科、武术等体育项目中吸收和发展的。手型的选用可以使手臂动作更加生动活泼。常见的手型如下:

五指并拢式:五指伸直并拢。

五指分开式:五指用力伸直张开。

西班牙舞手势:五指用力,小指、无名指、中指自掌指关节处依次屈,拇指稍内扣。

巴蕾手势:后三指并拢,稍内收,拇指内扣。

拳式:握拳,拇指在外。

屈指掌式:手掌用力上翘,五指用力弯曲。

一指式:握拳,食指或拇指伸直。

响指:拇指与中指摩擦与食指打响,无名指、小指屈指。

二、健美操基本步伐

健美操基本步伐是体现健美操练习者下肢动作基本姿态的主要练习手段,根据动作的特点及运动强度差异,健美操的基本步伐分为以下 12 大类:

1. 踏步类

踏步类动作运动强度较低,要求在运动过程中至少有一只脚与地面保持接触。常见的步伐如下:

种类:有脚尖不离地的踏步;脚离地的踏步;高抬腿的大幅度踏步。

形式:有原位踏步;移动踏步及转体的踏步。

方向:有向前、后、左、右走的踏步。

技术要点:落地时,由脚尖过渡到脚跟着地,屈膝时,胯微收,两臂自然前后摆动。

(1)走步。

种类:一种。

形式:一种。

方向:有向前走、向后走、斜向走、弧形走。

技术要点:基本上同踏步。

(2)"V"字步("V"step)。

种类:有正"V"字步;倒"V"字步。

形式:有平移的、转体的和小幅度跳的正"V"字步和倒"V"字步。

方向:有左、右腿的正和倒"V"字步。

技术要点:一脚迈出,另一脚随之迈出成一条平线,两脚距离略比肩宽,两膝自然弯曲,然后依次收回。

(3)恰恰步(水兵步)。

种类:一种。

形式:有平移的和转体的恰恰步。

方向:有向前、向后、向侧的恰恰步。

技术要点:在两拍节奏中快速踏步三次。

2. 并步类

(1)点地。

种类:有脚尖点地;脚跟点地。

形式:有原位点地;移动点地和转体的点地。

方向:有脚尖向前、侧、后、斜方向的点地;脚跟向前、侧、斜的点地。

技术要点:点地时,有弹性点地,脚自然伸直。

(2)移重心(经左右半蹲)。

种类:有双腿、单腿的移重心。

形式:有原位的移重心;移动的移重心;转体的移重心;跳的移重心。

方向:有向前、后、左、右的移重心。

技术要点:身体重心从一端移向另一端时,必须经两腿之间。

(3)并步。

种类:有两腿同时屈的、一直一屈的并步。

形式:原位的并步;移动的并步;转体的并步。

方向:有向前、后、左、右的并步。

技术要点:一脚并与另一脚,重心要随之移动,两膝自然屈伸。

(4)交叉步。

种类:一种

形式:有平移的交叉步;转向的交叉步;小幅度跳的交叉步。

方向:有向前、后、侧的交叉步。

技术要点:一脚迈出,另一脚在前或在后交叉,重心随之移动。

3. 弓步类

种类:有静力性的弓步;动力性的弓步。

形式:有左右移重心的弓步;移动的弓步;转体的弓步;跳的弓步。

方向:有上步弓步;后撤弓步;向侧伸弓步。

技术要点:一脚屈膝,脚尖与膝垂直,另一脚伸直,重心落与两腿之间。由于弓步的形式很多,因此在做法上有所不同。

4. 半蹲类

种类:小分腿半蹲;大分腿半蹲。

形式:向侧一次;向侧两次;转体。

方向:向侧(左右)。

技术要点:半蹲时,立腰。

5. 吸腿类

种类:一种。

形式:有原位的吸腿及跳;移动的吸腿及跳和转体的吸腿及跳。

方向:有向前、侧的吸腿及跳。

技术要点:大腿用力上提,小腿自然下垂。

6. 弹踢类

形式:一种。

形式:有原位的弹踢腿及跳;移动的弹踢腿及跳和转体的弹踢腿及跳。

方向:有向前的、向侧的、向后的弹踢腿及跳。

技术要点:大腿抬起到一定角度后,小腿、自然弹直。

7. 开合跳

种类:双起双落的开合跳;单起双落的开合跳。

形式:有原位的、移动的和转体的开合跳。

方向:向前的开合跳。

技术要点:分腿时,两脚自然外开,膝关节沿脚尖方向弯曲;跳起与落地时,注意屈膝缓冲。

8. 踢腿类

种类:有弹动踢腿;一般的直踢腿。

形式:有原位的、移动的和转体的踢腿及跳。

方向:有向前、侧、斜前的踢腿及跳。

技术要点:腿上踢时,须加速用力;立腰;上体尽量保持不动。

9. 后踢腿跑

种类:一种。

形式:有原位、移动、转体的后踢腿跑。

方向:向后的后踢腿跳。

技术要点:髋和膝在一条线上或后提,小腿尽量叠于大腿。

10. 点跳

种类:一种。

形式:有原位、移动、转体的点跳。

方向:有向侧、向前、向后的点跳。

技术要点:点地时身体重心在一条腿上。

11. 摆腿跳

种类:一种。

形式:有原位、移动、转体的摆腿跳。

方向:有向侧、向前、向后的摆腿跳。

技术要点:摆腿时上体顺势前倾或后倒或侧倾。

12. 并跳

种类:一种。

形式:移动的和转体的并跳。

方向:向前、向后的并跳。

技术要点:一腿迈出蹬地,另一腿并上,身体重心跟着上来。

三、健美操的基本徒手动作

健美操的基本徒手动作是根据人体结构活动特点而确定的。常见的基本动作如下:

1. 头颈动作

形式:有头颈的屈;头颈的转;头颈的平移;头颈的绕及绕环。

方向:有向前的、向后的、向左的、向右的屈和平移;向左的、向右的转和绕、绕环。

要求:做各种形式的头颈动作时,节奏一定要慢,上体保持正直。

2. 肩部动作

形式:有单肩的、双肩的提肩和沉肩;收肩和展肩;单肩的、双肩的绕和绕环;振肩。

方向:有向前的、向后的绕及绕环。

要求:(1)提肩、沉肩时两肩要在同一额状面尽量上下运动。

　　　(2)收肩、展肩幅度要大,肩部要平。

　　　(3)振肩动作要有速度、力度和弹性。

3. 臂部动作

形式:有臂的举;臂的屈伸;臂的摆动;臂的绕及绕环;臂的振等。

方向:有向前、向后、向左、向右、向上、向下等。

要求:(1)做臂的举、屈伸时,肩下沉;

　　　(2)做臂的摆动、绕及绕环,肩拉开用力。

4. 胸部动作

形式:有含胸;展胸;振胸。

要求:练习时,收腹、立腰。

5. 腰部动作

形式:有腰的屈;腰的转;腰的绕和绕环。

方向:有向前、向后、向左、向右。

要求:(1)腰前屈、转时,上体立直。

　　　(2)腰绕和绕环时,速度方慢。

6. 髋部动作

形式：有顶髋；提髋；摆髋；绕和绕环髋；行进间正髋和反下走髋。

方向：有向前、向后、向左、向右。

要求：髋部练习时，上体放松。

7. 躯干波浪动作

方向：有向前、向后、向左、向右。

要求：波浪时，动作协调连贯。

8. 地上基本姿态

形式：有坐（直角坐、分腿坐、跪坐、盘腿坐）；卧（仰卧、俯卧、侧卧）；撑（仰撑、俯撑、跪撑）等。

要求：①做各种坐姿时，收腹、立腰、挺胸；②撑时，腰背紧张。

四、应注意的几个方面

1. 科学合理性

从思想上重视，狠抓基本动作练习。内容安排上要合理，有计划地进行；要遵循循序渐进的原则，动作由易到难，由原位到移动、由单一到组合逐步增加方向的变化；组合动作连接要协调合理。

2. 全面系统性

基本动作包括身体的各主要部位，在实际的练习过程中，都必须耐心细致地进行每一部位的基本动作练习，使之全面影响身体。此外，练习内容要注意逐步扩展，不能急于求成，一定要一个动作一个部位进行练习；同时加强对动作规格、韵律的要求，使练习更加有效和完美。

3. 趣味多样性

在设计单一和组合动作时，注意动作本身以及组合动作连接上的巧妙设计。往往一个动作和组合动作在方向、节奏上巧妙变化，会给人带来意想不到的效果，提高练习积极性。

第三节　第三套《全国健美操大众锻炼标准》三、四级动作图解

一、三级动作

三级是健美操大众锻炼标准初级套路，练习目的是进行中等强度的有氧练习，每个组合均由 4~5 个基本步法组成，动作和变化，都是有氧操练习中常

见动作和典型动作,配合以对称性为主的上肢动作,增加了 90°～180°的方向变化和简单的图形变化。

(一)组合一

1. 动作一

节拍: 1　2　3　4　5　6　7　8

预备姿势:站立。

下肢步伐:1～4 右脚开始向侧迈步后屈腿 2 次,2 时右转 90 度 ,5～8 向右迈步后屈腿 2 次,6 时右转 180 度

上肢动作:1～2 右臂摆至侧上举,左臂摆至胸前平屈,3～4 同 1～2,但方向相反;5～8 双手叉腰。

2. 动作二

节拍: 1　2　3—4　5　6—7　8

下肢步伐:1～2 1/2V 字步,3～8　6 拍漫步,8 右转 90 度。

上肢动作:1 右臂侧上举,2 左臂侧上举,3～8 随脚的动作自然前后摆动。

3. 动作三

节拍: 1　2　3　4　5　6　7　8

下肢步伐:1～8 右脚开始交叉步 2 次,左转 90 度呈 L 型。

上肢动作:1 双臂前举,2 胸前平屈,3 同 1,4 击掌,5～8 同 1～4。

4. 动作四

节拍：　　1　　　　　2　　　　3—4　　　5—6　　　7—8

下肢步伐：1～4 右脚并步跳,1/2 后漫步 ,5～8 左转 90 度左脚开始小马跳 2 次

上肢动作：1～2 双臂侧上举,3～4 右臂摆至体后,右臂摆至体前,5～6 右臂上举,7～8 左臂上举。

第五至八个八拍,动作相同,但方向相反。

(二)组合二

1. 动作一

节拍：　　1　　　2　　　3　　4　　5　　　6　　　7　　　8

下肢步伐：1～4 右脚向右前上步吸腿 2 次,5～6 左脚向后交换步,7～8 右脚上步吸腿。

上肢动作 1～4 双臂自然摆动,5～6 双臂随下肢动作自然摆动,7～8 双臂自然摆动。

2. 动作二

节拍：　　1　　　　2　　　3　　4　　5—6　　　7—8

下肢步伐：1～4 左脚开始向右侧交叉步,5～8 右转 45 度,左脚做漫步

上肢动作：1～4 双臂随步伐向反方向臂屈伸,5～6 双臂肩侧屈外展,7～8 经体前交叉摆至侧下举。

3. 动作三

节拍：　1　　　2　　　3　　4　　　5　　—　　6　　7　—　8

下肢步伐:1~4 左脚开始十字步,同时左转 90 度,5~8 左脚开始向侧并步跳 2 次。

上肢动作:1~4 双臂自然摆动,5~8 双臂自然摆动。

4. 动作四

节拍：　1　　　2　　　3　　4　　　5　　　6　　7　　　8

下肢步伐:1~8 左脚漫步 2 次,右转 90 度。

上肢动作:1~8 双臂自然摆动。

第五至八个八拍,动作相同,但方向相反。

(三)组合三

1. 动作一

节拍：　1　　　2　　　3　　4　　　5　　6　7　　　8

下肢步伐:1~6 右脚开始做侧点地 3 次,7~8 左脚开始向前走 2 步。

上肢动作:1~2 右臂向下臂屈伸,3~4 左臂向下臂屈伸,5~6 同 1~2 动作,7~8 击掌 2 次。

2. 动作二

节拍: 1　　2　　3　4　　5　　6　7　　8

下肢步伐:1～4 左脚开始吸腿跳 2 次,5～8 吸右腿跳,向后落地,转体 180 度,吸左腿。

上肢动作:1 侧上举,2 双臂胸前平屈,3 同 1,4 叉腰,5～8 双手叉腰。

3. 动作三

节拍: 1　　2　　3　　5　　6　7　　8

下肢步伐:1～4 左脚开始向前走 3 步吸腿跳,同时左转体 180 度,5～8 右脚开始向前走 3 步吸腿。

上肢动作:1～3 叉腰,4 击掌,5～6 手臂同时经前向下摆,7～8 经肩侧屈外展至体前击掌。

4. 动作四

节拍: 1　　2　　3　4　　5　　6　7　　8

下肢步伐:1～8 左脚开始侧并步 4 次,呈 L 型。

上肢动作:双臂做屈臂提拉 4 次。

第五至八个八拍,动作相同,但方向相反。

(四)组合四

1. 动作一

节拍：　1　　　2　　　3　　4　　　5　　　6　　7　　　8

下肢步伐:1~4 右腿上步吸腿,5~8 左脚向前走 3 步吸腿。

上肢动作:1~4 双臂做向前冲拳、后拉 2 次,5~8 手臂同时经前向下摆,8 击掌。

2. 动作二

节拍：　1　　　2—3　　　4　　　5—6　　　7—8

下肢步伐:1 右脚向侧迈步,2~3 向右前 1/2 前漫步,4 左脚向侧迈步,5~8 右脚向左前方做漫步。

上肢动作:1 侧上举,2~3 随脚的动作自然摆动,4 同 1 动作,5~8 双臂自然摆动。

3. 动作三

节拍：　1　　　2　　　3　　4　　　5　　　6　　7　　　8

下肢步伐:1~6 右脚开始上步吸腿 3 次,7~8 左脚前 1/2 漫步。

上肢动作:1 肩侧屈外展,2 击掌,3~6 同 1~2 动作,7~8 双臂自然摆动。

4. 动作四

节拍：　1　　　2　　　3　　4　　　5　　　6　　7　　　8

下肢步伐:1～8 左转 90 度向左做侧交叉步转体 180 接侧交叉步。

上肢动作:1～4 双臂做外展、内收、外展、击掌,5～8 同 14 动作。

第五至八个八拍,动作相同,但方向相反。

二、四级动作

四级为大众健美操锻炼标准的中级套路动作采用中高强度的有氧练习。在三级动作的基础上复活动作更多,音乐速度更快,高冲击力动作增多;运动强度增加,手臂动作变化增多,增加 180°～360°的转体动作以及图形变化提高动作的流动性和难度。

(一)组合一

1. 动作一

节拍: 1   2   3   4   5   6   7   8

预备姿势:站立。

下肢步伐:1～3 右脚向侧迈步接 1/2 后漫步,4～8 左脚向左做向后、向前交叉步接吸腿。

上肢动作:1 双臂侧举,2 屈肘右臂铅前摆,左臂后摆,3 自然摆动,4～5 手臂从腰间至前举,6 再摆至体侧,7～8 由肩侧屈击掌。

2. 动作二

节拍: 1   2   3   4   5   6   7   8

下肢步伐:1～4 左脚向左前迈步,右脚做 1/2 前漫步,右转 90 度右脚踏步,5～8 左腿开始做上步吸腿 2 次。

上肢动作:1～3 手臂随身体动作前后自然摆动,4 击掌,5～8 迈步时手臂向下屈伸,吸腿是手臂向前屈伸。

3. 动作三

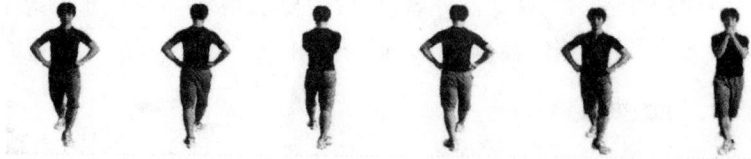

节拍：　　1　　　　2　　　　3～4　　　5　　　6　　　7～8

下肢步伐：1～2 左脚上步，重心在两脚之间，提踵右转 180 度，3～4 右脚向后 1/2 漫步，5～8 同 1～4 动作。

上肢动作：1～2 双手叉腰，3～4 击掌 2 次，5～8 同 1～4 动作。

4. 动作四

节拍：　　1　　　　2　　　3　　4　　　5　　　6　　　7　　　8

下肢步伐：1～4 左脚向右后方迈步侧抬腿跳，接后 1/2 漫步。

上肢动作：1～2 双臂经侧摆至侧上举，3～4 体前交，5～8 同 1～4 动作但方向相反。

第五至八个八拍，动作相同，但方向相反。

(二)组合二

1. 动作一

节拍：　　1　　　　2　　　3　　4　　　5　　　6　　　7　　　8

下肢步伐：1～2 右脚向侧迈步点地，3～4 左脚向侧并步，5～6 向侧小并步跳，7～8 右脚向后 1/2 漫步。

上肢动作：1～2 双臂经腰间，左臂向前冲拳，3～4 放于体侧，5～6 右臂屈臂前摆，左臂屈臂后摆，7～8 双臂向后摆。

2. 动作二

节拍：　1　　　　2　　　　3　　　　4　　　　5　　　6　　　7　　　8

下肢步伐：1～4 右脚向右前方上步吸腿 2 次,5～8 左脚开始向左后方做迈步吸腿 2 次,转体 450 度(可转 90 度)。

上肢动作：1～4 双臂屈臂随动作自然摆动,5～6 双臂经肩侧屈至击掌,7～8 同 5～6 动作。

3. 动作三

节拍：　1　　　　2　　　　3　　　　4　　　　5　　　6　　　7　　　8

下肢步伐：1～4 左脚向左后交叉步接换脚步,5～8 右脚开始向侧走 3 步同时转体 360 度接换脚步。

上肢动作：1～4 手臂经前平举摆至体侧,5～8 手臂随动作自然摆动。

4. 动作四

节拍：　1　　　　2　　　　3　　　　4　　　　5　　　6　　　7　　　8

下肢步伐：1～6 左脚开始向侧面做 6 拍漫步,7～8 右转 90 度向前走 2 步。

上肢动作：1～6 手臂随动作自然摆动,7～8 双手叉腰,第五至八个八拍,动作相同,但方向相反。

(三)组合三

1. 动作一

节拍：　1　　　　2　　　3　　4　　5　　—　　6　　7　　　　8

下肢步伐:1～4右脚开始向前交叉迈步点地2次,5～6右脚交叉上步侧摆腿跳起,7～8左脚向右前1/2漫步。

上肢动作:1～4双臂经腰间,左臂向前冲拳,5～6双臂摆至侧上举,7～8左臂前摆,右臂后摆。

2. 动作二

节拍：　1—2　　　　3—4　　　5　　6　　7　　　8

下肢步伐:1～4左脚开始小马跳2次,同时转体360度,5～8 V字步左转90度。

上肢动作:1～2右臂经侧摆上举,3～4左臂经侧摆至上举,5～8手臂自然摆动。

3. 动作三

节拍：　1　　　2　　3　　4　　5　　6　　7　　8

下肢步伐:1～4左脚十字步,同时右转270度并向左侧弧形移动,5～8左脚十字步,同时右转180度并向左侧弧形移动。

上肢动作:1～4手臂做前举、后拉动作2次,5～8手臂做前举、后拉动作2次。

4. 动作四

节拍：　1　　　—　　　2　　3　　　—　　　4　　　—

节拍：　5　　　—　　　6　　　—　　　7　　　—　　　8

下肢步伐：1～2左脚向左前方迈步换脚步，3～4右脚向右前方迈步换脚步，5～8左、右脚依次分并腿2次。

上肢动作：1～2手臂屈肘随动作前后摆动，3～4手臂屈肘随动作前后摆动5手臂侧上举，6胸前交叉，7侧下举，8胸前交叉。

第五至八个八拍，动作相同，但方向相反。

(四)组合四

1. 动作一

节拍：　1　　2　　3　　4　　5　　6　　7　　8

下肢步伐：1～3右脚开始向前点地跳3次，4吸右腿，5～8右脚交叉上步做十字步上肢动作：1～4屈臂自然摆动，5～8双手经上举向侧摆至体侧。

2. 动作二

节拍：　1　　2　　3　　4　　5　　6　　7　　8

　　下肢步伐:1 右脚向右一步,重心又移动,2~3 左脚开始踏 2 步,4~6 同 1~3 动作,但方向相反,7~8 右脚开始侧点地跳 2 次上肢动作:1 右臂经肩侧屈,小臂伸展成侧平举,2 屈臂成肩侧屈,3 双臂至于体侧,4~6 同 1~3 动作但方向相反,7~8 双臂至于体侧。

　　3. 动作三

节拍:　　1　　　　2　　　　3　　4　　　5　　　6　　　7　　　8

　　下肢步伐:1~4 右转 90 度,左脚开始向前走三步,吸右腿,5~8 侧摆左腿跳 2 次,同时向右移动。

　　上肢动作:1~3 双臂经前举向下摆,4 击掌,5 右臂胸前平屈,左臂经前摆至侧举,6 同 5 动作相反,7 同 5 动作,8 击掌。

　　4. 动作四

节拍:　　1　　　　2　　　3　　　4　　　5　　　6　　　7　　　8

　　下肢步伐:1~3 右脚开始向后走 3 步,同时左转 135 度 4 左腿后屈小跳,5~8 左脚开始弹踢腿跳 2 次,同时右转 45 度。

　　上肢动作:1~3 双臂经前举向下摆,4 至腰间,5~6 右臂向上冲拳,7~8 左臂向上冲拳。第五至八个八拍,动作相同,但方向相反。

第四节　健美操竞赛规则与裁判法

　　1. 比赛项目
　　女子单人、男子单人、混合双人、混合三人、集体五人
　　2. 成套动作的时间
　　成套动作的时间为 1.30 min,有加减 5 s 的余地。

3.竞赛场地

比赛场地:健美操的比赛场地为 7 m×7 m(见图 8-1)。

赛台:赛台高 80~140cm,后面有背景遮挡,赛台不得小于 14 m×14 m,并清楚地标出 7 m×7 m 的单人、混双、三人的比赛场地,以及 10 m×10 m 的集体五人场地。标记带为 5 cm 宽的黑色带,标记带是场地的一部分。

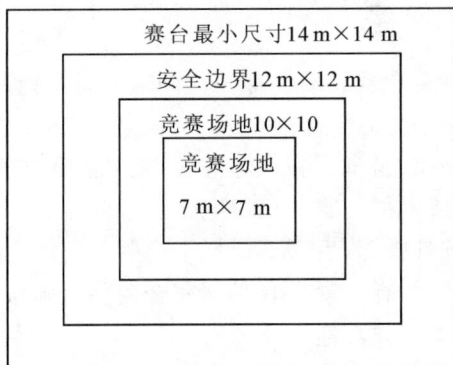

图 8-1

座位区:艺术裁判、完成裁判和难度裁判坐在赛台正前方,视线员座位安置在赛台的两个对角,高级裁判组和裁判长坐在艺术裁判、完成裁判与难度裁判正后方的高台上。

裁判组 A

艺术	完成	艺术	完成	难度	难度	艺术	完成	艺术	完成
1	5	2	6	9	10	3	7	4	8

裁判组 B

艺术	完成	艺术	完成	难度	难度	艺术	完成	艺术	完成
1	5	2	6	9	10	3	7	4	8

裁判组 A		高级裁判组		裁判组 B	
计时员	裁判长	成员	主席	成员	裁判长	计时员

仲 裁		
成员	主席	成员

图 8-2

4.着装要求

外表:总的感觉应当是整洁与合体的运动员外表,头发必须固定在头上。参赛运动员必须穿具有减震功能的健美操鞋,鞋带必须系好。

不允许使用任何道具(拐杖、皮筋、重物等),身体上不许涂画或用闪光材料,不允许在紧身衣上有任何装饰(如花、带),无论是松弛或是贴紧在服装上。也不允许服装上由颜色的相互交织而形成的像领带、褶皱、动物或文字等字样。

着装:正确的健美操着装不含有任何的透明材料,因此用绳带连接紧身衣部分要有内衬(在胸部与躯干部)。

女运动员着一件套紧身衣和肉色连裤袜及运动袜,不允许穿上部躯干分离的(两件套)服装或上部与躯干仅用绳带连接的服装。后领口的开口必须得体,前面不得抵于胸骨中部,后面不得低于肩胛骨下缘。腿部上缘的开口必须在腰部以下并盖住骼骨脊。紧身衣必须完全盖住大腿跟部,禁止 T 型裤。

男运动员必须着一件套连衣裤或背心、短裤及合体的内衣。背心的前后不得有开口。袖口处不得在肩胛骨下有开口。

5.成套内容

成套动作必须表现出健美操操化动作和难度动作的均衡性。手臂和腿部动作要求动作有力、定位清晰。整个成套中,运动员必须均衡、合理地使用场地空间。

6.音乐

必须配合音乐完整地表演成套动作,任何适合竞技健美操运动的音乐风格均可被采用。

7.难度动作

成套动作至少要包含以下各组难度动作各一个:

A 组:动力性力量。

B 组:静力性力量。

C 组:跳与跃。

D 组:平衡与柔韧。

最多允许做 10 个难度动作,可任意选择;但在国际(成人组)赛事中,0.1 和 0.2 分值的难度动作不计。

8.出场顺序

抽签:预赛与决赛出场顺序由抽签决定,抽签在比赛前 6 个星期由中间人担任。

弃权:运动员在开赛叫到后 20 s 不出场,将由裁判长减 0.5 分,60 s 后不出场为弃权,宣布弃权后运动员将失去参加本项比赛的资格。

9.比赛日程

竞技健美操比赛安排,见表 8-1。

P

表 8-1　竞技健美操比赛安排

比赛时间	第 一 天	第 二 天	第 三 天
比赛项目	集体五人 男子单人 混合双人	女子单人 混合三人	男子单人、混合双人 女子单人、混合三人 集体五人
	预赛		决赛

第九章　跆　拳　道

第一节　跆拳道运动概述

一、跆拳道的概念

简单地说跆拳道是身上不带任何武器,赤手空拳对付敌人的攻击,保护自身的武术。但详细一点讲,跆拳道是为了正当防卫,而通过强烈的精神及肉体训练,科学地运用千锤百炼的手脚及身体各部位的方法和技术。

跆拳道不仅比其他武道的威力及技术优越,而且是培养正义感和强调严格纪律、高超技术和坚强精神教育的特有武道。因此,真正的跆拳道人与仅学会对打时极其局限的技术,来满足于取得观众的兴趣或人气的不成熟的跆拳道有着根本的区别,这一点可以称跆拳道是护身艺术的理由之一。而且,跆拳道不仅告诉我们思考和生活方法,还陶冶我们严格的自制力和崇高人格。因此,有不少人称跆拳道为接近一种信仰的武道。

跆拳道从字面上解释的话:“跆”是指用脚跳跃、踢和踹。“拳”是指用拳头击打或击碎。“道”是自古以来圣贤们铺设的正确道路,也就是指精神修养。总而言之,跆拳道是为了护身赤脚空拳对着移动的目标迅速而恰当地运用跳、踢、击打、挡、躲等动作,做出最大打击的技术,包括精神修养的武道。确实,跆拳道即使是天生体弱的人通过科学的练习也能得到击退强大敌人的力量和自信心。相反,如果运用不当则与凶器没有区别。因此,为了防止乱用跆拳道不能不经常强调精神教育。跆拳道是一种非常优秀的武道!

二、跆拳道在我国的发展

1992 年 10 月 7 日,中国跆拳道协会筹备小组成立,这标志着我国跆拳道运动的正式开始。1994 年 5 月,在河北正定举行了首届全国跆拳道教练员和裁判员学习班。1994 年 9 月,在云南昆明举行了第 1 届全国跆拳道比赛,当时有 15 个单位 150 多名练习者参加了比赛。1995 年 5 月,共有 22 个单位 250 名练习者参加了在北京体育大学举行的第 1 届全国跆拳道锦标赛,从此跆拳道在中国迅速发展起来。1995 年 8 月,正式成立了中国跆拳道协会,魏纪中当选为第一任协会主席。1995 年 11 月,中国跆拳道协会被世界跆拳道联盟接纳为正式会员。1997 年 11 月,在香港举办的世界跆拳道锦标赛上,我国女子 43 公斤级的黄鹂获得该级别的银牌。1998 年 5 月 17 日,在越南举办的第 13 届亚洲跆拳道锦标赛上,我国北京体育大学 97 级学生贺璐敏为中国赢得了第一枚亚洲比赛金牌,实现了我国在正式国际比赛中金牌零的突破,此次比赛共有来自亚洲的 22 个国家和地区的约 240 名选手参加,其中有世界一流强队韩国、中国台北、伊朗等。中国跆拳道队获得了 1 金 1 银 5 铜的佳绩,其中女队获得了团体总分第 3 名。1999 年 6 月 7 日,在加拿大埃特蒙多举行的世界跆拳道锦标赛上,我国女选手王朔战胜多名世界跆拳道高手,获得女子 55 公斤级冠军,这是我国跆拳道运动员获得的第一个世界冠军。2000 年 9 月 30 日,在悉尼奥运会女子跆拳道 67 公斤以上级比赛中中国女选手陈中力克群雄获得冠军。这是我国获得的第一枚奥运会跆拳道金牌。

三、跆拳道的精神

(1)礼仪。这是人类要遵守的最高规范,是教化人类的手段,而且,又是很多圣人君子为了搞好集体生活而定下的不成文的法规。因此,所有学员至少要为遵守以下礼仪范畴中几项最低限度的要求,尽自己最大的努力。①促进相互谅解的精神。②对于诽谤或侮辱他人的恶习应感到羞耻。③谦虚、互相尊重人格。④提倡人道主义和正义感。⑤师范与学员、前辈与晚辈的关系应明确。⑥处事要符合礼仪。⑦尊重他人的所有物品。⑧不论问题的大小,坚持公平原则,慎重处理。⑨不送不收心中含糊的礼物。

(2)廉耻。要学会分辨是非。如果做错了事,在良心上不管是对三岁孩童还是任何平凡之人都应自觉惭愧,无地自容。

(3)忍耐。忍即是德。有句古语里说忍百遍能使家庭和睦,能忍的人可得到幸福与繁荣。无论是持有高段的人还是技术完美无缺的人,想做成任何一件事,首先要设一目标,再以持久的忍耐力不断地向那一目标迈进,才能如愿以偿。

(4)克己。不论道场内外,克制自己着实是重要的问题。

(5)百折不屈。一个真正的跆拳道人是谦虚、正直的。若是一个有正义感的人,不论对方是谁或其人数有多少都应丝毫不畏惧,不犹豫,果断地向前迈进。

第二节　跆拳道基本技术

一、准备姿势的基本步法

准备姿势的基本步法,是指在准备姿势站立后,向不同方向移动的方法。

1. 上步(见图 9-1)

(1)动作过程。右架准备姿势(以下简称"右架")站立,右脚向前上一步,成为左架准备姿势(以下简称"左架")。反之左架亦然。

(2)实战使用。上步时,常用于逼迫对方后撤,或引诱对方进攻,而当对方使用上步时,自己可以立即使用进攻技术攻击对方。

2. 后撤步(见图 9-2)

(1)动作过程。右架站立,左脚向后撤一步,成为左架准备姿势,反之左架亦然。

(2)实战使用。后撤步,常用在对方使用前横踢时,当对方准备继续进攻时,可用前脚的侧踢或鞭踢或劈踢阻击对方。

图　9-1

图　9-2

3. 前跃步(见图 9-3)

(1)动作过程。右架站立,两脚同时向前跃进一步,保持右架准备姿势,反之左架亦然。

(2)实战使用。前跃步时,常用在快速接近对方以使用横踢或劈踢等进攻动作;当对方前跃步时,可用前腿的劈腿或后踢或旋踢迎击对方,但有时对方使用前跃步是为了引诱自己反击后要调整重心后再进攻得点,因此,此时自己可随之后撤一步而不被对方所利用。

4. 后跃步(见图 9-4)

(1)动作过程。右架站立,两脚同时向后回撤一步,保持右架姿势,反之左架亦然。

(2)实战使用。后跃步常用在对方进攻、自己需要快速与对方拉开距离时,此时由于自己有一个向后撤的惯性,再用进攻的动作就有一定的难度,一般是使用迎击动作如后踢或后旋踢等。因此若对方使用后跃步时,自己要防止对方的阻击动作;如果自己使用组合动作,在对方后跃步时,自己一般使用侧踢,推踢或外摆劈腿等动作。

图　9-3　　　　　　　图　9-4

5. 原地换步(见图 9-5)

(1)动作过程。右架站立,两脚原地前后交换,由右架换成左架,反之左架亦然。

(2)实战使用。原地换步常用在对方与自己是闭式站立,自己为了与对方形成开式站位用以更有利于击打对方胸腹部时,或是为了不让对方的优势腿发挥威力,使对方感到别扭。而当对方原地换步时,可利用此时抢攻得点。

图　9-5

6. 侧移步(见图 9-6(a),图 9-6(b))

(1)动作过程。第一种步法是以前脚为轴,后脚向左(右)侧方向移动,用以改变与对手的站位方向;第二种步法是右架站立,右脚先向右(左)侧移一步,随之左脚也迅速向右(左)侧移一步。

(2)实战使用。主动进攻时,对方反应速度快,则使用向一侧移动侧移步,诱使对方来不及调整身体重心而不能很好地反击。或是当对方进攻,自己不向后撤,而使用侧移步与对方贴近使用进攻动作。

(a)　　　　　　　　(b)

图　9-6

7. 垫步(见图9-7)

(1)动作过程。右架站立,右脚向左脚内侧上步,同时左腿迅速抬起以便进攻和防守。

(2)实战使用。使用垫步,主要是在主动进攻时用前腿攻击对方。

二、跆拳道的基本进攻腿法

跆拳道的基本进攻腿法包括前踢、侧踢、横踢、后踢、劈腿、旋风踢、双飞踢、鞭踢、后旋踢、前横踢、拳进攻。

图　9-7

1. 前踢(见图9-8)

前踢是学习横踢的基础,在品势中常被引用。

图　9-8

(1)动作过程:

1)右架站立,重心移至左腿。

2)提起右大腿同时髋部略向左转,膝盖朝前,脚面稍蹦直双手握拳自然垂放在身体两侧。

3)继续将髋关节前送,右大腿向前抬提,当大腿抬至水平或稍高时,向前弹出小腿,用脚面击打目标。

4)直接向右转髋使右小腿折叠快收回原位,然后后撤右腿,还原为右架准备姿势。

(2)易犯错误与纠正:

1)髋部没有向前送。

2)击打时脚面没有绷直。

3)提膝时没有直线出腿。

4)支撑腿没有积极配合髋部的转动。

5)小腿弹出后,在弹直的一刹那没有制动过程,即没有快打快收的折叠小腿的过程。

2. 侧踢(见图9-9)

主要用来阻挡对方进攻,不是主要得分动作。

(1)动作过程:

1)右架站立,重心移至左腿同时以左脚前掌为轴脚跟内旋。

2)直线提起右大腿,弯曲小腿同时向左转髋,身体右侧侧对对方。

3)膝盖方向朝内,勾脚面,展髋,走直线平蹬出右腿,用脚掌外侧攻击对方。

4)右腿自然落下,并撤回原位。

(2)易犯错误与纠正:

1)击打对方时,髋部没有展开,致使击打力度不够。

2)大小腿折叠不够,或是蹬出的速度不快。

图 9-9

3. 横踢(见图9-10)

在跆拳道比赛中最为常用的动作之一,也是运动员得分的主要技术。

图　9－10

（1）动作过程：

1）右架站立，重心移至右腿。

2）提起右大腿同时髋部略向左转，膝盖朝前，大小腿折叠，脚面绷直。

3）继续将右大腿向前提高，左脚向外侧转动，右腿快速鞭打踢出小腿，膝盖朝向左侧。

4）用脚面击打对方胸腹部和面部及两肋。

5）击打后，右脚自然落下成左架，后撤右脚，还原成准备姿势。

（2）易犯错误与纠正：

1）右腿上提时没有直线向前上方提膝。

2）躯干没有稍向后倾，上体前压，使腿的长度没有被充分利用。

3）大小腿折叠回收不够，击打力度不够。

4）击打时脚面没有绷直。

5）小腿弹出后，在弹直的一刹那，没有制动的过程。

6）先转髋再提膝，造成膝盖过早偏向右侧。

7）左脚没有积极配合髋部的转动，左脚太"死"，或是在身体向前移动时，支持腿没有配合向前移动，在后面"拖"着。

4．后踢（见图 9－11）

是跆拳道比赛中最为常用的动作之一，也是运动员反击对方进攻的主要技术。

图　9－11

(1)动作过程：

1)右架站立,重心移至右腿。

2)以左脚尖为轴,左脚跟外旋,身体向右后方转动,同时提起右大腿,使大小腿几乎折叠,脚尖勾起,头部稍向右后方转动。

3)右腿向后平伸后蹬,在蹬直前膝盖稍外翻。

4)用脚跟部位击打对方腹部和胸部。

5)击打后,右脚自然落下成左架,然后后撤右脚,还原成准备姿势。

(2)易犯错误与纠正：

1)身体转到背朝对方时没有制动,身体继续转动,腿不是直线向后踢出。

2)在提起右腿时,右腿没有"擦"着左腿起腿。

3)身体转动时,头部配合同时转动,但肩和上体不应跟着转动,否则容易被对方反击。

4)转身和后蹬没有同时进行,动作不连贯。

5)左脚没有积极配合髋部的转动。

5.劈腿(见图9-12)

是跆拳道比赛中最为常用的动作之一,也是运动员进攻和反击对方进攻的主要技术。

图 9-12

(1)动作过程：

1)右架站立,重心移至左腿。

2)提起右大腿同时髋部略向左转并向上送髋,使右腿膝盖与胸部尽量贴近,身体重心向上。

3)右腿高举过头,右腿伸直贴紧上体,上体保持正直或稍前俯,重心向上。

4)右脚脚面稍绷直,右腿快速下压,用脚掌或脚后跟下砸对方头部,身体重心前移至右腿上,身体要稍后仰来控制重心。

5)击打后,右脚自然落下成左架,然后后撤成右脚,还原成准备姿势。

（2）易犯错误与纠正：

1）起腿高度不够。

2）支撑腿没有积极配合身体向上和向前移动，"拖"在了后面。

3）下劈时，没有控制好身体重心而使重心前压过多。

4）上体过于后仰，使得下劈力量不足。

6. 旋风踢（见图9－13）

旋风踢也称后转体横踢，是跆拳道比赛中常用的动作之一。

（1）动作过程：

1）甲乙双方闭式站立，甲右架站立，以左前脚掌为轴脚后跟外旋，重心移至左腿。

2）身体右后转约360°，右腿也随着向后转动。

3）身体稍后仰，右脚下落的同时左脚蹬地使用左脚横踢技术。

4）击打后，两脚自然落下成右架。

（2）易犯错误与纠正：

1）躯干没有稍后仰，上体前压，使腿的长度没有被充分利用。

2）左腿大小腿折叠不够，击打力度不够，小腿弹出后，在弹直的一刹那，没有一个制动的过程。

3）左脚击打时脚面没有绷直。

4）左脚没有积极配合身体的转动，左脚太"死"。

①　　　②　　　③　　　④

图　9－13

7. 双飞踢（见图9－14）

在跆拳道比赛中最为常用的动作之一，也是运动员得分的主要技术。

（1）动作过程：

1）右架站立，重心移至右腿。

2）提起右大腿使用横踢，然后右脚未下落时，立即提左脚使用横踢，也就是连续使用两个横踢。

3）击打后两脚自然落下，还原成准备姿势。

（2）易犯错误与纠正：

1）第一个横踢完全没有做出来，只是前踢了一下。

2）两腿交换之间，髋部转动过慢。

3）身体过于后仰。

图 9-14

8.鞭踢（见图9-15）

主要是用前腿击打，是在跆拳道比赛中不常用的动作。

图 9-15

（1）动作过程：

1）右架站立，重心移至左腿，以左脚前脚掌为轴脚跟内旋。

2）身体向左方转动，同时提起右大腿向前，头部向左方转动。

3）右腿膝盖朝左内扣，右小腿由外向内有一定弧度的摆动并伸小腿，身体随之侧倾。

4）突然屈膝，用脚掌向右横着鞭打对方面部。

5）击打后，右脚自然落下，还原成准备姿势。

（2）易犯错误与纠正：

1）右腿直着伸出，没有一定弧度的摆动。

2）在开始时小腿过于紧张而没有自然放松，小腿和脚掌没有横着鞭打。

3）身体转动时，头部没有配合同向转动。

9.后旋踢（见图9-16）

是跆拳道比赛中最为常用的动作之一，也是运动员反击对方进攻的主要技术。

（1）动作过程：

1）右架站立，以左脚尖为轴，左脚跟外转，重心移至左腿。

2）身体向右后方转动，同时提起右大腿向斜后方向 40°左右蹬伸，头部向右方转动。

3）身体继续旋转，右腿借旋转的力，向后划一个半圆形的水平弧线，快速屈膝用脚掌击打对方头部。

4）击打后，身体重心依然在左腿上，右脚自然落下。还原成右架准备姿势。

（2）易犯错误与纠正：

1）右腿抡圆了去划弧，在开始时没有一个向斜后方向蹬腿的动作。

2）身体向右后方转动时，提起右腿的速度过慢。

3）身体转动时，头部没有配合同时转动。

4）小腿在开始时没有自然放松而完全绷紧。

5）左脚没有积极配合髋部的转动，左脚太"死"。

6）右脚鞭打对方头部后，身体没有继续转动，右腿直接斜下方向落地，不能用脚掌呈水平弧线鞭打，造成过早翻转身体而重心过于偏后。

图　9－16

10．前横踢（见图 9－17）

前横踢是跆拳道比赛中较为常用的动作之一，也是运动员得分的主要技术。

图　9－17

（1）动作过程：

1）左架站立，左脚向前垫步，将身体重心移至左腿。

2）提起右腿，向前送髋，大小腿稍折叠。

3）脚面紧绷，右膝向内，快速弹出小腿。

4）右脚自然落下，两脚同时后撤一步，还原成准备姿势。

（2）易犯错误与纠正：

1）小腿直接伸直接触对方，使击打力度不足。

2）垫步的动作幅度过大，动作隐蔽性不足。

3）腹部没有前送，腿的长度没有被充分利用。

第三节 跆拳道的品势

跆拳道架型太极一章（见图 9-18）为学习跆拳道架型的起步，动作主要由前屈立、正拳、中段、下段防御及前踢当基础动作构成。具体动作说明如表9-1所示。

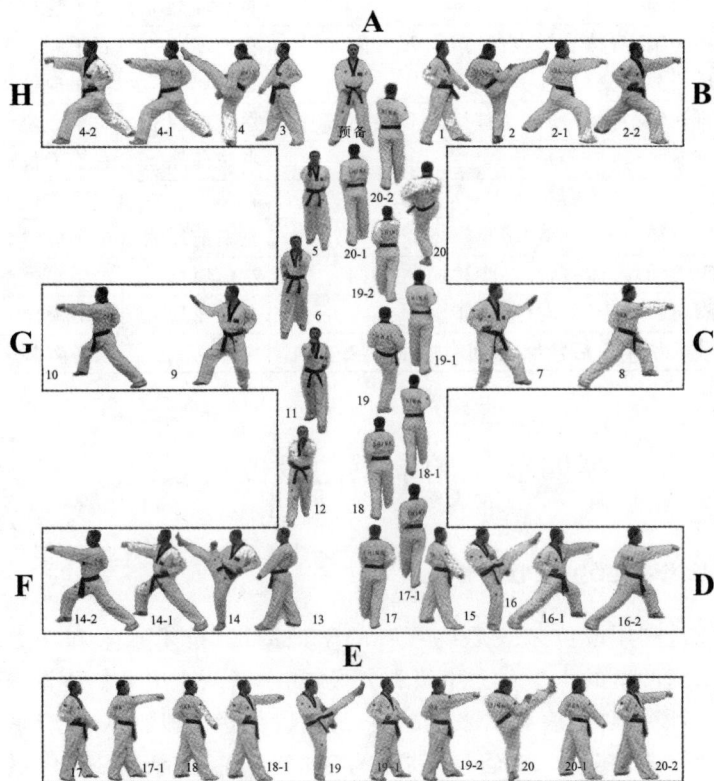

图 9-18

表 9-1

动作数	方　向	站　立	手
预备姿势	左脚向左平移一步,面向 E 方向	自然立	预备姿势
1	身体左转,左脚在 B 线	左高前屈立	左手顺位下段防御
2	右脚向前一步落 B 线	右高前屈立	右手顺位攻中段
3	左脚为轴心,右后转 180°,右脚落在 H 线	右高前屈立	右手顺位下段防御
4	左脚向前一步落 H 线	左高前屈立	左手顺位攻中段
5	右脚为轴左转,左脚迈向 E 方向	左前屈立	左手顺位下段防御
6	身体姿势不变	左前屈立	右手逆位攻中段
7	左脚为轴身体右转,右脚落在 G 线	右高前屈立	左手逆位中段防御
8	左脚向前一步落在 G 线	左高前屈立	右手逆位攻中段
9	右脚为轴,左后转身 180°,左脚落 G 线	左高前屈立	右手逆位中段防御
10	右脚向前一步,在 C 线	右高前屈立	左手逆位攻中段
11	左脚为轴,身体右转,右脚落向 E 方向	右前屈立	右手顺位下段防御
12	身体姿势不变	右前屈立	左手逆位攻中段
13	右脚为轴,身体左转,左脚移向 D 线	左高前屈立	左手顺位上段防御
14	右脚前踢,落向 D 线	右高前屈立	右手逆位攻中段
15	左脚为轴,身体右后转 180°,右脚落向 F 线	右高前屈立	右手顺位上段防御
16	左脚前踢,落向 F 线	左高前屈立	左手顺位攻中段
17	右脚为轴,身体右转,左脚移向 A 方向	左前屈立	左手顺位下段防御
18	右脚向前一步,落向 A 方向	右前屈立	右手顺位攻中段(呀)
收势	以右脚为轴,左后转身,收回左脚,面向 E 方向	自然立	预备姿势

第四节　跆拳道的段位与晋级

一、跆拳道的段位标准

跆拳道是利用段位来表示练习者的学识造诣、技术水平和功力高下的。跆拳道根据练习者的水平分为十级和九段,初学者从十级开始逐渐升至一级,然后再入段,段位越高表明水平也越高,最高段位达九段。从十级到一级是初学者的等级标准;其中十级至七级是初学者,系白色腰带,六级至四级系蓝色腰带,三级至一级系红色腰带。进段后都以黑腰带表示,一段至三段被认为是黑带新手的段位,四段至六段属于高水平的段位,七段到九段是授予那些有很高学识造诣的杰出人物或对跆拳道有杰出贡献的人士的段位。黑带的段位是通过黑带上的特殊标记区分的。

二、跆拳道的晋级

跆拳道对练习者的学习内容、时间和考核标准有一定的要求。按国际跆拳道联合会和世界跆拳道联合会的具体要求,基本是以下列标准来考核晋级的。

(1)内容。学习跆拳道的基本知识和基础课程,包括跆拳道的历史、常识和基本技术动作。学习跆拳道的入门课程,包括较难的基本技术动作和品势练习。学习初期课程,包括实战的方法、品势练习和自由对抗练习。

(2)学习时间。从十级到九级学习基本知识和基础课程,大约一年半的时间。从八级到四级学习入门课程,大约两年半的时间。从三级到一级学习初期课程,大约一年的时间。

(3)考核内容(见表9-2)。十级至九级考核基本知识和基本技术。八级至四级考核太极一章至太极五章的品势练习和较难的基本技术及条件实战。三级至一级考核太极六章至八章和高丽型的品势练习以及实战水平。

表 9-2

级别 段位	学习内容	腰带 颜色
8 级	①礼仪;②拳法(5 种);③肘法(5 种);④站姿(5 种);⑤腿法(8 种)	黄
7 级	①礼仪;②拳法(8 种);③肘法(9 种);④站姿(7 种);⑤腿法(12 种);⑥拳法组合击打(5 种)	黄绿
6 级	①礼仪;②膝法(2 种);③格挡(4 种);④步法(5 种);⑤腿法(20 种)	黄
5 级	①礼仪;②步法(8 种);③腿法(24 种);④两种腿法连续踢击(5 种)	绿蓝
4 级	①礼仪;②步法＋踢法(5 种);③太极 1～2 章;④脚踢 2 cm 厚木板、拳击破 2 cm 厚木板	蓝
3 级	①礼仪;②踢靶(5 种腿法);③太极 3～4 章;④脚踢 4 cm 厚木板、拳击破 2 cm 厚木板	蓝兰

续　表

级别 段位	学习内容	腰带 颜色
2 级	①礼仪；②步法＋踢靶(8 种)；③腿踢 2 cm 厚木板,高度为本人身高(1 种)；④太极 5～6 章；⑤拳击破 3 cm 厚木板	红
1 级	①礼仪；②步法＋连续踢靶(10 种)；③腿法踢 2 cm 厚木板,高度为本人身高＋10 cm(2 种)；④拳击破 4 cm 厚木板；⑤太极 7～8 章	红黑
1 段	①步法＋连续踢靶(5 种)；②腿法踢 1 cm 厚木板,高度为本人身高＋15 cm(2 种)；③脚踢 6 cm 厚木板、拳击破 4 cm 厚木板；④太极 8 章；⑤实战	黑
2 段	①步法＋连续踢靶(5 种)；②腿法踢 1 cm 厚木板,高度为本人身高＋20 cm(2 种)；③脚踢 8 cm厚木板、拳击破 6 cm 厚木板；④高丽；⑤实战	黑
3 段	①步法＋连续踢靶(8 种)；②腿法踢 1 cm 厚木板,高度为本人身高＋25 cm(3 种)；③脚踢 10 cm 厚木板、拳击破 8 cm 厚木板；④金刚；⑤实战	黑
4 段	①步法＋连续踢靶(8 种)；②腿法踢 1 cm 厚木板,高度为本人身高＋30 cm；③飞越 60 cm 高、长 2 m 以上距离踢击目标；④脚踢 12 cm 厚木板、拳击破 4 cm 厚木板；⑤太白；⑥实战	黑
5 段	①步法＋连续踢靶(10 种)；②腿法踢 1 cm 厚木板,高度为本人身高＋30 cm；③飞越 60 cm 高、长 2 m 以上距离踢击目标；④平原十进；⑤实战；⑥论文	黑
6 段	①基本技术；②地跆；③高丽、金刚、太白、平原、十进(指定一套)；④论文	黑
7 段	①基本技术；②天拳；③高丽、金刚、太白、平原、十进、地跆(指定一套)；④论文；⑤业绩奖惩情况	黑
8 段	①基本技术；②汉水；③高丽、金刚、太白、平原、十进、地跆、天拳(指定一套)；④论文；⑤业绩奖惩情况	黑
9 段	①基本技术；②一如；③高丽、金刚、太白、平原、十进、地跆、天拳、汉水(指定一套)；④论文；⑤业绩奖惩情况	黑

第五节 跆拳道竞赛规则与裁判法

第一条 比赛目的

本规则为中国跆拳道协会(以下简称中国跆协)及其所属团体会员主办或组织跆拳道竞赛使用的统一规则,目的是保证竞赛公平顺利的进行。

第二条 比赛场地

比赛场地是 10m×10m 水平的、无障碍物、正方形场地。

比赛场地应为有弹性的垫子。必要时,比赛场地可根据实际情况高出地面 50~60 cm,为了安全,比赛台的支撑与地面的夹角要小于 30 度角。

第三条 比赛服装

(1)参加比赛的运动员必须穿戴中国跆协认可的道服和保护用具。

(2)比赛选手应戴好护身、头盔、护裆、护臂、护腿后进入比赛区域,护裆、护臂、护腿应戴在道服里面。比赛运动员需携带经中国跆协认可的护具以备自用。

第四条 重量级别

重量级别按男子和女子分类(见表 9-3):

表 9-3 重量级别按男子和女子分类 单位/kg

级别	男子	女子
鳍量级	54 以下	47 以下
蝇量级	54~58	47~51
雏量级	58~62	51~55
羽量级	62~67	55~59
轻量级	67~72	59~63
次中量级	72~78	63~67
中量级	78~84	67~72
重量级	84 以上	72 以上

第五条 比赛种类和方法

1.比赛种类

(1)个人赛:按各个体重级别在个人之间进行比赛,在必要时间可把相邻两个级别合并后进行比赛。

（2）团体赛。

1）按体重级别进行 5 人制团体赛，级别如表 9－4 所示。

表 9－4　按体重级别进行 5 人制团体赛　　　　单位/kg

男子	女子
54 以下	47 以下
54～63	47～54
63～72	54～61
72～82	61～68
82 以上	68 以上

2）体重级别进行 8 人制比赛。

3）按体重级别进行 4 人制比赛。（将 8 个级别中相邻两个级别合并成 4 个级别）。

2. 比赛方式

（1）单败淘汰赛.

（2）循环赛。

第六条　比赛时间

每场比赛分为三局，每局比赛的时间为 3min，局间休息一分钟。青年锦标赛比赛为三局，每局比赛为两分钟，局间休息 1min。

第七条　比赛程序

1. 点名

该场比赛开始前三分钟开始点名，共点三次，比赛开始后 1min 仍未到场者，按自动弃权论。

2. 检查

点名后的运动员必须接受身体、服装和护具检查，不得携带任何可能给对方造成伤害的物品，检查员由中国跆协或组委会指定砖人，运动员不得有任何不服从的表示。

3. 入场

检查合格后，运动员和教练员进入比赛场地指定位置。

4. 开始和结束

每局比赛主裁判发:开始口令即开始，主裁判发出停口令则结束。

5.比赛开始前和结束后的程序

(1)双方相互站立,听到主裁判发立正和敬礼的口令时相互敬礼.要求自然立正,双手握拳置于身体两侧,腰部前屈不小于30°,头部前屈不小于45°。

(2)主裁判发出准备、开始口令时比赛开始。

(3)最后一回结束后,选手相向站在指定位置,主裁判发出立正、敬礼口令时相互敬礼.之后立正等待最后判定。

(4)主裁判举起自己的一侧手臂,宣布同侧方运动员胜利。

(5)运动员退场。

第八条 允许的技术和攻击的部位

1.允许的技术

(1)拳的技术:使用拳的技术须紧握拳,用拳正面的食指和中指部分击打。

(2)脚的技术:使用脚的技术须用踝关节以下脚的前部击打。

2.允许攻击的部位

(1)躯干:可用脚或拳的技术攻击髋骨以上至锁骨以下,以及两肋部,但背部没有被护具保护的部位禁止攻击。

(2)面部:从两耳向前的头颈的前部,只允许用脚的技术攻击。

第九条 有效得分

(1)有效得分部位。

1)躯干:包括腹部和两肋部。

2)面部:面部允许被攻击的部位。

(2)得分是使用允许的技术,准确有力地攻击有效得分部位。但使用允许的技术,攻击被护具保护的非有效得分部位,击倒对方时,按得分计。

(3)下列情况不计分:

1)攻击后故意倒地。

2)攻击后有犯规行为。

3)使用任何法规动作进攻。

第十条 犯规行为

(1)判罚警告的犯规行为:

1)接触行为:抓住对手、搂抱对手、推对手、用躯干贴靠对手。

2)消极行为:故意越出警戒线、转身背逃、故意倒地、伪装受伤。

3)攻击行为:用膝部顶撞对手、故意攻击对方裆部、故意蹬踏对方的腿部和脚、用掌和拳击打对方面部。

4)不当行为:教练员或运动员示意得分或扣分、教练员或运动员有不文明语言或不得体行为、比赛中教练员离开规定位置。

(2)判罚扣分的犯规行为:

1)接触行为:抱摔对手、抓住对手进攻的脚或故意将其摔倒。

2)消极行为:越出边界线、故意拖延比赛时间。

3)攻击行为:攻击倒地的对手、故意击打打对手后脑或后背、用手重击对手面部。

4)不当行为:教练员或运动员有严重的过激表现或行为。

(3)运动员违背竞赛规则和故意不服从裁判员时,主裁判有权直接判其"犯规败"。

(4)犯规累计扣三分者,判其"犯规败"。

(5)警告和扣分按三局累计。

第十一条　优势判定

(1)因扣分造成同分时,三局中得分多者获胜。

(2)除第一种情况外出现同分,即双方得分和(或)扣分相同时,主裁判根据三局的比赛情况判定占优者胜。

(3)比赛中表现积极主动行为是优势判定的依据。

第十二条　获胜方式

(1)击倒胜。

(2)主裁判终止比赛胜。

(3)比分或优势胜。

(4)对方弃权胜。

(5)对方失去资格胜。

(6)主裁判判罚犯规胜。

第十三条　击倒

(1)被攻击后除脚以外的身体任何部位着地。

(2)身体重心晃动,失去继续比赛的能力或意识。

(3)主裁判判定其受到强烈击打而不能比赛时。

第十章 网 球

第一节 网球运动概述

一、网球运动的起源

网球与高尔夫球、保龄球、桌球并称为世界四大绅士运动。它的起源可以追溯到 12～13 世纪的法国,当时在传教士中流行着一种用手掌击球的游戏,方法是在空地上两人隔一条绳子,用手掌将布包着头发制成的球打来打去。渐渐这种活动进入法国宫廷而成为王室贵族的一种游戏,当时人们称其 jeude paume(法语为用手掌击球)。14 世纪中期,法国人将这种游戏使用的球赠送给英皇亨利 5 世之后而传入英国。这种球的表面是用埃及一个叫 tennis 的小镇所产的最著名的绒布制作的,英国人将这种球称为 tennis 并流传下来。

英国爱德华三世对网球发生很大兴趣,下令在宫中修建一片室内球场。当时球拍的拍面改装成羊皮,球由布面改成皮面,球的大小、重量没有详细记载。15 世纪发明了穿弦的球拍,16 世纪古式室内网球成为法国的国球。以后,古式室内网球有了自己的规则,在欧洲,尤其是英国得到了较好的开展。

二、网球运动的发展

近代网球起源于英国。1873 年,会打古式网球的英国少校 M. 温菲尔德,在羽毛球运动的启示下,设计了一种适用于户外的、男女都可以从事的网球运动,当时叫做司法泰克(Sphairistike)运动。1875 年,随着这项运动在 8 字形球场上风靡起来,全英槌球俱乐部在槌球场边另设了一片草地网球场,紧接着,古式网球的权威组织者玛利博恩板球俱乐部为这项运动制定了一系列规则。从此,草地网球正式取代了司法泰克。

1877 年,在英国伦敦郊外温布尔顿设置了几片草地网球总会,草地网球在英国得到了进一步的开展。同年7月,举办了首届草地网球锦标赛,即温布尔顿第一届比赛。亨利·琼斯同另外两个人为这次比赛制定了全新的规则,他本人担任了比赛的裁判。当时的球场为长方形的,长23.77 m,宽8.23 m,至今未变。发球线离网7.92 m,网中央高度为0.99 m。发球员发球时,可一脚站在端线前,另一脚站在端线后,发球失误一次而不判失分。采用古式室内网球的0,15,30,45每局计分法。可以说,亨利·琼斯是现代网球的奠基人。

紧随英国之后开展网球运动的国家是美国。1881年,世界上第一个全国性网球协会,是美国全国草地网球协会("全国"两字于1920年取消)。1887年,开始兴举行美国草地网球女子单打锦标赛;1890年举行女子双打锦标赛;1892年举行混合双打锦标赛。

因当时的美国总统西奥多·罗斯福爱上了网球运动,他不仅积极支持修建网球场,举行网球比赛,而且还经常邀请陪同他骑马散步的朋友们在白宫球场上打网球,所以人们称他为"网球内阁。"因此,美国的网球运动得到了空前的发展。在两次世界大战中,全世界的网球都停赛了,惟独美国没有停下米。相反,美国的网球运动还出现了令人惊异的高峰、极盛时期,竟有4000万人参加网球运动,所以直到今天,美国的网球运动始终处于世界领先地位,优秀的网球明星层出不穷。在1994年11月3日前公布的世界男、女前10名大排名中,男选手有4名,女选手有2名,足可证明美国的网球运动是世界一流的。

1878年以来,草地网球已由英国的移民、商人或驻军等传至全球,如加拿大(1878年)、斯里兰卡(1878年)、捷克斯洛伐克(1879年)、瑞典(1879年)、印度和日本(1880年)、澳大利亚(1880年)、南非(1881年)。

当时,爱好网球的人士绝大多数是富裕的资产阶级。他们有条件在自家的草坪上随时设置网球场,作为他们社交活动的场所。在19世纪90年代中期,网球进入了初步发展的阶段,许多国家和地区组织了网球协会,并定期举行比赛。

1913年3月1日在法国的巴黎成立了世界网球的最高组织——国际网球联合会。它的成立为网球的进一步发展开辟了一条更加广阔的道路。

1970年代以后,网球又得到了进一步的发展。网球运动发展较快的主要原因有如下几点:第一是允许职业选手参加温布尔顿等锦标赛,开创了职业网球巡回赛的先河,取消了职业选手的业余选手的界限,增加了大赛的激烈程度的热烈争夺的气氛,从而促进了运动员技术水平的提高,吸引了广大网球爱好者从事该项运动的热情和观看、评论网球比赛的积极性。第二是科技在球拍等器材制造中的应用,促进了先进器材的生产,技术水平的提高,造就了一批年轻的优秀选手,从而促进了网球运动向前发展。

三、网球运动在中国

我国网球是 19 世纪由传教士、商人和士兵传入的。从 1910 年的全运会到 1948 年的第七届全运会,每届都有网球比赛,从第四届开始设有女子项目。1924 年中国首次参加温布尔顿网球赛,邱飞海在比赛中进入第二轮。许承基 1937 年到 1939 年间曾获得伯明翰冠军。进入世界十强之列。新中国成立后,由于起点低参加国际比赛较少。1991 年我国女队在联合会杯网球赛中进入 16 强。上一届奥运会中获得女双冠军。之后,我国网球运动获得迅速发展,网球人口急剧增多。在世界网球赛事中业屡创佳绩。

四、世界网球运动组织及重大赛事

(一)世界网球运动组织

目前世界网球运动组织主要国际网球联合会(ITF)、男子职业网球协会(ATP)、女子职业网球协会(WTA)。他们所服务的比赛包括:各种男子和女子挑战赛、卫星赛和巡回赛,奥林匹克网球,戴维斯杯、联合会杯,国际元老赛,大学生运动会网球赛,青少年单项及团体赛,还有超九大赛(现称为"大师系列赛")以及最著名的四大网球公开赛等等。

1. 国际网球联合会(ITF)

国际网球联合会筹建于 1911 年,总部设地伦敦。国际网联的主要职责是制定、修改和实施网球规则,在各级水平上促进全世界网球运动的发展,在国际上维护网球运动的利益,促进和鼓励网球的教学,为国际赛事制定和实施规则,裁定国际网联认可的正式网球锦标赛,增强协会会员的影响力,维护联合会的独立,确定运动员的资格,管理业余、职业及业余—职业混和型比赛,合理使用联合会的资金,维护网球界的团结及监督这些规则的实行等。

协会会员拥有的表决票数不同,分为 1,3,5,7,9 和 12 票 6 个等级,握有最高表决票数 12 票的有澳大利亚、英国、法国、美国、德国共 5 国。

国际网联现有的专门委员会有奥林匹克委员会、青少年竞赛委员会、老运动员委员会、技术委员会、网球规则委员会、国际网联规则委员会、财务委员会、医务委员会、大众传媒委员会和教练委员会。中国网协于 1981 年 7 月加入国际网联。

2. 男子职业网球协会(ATP)

ATP 是 Association of Tennis Professional 的缩写,可以译为职业男子

网球协会。它是世界男子职业网球选手的"自治"组织机构。1972 年由 60 名男子职业网球运动员组织了国际男子职业网球协会,参加的会员是名列世界前 200 名的男子网球运动员。职业网球协会的目的是维护职业网球运动员的利益。

ATP 系列赛又包括下面六种比赛:大师杯赛、世界双打锦标赛、世界队际锦标赛、网球大师系列赛,也就是所谓的超九赛事、国际黄金系列赛、国际系列赛。网球大师杯赛是 ATP(男子职业网球协会)设立的年终总决赛,只有当年冠军排名前八的网坛顶尖好手(第八个名额留给排名前二十且当年四大满贯赛冠军之一或冠军排名第八位的选手)才有资格参加这项奖金总额高达近 500 万美元的赛事并争夺男子网坛年终第一的至高荣誉。

ATP 冠军排名是将男子职业球员在当年四大公开赛、9 项大师赛、大师杯赛和其他 5 项成绩最好的赛事中获得的积分累加起来确定的排名,冠军排名也是球员能否入围年终大师杯的参考标准。ATP 世界排名是将男子职业球员在过去 52 个星期内于四大公开赛、9 项大帅赛、大师杯赛和其他 5 项成绩最好的赛事中获得的积分累加起来确定的排名,世界排名也是划定球员种子排名的参考标准。值得一提的是,每项赛事的冠军排名的分值要小于世界排名的分值。

3. 国际女子职业网联(WTA)

国际女子职业网联(WTA)成立于 1973 年,英文全称 Women's Tennis Association,球员总部设在佛罗里达的圣彼得斯堡,其主要办公机构目前在康涅狄格州。WTA 巡回赛组织的总部设在美国康涅狄格州西南部的斯坦福德。

WTA 目的是维护女子职业网球运动员的利益,为女子网球职业的发展和利益提供保障。像男子网球运动一样,WTA 的主要职责是负责所有球员的问题。球员们在女子网球协会中有各自的代理人,女子职业网球协会决定整个巡回赛的所有规则,并资助一些表演赛,使球员们能参加一些这样的比赛而不必担心与真正的职业联赛相冲突。女子比赛同男子赛一样,也走过了一条争夺权利的道路。球员们希望得到网球运动的控制权,但她们没有能力控制比赛一起码不能控制重要的比赛,经过一番协商,WTA 接受了董事们的建议,让职业网球联合会经营巡回赛。女子职业网球赛事分为五大类(挑战赛和总决赛除外):大满贯、一级赛、二级赛、三级赛、四级赛。

WTA 采用 52 周排名系统,对单打球员过去 52 周中得分最高的 17 站比赛进行计算,而双打球员则为 11 站。球员协会禁止增加新的联赛。球员们现在可以舒服地休息一段时间而不必去担心自己的电脑排名,由于 ATP 和 WTA 都禁止优秀选手参加只停留一夜的比赛,因此网球运动得到了健康的发展。两大巡回赛都有代表最高水平的优秀球员参加。WTA 年终总决赛诞生于 1972 年,它 WTA(女子职业网球协会)设立的、代表着女子网坛最顶尖水平的赛事。刚开始时 WTA 总决赛采取 16 人的淘汰赛制,但从 1977 年起改为 8 人的小组循环赛制。进入 90 年代后曾经再度改为淘汰赛制,直到 2003 年这项横跨欧美大陆的赛事又恢复到了类似于大师杯的小组循环赛制。另外值得一提的是 1984 年-1998 年 WTA 年终总决赛最后的决赛采取的是五盘三胜制,在女子网球历史上这样的赛制极为罕见。直到 1999 年决赛又恢复为三盘两胜。可见,经历了无数规则变动的 WTA 年终总决赛见证了现代女子网坛的发展。从 2008 年开始,WTA 年终总决赛将停留在多哈,只有当年冠军排名前八的球员才有资格角逐这项规模盛大的赛事。

WTA 冠军排名是指女子职业球员当年参加所有赛事获得积分的总和,冠军排名是球员能否入围年终总决赛的参考标准。WTA 世界排名是指女子职业球员在过去 52 个星期内 17 项成绩最好的赛事中获得的积分总和。值得一提的是大满贯和强制参加的一级赛事必须算入这"17 项赛事"中,如果缺席就按"0"分算。

(二)世界网球重大赛事

1. 温布尔登网球锦标赛

温布尔登网球锦标赛是现代网球史上最早的比赛,由全英俱乐部和英国草地网球协会于 1877 年创办的。首次正式比赛在该俱乐部位于伦敦西南角的温布尔登总部进行,名为"全英草地网球锦标赛"。首届比赛定位在业余选手参加的比赛,而且只设男子单打项目,当时决赛的门票只售一个先令。一位来自哈罗公学的名叫斯班塞·高尔的学生在 22 名参赛者中独占鳌头,获得"挑战杯"(冠军奖杯的名称)。1884 年,组委会首次设立了女子单打,姆德·沃特森战胜了其他 12 位选手,成为温布尔登历史上第一个女单冠军。同年,男子双打也成为了正式比赛项目。1899 年又增加了女子双打和混合双打。从 1901 年开始温网才接受外国选手参赛,当时只限于英国自治领地的小国参加,1905 年正式开放,美、法等国选手才跨海而来参加比赛。1922 年进行了两项改革,一是修建可容纳 1.5 万观众的中央球场,二是废除了"挑战赛",从这一年起要取得冠军,男子必须从第一轮打起,连胜 7 场比赛,女子必须连胜 6 场比赛。1968 年国际网联同意职业选手参加该项比赛,同时组织者还募集巨额奖金,吸引全世界一流好手参加,故竞技水平逐年提高。

2. 法国网球公开赛

法国网球公开赛通常在每年的 5 月至 6 月在罗兰·加罗斯网球场举行，是继澳大利亚公开赛之后，进行的第二场大满贯赛事。法国公开赛规定每场比赛采用 5 盘 3 胜淘汰制，而且罗兰·加罗斯球场属于慢速红土场地，利于底线对抗，所以，一场比赛打上 4 个小时是司空见惯的。在这样的球场上，花这么长的时间去打一场比赛，球员要有超群的技术和惊人的毅力才行。法国网球公开赛是与温布尔顿锦标赛一样，在世界网坛上享有盛名的传统比赛。

法国网球公开赛始创于 1891 年，比温布尔登网球锦标赛晚 14 年，法国网球公开赛开始只限于本国人参加，1925 年以后对外开放，成为公开赛。法国网球公开赛开赛已经超过 100 年了，在过去的百年中，除了两次世界大战被迫停赛 11 年外，其余 90 年均是每年举行一届。获得男子单打冠军头衔最多的选手是瑞典选手博格，他在 1974 年到 1981 年的 8 年中 6 次夺冠。1989 年的法国网球公开赛，17 岁的亚裔选手张德培爆出了八十年代最大的冷门。他先后挫败了伦德尔、埃德博格，成为这个公开赛最年轻的单打冠军，也是第一位亚洲血统的选手获此殊荣。著名女选手埃弗特、纳芙拉蒂诺娃、格拉芙等当代明星都夺得过女子单打的奖杯。而埃弗特在 1974 年至 1986 年的 12 年间曾 7 次夺标，创造了这个公开赛的纪录。

罗兰·加罗斯网球场坐落在巴黎西部蒙特高地，建于 1927 年，以在一次大战中为国捐躯的空中英雄罗兰·加罗斯的名字命名。同时它也是法国网球黄金时期的象征，因为它是直接为庆祝被称为"四骑士"的四名法国人首次捧回戴维斯杯，准备翌年的卫冕战而特意修建的。之后体育场又经历了三个建设阶段才逐渐形成现在的规模的。罗兰·加罗斯网球场的建筑古典优雅，别具一格，在一丛丛栗树枝叶掩映下，令人心旷神怡，获得这个公开赛桂冠的选手能够像获得温布尔登赛冠军一样名震世界。

3. 澳大利亚网球公开赛

澳大利亚网球公开赛是在澳大利亚举行的四大满贯赛事之一，是由澳大利亚草地网球协会（LTAA）承办的。第一届的比赛是在位于墨尔本圣基尔达路（St. Kilda Road）的板球场进行的。到 2008 年已举行了 96 届赛事（本应为第 103 届，但由于战争的缘故停办了几届）。

该项赛事的前身是 1905 年开始的澳亚锦标赛，但在 1927 年更名为澳洲锦标赛，直到 1969 年才正式命名为我们今天熟悉的澳大利亚网球公开赛。从 1905 年开始，该项赛事曾在澳大利亚 6 个地方举行过，而不是我们想象中的一直在墨尔本举行。其中，墨尔本次数最多，举行过 46 届；悉尼其次，17 届；

阿德莱德,14 届;布里斯班,8 届;佩斯,3 届;新西兰还曾跨海在 1906 年和 1912 年举办过 2 届。直到 1972 年,该项赛事主办者才决定将比赛固定在一个城市举行,取代了以前在各州轮流举办的规则。由于墨尔本作为世界文化和历史的名城的地位,更因其巨大的商机,最后墨尔本的 Kooyong 草地网球俱乐部被选中承办赛事。

4.美国网球公开赛

美国网球公开赛始于 1881 年 8 月,与英国温布尔登网球公开赛、法国网球公开赛、澳大利亚网球公开赛被国际网联指定为 4 大世界性网球公开赛(即大满贯赛)。每届比赛均在每年的 8 月底至 9 月初在美国纽约城网球总会的国立网球中心举行。从 1997 年起比赛在新落成的阿瑟阿什中心场地进行。美国网球公开赛是在 4 大网球公开赛中唯一保持男女同酬奖金制度的网球公开赛。

美国网球公开赛场地采用硬地球场。要想在美国网球公开赛上取胜,必须忍受高温、潮湿和污染的干扰。在这里打球要求运动员要有良好的体力,运动员每得一分都要花费比其它大满贯赛更多的时间,会有更多的对打的场面。

第二节　网球基本技术

一、基本握拍法

在所有的网球技术中,最基本的乃是握拍法,它能直接影响球拍面接触球的角度。目前世界上流行的握拍法有两种:即东方式和西方式。不同的握拍法产生了各种不同的击球效应和打法,不同的打法在世界网坛上都获得了较好的成绩。因此,我国在开展网球运动中,两种不同的握拍方法都应提倡,相互促进,推动网球技术不断地发展。

(一)握拍的重要性

握拍的方法与击球动作有着密切的关系。俗语说:球拍是击球者手臂的延伸和手掌的扩大,每个击球动作都是由手臂、手腕、手指相互配合用力来完成的,所以握拍的好坏对技术的提高和全面发展有较大的影响。作为初学者,必须按正确的方式握拍,使拍面以正确的部位和角度与球接触。起初可能会有不习惯、不舒服之感,但坚持一段时间后就会领会到正确握拍法的好处。

(二)握拍术语

握拍术语是对握拍手的“虎口”所形成的“V”形而言。但每个人的手不可能完全相同,单凭"V"形不一定可靠,所以必须从以下三点来进行检查。

(1)手掌根:即小鱼际所在的部位。

(2)食指下关节:即食指掌指关节腹面所在部位。

(3)手指垫:即拇指指间关节腹面所在部位。

(三)握拍种类及其方法

1.东方式握拍法(又分为正拍和后拍两种)

(1)动作要领:东方式正拍握拍法:左手先握住拍颈,使拍子与地面垂直,然后手掌也垂直于地面,手握拍柄好像与人握手。故亦称"握手式"握拍法。准确地说,用右手掌根与拍柄右上斜面贴紧,拇指垫握住拍柄的左垂直面,食指微离中指,食指下关节压住拍柄右垂直面。由此拇指与食指成"V"形,对准拍柄的右上斜面和左上斜面的上端中间(见图 10-1)。

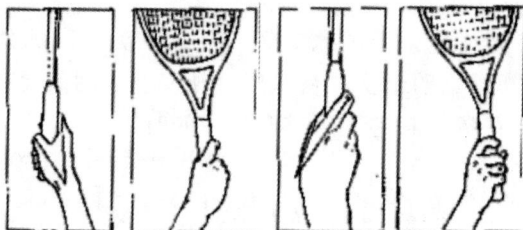

图　10-1

东方式反拍握拍法从正拍握法把手向左转动(即把拍子向右转动),使拇指与食指成"V"形,对准拍柄左上斜面与左垂直面的中间条线。用手掌根压住拍柄的左上斜面,拇指贴在左垂直面上,食指下关节压在右上斜面上。

(2)使用特点与注意事项:该握拍法非常适宜底线正、反拍击球,同时对各种高度的来球及各种旋转球的打法具有广泛的适应性。用东方式反拍握拍法进行发球及发球上网、网前截击球时不用再转换握拍。虽然东方式正、反握拍法转动不大,但当 球打到身体的另一侧,(即正拍或反拍区)必须变换握拍法去迎击球。注意变换握拍开始于准备动作,用左手扶 住球拍颈部,在球拍向后摆动准备击球之前,握拍必须调整完毕。

2.大陆式握拍法

(1)动作要领:与东方式握拍法不同,大陆式握拍法在进行正、反拍击球时都无需变换握法。握拍时用手掌根贴住拍柄上部的平面,食指与其余三指稍微分开,食指上关节聚贴在右上斜面上,拇指垫贴在拍柄的左垂直面上。

(2)使用特点与注意事项:由于该握拍法不需变换握拍位置,所以具有简

便灵 活的特点。适合处理低球,对上网截击也很有利。但对于腰部以上的来球,不易控制拍面,故打高球不太方便,同时也打不出强有力的上旋球。

3.西方式握拍(又分正拍和反拍握法)

(1)动作要领:西方式正拍握拍法手掌心朝下,手掌的大部分放在拍柄的底部,手掌根贴在拍柄的右下斜面上,拇指压在拍柄的上部手面,食指的下关节握住拍柄的右下斜面。拇指与食指的"V"形对准握柄的右垂直面。握拍的形状好似"一把抓"。

西方式反拍握拍法在西方式正拍握拍的基础上,把球拍上下颠倒过来,用同一拍面击球或手腕顺时针转,使拇指与食指的"V"形对准拍柄的左垂直面,食指下关节压住拍柄的上部手面,手掌很贴在左上斜面。

(2)使用特点与注意事项:该握拍法有利于抽击出强有力的上旋球,特别适合打腰部及腰部以上的来球。由于握拍手在球拍柄的下方,所以对比较低的来球,正、反拍都比较难处理。

4.其他握拍法

(1)混合式握拍法即半西方式握拍法,它的正拍介于东方式和西方式之间的握拍法,拇指与食指的"V"形对准右上斜面,它的特点是便于拍击任何来球,目前被不少优秀选手所采用。

(2)双手反拍握拍法的动作要领是:右手是东方式反拍握法,握在球拍拍柄的底部,手掌根与拍柄对齐。左手握在右手的上方,作东方式正拍握法。该握拍法的优点在于对力量不足的运动员学反拍比较容易,同时这种握拍法易于对来球加上旋和进行发力,击球点可更靠后些;且动作的隐蔽性强,对方不易发现是击斜线还是击直线球。缺点在于对步法要求精确。

(3)双手正、反拍握拍法即正拍击球时是双手握拍,反拍击球时也是双手握拍。如著名女运动员莫尼卡·塞莱斯就是这种握法。它的动作要领是:(以右手持拍者为例),即右手为东方式或混合式握拍,左手握在右手上方,当对方击球朝正拍来时,左手下滑,右手迅速与左手换位,形成类似左手持拍反拍击球动作。击完球后,还原至右手在后,左手在前的准备动作。反拍击球时,与双手反拍击球握法相同。该握拍法的优点是:正反拍击球没有明显弱点,都能给对方构成威胁,而且动作隐蔽,便于发力;但要求运动判断准确,反应敏捷,步法移动快。

二、发球技术

在现代网球运动中,发球技术是非常重要的,是唯一由自己掌握的击球法。它可以不受对方制约,在较大的程度上能够发挥出个人的特点,用以控制对方,为自己的进攻创造有利条件。为此,要求运动员必须比较全面地掌握各种发球技术,以利在比赛中争取主动。发球与接发球在网球比赛中是具有特殊意义的。对初学者来说,发球动作是比较复杂的,在学习发球时,必须由浅入深,循序渐进。初学者可以把站位、握拍。抛球、后摆、击球和随挥动作,按要领做模仿分解动作的专门练习,并由单一分解动作到组合动作,改进不合理的动作,逐步到抛球和击球的组合练习。

(一)练习步骤

(1)掌握正确的发球握拍法,即大陆式或东方式反拍握拍法,只有这种握拍法才能发出不同旋转的发球。

(2)重视抛球练习,好的发球都有一个准确而又稳定的抛球,因此要反复练习抛球。

(3)徒手做发球前的准备姿势,模仿抛球及发球的完整动作,多体会放松、准确、协调、完整、舒展的发球动作。

(4)在场地上用多球进行抛球与击球相结合的练习(即抛打结合),边模仿,边练习,边体会。

(5)先练习发不定点球,后练习发定点球;逐步提高难度,即在发球区内不同的落点设立目标练习"打靶",以提高命中率和准确性。

(6)教练在安排练发球时,可在规定的时间内发一定的命中数量或在一定数量内要求一定的命中率,以此来提高发球的命中率和准确性。

(7)练习发各种不同性能的球,并熟练掌握。

(二)注意事项

发球是进攻、得分的开始,而稳定情绪又是发球必不可缺的前奏,从这里开始,看看怎样能发出一个好球。

1.稳定情绪

心浮气躁的情况下是很难发出一个好球的。通常的作法是:在发球的位置上做几次深呼吸,再拍拍球,然后站定准备发球。各人习惯不同,因而稳定情绪的作法也各有异,但这一环节最好不要 被略掉并且尽量延续至准备动作当中去。

2.握拍

东方式反手或大陆式握拍。许多网球初学者都喜欢用东方式正手握拍进行发球,这可能是底线击球所留下的"后遗症"。其实一试便知,如果采用此种握拍在右区而且是用正常动作发球的话,球出手后十有八九会偏向外角一侧,因为手腕在自然情况下所形成的拍面就是如此的角度,若想使拍面偏向内角则必须向内转手腕,而经常做此动作不仅相当别扭而且易使手腕受到损伤。所以在可能的情况下最好不要用 东方式正手握拍进行发球。

3.准备动作

众所周知,发球要发在对角的发球区内才算好球,发球员若站在单打右区发球,那么球应该落入对面的 A 区之内,若站在左区发球则球应落入对面的 B 区之内,靠近发球线的 C、D 两个角一般被称为内侧角,靠近边线的 E、F 两个角相应地被称为外侧角。球员在发球之前对球出手后的方向、落点、旋转、速度等都应做个先期的预算,盲目发球出手无疑是在浪费先发制人的好机会。发球前具体的准备动作,双脚自然分开站立,两脚的连线根据球员中同的习惯可与底线相垂直,也可以保持另外一个合适的角度;身体自然前倾;最好只持一个球,球自然着落在持球手拇指、食指及中指三指上,无名指和小指自然屈于球的后部,切忌用力将球握在手里或捏在手里。关于球拍相合。许多初学者喜欢拿起球、拍,走到发球位置后立即就开始抛球并挥拍击球,仿佛 球和拍是不相关的两样东西,这显然是很草率的,最好能改一改。

4.抛球

准备动作稳定下来以后,顺势就是抛球及挥拍击球了。这两个环节能否配合得好是能否发好球的关键,而抛球的质量则又是关键的关键。位置得当、出手平稳的抛球无异于为挥拍击球创造了稳定的条件,反之则无异于给下面一系列环节制造了一个动荡的外部环境。很少有人能在前后左右飘忽不定的抛球之下发出保质保量的好球,初学者更是如此,所以学发球的第一步是先学抛球、先练抛球。

(1)抛球的方法:在准备动作的基础上,持球手的肘部渐渐伸直并向下靠近持球手同侧的大腿,然后从腿侧自下而上将球抛起。在整个动作过程中,手臂保持伸直的状态,其走势与地面垂直,掌心向上,以拇指、食指、中指三指将球平稳托起,尽量避免勾指、甩手腕等多余的手部小动作,以免影响球的平稳走势,球在空中的旋转越少越好。球脱手的最佳点在手掌走势的最高点,脱手过早容易造成球在空中旋转或晃动,出手过晚则会令球"走"向脑后失去控制。脱手时托球的三手指已最大程度地展开,球不是被"扔"到空中而是被"抛送"到空中去的,初学者应对此多作体验。应注意抛球与右手挥拍后摆同时开始,这样动作才能协调一致。

(2)球脱手后在空中的位置:根据不同的需要,球出手后在空中相对于身体的前后位置也不尽相同。一般来说,第一发球强调出球的速度与攻击力,击球点较靠前,因此球也抛得较靠前。第二发球较为保守,在保证成功率的前提下强调球的旋转和控制球的落点,击球点也就相应后移,因此球自然要抛得靠后一些,基本上与背弓时身体的纵轴线相一致。抛球的位置也可参照球落地后相对于前脚的位置来确定。一般来说,第一发球抛球后球应落于前脚前一个拍头的位置上。

(3)抛球的高度:球抛到空中的高度当然不能低于击球点的高度,但究竟多高才合适要视个人情况而定,因为此高度限定了挥拍击球所用的时间。从准备姿势到抛球出手,身体重心还有个后靠至后脚再前移至前脚的过程,同时髋部前顶、腰背呈"背弓"状,然后反弹背弓并发力挥拍击球。在下文中我们还将对此有详细的论述。刚刚开始学发球的朋友肯定要面临总是抛不稳球的难题,没关系,"再抛一次"是最好的攻关办法。因为抛球的稳定性建立在一定的手感基础之上,所以一般在学发球动作之前最好能专门花一点时间练习抛球,在以后的实际发球练习中也要注意要领,如果偶尔没有抛好的话,接住重抛就是了,千万不要勉强发球出手,否则很容易破坏掉辛辛苦苦学来的动作。

5.挥拍击球

抛球与挥拍击球是同时开始进行的。挥拍击球的环节包括:

(1)后摆球拍:以准备姿势为基础向持拍手一侧转身,同时持拍手引导球拍贴近身体像钟摆一样将球拍摆至体后(不一定要直臂后摆但掌心一定要朝向身体)。一发抛球,球的位置较靠前二发抛球,球的位置较靠后

(2)背弓动作:球拍后摆至一定高度后(此高度因各人习惯而异,至少大臂不应紧夹在体侧),以肘为轴,小臂、手、拍头依次向体后、背部下吊,同时屈双膝并伴随身体后展呈"弓"状。

(3)击球:在屈膝、背弓动作的基础上自下而上依次蹬直踝部、膝部,反弹背弓并向出球方转体,与此同时仍以肘为轴带动手、拍头摆向击球点,最后在力的爆发点上击中抛送于空中的球。发力是自下而上一气呵成的,其间的快慢由个人掌握,习惯、素质不同速度也就不一样,但共同的一点是:球拍走势最快、最具爆发力的一点应在到达击球点那一瞬间。击球点时身体已全部面向出球方,拍面自然地稍向内侧以便击于球的侧后部,发出侧上旋球或侧旋球。注意重视第二发球的练习。专家认为:衡量发球好坏的重要标志是靠第二发球的质量。强有力的第二发球,同样可以具有很强的攻击力,有好的第二发球作后盾,第一发球就可以更加放手了。

(4)搔背动作:挥拍击球时肘部有一个引导小臂、球拍下吊至背后再以肘部为轴带动臂、拍摆向击球点的过程。这一过程好像在用拍头给后背搔痒,故

被称为"搔背动作",其目的是为了持拍手能有一个足够的获得摆动速度的过程,为到达击球点一瞬间力的爆发做充分的准备。搔背动作完成得是否到位关键要看搔背时手、臂是否得到了充分的放松,如果在手、臂十分僵硬的情况下完成此动作,那么到达击域点时球员一定会感到整个身体的弹性都已被破坏掉了,发不出力也就在情理之中。一发抛球后球落于前脚前一个拍头的位。发球击球前的拍头下垂形成"搔背动作",应注意不是有意做出来的,而是协调,行云流水般的发球动作中,拍头自然在背后下垂所形成的。

　　(5)击球点的位置:球员手持球拍在空中所能争取到的最高一点就是击球点。这当然屈膝、弓背积蓄力量及蹬地、发力示意是一个比较理想化的说法,因为根据第一发球和第二发球的不同需要,击球点是相应要有前后变动的,但"力争高点"却是在选择击球点时最基本的原则。有了"制高点",不仅动作可以最大限度地、舒展地做出来,更重要的是在控制球路和球的落点以及对球施加压力上,高点击球有着显而易见的优势。发球者最好不要在发球时太过于苛求平击平打,多加些侧、上旋是比较明智的,因为这样可以让球走一个弧形轨迹,利用弧顶的高度达到过网的目的,再利用余下半段的弧线达到令球落人发球区的目的,这样可以大大提高发球的成功率。

　　到达击球点后球员应顺着身体及挥拍的惯性做收腹、转肩和收拍的动作,最终拍子由大臂带动收向持拍手的异侧体侧,结束发球动作。这一过程被称为随挥,即随球挥动,与底线击球的随挥异曲同工。很多初学者往往习惯于将拍子收于持拍手同侧的体侧,这不仅有违于发力、转体的惯性,更多的情况是击球者很容易将拍头敲在自己的小腿腔骨上,从而造成伤痛。非持拍手在送球脱手后不应立即放下或紧夹于体测,而应帮助身体掌握平衡并在随挥结束时接住已处于末势的球拍。

　　击球时,眼睛一定要注意盯着球,使拍面击在球的正确部位。发球要善于变化。发球时应当把旋转、力量、落点很好地结合起来变换运用。发球要结合抢攻。运动员必须把发球同发球后的抢攻连贯起来,要熟悉对方回球的规律(包括对方回球落点的变化规律)。发球时必须针对对方的技术水平,优点和缺点以及站位等情况来决定自己应当运用发球的方法。发球前要观察一下对方,然后再将球发出。

（三）易犯错误和纠正方法（见表 10－1）

表 10－1　易犯错误和纠正方法

编号	易犯错误	现象	纠正方法
1	抛球不稳	抛球点不准确身体前后左右晃动	重心不稳定加强抛球练习
2	击球时身体前做过多	球拍拍面下压太多球下网调整抛球	将球抛后些，按合适的击球点击球，注意手腕向前。
3	击球时身体前何等不够	球拍拍面下压不够球出界将球向前抛些按合适的击球点击	注意手腕下压。
4	后摆动作不放松，肩关节不灵活	缺少"鞭打"动作球发不出力	多进行挥拍练习，使之放松协调。多体会"鞭打"动作。

三、接发球技术

由于接发球是仅次于发球的第二位重要击球技术，一旦对方发球命中，接发球即决定着这一分的发展。如果我们仅仅依靠平时练习所掌握的那些技术，就很难应付对方在发球时迅速而突然的变化，所以必须进行专门和系统的接发球训练，才能适应实战需要。

（一）练习步骤

（1）多球式的接发球练习根据运动员的接发球训练要求，教练员用多球发球，给运动员进行专门的接发球练习。为了增加送球力量，教练员可站在发球区附近位置发球，应注意发球的落点、力量、旋转、速度等因素，尽量与实际发球相似。

（2）与发球员配合的接发球练习对方有一至两名;动员练发球，结合实战，进行接发球练习，可练习接发球破网，接发球抢攻，接发球随球上网。

（3）提高接发球准确性的练习对方有多人轮流发球，要求接球员把球回击到指定的区域内。

（4）提高接发球实战能力的练习有目的地安排进行单打或双打战术练习，

互相对抗。以提高接发球在实战中的心理素质。

(二)注意事项

(1)准备接发球要放松。只需在击球时使劲,身体紧张会影响腿部的移动。

(2)向前迎接球,要主动进攻,不要被动应付,注意提起脚后跟,使重心向前,不能脚跟着地。

(3)注意力高度集中,当对方抛球上举挥拍时,眼睛应紧紧地注视着球。

四、正手击球技术

底线正拍有 3 种打法,上旋球、下旋球和平击球。网球是一种向上抬起的弧线运动,要想打出进攻性、稳定性、变化性强的底线正拍,就必须围绕上旋球来建立技术体系。上旋的产生都是来自于球拍面在击球时保持垂直,并由下向上挥出的动作。

准备动作:左手扶拍颈,右手握拍,手 V 型虎口对准拍柄第三条线和第四条线之间的平面上;面朝球网方向站立,两脚自然分开与肩同宽;双膝自然弯曲,上身稍向前倾,脚跟稍提起,将肩、腰、膝的力量放松,并盯住来球。

击球前:判断来球方向,球在飞行时迅速地以腰为轴向右转动身体,转肩并右手向后拉拍;左肩向前迎击,略向前倾,重心移向右脚,拍头向后并低于来球的高度;膝关节弯曲,保持由低向高处移动的动作。

击球时:正手前挥击球时,重心向前移动,左脚向击球方向跨出;击球点在自己身体转体左脚斜前方的齐腰处或稍前一点,可以用自己的左手为目标指向击球点;手腕固定,拍头低于击球点 30 cm 左右,击球时拍面垂直于地面,由下向上、由里向外击球。

随挥动作:球拍击球后继续向上方挥出,身体重心由低向高方向移动;随挥的结束点是右肩触到自己的下巴,拍面打开,拍柄底部朝下;右足鞋底对向后挡网并保持好平衡。

对于一般初学者而言.我们强调推荐学习东方式正手平击球技术,因为此动作简单易学.在掌握、领会了这种基本击球技术以后,学习人员可根据实际情况,再选择学习适合自己身体条件的技术打法.

东方式正手平击球技术的整个过程可分为以下四个阶段:(以右手持拍为例)

(一)东方式握拍的准备阶段

用左手握住拍颈,将拍面垂直地面,拍柄底部正对身体,把右手掌放在拍面上,慢慢向下滑动,直至拍柄底部,然后五指自然分开握住,与握手动作相似,又称握手式握拍。

准备阶段站立时,两脚开立与肩同宽,身体放松,眼睛平视,双膝微屈,重心在两个前脚掌上,脚后跟稍稍抬起;肩部放松,两肘自然下垂,轻触腰两侧,保持拍头位置高于手腕。

(二)侧身引拍阶段

当判断球来自正手方向时,迅速移动,尽早向后引拍。首先以右脚为轴,转体侧身,左脚向前踏出,两脚并排站立,重心落在后脚,保持两边肩膀水平;转体的同时,右臂收紧于腋下,自然直线水平向后拉拍;拍头稍向上指向后方,并低于来球高度,且拍面接近垂直地面,拍柄底部正对来球。

(三)重心前移向前挥拍阶段

当球接近身体时,先蹬后脚,重心前移,同时转体、转肩,左手指向来球,右手持拍顺势向前向上挥出。手腕要固定,拍头一定要垂直地面直至将球水平击出。击球点的位置在前脚的侧前方,固定与腰齐高。在球接触球拍时,重心已在前脚,收紧下巴,眼睛盯球,右手充分将球向前送出,尽量延长球与球拍接触的时间,想像是用手掌心将球推出。

(四)随挥动作阶段

在球离开球拍后,继续将球拍向前向上挥出,使右臂自然接触下巴,拍头挥至左前上方,并用左手扶住拍颈;右脚尖要停留在地面上,鞋底面正对后挡网,重心充分停留在前脚,并站稳身体。

五、反手击球技术

(一)握拍

东方式反手或西方式握拍。

换握球拍:在底线击落地球过程中,准备动作时一般都是正手握拍,这样持拍手的状态比较自然、舒服,况且正反手击球之间的换握过程在融入条件反射变为一种自动化的动作以后,是根本不会妨碍击球的。初学者若担心因来不及换握导致来不及击反手球而在准备时就用反手握拍,那么遇到正手球时不一样也要换握吗?

若采用西方式握拍法,那么正手和反手握拍是没有区别的,不需要换握,而正手若采用东方式或半东方式半西方式的握拍则在击反手球之前必须有一个换握的过程,否则将无法击反手球。换握球拍一般在做反手后摆的过程当中进行,方法是由非持拍手辅助持拍手使拍柄在手掌中做逆时针方向旋转(右手持拍是如此,左手持拍则相反),完成换握。此动作极细致、极敏捷,随着练习次数的增多,它会很自然地被融入条件反射中,击球者下意识地就可以完成它。

(二)准备

准备的动作与正手击球相同。

(三)后摆球拍

在准备动作的基础之上,与持拍手同侧的脚向来球方向前跨半步至一步,同时以相异一侧的脚为支撑向后侧转体(肩、髋髓一体同时转),同时后摆球拍。

双手后摆:双手落在腰髋部的高度上,持拍稳定但不僵硬,双手不能握得太紧,也没有大幅度的翻转或晃动,拍头在手腕自然而不吃力的限度内与手腕持平或略高于双手,拍面自然倾向于地面,双腿弯曲、重心下降并落在与持拍手相异一侧的脚上,眼睛盯球。

单手后摆:单手后摆与双手后摆有很多地方是相似的,如重心的转移、拍面倾向地面、眼睛盯球等等,差异当然也存在,比如手腕固定的强度与力度上。如果单手也像双手那样自然、放松的话,接下来的前挥发力将是不可想像的,单手后摆时手腕一定要坚固、稳定,哪怕紧张一些也好。辅助手虽然不必像双手后摆时一样与持拍手紧靠在一起,但也不要认为辅助手是多余的而将其吊于体侧,应将其扶在拍体上协助持拍手抬起拍头,它对于协调转体与发力、掌握身体的平衡都具有重要的作用,这与正手相似。

后摆幅度:反手无论单手握拍还是双手握拍,其后摆幅度皆要比正手稍大一些,因为反手是离心用力,对于许多腰腿部力量不足的击球者来说更需要加大后摆幅度、加长加速度的过程来获取动力,而加大转体幅度则是加大后摆幅度的根本保障和真正的意义所在。可以打个比方:假如击球者后背上写有号码的话,那么你最好能让隔网而立的对方看到这号码。反手击球(特别是单手握拍)如果不以转体为大前提,不以充分的转体为发力的源泉,其结果比正手击球不转体要糟糕得多。

后摆弧度:与正手一样,反手后摆时持拍手也应带动球拍画一个圆滑的弧线并且拍头有个小小的下吊动作。此动作在双手后摆过程中可表现得较为松弛柔和,而在单手后摆过程中则应以简洁、强劲为原则,弧线划得不必太精致更不能随意吊下拍头,否则将影响手腕、肘在前挥发力时的坚固和一致程度,导致无法与球对抗。

这里还要再一次请朋友们注意保持肘部弯曲并收近腰部、收近身体,直臂后摆、直臂击球是有百弊而无一利的,无论双手还是单手握拍。

(四)前挥击球

反手前挥击球过程中的基本要点(如拍面、自下而上、重心由后脚移至前脚、蹬地发力等等)与正手的差异仍然不是很大,只要看一下图片就会很清楚了,在此不做过繁的重复。需要重点强调的还是转体的问题。转体无论在正手还是在反手击球过程中永远是第一位要做好的,后摆时转体到位只是开了个好头,前挥击球时能再转回来与球相对抗则更为重要。另外,单手前挥时持拍手仍要保持坚固、强劲及不拆不挠的前挥势头,辅助手可留于身后像展开翅膀一样帮助身体掌握平衡,也可帮助持拍手扶住拍柄并在前挥时向前推送一下,把单手挥拍变为"半双手"挥拍。双手握拍者两只手不要分主次,特别是辅助手不能过于主动地前顶拍柄,否则整个球拍的动力平衡就会被破坏掉,发力将失去协调性。

关于击球点。反手单、双手的最佳击球点也都应在身体侧前方腰部或略低于腰部的位置上,这一点不是轻易等得到的而需要击球者全力以赴去抢、去争取。关于击球点离身体的远近。原则上说,在合理的范围内无论正反手都应争取击球点能离身体近些再近些,身体转体的半径越短越有利于发力,这我们在前面的内容里已有涉及。但由于正反手在发力时还有个向心和离心的区别,所以相对来说反手是越收近身体越妙,而正手对击球点的要求比反手就要宽泛一些,远近的弹性大一些,有时候手臂完全离开体侧都是可以的,只要击球者仍然有力量控制住拍子、控制住球就行。到达击球点时拍面的倾斜角度、拍体与手臂所成的角度均可参照正手。

(五)随挥动作

反手同正手一样,随挥动作也是尽量沿出球方向送出球拍的,不同之处在于正手挥至持拍手异侧耳朵的高度,而反手则是挥至持拍手同侧的耳朵高度。

双手握拍的随挥动作比较容易也比较随意,一般只注意双臂保持弯曲并且一致前挥到尽头,最后自然过渡至同侧的耳朵附近就可以了,其间不要有翻肘、抬肘等多余动作。从始至终都是双手握拍,其实实际运用中许多球员在击中球后就已经把辅助手松开了,也有的人等双手挥过肩头高度才将辅助手松开,只要击球者能够控制住自己的球拍、能够完整顺畅地发力,这些都是可以采用的随挥方式。

单手握拍的随挥幅度比较难掌握,原则上应该是宜小不宜大,最好不要挥出自己余光所及的范围。很多初学者由于力量相对不足并且也还不能够熟练地依靠转体去发力击球,所以往往要靠大幅度地甩胳膊发力,结果造成随挥幅度过大,甚至整个手臂都甩到身体后面去了,这不仅会影响快速地准备下一次击球,而且也容易造成肩部的损伤,因为肩部肌肉很难负荷多次如此剧烈的牵拉。弥补的办法是:①加强练习上臂及肩部周围的肌肉以便在随挥时能够有力量控制球拍的走势;②保持整个身体包括手臂、球拍的走势大方向是向前面而不是向旁边拉;③把转体动作延续至随挥结束以缓解肩部的压力。

六、截击球技术

(一)练习步骤

(1)先徒手做模仿挥拍练习,然后再持拍模拍挥习,并逐渐结合步法做挥拍练习。

(2)用多球进行单个动作的网前截击练习,以体会动作和球感。

(3)由两名队员在场上发球线附近进行截击对拦凌宇球的练习,以练习反应判断反正、反拦的相互变换。

(4)在网前中场或近网对底线进行截击球练习,先单线定点,后可加大难度进行左右移动截击或不定点截击。

(5)通过技术组合练习截击球。如发球上网或随球上网练习中场和近网截击,提高实战中的截击能力。

(6)网前一人截击球,底线两人破网,提高截击者的难度,练习反应、判断能力。

(二)注意事项

(1)在对方击球前或击球的瞬间,重心就前移,做到人到球到。

(2)击球时双肘关节应放在前面,眼睛始终盯着球,以身体的力量和短小的撞击动作来截击球。

(3)随着对方来球的高低,要随时调整击球时的拍面角度,始终保持出球点在身体侧前方。

(4)中场截击后应立即向网前移动,占据网前有利位置。

(5)截击低球,最好使球的落点深些,以增加对方回 球的难度;截击高球,要采取进攻的打法,以求截击直接得分。

(三)易犯错误及纠正方法

(1)向后扭引拍幅度过大 。纠正方法:

1)建立正确的截击球引拍技术概念。

2)背靠墙、网挡反复练习截击球技术的模仿动作及击球练习。

(2)击球无力。纠正方法:

1）练习者反复练习转肩、上步动作。

2）要求练习者拍头向侧上方，模仿撞击球动作，也可用加重球拍练习。

3）将球吊在离身体适当的位置，反复练习撞击球动作。

（3）网前站立腿过直。纠正方法：

1）练习者膝关节弯曲，反复练习左右、前后移动。

2）网前站立，提踵，双脚不停地移动。

七、挑高球技术

（一）练习步骤

（1）要循序渐进，在掌握底线正反拍上旋球、下旋球的抽击技术后，练习上旋或下旋挑高球。

（2）利用多球进行专门的挑高球练习，先定点练然后再跑动中不定点练习，难度逐渐加大。

（3）网前一人进行高压，一人在底线练习挑高球。

（4）按照双打要求，对方两人在网前截击或高压 习挑高球及防守反击技术。

（二）注意事项

（1）眼睛看球，动作放松。

（2）由低向高的挥拍动作轨迹。

（3）进攻和防守要结合使用。

（三）易犯错误和纠正方法

（1）向后引拍的，手腕没有后屈，造成没有上旋。

纠正方法：练习模仿动作，注意手腕后屈。

（2）击球时拍头没有低于手腕，造成没有上旋或上旋力量不强。

纠正方法：使拍头低于手腕，每次进行检查。

（3）击球的拍型掌握不好，击球部位不准，造成球出界或下网。

纠正方法：利用多球进行动作的动力定型练习，改进并掌握动作。

（4）击球的拍回过于后仰，使球过网落点浅。

纠正方法：注意控制拍面，接挑高球练习。

（5）击球时向前用力过大，使球出弄。

纠正方法：用多球练习，动作柔和，体会球感。

八、放小球技术

(一)练习步骤

(1)用多球进行练习,先定点练习,然后再跑动中练习。

(2)底线正、反拍抽击球对练中,练习突然放轻球。

(二)注意事项

(1)眼睛始终盯着球,动作要柔和。

(2)动作要隐蔽。

(3)直线轻球比斜线轻球更具威胁。

第三节　网球基本战术

一、底线型打法

底线型运动员基本上保持在底线抽球,较少上网,或利用球的落点、速度和旋转变化打出机会时偶尔上网。澳大利亚和我国老一辈运动员多属这种类型。这种打法原来偏重防守,比较被动。近年来,在上网型打法的威胁下,出现了一种攻击性的底线打法,运动员用凶猛的底线双手抽击,使对方难以截击。世界著名网球运动员博格就是这种新的底线型打法。优秀底线型运动员一般都能掌握扎实的正、反手抽球,并具有相 当强的攻击能力,利用快速有力的抽球打出落点深而角度刁的球,能够一拍接一拍地使用大角度的猛抽,并带有较强的上旋性,迫使对手处于被动局面。当出现中场浅球时,以快速迎前的动作进行致命的一击,这种类型虽在比赛中很少上网,但遇到少量的上网,也能抓住时机进行网前攻击。另外在接了球和破网技术方面,能顶住对手强有力的发球,既会用隐蔽动作完成破网技术,又会抽挑结合,使对手网前难以发挥威力。

二、上网型打法

这种战术主要指球员积极创造一切机会和条件上网,发球后积极争取上网,并在空中截击来球,使对手措手不及。这种打法积极主动、富有攻击性,但也有一定冒险性! 上网后利用速度和角度造成对手还击困难。美国著名球星麦肯罗属于这种类型。优秀上网型运动员一般都能掌握发球上网和抽球上网的战术,发球技术凶狠、力量大、有威胁性,另外,截击球和高压球的攻击力也很强。

三、综合型打法

综合型底线和上网两种打法综合使用,结合对手情况采用不同打法,随机应变。美国著名网球运动员康纳斯属于这种类型。优秀综合型运动员一般都能掌握全面技术,无论是发球、接发球,还是截击和高压球,都应具有很高水平。能够根据不同的对手、不同的比分、不同的临场情况采用相应战术。有时底线对抽,有时伺机上网截击,时而发力猛抽,时而稳抽稳拉。有时削放轻球,有时挑出上旋高球,充分发挥多样化技术,并结合敏捷步法,机智灵活地争取主动。

四、双打技术与战术

(一)在发球前作出抢网决定

抢网是网前人横向移动,拦截对方接球员打过来的斜线球。它要求发球方有敏捷的思维和快速的步法。所以,很重要的是两人要在事先商定,如果对方打斜线球时,网前人则要去抢网。一些双打配对队员喜欢用暗号,例如网前人把手放在背后,用握拳或张开手指向发球员表示抢不抢网。但在发球开始之前,两名运动员用口头讲定更好些。一旦作出决定,便必须坚决执行。

(二)防住空出的场地

当网前人扑出去拦截接发球时,他那半个球场便无人防守。所以发球员发球之后,不应该直接冲向前,而应向前跑几步,然后向同伴留下的那半场跑去,并继续向网前移动。抢网的人在拦截之后,应当继续进入发球员的场区。两人交叉移动,可以防住对方可能回击的直线球以及抢网人第一次截击没能得分后的回击。

(三)起动要早

抢网时,需要在对方接球员击球的一瞬间起动,而不要在接球员击球之前移动,把自己的行动意识暴露给对方。如果接球员察觉到你要抢网,便会打直线球并可能得分。等球时,身体前倾,准备好蹬出去击球。向右边抢网时,蹬左脚并快跑几部到截击位置。绝大多数的运动员喜欢用正拍抢网,因为它截击的伸缩度大。但是,不论是正拍抢网还是反拍抢网都要快速起动。

(四)退在后场对付抢网的队员

当对方网前队员抢网时,接球员和同伴要掌握好站位。如果你是接球员的同伴,并在向网前移动,抢网者就可能往下击球到你的脚下,使你难以回击。如果你是接球员,并且也在向网前移动,抢网者既可以超你的脚下攻击,也可以将球打在你同伴之间,所以这两种站位都不利。如果退在后场,就有时间移动到位,或者挑出高球,使球不死。

(五)打直线球

如果接发球老是打斜线球,对方就会判断出来并积极抢网。所以,一旦对方抢网开始,就要打斜线球使对方网前人不敢随意抢网。也可以试用攻击性挑高球过头顶的方法。如果网前人知道你的高球有威力,就会从网前向后退步,这就减少了抢网成功的可能。但是,不要看见抢网的一点点动作就改变主意,因为他可能作出假装抢网的样子,使你临时改斜线球为直线球而击球失败。

(六)抢网时向下击球

要抢网成功,必须在球比高时击球,就是说要向前移动,靠近球和网,才能往下打球。越近网,球就越高,也就越易于截击。但是,也不要近到击球时球拍触网,那是犯规的,即使击球成功,也会被判为矢分。抢网者要朝着对方网前人的脚下拦击,或对方的空挡,以便直接得分。

(七)注意发球的配合

双打球经常比单打球更具有强烈的攻击性。由于发球员的同伴首先占据了网前至高点的位置,随时准备截击接发球员的第一还击球,因此给对方的压力很大,迫使接发球员势必向发球员甲还击大角度的球,这个还击不仅角度小,而且要求有一定的球速,否则,有可能被乙抢截,所以难度很大。如果用随发球上网形成双上网,那么威胁信就更大了,一旦对方打直线球就会造成一举得分。至少也给得分创造良好的条件。然而,乙必须百分之百地控制好还击给他的反手直线球。否则,那将会为对方创造出一个成功的"破网"球。

在双打的每盘比赛中,通常发球技术最好的球员应该是第一发球员。而在每次发球时,发好第一次发球更为重要,因为,可使网前的同伴能够较有效地进行偷袭;做为一名发球员,也能够较容易地上网;还可以运用有利的战术。

第四节 网球竞赛规则与裁判法

一、发 球

1.发球前的规定

发球员在发球前应先站在端线后、中点和边线的假定延长线之间的区域里,用手将球向空中任何方向抛起,在球接触地面以前,用球拍击球(仅能用一只手的运动员,可用球拍将球抛起)。球拍与球接触时,就算完成球的发送。

2. 发球时的规定

发球员在整个发球动作中,不得通过行走或跑动改变原站的位置,两脚只准站在规定位置,不得触及其他区域。

3. 发球员的位置

(1)每局开始,先从右区端线后发球,得或失一分后,应换到左区发球。

(2)发出的球应从网上越过,落到对角的对方发球区内,或其周围的线上。

4. 发球失误

未击中球;发出的球,在落地前触及固定物(球网、中心带和网边白布除外);违反发球站位规定。发球员第一次发球失误后,应在原发位置上进行第二次发球。

5. 发球无效

发球触网后,仍然落到对方发球区内,接球员未作好接球准备;均应重发球。

6. 交换发球

第一局比赛终了,接球员成为发球员,发球成为接球。以后每局终了。均依次互相交换,直至比赛结束。

二、通则

1. 交换场地

双方应在每盘的第 1,3,5 等单数局结束后,以及每盘结束双方局数之和为单数时,交换场地。

2. 失分

发生下列任何一种情况,均判失分。

(1)在球第二次着地前,未能还击过网。

(2)还击的球触及对方场区界线以外的地面、固定物或其他物件。

(3)还击空中球失败。

(4)故意用球拍触球超过一次。

(5)运动员的身体、球拍,在发球期间触及球网。

(6)过网击球。

(7)抛拍击球。

3. 压线球

落在线上的球都算界内球。

三、双打

1. 双打发球次序

每盘第一局开始时,由发球方决定由何人首先发球,对方则同样地在第 2 局开始时,决定由何人首先发球。第 3 局由第 1 局发球方的另一球员发球。第 4 局由第 2 局发球主的另一球员发球。以下各局均按此序秩发球。

2. 双打接球次序

先接球的一方,应在第 1 局开始时,决定何人先接发球,并在这盘单数局,继续先接发球。双方同样应在第 2 局开始时,决定何人接发球,并在这盘双数局继续先接发球。他们的同伴应在每局中轮流接发球。

3. 双打还击

接发球后,双方应轮流由其中任何一名队员还击。如运动员在其同队队员击球后,再以球拍触球,则判对方得分。

四、计分方法

1. 胜 1 局
(1)每胜 1 球得 1 分,先胜 4 分者胜 1 局。
(2)双方各得 3 分时为"平分",平分后,净胜两分为胜 1 局。

2. 胜 1 盘
(1)一方先胜 6 局为胜 1 盘。
(2)双方各胜 5 局时,一方净胜两局为胜 1 盘。

3. 决胜局计分制
在每盘的局数为 6 平时,有以下两种计分制。
(1)长盘制:一方净胜两局为胜 1 盘。
(2)短盘制:决胜盘除外,除非赛前另有规定,一般应按以下办法执行。
1)先得 7 分者为胜该局及该盘(若分数为 6 平时,一方须净两分)。
2)首先发球员发第 1 分球,对方发第 2、3 分球,然后轮流发两分球,直到比赛结束。
3)第 1 分球在右区发,第 2 分球在左区发,第 3 分球在右区发。
4)每 6 分球和决胜局结束都要交换场地。

4. 短盘制的计分
(1)第 1 个球(0∶0),发球员 A 发 1 分球,1 分球之后换发球。
(2)第 2、3 个球(报 1∶0 或 0∶1,不报 15∶0 或 0∶15),由 B 发球,B 连

发两分球后换发球,先从左区发球。

(3)第 4、5 个球(报 3∶0 或 1∶2,2∶1,不报 40∶0 或 15∶30,30∶15),由 A 发球,A 连发两球后换发球后换发球,先从左区发球。

(4)第 6、7 个球(报 3∶3 或 2∶4,4∶2 或 1∶5,5∶1 或 6∶0,0∶6),由 B 发 1 分球之后交换场地,若比赛未结束,B 继续发第 7 个球。

(5)比分打到 5∶5,6∶6,7∶7,8∶8……时,需连胜两分才能决定谁为胜方。但在记分表上则统一写为 7∶6。

(6)决胜局打完之后,以方队员交换场地。

五、网球场地与器材

(一)网球场地的种类和特点

在欣赏一场比赛或者欣赏一名球员的表演时,网球场总是充当着"大舞台、大背景"的角色,球场的环境、设施,地表的颜色、质地等等,球员与它们融合在一起、映衬在一起,带给观众很好的视觉享受。除此之外,不同质地的网球场更给球员提供了不同的发挥技艺、展现风采的天地,不同的球场更造就了不同类型不同风格的选手。草地,古典而优雅,虽然疾风迅雨般的撕杀、争夺全然没有绅男淑女的矜持,但隐隐透着的仍是大家风范与气度;红土地,凝重而深沉,不屈不挠的博杀、奔跑中蕴含的是对胜利的渴望;硬地,跳跃而多彩,充斥着无拘无束的天性,放任着满天满地的幻想 网球运动员是很幸运的,因为可以有机会体验如此迥异的气质。画画儿的人不能不知道自己面对的是宣纸还是画布,打网球的人同样不能不知道自己是在什么样的球场上打球,而看球的人若不了解网球场则等于失掉了大半与球员同生死共命运的相通之感,也少了许多可以与球员相交流的语言。

1.草地

这是历史最悠久、最具传统意味的一种场地。由于其对草的特质、规格要求极高,所以此种球场,特别是对用作正规比赛的草地网球场很难被推广到世界各地。目前每年的寥寥几个草地职业网球赛事几乎都是在英伦三岛上举行,且时间集中在六、七月份,温布尔顿锦标赛是其中最古老也最负盛名的一项。

草地球场的特点是球落地时与地面的磨擦小,球的反弹速度快,对球员的反应、灵敏、奔跑速度、奔跑技巧等要求非常高,同时球员也利用此特点大打"攻势网球",发球上网、随球上网等各种上网强攻战术几乎被视为在草地网球场上致胜的唯一法宝,底线型选手在草地网球场常常无功而返。

2.人造草地

这是天然草场的仿效物，其结构有点儿像地毯，只不过底层是尼龙编织物，其上栽植的是束状尼龙短纤维，为保持纤维的直立性，纤维之间以细砂为填充物。这种场地需要平整、坚固的基底，附设有良好的排水结构，并且，因其白色界线是与周围场地直接拼编在一起的，所以免去了许多诸如划线等维护上的麻烦，也使其成为了全天候场地的一种，维护者只需经常梳平整理并适时增添其间的细砂就可以了。结合还亚养基素树脂平粗粒橡皮植组合而成，且喷上聚亚安脂，可渗透底层，上铺有泊油。

3.软性场地

这是不被人熟知的一个名字，但若提到法国公开赛的红土球场，人们立即就不会有陌生感了，它是"软性球场"最典型的代表。另外，常见的各种沙地、泥地等都可称为软性场地。

地表铺有一层细沙或砖粉末，特点是球落地时与地面有较大的磨擦，球速比较慢，球员在跑动中特别是在急停急回时会有很大的滑动余地，这些决定了球员必须具备比在其他场地上更优良的意志品质和更出色的奔跑、移动能力，否则很难取胜。在这种场地上比赛对球员是极大的考验，考验其在底线相持的功夫。球员一般要付出数倍的汗水及耐心在底线与对手周旋，获胜的往往不是频繁上网者，而是在底线艰苦奋斗的一方。值得一提的是，沙地或土地网球场虽然造价比较低，但保养和维护起来却是相当麻烦的，平时它需要浇水、拉平、划线、扫线，雨天过后它需要平整、滚压等等。由此，打球的人更应该对场地及场地上的一切设施备加爱护。

4.硬地

这是最普通的一种场地了，经常打网球的人没有不熟悉此种场地的。它一般由水泥和沥青铺垫而成，其上涂有红、绿等漂亮的颜料或铺有一层高级塑胶面层，其表面平整、硬度高，球的弹跳非常有规律但球的反弹速度很快，平时易于清扫和维护，基本上用不着很精心的照顾。许多公共网球场都采用这种硬地球场。

需注意的是硬地不如其他质地的场地弹性好，初学者在其上练球时应加强对自己的保护，特别是膝、踝关节，否则由于初学者奔跑、移动的方法可能不尽正确，地表的反作用又很强很僵硬，所以比较容易对一些部位造成伤害。自我保护的办法是：时刻保持膝关节的弯曲以便随时依靠膝关节的升降和缓冲抵减来自于地面的反作用力；奔跑时重心落在前脚掌上以使整个身体更有弹性；变向回动时也尽可能地降低重心。

5.合成塑胶场

此种场地的材质与塑胶田径跑道的材质属同类,它以钢筋混凝土或其他类似的材质结构为基底,表面铺撒的是合成塑胶颗粒,其间以专用胶水相粘。这种场地的弹性及硬度依塑胶颗粒的大小、铺撒的紧密程度及其本身的特质而定。塑胶场地颜色艳丽、管理方便,室内外皆可铺设,也是可供选择的理想的公共球场。

6.网球地毯

故名思义,这是一种"便携式"可卷起的网球场,其表面是塑胶面层、尼龙编织面层等,一般用专门的胶水粘接于具有一定强度和硬度的沥青、水泥、混凝土底基的地面上即可,有的甚至可以直接铺展或粘接于任何有支持力的地面上,其铺卷方便、适于运输且有非常强的适应性,室内室外甚至屋顶都可采用。球的速度需视场地表面的平整度及地毯表面的粗糙程度而定。在保养上此种场地也是非常简单的,只要保持地面清洁,不破损、不积水对与相应的排水设施配套就可以了。

(二)网球器材

选择运动器材的重要性就像运动前的热身运动一样,适当的运动器材可以为我们在运动中带来良好的感受,反之,则有可能产生不良的影响。

1.球拍的选择

由于每个人的体能,年龄各有不同,因此对于球拍的要求也就不同,选择球拍除了需要考量自己的程度和打球习惯外,球拍的好坏也会影响球场上的表现,更有可能牵涉到运动伤害的层面,所以在自己的预算内选择适合的拍子便相当重要。

重量:太重的球拍会使球员在挥拍时动作迟顿,太轻的拍子则不易应付强球,也容易翻拍。通用经验:年青力壮适用 $320\sim330g$,中老年人适用 $300\sim320g$,女士适用 $280\sim300g$。

握把尺寸:跟重量一样,握把的大小也要选择自己觉得舒适的,太粗的握把容易疲劳,灵敏度降低,不易处理小球、截击球,而太细的球拍不易抓紧,遇上强球容易松动而翻拍。通用男性球员适用 $43/8$,若能力允许,也可用大一点的 $41/2$;女性适用 $41/4\sim43/8$。握把是球拍与人体接触的最重要点,拍子抓不好、不舒适、再好的球拍、再好的球技都无法发挥,所以握把、握把皮是需要留意,时常更换,保持最佳状态的重镇。

拍面的大小:大拍面比较有宽容度,英文称 More Forgiving,也就是偏离中心点击中球,也可以把球击出去,可以用好球区比较大来形容它。英文把这好球区称为 Sweet Spot,因此有人称它为甜点或甜区,它的意思是当球被打在好球区的时候,球的弹力较大,球速较快,不需臂力,打者也很有满足感。因为球拍的面大,风的阻力也大。甜区加大不易失球,但是缺乏速度,职业球员大部份用中拍面的球拍,原因在于甜区越小,力量越集中,球速就更快。所以大拍面易学,稍微偏离中心也能打到,缺点是缺少速度,控制也较差,适合女性,初学者及年纪大者,大约是 110~115 平方英寸。小拍面适合中上级及年轻球员,球速快,打点控制好,但是甜区小。

平衡点:平衡点的中心话题就是(头重)或(头轻)的问题,头重适合长拍,下划线抽球的对打;头轻适合网球截击,双手选手常用。

形状、构造:每一个拍面的形状,都有它独特的设计理念,主要的不同就是甜区不同,这可从拍子的简介或吊牌中看出。至于构造方面,整支球拍会有不同的软硬度存在,吊牌中也会有显示,大部份是以号码来表示,号码越大,硬度越小,挥拍动作大,力气大的人,适合硬度较小的拍子。

2. 网球线的要求

磅数的高低:一般最常用的磅数是 55~60 磅之间,职业选手往往都穿到 70 磅左右。磅数越高,弹性越低,但是挥拍速度快的球员可获得较好的控球效果,磅数低会生成弹簧床作用而使反弹力增加,相对的,控球性就会减低。

网球线:主流是尼龙线,因有不怕潮湿,又耐磨,又能大量生产而价格合理等优点而盛行,但是尼龙线也有缺点,那就是容易因松弛而使磅数变化。羊肠价格昂贵,弹性极佳,稳定性好,缺点是怕湿。牛筋弦较结实,价格也低,但弹性差。选线只有两种选法:耐用、好打。既耐用又好打的线太少,原因是线越粗越耐用,而越细越好打,所以三两天就会断线的人最好穿上直径 1.35mm 到 1.45mm 较粗的线,但是粗线的手感并不好;而细线一般在 1.20mm 到 1.30mm 之间,对于切球较敏锐,弹力也佳。

第十一章　游　　泳

第一节　游泳运动概述

游泳是一种凭借自身肢体动作和与水的相互作用力,在水上漂浮前进,或在水中潜游而进行的有意识的技能活动,它是人类在长期生产劳动和同大自然斗争中产生的,一直与人类生存、生产、生活相联系,也是随着人类社会的形成、发展而产生、发展起来的。

游泳成为体育运动项目后,其竞赛内容甚广。在现代奥运会和世界游泳锦标赛中,包括竞技游泳、跳水、水球和花样游泳四个部分,但实际上它们早已成为独立的四个竞赛项目。另外民间还流传着很多简单、实用的游泳方式,如大爬泳、踩水、侧泳以及一些不规则的游泳方式。从以上两类项目来看,竞技游泳在技术、身体、场地等方面要求较多,而且在研究运动生理、解剖学、运动医学、流体力学、生物力学等方面较深;而后者的游泳方式因经济实用,不受各方面条件限制,因此深受广大群众喜爱。

一、游泳运动项目分类

1. 竞技游泳

现代游泳运动竞技项目有蝶泳、仰泳、蛙泳、爬泳(自由游)四种泳式,由这四种泳式组成的混合泳也被列为正式比赛项目。另外每年冬季举行的短池国际游泳比赛,也促进游泳运动的发展。竞技游泳技术从广义讲,除四种泳式和混合泳外,还应包括出发入水、起动加速游、途中游、转身和终点触壁等技术。通常进行的游泳比赛项目见表11-1。

2. 实用游泳

实用游泳是指直接为生产、军事、生活服务的游泳活动,包括踩水、侧泳、反蛙泳、潜泳、水上救护技术、武装泅渡等非竞技游泳技术。

表 11 - 1 游泳比赛项目表

性别 距离 泳式	比 赛 距 离/m		备 注	
	男子	女子		
自 由 泳	50,100,200, 400,800,1 500	50,100,200, 400,800,1 500	奥运会不设	男子 800 m 女子 1 500 m
仰 泳	100,200	100,200	年龄组设 50 m 比赛	
蛙 泳	100,200	100,200		
蝶 泳	100,200	100,200		
个人混合泳	200,400	200,400	蝶→仰→蛙→自	
自由泳接力	4×100,4×200	4×100 4×200	奥运会不设女子 4×200 m	
混合泳接力	4×100	4×100	仰→蛙→蝶→自	

3. 特种竞技游泳

(1)游渡海峡。从 1810 年著名诗人拜伦横渡了赫勒斯湾海峡后,世界上许多海峡都被人类所征服。

(2)长距离游。长距离游泳也称"马拉松游泳",是一种不限姿势、不限时间、不限距离的比赛项目。

(3)竞速潜水运动。竞速潜水运动又称水下体育运动。运动员穿戴特制装具,在自然水域(江、河、湖、海)和游泳池中进行水下训练和比赛。比赛又分蹼泳、屏气潜泳和器泳,其他潜水运动还有水中狩猎、水下定向、水下橄榄球、水下篮球、水下潜深、水下潜远等。

4. 大众游泳

随着社会发展、生产力和人民生活水平的提高,游泳娱乐丰富人们文化生活。这种以"健身、实用、娱乐"为目的的游泳项目,由于不追求严格的技术和速度,形式简便、多样,已越来越被人们重视,且发展相当迅速,它已与竞技游泳并驾齐驱,成为现代游泳运动的一个重要部分。

二、游泳运动特点及作用

游泳是人在水中的一项运动,它与其他陆上运动相比,有很大的区别,它除了须克服空气阻力外,还要克服水的阻力和侧压力,同时又要充分利用水的阻力和浮力。

1. 游泳运动特点

平时人们在陆地上习惯直立姿势做运动,而游泳则是平卧在水面上向前运动,因此运动方向、运动轴和运动平面等和我们平时在地面上的运动都有所不同。另外因游泳是在不能作为固定支撑点的流体中进行的,它除应用一般的力学原理外,还要应用流体力学原理。由于游泳时身体平卧在水中,水的压力造成了呼吸困难,运动中嘴在水面上吸气,而嘴和鼻在水中呼气,在吸气与呼气之间又有一刹那间的憋气。这样的呼吸技术和呼吸节奏与陆地上相比要复杂得多。

2. 游泳运动的作用

游泳是在水的特殊环境中进行的运动项目。水的导热能力比空气大23倍左右,据测定,游泳时肌肉活动所耗热量,比陆地大几十倍,因此人体必须尽快补充热量,从而促进了体内新陈代谢的加强。经常参加游泳锻炼能改善体温的调节能力,以适应外界气温变化的需要。

游泳时胸腔受到水的压力,增加了肺活量,提高了呼吸系统的机能,心脏体积明显地运动性增大。坚持经常游泳锻炼,可以提高和改善神经、呼吸和血液循环系统的机能,而且还能提高肌肉力量、速度、耐力和关节灵活性,使身体得到了全面协调的发展。

三、中国国家游泳纪录

(1)中国国家男子游泳纪录见表 11 - 2。

表 11 - 2　中国国家男子游泳纪录

项 目	成 绩	姓 名	代表队	时 间	赛 事
50 自	21.91	宁泽涛	海军	2013－9－9	全运会
100 自	48.27	宁泽涛	海军	2013－9－8	全运会
200 自	1：44.47	孙 杨	浙江	2013－9－6	全运会
400 自	3：40.14	孙 杨	浙江	2012－7－28	奥运会
800 自	7：32.12	张 琳	北京	2009－7－29	世锦赛
1500 自	14：31.02	孙 杨	浙江	2012－8－4	奥运会
50 蝶	23.43	周嘉威	广东	2009－4－6	全国冠军赛
100 蝶	51.24	周嘉威	广东	2009－10－23	全运会
200 蝶	1：54.35	吴 鹏	浙江	2008－8－13	奥运会

续 表

项　目	成　绩	姓　名	代表队	时　间	赛　事
50 蛙	27.38	辜标荣	广东	2013－7－30	世锦赛
100 蛙	1：00.31	谢　智	云南	2013－9－5	全运会
200 蛙	2：10.25	毛飞廉	浙江	2013－9－8	全运会
50 仰	24.76	孙晓磊	上海	2013－8－5	世锦赛
100 仰	53.22	程飞轶	辽宁	2012－7－29	奥运会
200 仰	1：55.59	张丰林	山东	2012－8－2	奥运会
200 混	1：56.86	汪　顺	浙江	2013－8－1	世锦赛
400 混	4：09.10	汪　顺	浙江	2013－9－4	全运会
4×100 自接力	3：15.50	史腾飞（48.91） 王　超（49.35） 张　琳（49.09） 陈　祚（48.15）	北京	2009－10－18	全运会
4×200 自接力	7：04.74	汪　顺（1：47.41） 郝　运（1：47.25） 李昀琦（1：46.92） 孙　杨（1：43.16）	中国	2013－8－3	世锦赛
4×100 混接力	3：34.65	程飞轶（53.70） 李夏延（1：00.96） 周嘉威（51.44） 吕志武（48.55）	中国	2012－8－3	奥运会

注：成绩截止：2013 年 7 月 30 日前。长池（50 m）。

（2）中国国家女子游泳纪录见表 11－3。

表 11－3　中国国家女子游泳纪录

项　目	成　绩	姓　名	代表队	时　间	赛　事
50 自	24.51	乐靖宜	上海	1994－9－11	世界锦标赛
100 自	53.13	庞佳颖	上海	2009－10－22	全运会
200 自	1：55.05	庞佳颖	上海	2008－8－13	奥运会
400 自	4：02.35	陈　倩	山东	2009－10－18	全运会

续表

项　目	成　绩	姓　名	代表队	时　间	赛　事
800 自	8：19.43	辛　鑫	山东	2013－9－10	全运会
1500 自	15：58.02	李玄旭	湖南	2011－7－26	世界锦标赛
50 蝶	25.42	陆　滢	上海	2013－8－3	世界锦标赛
100 蝶	56.07	刘子歌	上海	2009－10－18	全运会
200 蝶	2：01.81	刘子歌	上海	2009－10－21	全运会
50 蛙	30.46	陈慧佳	浙江	2009－12－6	东亚运动会
100 蛙	1：05.32	季丽萍	上海	2009－8－29	全国锦标赛
200 蛙	2：21.37	齐　晖	海军	2009－10－23	全运会
50 仰	27.06	赵　菁	湖北	2009－7－30	世界锦标赛
100 仰	58.94	赵　菁	湖北	2010－11－13	亚运会
200 仰	2：06.46	赵　菁	湖北	2010－11－14	亚运会
200 混	2：07.57	叶诗文	浙江	2012－7－31	奥运会
400 混	4：28.43	叶诗文	浙江	2012－7－28	奥运会
4×100 自接力	3：35.63	李哲思（54.04） 朱倩蔚（53.73） 唐　奕（54.16） 庞佳颖（53.70）	中国	2009－7－30	世界锦标赛
4×200 自接力	7：42.08	杨　雨（1：55.47） 朱倩蔚（1：55.79） 刘京（1：56.09） 庞佳颖（1：54.73）	中国	2009－7－30	世界锦标赛
4×100 混接力	3：52.19	赵　菁（58.98） 陈慧佳（1：04.12） 焦刘洋（56.28） 李哲思（52.81）	中国	2009－8－1	世界锦标赛

注：成绩截止：2013 年 7 月 30 日前。长池（50 m）。

第二节 游泳基础技术教学方法

熟悉水性是初学游泳者的一个重要环节,也是必经的阶段。其目的主要是让学者体会与了解水的特性,逐步适应水的环境,消除怕水心理,掌握游泳的一些最基本的动作,如呼吸、浮体、滑行和站立等动作,为学习和掌握各种竞技游泳姿势打下基础。

在熟悉水性练习时,宜在齐腰深的水中进行。

一、陆上准备活动

在游泳前,陆地上做一般性的准备活动非常重要,可以避免一些不必要的运动伤害。主要以符合游泳时各关节的活动为主(见图 11-1～图 11-6)。

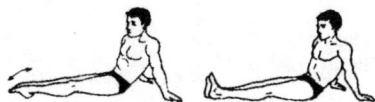

图 11-1　　　　　　　　　　图 11-2　　　　　图 11-3

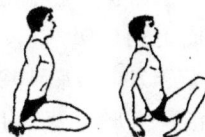

图 11-4　　　　　　　　图 11-5　　　　　　图 11-6

二、水中行走练习

1. 目的

体会水的阻力和浮力,初步掌握身体在水中维持平衡的能力,消除怕水心理。

2. 练习方法

(1)扶池槽或在同伴帮助下,用口吸气后闭气,慢慢下蹲将头浸入水中,停留片刻后起立,口鼻出水后,先呼气后吸气(见图 11-7)。

（2）集体手拉手向前、向后、向两侧走。

（3）用两手保持平衡，做变换方向的行走。

（4）两脚左右开立，上体前俯将脸浸入水中，做同上练习。但不同的是随头逐渐向前上抬（或向侧转）时开始加大呼气量（见图 11－8）。

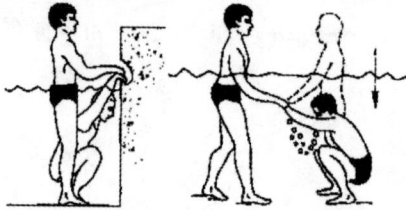 

图　11－7　　　　　　　　　　　图　11－8

三、呼吸练习

1. 目的

初步掌握游泳的呼吸方法、呼吸过程、呼吸节奏，适应头浸入水的刺激，消除怕水心理。

2. 练习方法

（1）扶池槽或在同伴帮助下，用口吸气后闭气，慢慢下蹲将头浸入水中，停留片刻后起立，口鼻出水后，先呼气后吸气。

（2）同上练习，要求头浸入水停留片刻后，用鼻慢慢将气呼完，然后起立在水面上用口吸气。

（3）同上练习，头浸入水中稍闭气后，用口鼻开始呼气，随着缓慢地起立而逐渐加大呼气量，口接近水面时加速将气呼完，紧接着用口在水面上快而深地吸气，多次重复。

（4）两脚左右开立，上体前俯将脸浸入水中，做同上练习。但不同的是随头逐渐向前上抬（或向侧转）时开始加大呼气量。

3. 教法提示

呼吸是游泳教学的重点和难点，因此呼吸练习要强调紧密衔接，始终贯穿各项练习之中。

四、浮体练习

1. 目的

体会水的浮力，控制身体平衡和水中站立的方法，进一步消除怕水心理。

2. 练习方法

(1)抱膝浮体练习。原地站立,深吸气后闭气,下蹲低头抱膝团身,用前脚掌轻轻离池底,自然漂浮于水中。站立时;松手两臂前伸下压抬头,同时两腿下伸,脚触池底站立,然后两臂侧分拨水维持平衡(见图11-9)。

(2)展体浮体练习。在抱膝浮体的基础上,闭气、松手、两臂两腿自然伸直。站立时,收腹、屈膝、收腿,两臂向下压抬头,两腿向下伸,脚触池底站立(见图11-10)。

图　　11-9

图　　11-10

3. 教法提示

(1)做浮体练习前,必须先学会水中站立练习,以确保安全。

(2)做浮体练习时,身体要展平,肌肉要放松。通过肢体的分与合,调节重心与浮心的位置,了解平衡的条件,也可做仰卧浮体。

五、滑行练习

1. 目的

进一步体会水的浮力,掌握水中的平衡和身体的滑行姿势。

2. 练习方法

(1)蹬池底滑行练习。两脚前后开立,两臂前伸,两手并拢。深吸气后屈膝,重心前移,当头和肩浸入水中时,前脚掌轻轻蹬池底,随后两腿并拢伸直,使身体呈流线型向前滑行(见图 11 - 11)。

(2)蹬池壁滑行练习。背对池壁,一手拉池槽,一臂前伸,同时一脚站立,一脚掌紧贴池壁。深吸气后低头,上体在水中前倾成俯卧姿势,然后支撑腿屈膝收回,两脚掌贴住池壁,臀部靠向池壁,随即两臂前伸并拢,头夹于两臂之间,两脚用力蹬壁,使身体呈流线型向前滑行(见图 11 - 12)。

3. 教法提示

(1)滑行练习是熟悉水性的重点练习。为了更好地掌握滑行练习,可广泛采用推拉滑行练习,增长滑行距离;蹬边滑行和赛远练习等比赛。

(2)做滑行练习时,不能低头,蹬壁时不能上"窜",以免失去平衡。

(3)滑行时身体保持适度紧张,适当延长闭气时间。

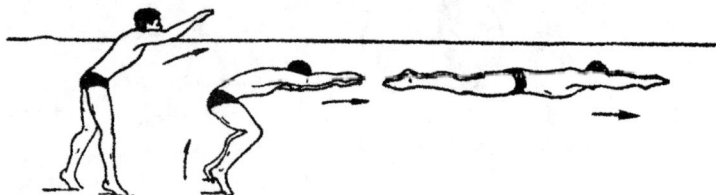

图　11 - 11

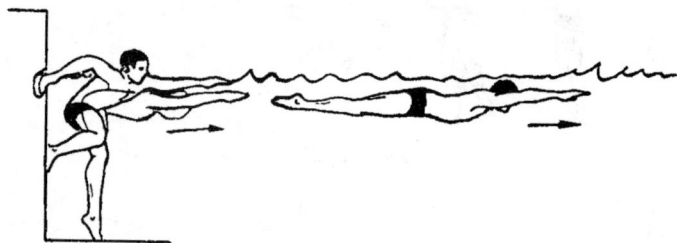

图　11 - 12

第三节　游泳专项技术教学方法

一、蛙泳

蛙泳是模仿青蛙游泳动作的一种姿势。蛙泳的规则要求,身体呈俯卧姿势。两肩须与水面平行,两腿要同时在同一水面上弯屈,向外翻脚及做蹬腿动作。两手应在水面下收回,并需从胸前伸出。整个游程中,不得做潜泳动作。

现代蛙泳的技术特点是:肩部高拉高起,蹬腿时借助冲力上身呈"冲潜式",全身伸直滑行。

(一)身体姿势

蛙泳在游进中,身体必须保持较好的流线型姿势,充分发挥手臂和腿的推进作用。身体水平地俯卧水中,稍抬头,头部置两臂间,掌心朝下,两眼俯视前下方,这时身体纵轴与水平面约成5°～10°(见图11-13)。当吸气时,下颏露出水面,肩部升起,这时身体与水平面的角度较大,约15°。

图 11-13

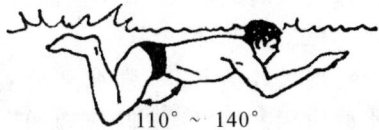

图 11-14

(二)腿部动作

蛙泳腿部动作是推动身体前进的主要动力。腿部动作是由收腿、翻脚、蹬腿、滑行四个阶段组成。

(1)收腿。开始收腿时,两腿随着吸气动作自然向下,两膝自然逐渐分开,小腿向前回收,脚踵向臀部边分。收腿时,力量要小,要放松、自然,两脚和小腿回收时要收在大腿的投影截面内,以减小回收时阻力。收腿结束后,大腿和躯干约成110°～140°,两膝内侧与髋关节同宽(见图11-14)。

(2)翻脚。收腿结束时,脚仍向臀部靠拢,这时膝关节稍向里扣,同时两脚向外侧翻开,这样能使脚和小腿内侧对着蹬水方向,并加大了对水面积,这样为大腿发挥更大力量做好积极准备(见图11-15)。

(3)蹬腿。蹬水动作实际包含有夹水动作,由于蹬水较窄,在两腿并拢时,腿有向下压的动作,这种动作可以使身体升起,有利于向前滑行。

蹬水动作效果的好坏,取决于下列3个因素:

1)腿部关节移动路线和方向。当向后蹬水时,蹬水方向尽量造成使人体产生向前的作用力(见图11-16)。蹬腿时应以大腿发力,先伸髋关节,然后是伸膝,伸踝关节,使蹬水的方向尽量向后(见图11-17)。

2)蹬水时对水面积的大小。蹬水面积大,则能造成较大的推进力,脚掌外翻,以及小腿尽量处于垂直部位,是造成增大蹬水面积的重要条件。

3）腿的蹬水速度：由于阻力与速度的平方成正比，蹬水速度越快，所造成的推进力也越大，游速也越快。所以蹬腿时，要充分发挥腿部肌肉力量，同时要加速鞭打水动作，使之更有力。

（4）滑行。蹬腿结束后，腿处于略低的部位，脚距离水面约 30～40 cm 左右，这时人体应随着蹬水效果向前滑行，使腿保持较高的位置，减小阻力。

（三）臂部动作

现代蛙泳技术，强调充分发挥臂划水的作用。因此，掌握合理的臂划水技术，是提高运动成绩的重要条件。臂部动作由开始姿势、滑下、划水、收手和向前伸臂五个阶段紧密相联的。

（1）开始姿势。两臂自然向前伸直，两臂与水平面平行，掌心向下，手指自然并拢，使身体成一直线，形成较好的流线型（见图 11－18）。

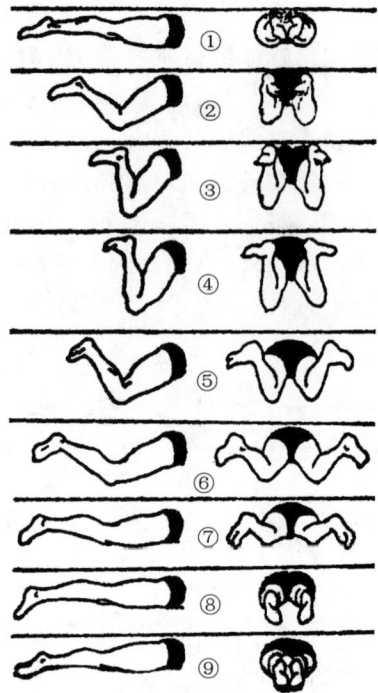

图　11－15

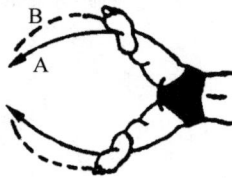

图　11－16

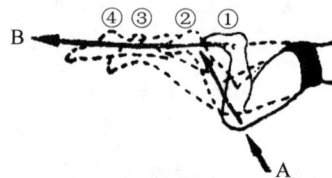

图　11－17

图　11－18

（2）抓水。从开始姿势起，手臂先前伸，并使重心向前，前臂和上臂立即内旋，掌心向外斜下方并稍勾手腕，两手分开向侧斜方压水，当手掌向前臂感到有压力时,就开始抓水。抓水一方面能给划水创造有利条件,另一方面还能造成身体上浮和前进的作用。

(3)划水。划水是产生牵引力最有效阶段,在紧接抓水动作后,加速向后划水,整个划水过程保持肘部较高的位置。蛙泳划水主要是拉的力量。蛙泳划水方向是向侧、下、后、内方。划水路线是椭圆曲线(见图11-19)。划水时肘部保持较高的部位,这样做是为了臂能在最有效的角度内向后划水,因此蛙泳的划臂在任何部位,都要求肘比手高(见图11-20)。

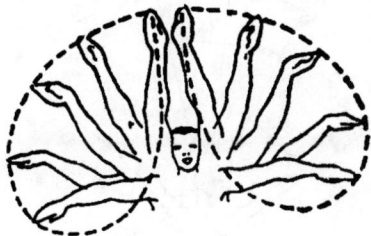
图　11-19

图　11-20

划水中,前臂和上臂屈的角度是不断变化的。一般优秀运动员划水主要阶段,肘关节都屈成接近90°(见图11-21)。

因为这个角度能发挥最大的力量,同时能很好地利用胸大肌、背阔肌大肌肉群的力量。手臂划至两臂夹角约120°时,即应连续过渡到向里做收手动作,划水和收手时,手走的路线应

图　11-21

在肩的前下方。当前,划水技术的特点是,划水路线较宽、屈臂、高肘、手较深的技术。

(4)收手。收手是划水阶段的继续,收手过程也能产生较大的推进力和上升力。动作是由内向上收缩到头的前下方,继而成两手掌向上,最后掌心向下并拢前伸,收手动作应当有利于做快速前伸手动作(见图11-22),在整个收手动作过程中,手的动作应积极地、快速地、圆滑地来完成,收手结束时,肘关节低于手,大小臂成锐角(见图11-23)。

(5)伸臂。伸臂动作是由伸直肘关节、肩关节来完成,掌心由朝上逐渐向下方。同时,前伸出。

现代蛙泳臂的技术特点是:快速伸臂紧密配合腿的动作。因此,在伸臂的

同时,肩要前伸,不能有停顿现象。蛙泳臂划水动作是一个完整的动作,划水轨迹是向侧一下一后一前方向移动,划水力量是由小到大,划水速度是由慢到快。强调高肘划水,在划水过程的前部分,注意以肘关节为支点,发挥前臂屈肌的作用,在划水最有效部分,应注意以肩关节为支点,动作方向是两臂向后拉,并内收。要发挥肩带肌肉的作用,配合加速有力的蹬水,使动作连贯而不间断地产生向前的牵引力。

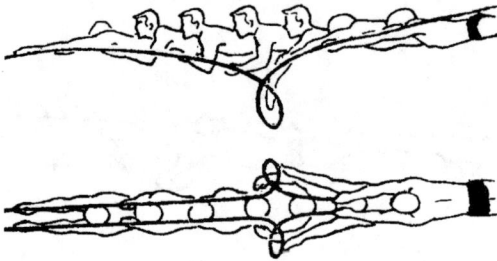

图　11－22

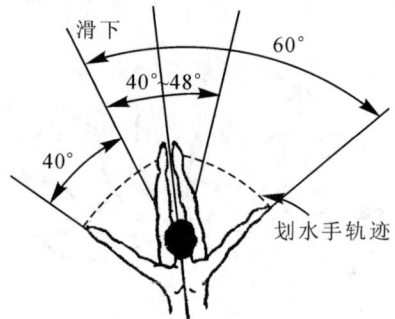

图　11－23

(四)臂与呼吸和臂腿、呼吸完整配合

蛙泳的呼吸是和手臂划水动作紧密配合的呼吸方法,它是用口吸气,用口或鼻呼气,在蛙泳呼吸技术中,有早吸气和晚吸气两种类型:早吸气是两臂划水开始时,头和口露出水面,这时运动员将气最后吐完,并迅速做深吸气动作。继而随伸臂低头闭气,当两臂开始滑下时逐渐呼气。晚吸气是随着臂的有力划水动作,头和肩上升时吸气。

对初学者来说,应采用"早吸气"技术较为有利,优秀运动员则适合采用"晚吸气"的技术。在比赛中,一般都是一个动作周期呼吸一次。臂腿配合技术是:臂划水时,腿保持放松或自然伸直姿势(见图11－24③,④)。臂内划时同时收腿(见图11－24⑤),臂将伸直时开始蹬夹腿(见图11－24⑦,⑧)。

(五)蛙泳教学方法

蛙泳的教学顺序同爬泳一样也是先学腿、后学臂(和呼吸),再学臂、腿配合和完整配合。

1. **腿部动作教学**

目的是建立蛙泳腿的"收"、"翻"、"蹬"的概念,学习腿部的完整技术。

练习方法:

(1)陆上模仿练习:

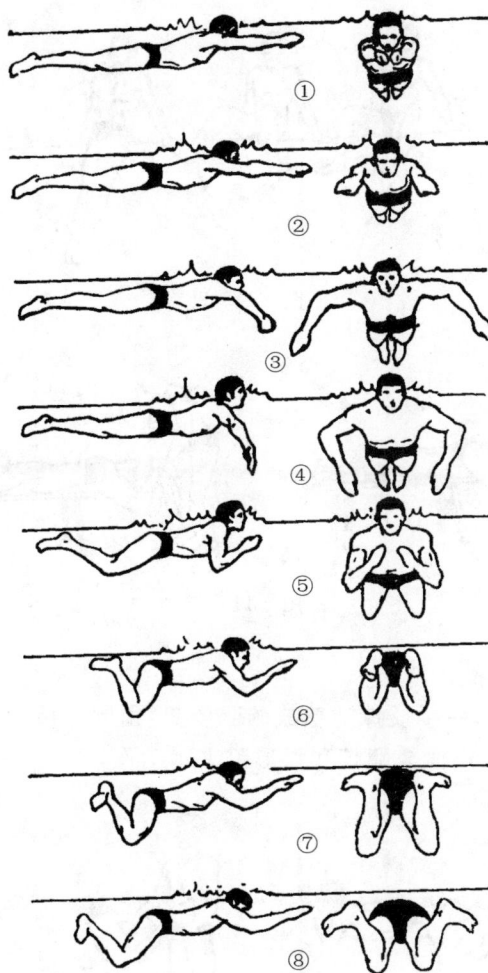

图　11-24

1)坐在岸上或池边,上体稍后仰,两手后撑,按口令做蛙泳的腿部动作练习,开始分四拍做,体会收、翻、蹬夹、停的动作,再过渡到两拍,最后是一拍的完整练习。注意翻脚动作(见图 11-25)。

2)俯卧在凳上或出发台上,做蛙泳腿的模仿练习。先由同伴帮自己被动做,再自己主动做由同伴控制做,最后自己独立做。先做分解动作练习,逐渐过渡到完整动作练习(见图 11-26)。注意收腿角度,动作路线和节奏。

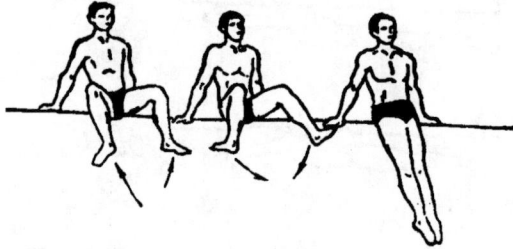

图　11-25

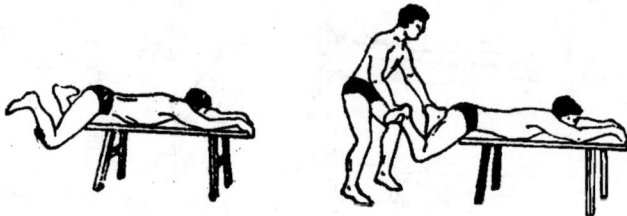

图　11-26

(2)水中练习：

1)一手抓池槽,一手反撑池壁成俯卧姿势,由同伴帮助做同陆上练习内容(见图11-27)。重点体会翻脚和弧形蹬夹水动作。

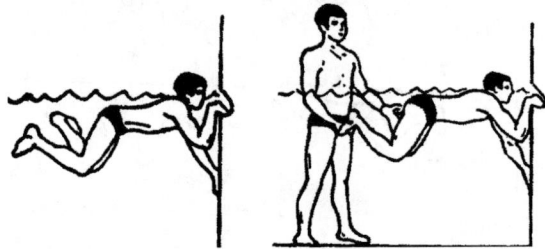

图　11-27

2)两手扶浮板中后部,两臂向前伸直。由同伴帮助做同上练习。注意边收边分,翻脚及时,蹬夹连贯,用力恰当。

3)扶板蹬腿练习,逐渐加长游距,改进和提高腿的动作。注意动作节奏和放松(特别是踝关节放松)。

(3)教法提示：

1）为了提高教学质量，确保教学安全，可采用蛙泳浮具教学。

2）蛙泳腿教学的重点，是收、翻、蹬夹动作中的连接、节奏和时机，蹬腿的方向和路线。

3）教学难点是及时而又充分的翻脚。做到翻脚时脚掌移出臂外侧，用力勾脚掌，并保持到蹬夹结束前。

4）大腿发力，蹬夹同时结束。最后转踝、绷脚、两腿伸直并拢。

2．手臂动作和手臂与呼吸配合动作教学

目的是学习臂和呼吸的动作技术，提高划水效果。

练习方法：

（1）陆上模仿练习：

1）两脚开立，上体前倾，两臂向前伸直相并，掌心朝下。先按划、收、伸分三拍做蛙泳臂动作，再按划、伸分两拍练习，最后只用一拍做完整练习。

2）同上练习加呼吸配合。强调滑下时开始抬头，划水时吸气，收手时低头闭气，伸臂时呼气。整个呼气由小到大，开始呼气要小，然后逐渐加大呼气量，口将出水进一步加速将气呼出。呼与吸之间无停顿，口一出水面应顺势快而深地吸气。

（2）水中练习：

1）站立齐腰深的水中，做划水练习的连贯动作。划水不要用力，着重体会划水时的方向路线，收臂时动作不停，臂伸直稍停（见图 11-28）。

图 11-28

2）走动中做同上练习内容。

3）由同伴抱住腿或大腿夹板做臂与呼吸的配合练习。

（3）教法提示：

1）如采用浮具教学，可做腿夹板和腰带浮漂（靠近上体些）的臂与呼吸的配合。强调臂领先划臂不宜过大、过后。

2）蛙泳臂（与呼吸）的教学重点是划水的方向路线和臂与呼吸的配合时间。教学难点是呼吸动作与节奏。

3)教蛙泳臂的动作不宜分解过多,分练练习不可做的过久,注意收手时不要停顿。

3. 完整配合动作教学

目的是学习正确的臂与呼吸及腿的配合技术,手、腿依次用力的相互关系。

练习方法:

(1)陆上练习:

1)站立,两臂向上伸直并拢。一腿支撑,一腿做模仿练习。两臂向两侧划水(见图 11-29①)。收手同时收腿(见图 11-29②),收腿即将结束开始翻脚,臂将伸直时蹬腿(见图 11-29③)。臂、腿伸直稍停(见图 11-29④)。然后逐渐连贯做(见图 11-29)。

图 11-29

2)同上练习加呼吸。

(2)水中练习:

1)滑行后闭气做臂,腿配合的分解练习。即划一次臂后,蹬一次腿,臂腿依次交替做。

2)闭气滑行,做划臂腿伸直、收手又收腿、臂前伸再蹬腿,臂腿伸直后滑行的配合练习。

3)同上练习加呼吸配合。由多次蹬腿一次划臂逐渐过渡一次臂、一次腿、一次呼吸的完整配合。

4)逐渐增加游距,改进技术。

(3)教法提示:

1)利用浮具教学,可腰带浮漂在浅水中成半蹲姿势,两臂并拢前伸于水中,微屈臂,掌心向下。然后蹬地向前上方跳起,同时伸臂,接着抓水,划水(小划臂)到还原姿势,这样反复跳、划、并逐渐前倾上体,过渡到完整配合游。直至掌握完整技术,并能游一定距离后,再取消浮具。

2)教完整配合游时,宜在一段时间内强调慢频率,低游速、小划臂、有明显的滑行与滑下动作,以保证学生集中注意力体会臂领先,腿和呼吸跟臂配合的技术,同时也便于学生呼得出和吸得进。

3)能配合游 20 m 左右后,即应强调学生加长距离游。当划水、蹬水能产生一定效果后,则应学习晚吸气配合技术,并加大臂的划水幅度。

4.蛙泳的动作口诀

(1)蛙泳简介。蛙泳姿势像青蛙,两臂对称侧下划。两腿向后蹬夹水,臂腿伸直滑一会。

(2)腿部动作:屈膝慢收靠臀边,两膝距离宽似肩,边收边分慢收腿;两脚翻转向两边,向后用力蹬夹水,两腿并拢浮一会。

(3)臂部动作。两手向外侧压水,抬肘屈臂向后划,划至肩下快收手,划水收手连起来。

(4)呼吸动作。两臂胸前抱水时,微微抬头把气吸,两臂前伸滑行时,鼻嘴慢慢来呼气。

(5)呼吸与服、臂动作的配合。两臂分开一划水,抬头吸气紧相随,两腿弧形蹬夹水,水中呼气用嘴鼻,

划水结合慢收腿,两臂前伸再蹬水,此法名叫晚呼吸,减少阻力最完美。

(6)完整配合动作。两臂划水不动腿,收手同时又收腿,伸手一半蹬夹水,伸臂蹬腿滑一会,划水一半抬头吸,伸手慢呼不着急。

(六)蛙泳的注意事项

(1)收腿时肌肉放松,速度不宜太快。蹬水时要加速,做到慢收快蹬。

(2)收腿时脚尖要绷直,小腿跟在大腿投影后面以减小收腿阻力。翻脚时要充分,要勾脚并使小腿和脚的内侧尽量对准后蹬方向。

(3)蹬腿时大腿内收肌要用力,边蹬边夹。切忌只蹬不夹。

(4)划水时两臂不宜划得太宽,要求屈臂小划。划水路线不宜太长,两肘不要超过肩的延长线。

(5)配合节奏要明显,不能蹬腿同时划臂,要先划臂后蹬腿。蹬腿结束后,要强调有短暂的滑行再做下一次划臂动作。

二、爬泳

爬泳,俗称"自由泳"。它是四种竞技游泳中速度最快的一种姿势,按规则要求,自由游比赛中,可采用任何一种姿势游进。但由于游爬泳时,身体俯卧在水中,身体几乎与水面平行,有较好的流线型;两腿不停地做上下打水,两臂依次轮流向后划水,因此推动力均匀,动作结构简单,划水效果好;动作配合协调,既省力又能发挥最大的速度。所以在自由游比赛中,人们都采用爬泳技术。

在游泳竞赛中,自由游比赛项目最多(共 14 项,占 43%),通常衡量一个国家的游泳水平,往往以该国家自由游水平高低为标准。

在游泳教学和训练中,爬泳是基础项目,是四种竞技游泳的技术基础,学会了爬泳对掌握仰游、蛙泳、蝶泳都是有利的。因此普及和提高爬泳技术有很重要意义。

现代爬泳技术的特点是:运动员身体姿势高平,采用高肘、屈臂、曲线、加速划水和晚呼吸配合技术。

(一)身体姿势

游爬泳时,身体应伸直成流线型,几乎水平地俯卧在水面。稍收腹,脸部和前额浸入水中,臀部接近于水面,身体纵轴与水面构成 3°～5°,头与身体的纵轴成 20°～30°,眼睛视线应向斜前方(见图 11-30),身体可围绕纵轴有节奏地转动,这种转动一般在 35°～45°(见图 11-31)。

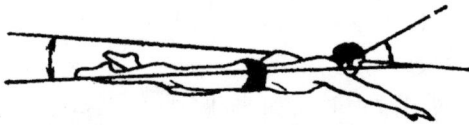

图 11-30

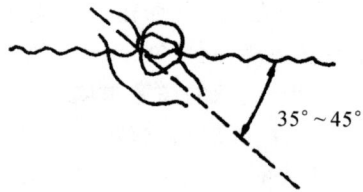

图 11-31

游进时的身体转动是由于划臂、转头吸气形成的自然动作,其优点是:便于手臂出水和空中向前移臂;缩短移臂的转动半径;有利于臂的抱水、划水和维持身体平衡;有利于转头吸气。身体转动的大小取决于运动员的技术,个人特点和游进速度。

(二)腿部动作

爬泳腿的动作,主要是起维持身体平衡作用,使下肢抬高,保持身体流线型,以及协调两臂有力的划水动作;并能起一定的推进作用。

爬泳打水的技术要领是:两腿自然伸直,两脚稍向内扣,以增大打水面积,踝关节放松,髋关节先发力,以大腿带动小腿做鞭状上下交替打水,打腿幅度以两脚跟的垂直距离30～40 cm为宜,脚不要打出水面,但可溅起浪花,打水效果取决于鞭状发力和踝关节的灵活性(见图11－32)。

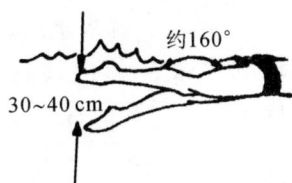

图　11－32

向下打水时,大腿发力开始向下,由于惯性作用,此时腿和脚仍继续向上移动,膝关节弯屈160°(见图11－33)。这时大腿还要继续带动小腿,使小腿和脚背向下方打水。这时产生了两个力量,一个是水平分力推动身体前进,一个是上升力,使身体上浮,当大腿开始向上打水时,小腿继续向下,直到伸直膝关节。上下打水时,向上打水用较小的力量来完成,而向下打水时要用较大的力量和较快的速度来完成,以便产生较大的推进力和上浮力。另外打水时还应做到协调,而富有弹性地上下鞭打。

(三)臂的技术

游爬泳时,划臂是推动身体前进的主要力量。臂的技术是由入水、抱水、划水、出水、空中移臂五个部分组成。

(1)入水。臂入水时,肘关节略屈并高于手。手指自然伸直并拢,手指向斜下方切插入水或掌心稍向外侧切入水中,动作要自然放松。

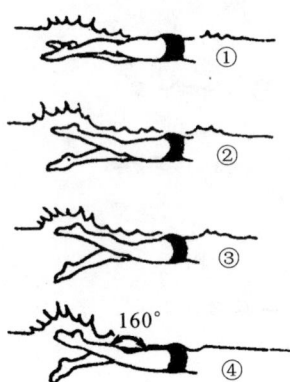

图　11－33

图　11－34

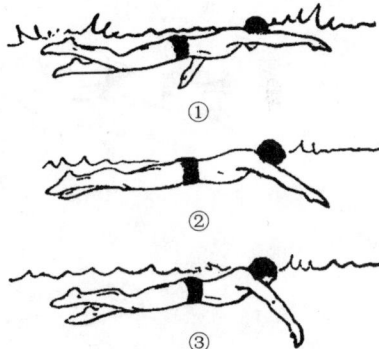

图　11－35

臂的入水点应在肩的延长线上或在身体中线和肩延长线中间(见图11－34)。

当身体转动时,正好臂屈到身体下面,使划水更加有力,臂入水的顺序是手→前臂→上臂。

(2)抱水。臂入水后,积极插向前下方,并逐渐开始屈腕,屈肘对水,肘关节通过肩关节的内转而稍向外转,保持高肘到划水开始。手臂与水平面成 40°时,手和前臂已经接近垂直对水,肘关节屈至 150°左右,整个手臂像抱一个大圆球一样,使肩带肌群充分拉开,给划水创造有利条件(见图 11 - 35)。

(3)划水。划水是指手臂与水平面成 40°起,向后划至与水面成 15~20°止的这一动作过程,是获得推进力的主要阶段,这个阶段又分两个部分,从整个臂部划至肩下方与水平面垂直之前称"拉水",过垂直面后称为"推水"(见图 11 - 36)。

图　11 - 36

从拉水到推水,应是连贯地加速完成,中间没有停顿,特别是经过肩下垂直线时,不要失掉手对水的支撑感觉,要使上臂与前臂同时向后划动,同时肩部后移,以加长有效的划水路线。整个划水动作,手的轨迹是向下→向后→向上。划水路线呈"S"形。

(4)出水。在划水结束后,臂由于惯性的作用而很快地靠近水面,运动员立即借助三角肌的收缩将臂提出水面(见图 11 - 37)。出水时,肩部和上臂几乎同时出水,但肩部稍微早一些,掌心向后上方(见图 11 - 38)。手臂出水动作必须迅速而不停顿,同时应柔和,前臂和手掌应尽量放松。

图　11 - 37

图　11 - 38

(5)空中移臂。臂在空中前移的动作是手臂出水的继续,不能停顿,移臂时动作应放松自如,尽量不破坏身体的流线型,要和另一臂的划水动作协调一致。在爬泳划臂的整个周期中,动作是不停顿的,划水动作内部循环是有节奏的,随着阶段的不同,各部分所用的力量也不同,动作速度也有所区别。

(四)两臂的配合技术

爬泳两臂的正确配合是前进速度均匀性的重要条件之一,划水时,依照两臂所处的位置不同,可以分为三种交叉形式:即前交叉、中交叉、后交叉。

(1)前交叉配合。一臂入水时,另一臂处于肩前方,与水平面构成 30°左右(见图 11-39)。

(2)中交叉配合。当一臂入水时,另一臂处于肩下垂直部位,与水平面构成 90°左右(见图 11-40)。

 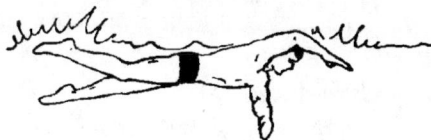

图　11-39　　　　　　　　　　图　11-40

(3)后交叉配合。当一臂入水时,另一臂划水至腹部下方,与水平面构成 150°左右(见图 11-41)。

以上三种配合形式都有其各自的特点,对初学者来说,可以采用第一种形式,以便掌握爬泳动作和呼吸动作。采用第二种和第三种形式,有利于发挥两臂力量和提高动作频率,,加快速度,保持连续的推进力。

图　11-41

(五)呼吸与臂的配合

游爬泳时,呼吸动作应有节奏地进行,一般是在两臂各划一次做一次呼吸。以右臂动作为例,右手入水后,口鼻开始逐渐呼气,在水中呼气的结束部分,呼气速度加快。同时逐渐向右转头,右臂划水结束提肘出水,嘴出水时,把剩余的气快速呼出。这样能把嘴唇边的水吹开,以便立即吸气。右臂出水前移至肩前时吸气结束,然后闭气并将头转正,右臂随之前移入水。

(六)腿、臂和呼吸完整动作配合

完整的配合技术,是运动员匀速地、不间断地向前游进的保证。目前,爬泳的配合动作中有两腿打水 6 次,两臂划水各一次,呼吸一次的配合游法,简称 6∶2∶1;另一种是两腿各打水两次,两臂划水各一次、呼吸一次,简称 4∶2

：1；两腿各打水一次，两臂各划水一次，呼吸一次的配合技术，简称 2：2：1。另外还有采用不规则打水，交叉打水等多种形式的配合技术。

爬泳的各种配合方法各其优缺点。6 次打腿配合技术，能保证配合的稳定性，保持臂腿协调配合和保持身体的平衡，适用于短距离项目；4 次打腿的配合可以减少腿的负担量，2 次打腿配合技术有利于发挥两臂作用，加快臂的动作频率。4 次打腿和 2 次打腿技术在中长距离项目中多见。

（七）爬泳的教学方法

爬泳教学一般是先教腿后教臂（呼吸）、再教配合动作。两腿打水的鞭状动作是基础，两臂划水是主要动力，呼吸动作是关键。

1. 腿部动作教学

目的是建立打腿概念，学习体会动作过程。

练习方法：

（1）陆上模仿。

1）坐在池边或岸边，两手后撑，眼看稍内旋的两腿的动作，做直腿打水练习（见图 11－42）。

2）俯卧池边或岸边，做两髋展开、大腿带动小腿的打水动作练习（见图11－43）。

图　11－42　　　　　　　　　图　11－43

（2）水中练习。

1）手握池槽或撑池底。成俯卧水平姿势，做直腿打水练习（见图 11－44）。

图　11－44

2）蹬边滑行，先直腿打水，再逐步过渡到膝、踝关节适度放松弯曲的鞭状打水(见图 11－45)。

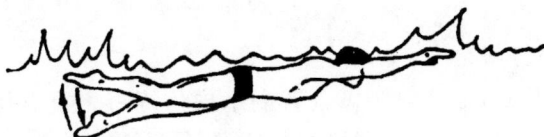

图　11－45

3)手扶浮板或救生圈打水(见图 11－46)。

图　11－46

4)由同伴扶住双脚,身体俯卧在水中,同伴向前推动练习者,练习手臂划水动作(见图 11－47)。

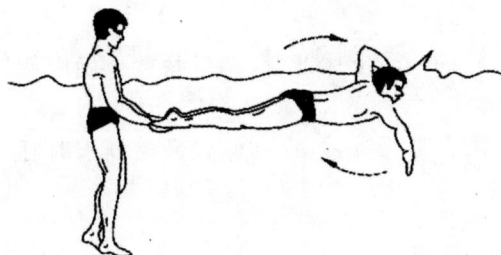

图　11－47

(3)教法提示。

1)爬泳腿教学的重点是以髋为轴,教学的难点是大腿带动小腿交替协调的鞭状动作。

2)教直腿打水有助于体会大腿带动小腿动作,展髋、踝关节放松。不要急于过渡到屈腿打水。

3)爬泳打腿练习枯燥易累,宜多变换方式和方法。如陆上坐、卧交替;扶边打水快、慢交替;滑行打水可单、双臂在前与双臂在后交替练习;随打水距离增长,要与呼吸结合。

2.手臂动作和手臂与呼吸配合动作的教学

目的是学习体会动作过程,建立划水(抱水、拉水、推水)、移臂的正确概念。

　　练习方法：

　　(1)陆上模仿练习。

　　1)原地两脚开立,上体前倾做直臂划水模仿练习。重点体会空中移臂动作和臂入水动作,先单臂练,后两臂交替练习(见图11-48)。

图　11-48

　　2)同上练习,要求屈臂划水,着重体会划水路线。除划水阶段用力外,其他动作放松。移臂时肘高于手。

　　3)呼吸练习。两脚开立,上体前倾,两手扶膝。做向侧转头吸气练习(见图11-49)。

　　4)同练习(2)。配合呼吸练习,在同侧臂开始划水时呼气,推水时转头吸气(见图11-50)。

　　(2)水中练习:

　　1)站立浅水中,做同陆上练习1)的内容。

　　2)站立浅水中,做同陆上练习4)的内容。向侧转头吸气时,头不要抬高。

　　3)同上练习,由原地过渡到走动做。要求划水适当用力,手掌对水,推水时掌心向后。

　　4)两腿夹板做臂的划水练习(见图11-51)。

图　11-49　　　　　图　11-50　　　　　图　11-51

5)蹬边滑行,做两臂配合的划水动作可下肢夹板,帮助身体平衡。先闭气,然后逐步增加呼吸次数。

(3)教法提示:

1)手臂动作的教学重点,是屈臂高肘划水和臂与呼吸的配合时机。教学的难点是呼吸动作。

2)强调划水时保持高肘,使掌心和小臂内侧对水外,还应注意空中移臂、臂入水和抱水时,肘要保持较高的位置,为屈臂高肘划水创造条件。

3)臂与呼吸的配合动作应强调臂领先,强调呼吸节奏,呼尽吸足。吸气转头应绕纵轴转头,不要抬头和向后吸气。

4)爬泳臂的各部动作连贯性与节奏性较强,不宜过多地分解动作,并做较长时间的分解练习。开始可按三拍(入水、划水、移臂)进行,最后必须连贯成一拍进行。

3. 完整配合动作教学

目的是学习、体会完整配合的节奏、时机及要求。

练习方法:

(1)陆上模仿练习:俯卧凳上做臂、腿配合模仿练习,加呼吸动作配合。

(2)水中练习:

1)滑行打腿,一臂前伸,另一臂划水。

2)滑行打腿,配合两臂分解划水练习。两臂用前交叉或中叉配合轮流划水练习。

3)同上练习,由划臂数次、呼吸一次,逐渐过渡到两臂各划一次、呼吸一次练习。逐渐加长游距,在练习中改进动作。

(3)教法提示:

1)各种配合练习,要强调不停地打腿。首先抓好臂与腿的配合,再加呼吸配合。

2)完整配合游时,教学重点是臂与腿的配合,教学难点是呼吸动作。不一定非要六次打腿配合,只要臂腿配合协调,划臂和呼吸时腿不停顿地打水即可。

4. 爬泳的动作口诀

(1)爬泳简介。爬泳如在水中爬,两臂交替把水划,身体保持水平位,两腿上下似鞭打。

(2)腿部动作。大腿发力带小腿,两腿交替鞭打水,打水要浅频率快,脚踝放松稍内转。

（3）臂部动作。肩前手掌先入水，手臂滑下抱住水，屈臂划水动力大，转肩提肘快出水，两臂配合用力划，前抱后推力渐加。

（4）呼吸动作。划至肩下慢吐气，推水提肘转头吸。

（5）呼吸与腿、臂动作的配合。两手划水各一下，腿二四六任选打，打二打四或打六，或左或有吸一次。

（6）身体位置。身体俯卧流线型，胸部稍挺肩高身，水齐前额后脑露，髋腹要平两眼睁。

（八）爬泳的注意事项

（1）为了避免出现屈膝过大或不会以大腿带动小腿打水，初学者可先学习直腿打水再过渡到屈腿打水。

（2）在基本掌握直劈划水后，要及时转入学习屈壁划水技术。划水时注意屈臂高肘，掌心向后划水；划水结束时，可用手触及大腿后提肘出水的练习来纠正出水过早、划水路线过短的错误动作。

（3）安排练习时，不一定是上一个练习完全掌握后再进行下一个练习，有的练习可以穿插进行. 或将臂、爬、呼吸的练习配套，组成一套循环练习，反复练习来提高动作质量。

第四节　游泳注意事项及安全

一、游泳注意事项

（一）加强宣传教育

游泳是一项很好的运动，应当提倡。在游泳教学中，首先应该使学生明确学生游泳的目的、意义，树立正确的学习和锻炼身体的思想，同时，应使学生明确游泳教学的任务，考试、考查的标准和要求；以及游泳的一般常识和注意事项。

在教学中应把游泳的安全教育放在首要地位，教师应有高度的责任感，时时不忘安全教育，使学生明确和遵守安全规则，树立安全观念。

（二）落实组织严密

加强游泳的组织工作，是开展游泳活动、落实安全措施相提高游泳教学质量的重要保证。游泳活动场合，应给不同的对象规定不同的活动时间和活动范围，例如：儿童池与成年池分开；初学者与会游者分开、浅水区和深水区分开等。

集体教学时,各班都应配备一定的骨干力量,建立安全小组和清点人数的制度.这样在教学中便于指挥,有利于互教互学,又能保证安全。游泳池应配备专职的救生员,备有专门的安全设施和安全制度。

(三)下列情况不能游泳

(1)凡患有精神病、癫痫、严重心脏病、皮肤病、腹泻、中耳炎、肝炎、鼻窦炎、急性结膜炎,以及其他传染病者,不宜游泳。发热和其他急性病也不宜游泳。女生月经期不应游泳。

(2)饭后,酒后或激烈运动之后,不宜立即下水游泳。

(3)暴风雨期间、旋涡、瀑布或长满缠藤植物的环境中,不宜游泳。

(四)游泳卫生事项

(1)进行身体检查,经医生同意,方可游泳。

(2)下水游泳前,要做准备运动,使身体各器官各系统做好游泳的准备。

(3)游泳池应建立保证池水卫生的制度,及时进行池水的消毒和净化。游泳者要注意公共卫生;淋浴后再下水,不在水中吐痰或小便。

(4)激烈游泳后,应在水中放松,调节好呼吸后再出水。

(5)出现头晕、恶心、冷颤等异常情况时,应及时出水。

(6)出水后,应淋浴,马上擦干身体、穿衣保暖。

(7)在天然浴场游泳,必须选择水质干净的地方。要注意水的深度、流速,不要在有污泥、乱石、乱礁、树桩、急流、旋涡、杂草丛生和船只来往频繁的水域游泳。有鲨鱼的海域、被污染的江河都个应去游泳。

二、游泳课的安全和卫生

(一)教学课前注意事项

(1)饭前饭后都不要进行剧烈的运动。剧烈运动会妨碍食物消化和吸收,经常这样,就会发生胃病或其他消化系统的疾病。一般来说,剧烈运动后,要休息半小时,等身体恢复平静,再进食。而在饭后,至少应经过一小时到一个半小时的休息,等吃进去的食物消化一部分后,才去进行锻炼,效果较好,否则就合影响消化,甚至造成运动中腹痛。

(2)课前仔细检查场地和运动器械。游泳练习有陆上和水上,如陆上练习前,检查相应的设备是否牢固,杠铃片是否装牢、重量是否合适,橡筋拉力器有无断裂;水中练习前,了解水温、气温、水中含氯量和水质,以及池边四周地上有无杂物和容易刺破皮肉的东西等。避免运动中伤害事故发生。

(3)陆上练习前,检查队员服装、鞋袜是否合身,不要穿皮鞋或硬底鞋,身上不要佩带徽章、别针以及携带各种小刀玩具等物品。

（4）课前进行水上安全与卫生常识教育。在教学训练中,经常遇到如学生被暖气设备或淋浴的热水灼伤;水性不熟,误入深水发生溺水;随地吐痰、大小便等事故或不卫生现象。因此,教师要爱护和关心学生,对他们进行教育和帮助。必要时,也可制订预防病伤和讲究卫生的有关规定,确保安全和池水的清洁。

（5）做好准备活动。人体从安静状态到紧张的运动状态有一个生理上的适应过程。如果不注意这个生理现象,容易产生抽筋和伤害事故,所以学生一定要在运动训练前充分做好准备活动,使身体发热、各关节肌肉及内脏器官得到活动,为剧烈运动做准备。准备活动的时间和内容,依训练任务、环境气候、个人身体机能状况、比赛情况等而定,如水中训练时,应先做陆上准备活动再做水上准备活动或练习。准备活动时间:一般是 10～20 min。此外,在准备活动中进行肌肉伸展练习和适当的力量练习(针对易伤的肌肉),对于预防肌肉拉伤很有效。准备活动的效果好坏与否,关键在于教师是否严格要求,学生是否认真去做。

（二）教学课中注意事项

1. 陆上练习课

（1）冬季进行游泳运动要注意保暖防冻,根据运动量的大小和身体发热程度,逐渐脱换衣服。中间休息时要把汗及时擦干,将衣服穿上,以免着凉,预防感冒。

（2）夏季运动训练要防止中暑,不宜在烈日下进行强度大、时间长的练习。不要用冷水浇头,不宜一次大量饮水,更不要喝生水(过滤水除外)。

2. 水中练习课

（1）在水中教学训练时,如遇水、气温过低,水中含氯量过高或其他气候环境的突然变化都要合理安排练习时间,必要时,可更改教学训练计划,以陆上练习代替。如果继续进行水上练习,对于训练水平较低或体质虚弱的学生要密切观察其身体变化,譬如脸色和畏冷状态,以防事故发生。

（2）在水中教学训练时,要有严密的组织教法和注意安全。如初学游泳者没有教师在场时一般不能独自到深水区去。注意组织教法,合理安排水线,以免过于拥挤或游泳方向不一,发生头部和鼻部的碰伤。出发练习要看清地方和方向,以防撞及池底,或跳在别人身上,造成撞伤。严禁没有教练指导的高、难、复杂的跳水动作(如翻、反、转跳),避免因此而引起腰部扭伤,或是胸部被水击伤而致肺出血的严重损伤。课中如遇溺水事故发生,教师应保持冷静,积极抢救。

(三)教学课后注意事项

(1)做好整理活动。在水、陆上剧烈的练习后,都应做些轻微的放松活动,使身体更好地过渡到安静状态,使心跳逐渐慢下来,呼吸慢慢恢复正常。实践证明,整理活动是消除疲劳、促进体力恢复的一种良好方法。因此整理活动不是可有可无的事。一般来讲,整理活动包括放松慢游、游戏、放松性体操、慢跳等各种活泼多样的轻松活动。此外,做一些伸展肌肉的动作对消除肌肉的疲劳很有好处。

(2)水上教学训练课结束,出水后要集合检查人数,如遇人数缺少应马上寻找,以免出现意外。

(3)冬季温水训练或陆上训练结束后,有条件的应及时进行热水淋浴,可加速疲劳的消除,促进恢复过程。如无条件淋浴,应及时擦干身体,穿上衣服,以免受凉感冒。

(4)游泳练习后.经常遇到眼睛红痒、耳朵进水和鼻子不舒服等感觉,如何处理和预防,可请教老师和医生,必要时要及时就医。

(5)运动练习后,尤其夏天经常会遇到大量出汗,口渴,要饮水。在饮水时不可暴饮,最好少量多次,并适量补充盐分,以防肌肉抽筋。还应该保证休息时间。并安排些有益的文娱活动,以便加快消除疲劳。

第五节　游泳运动常见的疾病、损伤及其预防处理

运动疾病和损伤的预防和处理是运动保健常识的重要组成部分,也是医务监督不可分割的一项重要工作。游泳运动疾病和损伤的种类较多。下面主要介绍常见游泳运动疾病和损伤的原因、征象、预防和处理。

一、鼻窦炎

(1)原因。异腔两侧的骨伤里有几个空腔,这就是鼻窦。鼻窦与鼻腔相通,游泳时如呼吸不正确或呛水,水可能进入鼻窦,苦水中有病菌,在身体抵抗力低的情况下,就会引起鼻窦炎。

(2)征象。鼻窦炎的主要症状是鼻梁两边或鼻梁上部疼痛,流黄色鼻涕,严重者有头痛和流脓鼻涕等症状。

(3)预防和处理。预防鼻窦炎最主要的是掌握正确的游泳呼吸方法,尽量避免呛水。另外,在游泳后可用热毛巾放在鼻梁上做热敷,以促进局部血液循环,帮助消炎。若发生鼻子里进水了,轻轻地向外擤一擤是可以的,但决不可

以捏紧鼻子用力挤,因为这样做,会把水从鼻咽腔弄到中耳里去,容易引起中耳炎。如果已发生鼻窦炎,则应及时治疗。

二、游泳性结膜炎

(1)原出。游泳性结膜炎主要是由于是不清洁,病菌侵入眼内而引起的。

(2)征象。一般人在游泳后眼睛轻度发红、难受,这是因为水刺激所致,通常一两个小时后就会消失,这是正常现象。如果游完后第二天眼睛继续发红,并且出现怕光、疼痛、流泪以及分泌物增多等现象,这就是眼睛发炎了。

(3)预防和处理。预防结膜炎,最主要的是池水清洁,有眼病的人不准许游泳,以免传染他人。另外,有条件的可在游泳时戴防氯眼镜,以免病菌的侵入和氯气的影响。每次游泳之后,最好用清水洗眼,必要时可滴消炎眼药水。

三、耳病

1. 原因和征象

主要是指外耳道感染和中耳炎。游泳后因耳朵内有水积留,嗡嗡作响,使人感到不舒服,有人喜欢用手指或火柴棒去挖。此时,耳内皮肤和鼓膜已被水泡软,很容易破损、感染而发生外耳道疖肿或中耳炎。中耳炎除因鼓膜破损引起外,还可能因呛水时水由咽部的耳咽管进入中耳而引起。

2. 预防和处理

预防耳朵疾病的发生,一是平时不要随便挖耳朵,二是注意游泳正确呼吸,避免呛水。如果耳朵进水,可按下面方法降水排出。

(1)跳控法。例如右耳内存水,将头偏向右侧,左腿弯曲提起,用右腿单腿原地跳几次,水就会流出来;左耳内有水时,头偏向左,用左脚跳(见图 11 - 52)。

(2)吸引法。头偏向有水的耳朵一侧,用手掌紧压这个耳朵的耳孔上,屏住呼吸,然后迅速提起手掌,可将水吸出(见图 11 - 53)。

图　11 - 52　　　　　　　图　11 - 53

四、中暑

（1）原因。在炎热的夏天进行露天游泳训练，或室外进行长时间的陆上练习时，都有可能发生中暑。特别在天气闷热、身体疲劳；缺乏饮水和头部缺乏保护而烈日照射等情况下，中暑就更容易发生。

（2）征象。此症发病较急，在发病早期，病人往往感到头昏、眼花、全身无力等先兆征象。随后出现头痛、烦躁心慌、恶心呕吐、口渴、体温升高、面色潮红、皮肤灼热的征象，或流鼻血，脉搏快而强，呼吸急促。严重时，昏迷不醒、面色苍白、出冷汗、脉细而弱、呼吸钱表、血压下降、瞳孔扩大、甚至死亡。

（3）急救。轻度中暑，病人应迅速离开高热环境，到阴凉处休息，喝些凉开水，吃些人丹、十滴水之类便会很快恢复。严重者，除采用上述措施外，应将其安静仰卧、头部垫高，解开衣扣和腰带，用扇子扇风，额部作冷敷。有条件的还可用50％酒精擦身，给饮冷开水等。肌肉痉挛者，可服大量冷盐开水，按摩四肢。如遇昏迷者，可针刺或用指格人中、百会、内关和足三里等穴位并给氨水闻嗅。若无好转，一边急救，一边立即送医院抢救。

（4）预防。预防中暑对夏季进行运动非常重要。必须合理安排夏季运动的练习时间，在一般情况，夏天中午12点至下午3点最热，运动量大的项目不宜在这段时间进行。即使进行练习，应注意穿浅色、单薄、宽敞的衣服，在水中训练时注意避免头部暴晒。注意防暑降温，有条件的可备用解热消暑的凉茶或开水。此外，平时要注意坚持在较热的环境下锻炼，以逐步提高身体的耐热能力。

五、晕厥

晕厥是由于脑部突然血液供给不足而发生的一种暂时性知觉丧失的现象，叫做运动性晕厥。

（1）原因。一种是初学游泳的人下水后，往往感到头晕，并伴随有心慌气闷，人飘飘然，站不稳，这是不熟悉水性的正常现象，只要经常锻炼就会很快克服头晕的征象。

另一种，是由于长时间站立，下蹲过久骤然起立，精神过分激动或带病参加锻炼或比赛等情况下所引起。其中游泳运动训练中较为常见的头晕（晕厥）通常发生在较低水温中进行教学训练时。如学生身体机能状况不佳，加上水温、气温低，人体较多血液都流向四肢肌肉和滞留在皮下静脉中、回心血量减少，因而使脑部缺血，轻则头晕，重则产生晕厥。也叫"寒冷休克"疾病。

（2）征象。在晕厥前，病员感到浑身畏冷、寒颤难以控制、四肢麻木如针刺、耳鸣头晕、太阳穴疼痛、眼前发黑、面孔嘴唇和皮肤指甲青紫；此时，若不出水上岸采取措施，体质虚弱者会失去知觉，突然晕倒，处于"休克"状态（如"休克"倒在水中，稍不注意，很快溺水死亡）。晕倒后，面色紫白，手足冰凉，脉搏慢而弱，血压降低，呼吸缓慢，瞳孔缩小。一般轻的晕厥，在晕倒片刻后，由于脑贫血消除，知觉即恢复而清醒过来，醒后精神不佳，仍有头晕感觉。

（3）预防和急救。一般游泳的晕烦稍加注意是可以避免的，当队员在过低温度的水中停留过久后教练员要经常观察他们的神态，如有晕服前的征象，就应让队员起水上岸，擦干身体，用干燥大毛巾与衣服包裹身体，保跋防寒，较严重者可将病员放乎仰卧，头部故低，足部抬高进行急救。或送医院抢救。

急救的针刺、用指掐点穴位，同中暑急救穴位相同。

预防游泳晕厥的主要办法是保证教学训练的水温（一般少年儿童 27℃，幼儿高于 30℃）。

六、刺痒和咳嗽

（1）征象和原因。在气温和水温比较低或游泳池水中的含氯量过高的情况下，有些人下水后，马上感到周身刺痒，全身皮肤潮红，或迅速出现大小不等的浮肿性"风疙瘩"，同时伴有头晕、恶心或眼前发黑等症状，这种现象医学叫做"皮肤过敏反应"和"急性荨麻疹"。有时，冬天空内温水训练，因氯气过高，严重刺激呼吸器官引起持续性咳嗽，难以控制，并伴有腹肌痉挛、眼睛刺痛、流泪和流涕等症状；影响锻炼，损害健康。

（2）预防相处理。遇到上述症状，应立即上岸，淋浴.擦干身体，穿上衣服，注意保暖，很快就会慢慢恢复正常。如严重者，可请医生治疗。

游泳刺痒和咳撒预防的最好办法是确保一定的水温、气温和控制池水合氯量（教学训练用池水含氯量为 0.2 mg/1 以内较好）。

据有关资料报导：在用氯净化的水里长时间游泳会使疲劳加速增大，在 24℃的水中游泳，经过一小时的练习（以每小时 3.2 km 的强度）后，游泳运动员的体温会降低到 35℃。这种体温过低对人带来不良影响，容易产生疾病（如果是幼儿则会使其肾脏器官引发炎症等）。

七、肚子疼

游泳运动时，特别是进行超长距离或大运动量间歇游练习中较容易产生肚子病（腹痛）。

1．原因

运动中引起肚子痛的原因很多，一般归纳为以下几点。

(1)胃肠痉挛。胃肠痉挛(抽筋)引起的腹痛，轻则钝痛，胀痛，重则有阵发性绞痛。运动前吃得过饱、喝得过多、或过饿和饭后过早进行运动等，都可能引起胃痉挛，其部位在上腹部；运动前吃了产气或难消化的食物，腹部着凉或蛔虫刺激等，可引起肠痉挛，其部位多在脐周围；宿便刺激也可引起肠痉挛，其部位多在左下腹部。

(2)肝脾淤血。主要原因有二点：

第一，准备活动不够，开始练习时速度过快，下腔静脉压力上升，肝静脉回流受阻，影响静脉血回心而引起的。

第二，呼吸节律紊乱，剧烈运动时，破坏了均匀的，有节奏的呼吸，造成呼吸肌(膈肌)疲劳，减弱了它对肝腔的"按摩"作用；同时由于呼吸短浅，胸内压上升，下腔静脉血回流受阻等而引起。

2．处理

运动中发生腹痛时；一般只要减低速度慢游，注意加深呼气动作或停止练习按压疼痛部位，在原处作深呼吸，疼痛即可慢慢减轻，以至消失。如疼痛仍不减轻，甚至反而加剧、就应停止运动，若必要时可请医生诊治。

3．预防

经常保持运动锻炼，提高身体机能。合理安排饮食制度，注意吃饭与练习的时间间隔，饮食有节。运动前作好准备活动，运动中注意呼吸节律等都可减少运动性腹痛。对于各种慢性疾病(慢性肝炎、溃疡病或慢性阑尾炎)引起的腹痛，应就医检查，彻底治疗。在疾病未愈之前，应在医生的指导下进行活动。

九、肌肉韧带拉伤

肌肉韧带拉伤同肌肉酸疼有本质上的区别，是一种运动性创伤。肌肉韧带拉伤在体育运动中是最为常见的一种损伤。根据游泳训练的情况，一般容易引起肌肉韧带拉伤的部位有两个：肩袖损伤(肌腱炎)和膝部与大腿内收肌损伤。

有关资料指出：肩关节和膝关节的损伤，是由于运动员早期缺乏必要的训练和游泳技术不得法致使韧带和肌腱过分紧张而造成的。

1．肩袖损伤

(1)原因。主要由于肩反复转动或超越正常范围的活动引起肌腱不断摩擦、牵扯而造成。肩袖损伤常出现在：各种转肩的动作练习；游泳的自由泳、蝶泳划臂动作(包括陆上拉力练习和哑铃练习等);举重抓举时肩的突然背伸动作。这种损伤可能是一次性(急性损伤),或反复微伤和伤后未愈又再伤而逐渐形成慢性损伤或劳伤。发生肩袖损伤后一般需要请伤科医生治疗。

(2)预防和处理。充分做准备活动,及时纠正错误动作;注意早期逐步发展肩部肌肉力量和提高肩关节韧带的柔韧性,特别是肩部肌肉群的训练;合理安排局部负担量等。急性期应暂停肩关节超常范围的剧烈转动。急性期过去后,可开始练习肩关节的回环及旋转运动。开始时,以做上肢下垂的放松性活动为宜,然后逐步增加肩的抬举角度进行练习。基本不痛后,可进行负重练习。至于慢性期肩袖损伤如何训练,一般以不痛为原则。

2. 膝关节和大腿内收肌损伤

膝关节是人体中位置表浅,关节面最大,杠杆最长,负重较多,保护结构相对较少(它周围皮下只有肌腱韧带和不定数的滑囊存在,没有肌肉缓冲结构)的一个不甚坚实的重要关节,因此容易受伤。有些蛙泳运动员由于膝关节和大腿内收肌受伤,有时痛得难受,只好改游其他姿势。

(1)原因:

1)游泳运动员从事水上蛙泳速度训练,或作陆上强度大的力量练习时,末预先充分作好准备活动。

2)大腿内收肌在人们的日常生活中没有承受过任何大的负荷,同其他肌肉相比显得十分不发达。因此,若运动负荷超量,容易引起损伤。

3)水上、陆上训练中,活动超过了膝关节的功能范围,当动作技术有问题或错误时,也容易发生损伤。

(2)处理。如遇膝侧副韧带部分撕裂或完全断裂,则应在固定后立即送医院进一步处理。至于小伤应减轻膝关节和大腿内收肌的活动,并请医生治疗,待伤愈后方可酌情训练。

(3)预防:

1)加强推备活动,多作腘和腿部的伸展练习,直至腿部感到发热时止。

2)加强陆上腿部肌肉力量和膝关节柔韧性的训练,提高防损伤的能力。

3)加强大腿内收肌力量的专门练习,提高大腿内收肌的活动能力。

4)在蛙泳向后蹬水时,两膝不要过分内扣和过早伸膝关节。这种过宽蹬夹动作使膝关节侧副韧带过度紧张,大胆内收肌容易受伤,因为内收肌要把两腿夹到一起。

总之,青少年是处于生长发育时期,他们在平时教学训练中,除了肩、膝(包括腿收肌)两部位容易受伤外,脊柱、胸廓、骨盆、手、足也容易受伤或变形,产生不正确的身体姿势；因此，从运动保健角度来讲，其良好预防和控制办法是，在他们进行水陆上训练时，教师经常变换各种练习，进行全面身体训练，根除游泳训练方法上和技术上会危及身体健康的各种错误练习。使他们从幼年早期起就借助各种伸展性、灵活性、耐力性和特殊动作训练，来逐步增加和提高他们各关节、韧带、肌肉等组织的功能，促进身体健康地成长，并迅速提高游泳运动成绩。

十、抽筋

在运动过程中，可能发生某一部分肌肉突然痉挛的情况，通话叫做抽筋。运动中最容易发生痉挛的肌肉为小腿腓肠肌，其次是足底屈拇肌和屈趾肌。游泳时的抽筋有时会威胁到生命的安全。

(1)原因。造成这种肌肉痉挛的原因可能是突然的寒冷刺激，如游泳时的寒冷刺激；大量出汗而体内缺乏盐分；由于生疏动作不协调，或在临场比赛时高度紧张，或过度疲劳和饥饿等所引起。

(2)征象。局部肌肉抽筋，疼痛难忍，抽筋处肌肉坚硬，而且一时不易缓解。

(3)处理。一旦发生了抽筋，应该立即停止运动（如发生在游泳池的深水区、自己无法解脱困境时，可呼救，但不要惊慌，以免抽筋加重）。假如，腓肠肌抽筋，可伸直膝关节，用力将足背伸（勾脚尖）；足底屈拇肌、屈趾肌抽筋，可用力使足和足肚背伸。此外，还可配合局部按摩，采用重推摩、揉捏、叩打、点文（如承山、委中、涌泉、血海等穴）手法，促使缓解。

(4)预防。加强锻炼，提高身体耐寒能力和耐久力；运动前做好准备活动；容易发生肌肉痉挛的部位事先应作适当按摩；冬季锻炼要注意保暖，夏季进行长时间运动要注意补充盐分；游标下水前应先用冷水淋湿全身，水温低时入水时间不要太长，尤其不能在水中停止活动；疲劳和饥饿时，不宜进行剧烈活动。

十一、溺水（岸上急救）

溺水是游泳运动最严重的损伤，可危及生命。

溺水时，水经口鼻进入肺内造成呼吸道阻塞，或因吸水的刺激引起喉痉挛，使气体不能进出，引起窒息，时间稍久，会引起死亡。溺水者被救上岸后，应迅速采取措施进行急救处理，做到边急救边通知医院。急救动作不能中断，并要有耐心。

1. 上岸后的处理

对于已经昏迷，呼吸很弱者，需要做人工呼吸时，首先要清除口腔中分泌物和其他异物,如有活动假牙应当取出,如牙关紧闭,可用两手大拇指由后向前顶住溺水者的下颌关节,并用力向前推,同时两手食指与中指向下扳下颌骨,使口张开。如溺水者穿着紧身的衣服、腰带等,都应解开除去。

2. 倒水

在迅速做好上述处理后,可进行倒水,将溺水者呼吸道、肺部和腹中的水排出。倒水的做法是,救护人一腿下跪,另一腿屈膝,把溺水者的腹部放在救护人的屈膝的大腿上,救护人一手将溺水者头部按低,另一手稍用力压溺水者的背和腰部,时而轻拍使水排出。但应注意不要过分强调倒水而延误宝贵的抢救时间。

3. 人工呼吸

如溺水者倒水后,呼吸仍未恢复,应马上采用人工呼吸。人工呼吸有口对口吹气法和俯卧压背法,对溺水者比较适合。

(1)口对口吹气法。这个方法效果较好,而且可同时进行胸外心脏按摩。施行时,使溺水者仰卧,头部尽量后仰,把口打开盖上一块纱布。救护人一手托起他的下颌,掌根轻压环状软骨,使其压迫食管,防止空气入胃;另一手捏住他的鼻孔,然后深吸一口气,对准他的口部吹入。吹完后松开捏鼻孔的手,嘴离开。如此反复进行,每分钟作 16～20 次。吹气法进行中不要间断,一直做至溺水者恢复呼吸时为止。

(2)俯卧压背法。将溺水者放成俯卧姿势,使其一臂向前伸一臂屈肘放在头下,将头侧放。救护人员骑跪在溺水者大腿两侧,双手按压溺水者背下部两侧,利用身体前倾的压力,同时两手向前、下内方向用力将其肺部空气压出。然后双手放松,同时身体拾起,除去压力,溺水者的胸廓扩张,恢复原状,空气随即入肺(见图 11 - 54),这样一松一压地有规律地连续进行,以每分钟 16～18 次/min 为宜。

图 11 - 54　俯卧压背法

4.胸外心脏按摩

当溺水者心脏停止跳动时,除做人工呼吸外,可以同时进行胸外心脏按摩,以恢复心跳。做法是,使溺水者成仰卧姿,救护人两手重叠放在溺水者胸骨正中线的下三分定一处,借身体的重量,稳健地向下垂直加压,使溺水者胸骨下陷,压挤心脏,然后抬起手腕,使胸廓扩张,这样有规律地反复进行,每分钟约印 60～70 次,注意手掌下压时的面积不要过大,用力不要过猛,以免压断肋骨。这个动作可和口对口人工呼吸同时进行。

进行人工呼吸和脚外心脏按摩,要有耐心时,有时要连续做几个小时,才能把溺水者救活。

5.醒后处理

当溺水者醒后,可给他喝些热姜汤或糖水等饮料,并立即替他穿好衣服保暖,必要时将他送医院作进一步检查。

岸上急救是一套综合的措施。为了争取时间,不一定按部就班,应几个方法一齐做,同时进行抢救。

第十二章　体育舞蹈

第一节　体育舞蹈概述

一、体育舞蹈的起源与发展

体育舞蹈也称国际标准交谊舞，体育运动项目之一，是以男女为伴的一种步行式双人舞的竞赛项目，分两个系列，十个舞种。其中摩登舞系列含有华尔兹、维也纳华尔兹、探戈、狐步和快步；拉丁舞系列含有伦巴、恰恰恰、桑巴、牛仔和斗牛。每个舞种均有各自舞曲、舞步和风格。

体育舞蹈的发展过程经历了原始舞蹈——公众舞——民间舞——宫廷舞——社交舞——新旧国际标准舞等发展阶段。体育舞蹈的前身就是社交舞，也称交际舞、交谊舞。

交际舞起源于14～15世纪的意大利，16～17世纪流传到欧美各国，在法国发展较快。1768年巴黎开办了收费舞会的第一个舞场，法国大革命推动了舞厅交际舞的发展，华尔兹成了19世纪中叶主要舞会交际舞。19世纪末20世纪初，北美和南美一些国家出现了交际舞的慢华尔兹，以及受黑人音乐影响较深的慢四步、狐步、快步、伦巴、桑巴等舞，推动了交际舞发展。但各国流行的交际舞极不统一，到1924年英国皇家教师学会和国际舞蹈教师协会汇集各国著名教师和专家将各种舞最优秀的舞姿、舞步、技法进行了规范、统一标准，成为当时国际标准舞。华尔兹、探戈、狐步、快步四种标准舞于1925年在各国推行，后来又增加维也纳华尔兹共五种标准交际舞，统称摩登舞。1947年在柏林举行了首届世界交际舞锦标赛。国标舞的普及推动了竞赛的发展，1950年"国际交际舞理事会"（也称"国际交际舞协会"）成立。1959年，完全按国际委员会制定的规则，举行了第1届业余和职业舞蹈世界锦标赛，此后每年举行一次。1960年，拉丁舞正式列入世界锦标赛比赛项目。1964 年，国标舞又增加新的表演和比赛项目——团体舞，使国标舞 10 个舞种的风格特点得到更为鲜明的体现。以上 3 种崭新的交际舞——现代舞、拉丁舞、团体舞，被称为"现代国际标准舞"，每年在国际上都有不同地区、各种级别、不同规模的多种比赛。国标舞已成为人们建立友谊、陶冶情操、锻炼身体的极好形式。

国际标准舞的发展，促进了国际舞蹈组织的发展。职业舞协"世界国际标准舞竞技总会"（ICBD）已发展了 36 个会员国，总部设在英国；业余舞协"世界国际业余舞蹈总会"（ICAD）总部设在德国，已有 27 个会员国。近年来，随着体育舞蹈意识日益深入人心，"ICBD"改名为"WDDSC"，称为"世界舞蹈和体育舞蹈总会"；"ICAD"改名为"ICSF"，称为"国际体育舞蹈联合会"。两组织联合起来，为争取体育舞蹈进入奥运会而共同努力。1995 年 4 月，国际奥委会给予体育舞蹈以准承认资格，奥委会的认可，为体育舞蹈开辟了更广阔的天地，体育舞蹈将会进一步发展，水平也将迅速提高。在 2000 年悉尼奥运会被列入闭幕式表演项目；2008 年北京奥运会被列入表演项目；世界体育舞蹈联合会一直致力于把体育舞蹈推到奥运会比赛项目中。

交际舞不但具有交际和艺术价值，还有运动功能，对舞者力量、速度、耐力、柔韧、技巧等身体素质要求不断提高，在达到强身与竞技的效果的同时，由于它兼有文化娱乐的内涵和体育竞技的双重特点，以及很强的表演观赏性和技艺性，因此很多国家将它纳入体育的竞技范畴，称为"体育舞蹈"，继而成立了各种体育舞蹈组织，并一致努力于促进体育舞蹈事业的发展。

二、体育舞蹈在中国的发展

我国于 20 世纪初期接受了西方传入的交际舞，当时只有在上海、北京、天津、南京、广州等大城市开展。新中国成立后，全国各大、中、小城市都举办舞会，交际舞发展很快。特别是改革开放后，文化娱乐活动不断丰富，交际舞也在逐步开展。我国自 1986 年正式引进后，随着这几年的大力推广，交际舞发展迅速。1986 年，文化部宣布成立了中国国际标准舞学会，并举办了第 1 届全国国际标准舞汇演，由此每一年举办一届（广东选手已连续获 8 届职业最高级别摩登舞冠军）。10 多年的风风雨雨，一代人的辛勤耕耘，如今，国标舞事业成为我国各级政府关心的社会主义精神文明建设的大项。

1998 年，国标舞被列入中国文化部"荷花奖"的评奖单项，国标舞事业从此又将开辟一个崭新的篇章。

　　1989 年，中国舞蹈家协会正式成立了"中国国际标准舞总会"，20 世纪 90 年代后改名为"中国国际标准舞协会"。作为大众性体育活动，由于它自身魅力和锻炼的效果，越来越被人们认识，更加喜爱。

　　在政府的关心和指导下，全国各省市（包括一些中小城市）都成立了国际标准舞协会，跳国标舞，学国标舞的人越来越多。北京电视台播放的国际标准交谊舞教学节目收视率很高，有关人员保守地估计，北京就有 80～100 万人喜欢跳交谊舞。近年，广州、北京、上海、郑州、南京、哈尔滨、武汉、重庆、宁波、深圳、南昌等地国标舞事业发展迅猛。

　　在"全民健身计划"及"终身体育"思想的指引下，体育舞蹈走进了大学体育课堂，作为形体美与音乐美的结合，符合大学生身心的发展，成为大学体育教育和业余活动的一道风景线。1994 年北京体育舞蹈学院社会舞蹈系国标舞专业设立。同年，北京体育大学开设了体育舞蹈专选课程。1998 年 9 月，西北工业大学开设了体育舞蹈专选课程。

三、体育舞蹈的特点与分类

（一）体育舞蹈的特点

　　体育舞蹈是由属于文艺范畴的舞蹈演变而来的体育项目，它兼有文艺和体育的共同特点，是介于文艺和体育之间的边缘项目，是以竞赛为目的，具有自娱性和表演观赏性的竞技舞蹈。它具有以下 3 个特点：

　　（1）严格的规范性。规范性首先表现在体育舞蹈是一个完整的舞蹈系统，如同中国古典舞和西方的芭蕾舞一样，它是经过数百年历史的锤炼，几代人的加工而成的。其次表现在技术的规范性上，它严格到多一分嫌多，少一分欠火候。

　　（2）表演观赏性。体育舞蹈融音乐、舞蹈、服装、风度、体态美为一体，既有观赏的价值，又有参与的可能，被认为是一种"真正的艺术"。

　　（3）体育性。主要表现在竞技性上，即为了比赛、为了取得成绩、获得冠军、为国争光；另一方面表现在锻炼身体的价值上，有资料显示：它的运动量高于网球和羽毛球。对人体生理变化是显著的，它是陶冶情操，锻炼体魄的一种极好形式。

（二）体育舞蹈的分类

　　（1）摩登舞：①华尔兹；②探戈；③狐步舞；④快步舞；⑤维也纳华尔兹。

　　（2）拉丁舞：①桑巴；②恰恰恰；③伦巴；④斗牛舞；⑤牛仔舞。

　　（3）团体舞。是摩登舞或拉丁舞的混合舞，由 8 对选手组成，借助音乐的引导，将 5 种舞蹈在变化莫测的队形变动中编织出丰富多样的图案，它将音乐、舞姿、队形、图案和选手们的和谐配合融为一体，达到了完美的统一，使体育舞蹈的风格特点得到了更为鲜明的表现。

第二节　体育舞蹈的场地与服装

一、场地介绍

一般赛场地面应平整光滑，场地的面积为 15 m×23 m，赛场长的两条边线叫 A 线，短的两条边线叫 B 线（见图 12-1）。

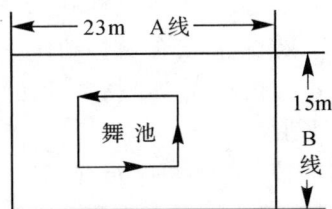

图　12-1

二、服装介绍

（1）比赛服装规定。摩登舞男子穿燕尾服，女子穿不过脚踝的长裙；拉丁舞服装应有拉美风格，男女选手服装必须协调，男选手穿紧身裤或萝卜裤，上身穿宽松式长袖衣，女士穿露背和腿的短裙、男女舞鞋应与服装颜色一致。男子摩登舞一般穿黑色舞鞋，女子穿5～8 cm 的高跟船鞋，鞋面可加镶嵌亮饰；男子拉丁舞鞋同摩登舞鞋，女子穿高跟有襻凉鞋，鞋可加亮饰。

（2）男子发型可留分头，前不遮耳，后不过领，不能留长发长须；女士为短发或长发垂髻，可加头饰，不可披长发。

（3）服装的样式色彩随时代发展，在不断变化。

（4）专业选手背号为黑底白字，业余选手背号为白底黑字。

第三节　体育舞蹈专业术语、身体旋转方位及舞步方向

一、舞蹈专业术语

（1）舞程向。在一个舞池中，为避免互相碰撞而严格规定舞者必须按逆时针方向行进，这个行进方向为舞程向。

（2）舞程线。沿舞程向方向行进的路线。

（3）闭式位舞姿。指男女面对面双手扶握的身体位置。

　　(4)侧行位舞姿。指男士的右侧与女士的左侧身体紧密贴靠,身体的另一侧略向外展开成"V"形的站立或行进的身体位置。

　　(5)外侧位舞姿。指在摩登舞中,男女舞伴的一方向另一方的右外侧或左外侧前进所形成的身体位置。

　　(6)影子位舞姿。男女舞伴面向同一方向重叠而立,形影相随的身体位置。

　　(7)反身动作。一侧脚前进或后退时,异侧肩和跨后让或前送,使身体与舞步形成反向配合的身体动作。

　　(8)摆荡动作。是指舞者在身体上升做斜向或横向移动时,像钟摆似地把身体摆动起来。

　　(9)节奏。指以一定规律反复出现,赋予音乐以性格的具有特色的节拍。

　　(10)组合。两个或两个以上的舞步型的结合。

　　(11)准线:指的是双脚的位置或双脚方向与房间的关系。

　　(12)擦步:当动力脚从一个开位向另一个开位移动时,必须先与主力脚靠拢,而重心不变的舞步。

　　(13)滑步:指在第二步双脚并拢的三步组成的舞步。

　　(14)踌躇步:前进暂时受阻的舞步型或舞步型部分,重心停留于一脚超过一拍。

　　(15)逗留步:身体运动或旋转受阻时的部分舞步型、双脚几乎静止不动。

　　(16)锁步:两脚前后交叉的舞步。

二、旋转角度认定及身体方位

　　每个舞步开始、结束时所站立的方向,运步、旋转过程中的方位、角度都有一定的规定。

　　(1)旋转角度认定见图 12-2。

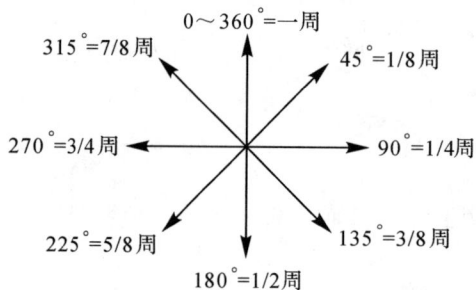

图　12-2

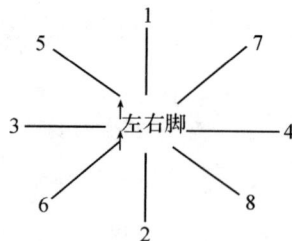

图　12-3

（2）身体方位（见图 12－3）：①面对舞程线；②背对舞程线；③面对中央线；④面对壁线；⑤面对斜中央线；⑥背对斜中央线；⑦面对斜墙壁；⑧背对斜墙壁。

三、体育舞蹈基本抱握舞姿

1.拉丁舞基本站立姿态

双脚并立，身体尽量伸直，使头、肩、胯三点成一线，两眼平视，脖子拉直，下颚稍微内收，使人可以从后看到后颈较直。挺胸使两肩胛骨向后向内关闭，两肩下沉同时将身体的中段（胸腰部分）向上拨起，使身体的中段和两肩有个互相顶压的力。臀部稍向内收，小腹向上拉，但不可过分使身体变形，感觉上身躯干是直的。两条大腿要稍内收，双膝要绷直，不可弯曲，大腿和小腿的肌肉要收紧，感觉向反方向拉紧。

拉丁舞预备步站立姿态：

左脚在前，脚尖向前方，身体重心在左脚，身体尽量伸直，使头、肩、胯三点成一线。右脚在后打开，膝盖绷直，大拇指内侧点地，脚跟向内侧下压，不要翘起来，脚面绷直。右胯向后斜 45°打开，使身体从上身到右脚尖形成一条很长的直线，可以在舞蹈中表现出很漂亮的形态和体型。

2.摩登舞持握姿势

男伴双脚并拢，全足着地，双膝放松，要感觉自己很高，尽量把身体拉高到极限，还要感觉自己身体很宽，双臂平抬，双手肘尖与心窝成为一条直线，左小臂向斜前上方上举与左上臂成略大于 90°，右小臂向斜前下方平伸。女伴同样要把身体拉高，双手肘尖成为一条直线，轻轻搭在男伴的手臂上，女伴要感觉到身体成二条弧线，一条是由胸腰到头部向后仰的弧线，另一条是由胸腰到头部向左倾的弧线。

3.四个接触点

（1）男伴左手轻握女伴的右手，男伴的左手拇指与中指稍用力，女 伴用中指稍用力。

（2）男女双方身体的垂直中心线与身体右边线之间的垂直中间线的腰部部分相重叠接触。

（3）男伴右手掌轻托女伴的左肩胛骨下，手掌平伸。

（4）女伴左手虎口张开，放在男伴右上臂三角肌下部，拇指在内侧，其他四指在外侧，腕部和小臂放平，不得突起。

第四节　体育舞蹈竞赛规则与裁判法

一、体育舞蹈竞赛特点

由于体育舞蹈是从文艺转变而来的项目,因此表现在竞赛上既有文艺的痕迹,又具有体育的特点。

(1)主持人制。体育舞蹈比赛自始至终在主持人指挥和控制下进行,主持人既是司仪、广播员,又是宣传鼓动员、观众代言人,是场上的中心。

(2)比赛和表演的结合。体育舞蹈比赛之前、中间或结尾经常穿插国内外优秀选手的表演,既使比赛更加丰富多彩,气氛热烈,也使裁判、选手和记分组等竞赛人员得以充分休息和准备。

(3)"淘汰"与"顺位"结合的比赛方法。

1)淘汰法。体育舞蹈比赛从预赛至半决赛采用淘汰制,根据竞赛编排从参赛人数中按规定录取定量选手进入下一轮比赛,淘汰其余选手。

2)顺位法。体育舞蹈比赛采用顺位法决定单项和全能的名次。

(4)评分的特点。体育舞蹈比赛时,每个评委在 1.5～2.5 min 的时间内,从 6～20 多对选手中确定入选名单或名次顺序,这要求评委精力集中,业务熟练,眼光敏锐,反应迅速,判断正确。

二、体育舞蹈比赛的种类和组别

(一)比赛种类

世界比赛分专业比赛和业余比赛两大类,每类都有不同级别和层次的比赛。比赛规模有世界的、洲际的等。世界舞蹈组织目前有职业舞协"世界舞蹈和体育舞蹈总会"(简称 WDDSC)和业余舞协"国际体育舞蹈联盟"(IDSF)。

WDDSC 每年定期举办 7 项大赛:①摩登舞国际竞技舞锦标赛;②拉丁舞国际竞技舞锦标赛;③十项国际竞技舞锦标赛;④欧洲舞国际竞技舞锦标赛;⑤亚洲太平洋国际竞技舞锦标赛;⑥世界杯摩登舞国际竞技舞邀请赛;⑦世界杯拉丁舞国际竞技舞邀请赛。

(二)组别

1.国际体育舞蹈比赛

(1)国际体育舞蹈专业比赛设公开组;新人组。

(2)国际体育舞蹈业余比赛设公开组;新人组;中年组(女 30 岁以上,男

30 岁以上);常青组(男 50 岁以上);青年组(14～18 岁);少年组(14 岁以下)。

2.国内体育舞蹈比赛

划分职业、业余及专业院校三大组别。在三大组别中,根据国际通行设项办法,主要以年龄分组设项。具体设项如下:

(1) 职业组类别:

1)职业 A 组标准舞、拉丁舞(所有职业选手)。

2)职业 B 组标准舞、拉丁舞（除上届锦标赛职业 A 组前 6 名选手外)。

3)职业十项舞组(职业及专业选手共同参与)。

参赛选手自愿报名进入职业组比赛,除参加职业十项比赛的专业院校选手外,一旦进入,将不能再行退出,今后只能参加职业组各相关项目的比赛。此新规定颁布以前已进入职业组的在校专业院校选手继续保留在职业组中。已毕业且从未进入职业组比赛的原专业院校选手,可进入专业组或进入职业组。不能参加业余组比赛。

(2)专业院校组类别:

参赛人员为各设置体育舞蹈或国标舞专业及专项招生的院校在校生及特招生。

1)专业精英组标准舞、拉丁舞(所有组别均可参加)

2)专业成人组标准舞、拉丁舞(19 岁及以上)。

3)专业青年组标准舞、拉丁舞(16～18 岁)。

4)专业少年 A 组标准舞飞拉丁舞(14～15 岁。此组别以上均跳 5 支舞,动作服装无限制,但女士服装不能为肉色)。

5)专业少年 B 组标准舞、拉丁舞(12～13 岁,4 支舞,动作按指定教材 A 级以下,服装按规定)。

6)专业少年 C 组标准舞、拉丁舞(11 岁以下,4 支舞,动作按指定教材 A 级以下,服装按规定)。

(3)业余组类别:

业余组所有组别选手可按年龄自动进入各组参赛。不做强制升组。

1)业余精英组标准舞、拉丁舞(自由进入)。

2)成人 A 组标准舞、拉丁舞(31～35 岁)。

3)成人 B 组标准舞、拉丁舞(22～30 岁)。

4)成人 C 组标准舞、拉丁舞(19～21 岁)。

5)青年组标准舞、拉丁舞(16～18 岁)。

6)少年 A 组标准舞、拉丁舞(14～15 岁。此组别以上均跳 5 支舞)。

7)少年 B 组标准舞、拉丁舞(12～13 岁,4 支舞,动作按指定教材 A 级以下,服按规定)。

8)少年 C 组标准舞、拉丁舞(10～11 岁,3 支舞,动作按指定教材 B 级以下,服装按规定)。

9)少年 D 组标准舞、拉丁舞(8～9 岁,2 支舞,动作按指定教材 B 级以下,服装按规定)。

10)少年 E 组标准舞、拉丁舞(7 岁以下,2 支舞,动作按指定教材 C 级,服装按规定)。

11)壮年 A 组标准舞、拉丁舞(35 岁以上,5 支舞)。

12)壮年 B 组标准舞、拉丁舞(男 45 岁以上,女 40 岁以上,4 支舞)。

13)壮 C 组标准舞、拉丁舞(男 50 岁以,女 45 岁以上,3 支舞)。

14)常青 A 组标准舞、拉丁舞(男 55 岁以上,女 50 岁以上,3 支舞,女士拉丁服装不能露出腰部)。

15)常青 B 组标准舞、拉丁舞(男 60 岁以上,女 55 岁以上,3 支舞,女士拉丁服装不能露出腰部)。

16)业余十项舞组(所有业余组别各项选手均可参加)。

(4) 舞种:

5 支舞:W、T、VW、F、Q;S、C、R、P、J;4 支舞:W、T、VW、Q;S、C、R、J;3 支舞:W、T、VW ;C、R、J;2 支舞:W、T;C、R;表演舞:SHOWDANCE。

以摩登舞或拉丁舞动作为载体,结合其他类别舞蹈表现形式的双人创作舞蹈。时间不少于 3min,不超过 4min。表演过程中男女舞伴间的托举动作不能超过 3 次,分手舞蹈时间不能超过 30s。

三、体育舞蹈的等级标准的级别、层次与对象

(一)划分

(1)等级水平由低至高分别为:铜牌、银牌、金牌、金星一级、金星二级。

(2)层次:铜牌、银牌级为基础级;金牌、金星一级为提高级;金星二级为最高级。

(3)对象:铜牌、银牌级面向大众健身和有意参加体育舞蹈的锻炼者;金牌、金星一级为体育舞蹈的爱好者;金星二级面向有意于体育舞蹈深造者。

(二)标准介绍

1.铜牌级

(1)测定技术内容:见中国体育舞蹈联合会制订的《体育舞蹈技术等级培

训大纲》铜牌级动作。

（2）动作要求：可以单独表演或与舞伴共舞，表演出每个舞项各两种舞的每个动作的正确节奏，动作基本正确，有一定的协调性。

（3）达标成绩：60～70 分为达标，70 分以上～85 分为中等，85 分以上为优秀。

2. 银牌级

（1）测定技术内容：见中国体育舞蹈联合会制订的《体育舞蹈技术等级培训大纲》银牌级动作。

（2）动作要求：可以单独表演或与舞伴共舞，表演出每个舞项各三种舞的每个动作的正确节奏，并对每个动作要领能规范清晰地表现出来，身体姿态与协调性较好。

（3）达标成绩：60～70 分为达标，70 分以上～85 分为中等，85 分以上为优秀。

3. 金牌级

（1）测定技术内容：见中国体育舞蹈联合会制订的《体育舞蹈技术等级培训大纲》金牌级动作。

（2）动作要求：要求与舞伴共舞，表演出每个舞种的每个动作的正确节奏，有正确的引导和跟随技术，对每个动作要领能规范清晰地表现出来，身体姿态与协调性较好，表现出一定的身体能力。

（3）达标成绩：60～70 分为达标，70 分以上一部分为中等，85 分以上为优秀。

4. 金星一级

（1）测定技术内容：①随机抽考金牌级动作；②规定的金星一级组合。见中国体育舞蹈联合会制订的《体育舞蹈技术等级培训大纲》金星一级动作。

（2）动作要求：要求与舞伴共舞，能表现出正确的引导与跟随方法，表现出每个动作的正确节奏，身体姿态好，动作规范到位、并且轻松协调，能较好地体现出各舞种的风格，并具备一定的表现力。

（3）达标成绩：60～70 分为达标，70 分以上～85 分为中等，85 分以上为优秀。

5. 金星二级

（1）测定技术内容：①随机抽考金牌级、金星一级动作；②最新规定的金星二级动作。见中国体育舞蹈联合会制订的《体育舞蹈技术等级培训大纲》金星二级动作。

(2)动作要求:要求与舞伴共舞,能协调默契进行两人的配合,身体姿态优美,动作规范到位、并且协调轻松,能很好地表现出各舞种的独特风格、并具有个人风格,具有很好的舞蹈表现力。

(3)达标成绩:60~70 分为达标,70 分以上~85 分为中等,85 分以上为优秀。

四、体育舞蹈的裁判工作

(一)规则和裁判

1.规则

规则是裁判评分的主要依据,它产生于实践又在实践中不断完善。规则既是法规又是方法论。规则和技术是相互制约,又是相互促进的辨证关系。体育舞蹈比赛规则管辖组织是国际舞蹈运动总会(IDSF),国际舞蹈运动总会执行委员会是负责监督本规则之遵守,可对竞赛规则或筹办单位之特殊事宜,订定补充规定。

规则的主要功能:

(1)制约体育舞蹈的发展方向,促进技术的提高。

(2)使比赛有客观统一的评分标准,保证公平竞争。

(3)增进裁判员的知识,规范裁判员的工作,提高裁判能力。

2.裁判资格

(1)学士资格。必须掌握 5 种舞蹈的 50 个以上的动作组合。

(2)会士资格。必须掌握 5 种舞蹈的 100 个以上的动作组合。

(3)范士资格。必须掌握 10 种舞蹈的 100 个以上的动作组合。

3.裁判组成

设裁判长一名,裁判员若干名,上场裁判必须是单数,全国、国际大赛设裁判员 7~11 名,裁判姓名用英文字母 A、B、C、O……代表,在裁判评分夹上表示。

(二)评判

1.评判要素

(1)基本技术:

A:足部动作;B:姿态;C:平衡稳定;D:移动。

(2)音乐表现力:

A:节奏;　　　B:风格的理解和体现。

(3)舞蹈风格:

　　A：细微区别各种不同舞种之间的风味、韵味上的差别；B：个人风格的展现。

　　（4）动作编排：

　　A：动作流畅新颖，运用自如；B：体现舞种的基本风韵并有一定技术难度；C：动作与音乐密切配合，发挥音乐效果；D：编排有章法、充分利用场地。

　　（5）临场表现：

　　A：赛场上的应变能力；B：良好的竞技状态、专注、自信、能自我控制临场发挥。

　　（6）赛场效果：舞者的风度、气质、仪表及出入场的总体形象。

　　2. 对选手的规定

　　①不许在同类舞场中交换舞伴；②准时入场，违者按弃权论处；③编组后不能改变组别；④摩登舞比赛必须男女交手跳舞，拉丁舞比赛不许做托举上肩、跪腿等动作。

　　3. 国际体育舞蹈联合会关于时间和时值的规定

　　在所有的比赛中，华尔兹、探戈、狐步、快步、桑巴、恰恰、伦巴和斗牛舞的音乐长度至少为 1.5min；维也纳华尔兹和牛仔舞的音乐长度为至少 1min。

　　各种舞的时值为：华尔兹 28～30 小节/min；探戈 31～33 小节/min；

　　维也纳华尔兹 58～60 小节/min；狐步 28～30 小节/min；

　　快步 50～52 小节/min；桑巴 50～52 小节/min；

　　恰恰 30～32 小节/min；伦巴 25～27 小节/min；

　　斗牛 60～62 小节/min；牛仔 42～44 小节/min。

　　在 IDSF 所有的比赛中，音乐应符合各种舞的特点。

　　4. 体育舞蹈比赛着装规定

　　（1）摩登舞

　　1）女士：比赛服配以饰物。不允许着上下身两截式的服装。领口不可开得过低。胸部应完全盖住。胸部和腰线至内裤下沿部分不得使用透明材料。开叉裙只能开至膝盖，不能再高。颜色：可使用除肉色外的任何颜色。鞋：无限制。发型和化妆：化妆不得太夸张，发型不得过于复杂。珠宝首饰：裁判长有权要求选手去掉对其他选手造成危险的饰物。

　　2）男士：黑色或藏蓝裤配马甲或者黑色或藏蓝裤配西服，白色长袖衬衫和黑色领带或白色衬衫和白色蝴蝶结。可使用金属领带。或燕尾服（黑色或藏蓝色）配以所有饰物（衬衫、蝴蝶结，饰钮等）装饰：不允许装饰。鞋：黑色低跟鞋配黑色短袜。发型：最好留短发。如果头发长，须系成马尾式。珠宝首饰：不允许戴珠宝首饰。不允许使用宗教符号作为装饰。除非发生服装不能使用的意外情况，比赛中不允许更换服装。

（2）拉丁舞

1）女士：比赛服：臀部和胸部须完全被盖住。上述区域不得使用透明面料。内裤不得过短，内裤上沿不得低于臀围上沿。内裤不得使用透明材料。站立时，裙子应完全盖住内裤。跳舞时，内裤最好尽量少露。如上衣为两片式，不得仅仅是胸罩。颜色：可使用除肉色外的任何颜色。内裤必须是黑色或者与服装同色。鞋：无限制。发型与化妆：不希望选手化妆夸张或做过于复杂的发型。珠宝首饰：裁判长有权要求选手去掉任何对其他选手产生危险的饰物。

2）男士：裤子：黑色或藏蓝色（不允许使用透明材料）。衬衫/上装：除肉色外的任何颜色或混合花色。可使用透明面料做装饰，但不能做为服装底料。透明面料不得超过 25％。衬衫或上装必须紧扣。不允许穿无袖衬衫及上装。衬衫可开至胸骨。可自行决定上装是否与裤子同色。领带、蝴蝶结或领巾可自行决定。如戴领巾，必须系紧并置于衬衫里。装饰：可使用装饰。鞋：无限制。发型：最好留短发。如果头发长，须系成马尾式。珠宝首饰：裁判长有权要求选手去掉对其他选手造成危险的饰物。

五、体育舞蹈的计分

体育舞蹈的记分方法以顺位法为依据。"顺位法"是指决赛名次的产生方法，即将决赛时评委给选手打的名次通过顺位排列的方法计算单项和全能名次。

（一）计分程序

（1）计分员将单项舞评分单上各裁判打"√"的记号记入预赛、半决赛用的淘汰表，按"√"数多少和规定名额录取下一轮比赛选手。

（2）将决赛单项舞评分单上各裁判判定名次记入顺位表，再把各单项舞成绩顺位核计，算出选手单项舞名次。

（3）将单项舞名次数相加，依数值由小到大排出 1～6 名摩登舞或拉丁舞名次。

（二）计分规则

1. 单项舞顺位规则

（1）在各位次上领先获得过半数裁判判定的选手便获得该顺位的名次。

（2）在同一顺位上有两对以上选手获过半数，则按数值多少决定名次，多者名次列前。

(3)在同一顺位上出现相等数时,则将顺位数相加,用括号表示,积数少名次列前。

(4)在第一顺位上所有选手未获过半数,则降下位计算,直至出现过半数为止。

2.全能顺位规则

(1)将总分顺位表的单项名次数相加,按合计数的大小,排列选手名次,数小的名次列前。

(2)如果名次合计数相等,则看获得顺位次数多少,多的名次列前。

(3)如果合计数、顺位次数都相等,则看顺位积数多少,少的名次列前。

(4)如果合计数、顺位次数、顺位积数都相等,则需将相等者的各单项名次顺位重新全部列出,重新计算。如有相等,则可加赛或用其它方法解决。

第五节 体育舞蹈教学

一、摩登舞

(1)华尔兹。也称"慢三步",它是交际舞中历史最悠久的舞蹈,16世纪传入法国,18世纪末正式在英国舞厅出现,音乐3/4拍,30~32小节/min,风格特点是庄重典雅,华丽多彩。其动作流畅起伏,婉转多变;舞姿飘逸优美,文静柔和。男伴似王子气宇轩昂,女伴似公主温文尔雅,雍容大方,被称为"舞蹈之王"。华尔兹是摩登舞中最基础、最难跳的一种舞,它是体现舞伴之间的内心世界,是表现爱情的一种舞蹈。

(2)探戈。起源于非洲中西部的民间舞蹈探戈诺舞。16世纪末至17世纪初,融合了拉美民间舞蹈风格,形成了舞姿优雅洒脱的墨西哥探戈和舞姿挺拔、舞步豪放健美的阿根廷探戈,现在探戈称为欧洲闪式探戈。人称19世纪是华尔兹的时代,20世纪是探戈的时代。舞曲2/4拍,30~34小节/min,以切分音为主,带有附点和停顿。听之铿锵有声,振奋精神。探戈舞步独树一帜,斜行横进,步步为营,俗称"蟹行猫步",动作刚劲锐利,欲进又退,欲退还前,动静快慢,错落有致,沉稳中见奔放,闪烁中显顿挫。

(3)狐步舞。起源于美国黑人舞蹈。它是模仿马在慢步行走时的动作而设计成的一种舞蹈。舞曲4/4拍,30小节/min,速度中庸,节奏明快,情绪幽静而文雅,基本节奏与探戈相反,是慢快快(SQQ)。要求身体挺直,膝关节放松,臀部和髋关节要固定。舞步轻柔、圆滑、流畅、方位多变且不并步,在动作衔接中呈现出降中有升,升中有降的线行流动状,大多数采用了反身动作位置,技术中大量运用了足跟旋转,更加突出舞蹈特性。

(4)快步舞。从美国民间舞"P,E,E,P BOOY"改编而成,早期快步舞吸收了快狐步动作,后又引入芭蕾的小动作,使动作更显轻快灵巧。音乐 4/4拍,50 小节/min,基本节奏是慢慢快快(SSQQ),慢快快慢(SQQS)。风格特点是轻快活泼,富于激情,舞步洒脱自由,饱含动力感和表现力。跳快步舞时,要掌握好基本动作和身体的感觉,尤其是松膝、用踝关节的力量来控制身体重心的移动。跳跃步不要求跳离地面很高,而是足尖刚刚离地即可。

(5)维也纳华尔兹。起源于奥地利北部山区农民舞,是历史最悠久的舞蹈。维也纳华尔兹舞的音乐是 3/4 拍,速度为 60 小节/min。风格特点是动作舒展大方,连绵起伏,节奏清晰,旋律活泼、动作优美,舞步轻快流畅,旋转性强。根据音乐强弱,在跳维也纳华尔兹时,不是三拍完成每一个小节,而是分六拍来完成,前三拍强,后三拍弱。整个旋转过程中,前三拍是发力,后三拍是休息。

二、拉丁舞

(1)桑巴。桑巴舞是从巴西农村的摇摆桑巴舞传入城市演变而来的,它以微妙的节奏和强烈的感情倾倒了巴西人,逐步形成为巴西的民族舞,是巴西音乐和舞蹈的灵魂。20 世纪 20～30 年代桑巴传入欧美。音乐 2/4 拍,速度为 48～56 小节/min,舞蹈风格特点是动作粗犷,起伏强烈,舞步奔放、敏捷,富有强烈的感染力。它在移动时沿舞程线绕场进行,因此它是拉丁舞中行进性的温度。在一小节当中,舞步可以跳出:二步(SS),三步(SQQ)或(SaS),四步(QQQQ)多种步型。桑巴舞的主要特性是其具有弹跳性,一个舞步的弹跳产生于前一小节的后 1/4 拍上,用"a"来表示。足部动作的常规是:脚掌、脚跟、脚掌,随着足部的弹动所产生的上下起伏的落参,由膝关节和髋关节所,从而形成了丰富的髋部韵律,使桑巴舞独具魅力。

(2)恰恰恰。由非洲传入拉美后,在古巴获得很大发展,它是模仿企鹅姿态创编的舞蹈。在动作编排上一反男子领舞的习惯,男女动作不求统一整齐,且多半是男子随后,恰恰舞的音乐曲调欢快有趣,4/4 拍,速度为 29～32 小节/min,4 拍跳 5 步 SSQQS(1,2,3,4&1)。恰恰恰由于名称、动作、节奏欢快易记,邦伐斯鼓和沙球的咚咚沙沙声与动作相吻合,舞蹈又有诙谐、花哨的风格,所以备受欢迎,是拉丁舞中最流行的舞蹈。每个舞步都应在前脚掌上施加压力,当重心放在脚上时,脚跟要放底,膝关节要伸直,如同伦巴那样,先用脚掌着地,随着重心的转移而直膝落踵并扭胯。

(3)伦巴。现代伦巴舞是由古巴舞蹈吸收 16 世纪非洲黑人舞蹈和西班牙"波莱罗"舞蹈逐渐完善的,舞蹈动作曾受雄鸡走路启发。伦巴舞的音乐缠绵、浪漫,舞蹈风格柔媚、抒情,是表现爱情的舞蹈。髋部富有魅力地扭摆,上身自由舒展,在抑扬的韵律节奏下,具有文静、含蓄、柔媚的风格,因在拉丁舞中历史悠久、舞型成熟和它那异国情调的独特风格,被誉为"拉丁舞之魂"。音乐4/4 拍,速度为 27 小节/min,4 拍走 3 步的舞蹈,第二拍和第三拍各走一步,第四拍和第一拍共走一步。音乐重拍是第一拍,动作上表现为髋部的运动,这是由于在第一拍上屈曲动力腿的膝关节时,所自然出现的一种横向臀部扭摆,也导致脚在第二拍时才完成行进。

(4)斗牛舞。起源于西班牙,是模仿西班牙斗牛士动作,有西班牙风格的进行曲伴舞的一种拉丁舞。在舞蹈中,男士象征斗牛士,女士象征斗牛士的斗蓬,因此舞蹈应表现出男子强壮英武和豪迈昂扬的气概。音乐 2/4 拍,速度为60～62 小节/min,一拍跳一步。动作特征是有很强的内在凝聚力,脚踏向地面,反作用力使身体向上。这种凝聚力瞬间爆发,主要是腿的作用。腿部动作要坚实有力,膝关节微屈,前进时全脚掌平踏,后退时前脚掌用力。旁步和并步也是前脚掌平踏,脚跟要提起。手臂和手腕也要有力量,手形如龙爪,重心移动过程中,没有转动胯的动作。

(5)牛仔舞。牛仔舞起源美国西部,20 世纪 20～30 年代盛行的牛仔舞蹈,舞步带有踢踏动作。节奏快速兴奋,动作粗犷,带有举持舞伴和甩动的技巧,是表现牧人强健体魄和自由奔放情绪的舞蹈,具有独特的魅力。音乐 4/4拍,44 小节/min,舞曲欢快,有跃动感,舞步丰富多变,其强烈的扭摆和连续快速的旋转,常使人眼花缭乱,亢奋热烈。牛仔舞的基本形式为三步,即追步。第一步向侧,足步是脚趾,膝关节弯曲,小步,部分重心。第二步关闭,足步是脚掌,全重心。第三步向侧,足步是脚掌、脚跟,步稍大,移动重心,当重心到位后伸直膝关节。

三、流行交谊舞

流行交谊舞和国际标准交际舞相比较,就显示出简易好学、轻松自由的特点,而且灵活性强,不受人数多少、场地大小的限制,容易组织活动,深受群众欢迎。

(一)流行交谊舞(三步舞)

1. 三步舞简述

华尔兹舞以舞中"皇后"而著称。它多以旋转为主配合其他舞步花样,舞姿起伏回旋和舒展,高雅流畅。以3/4拍为乐曲,节奏为强→次强→弱。每步占一拍,一个小循环跳三步。第一步落在强的一拍上,舞步步幅为大,中,小。迈第一步,左脚后跟柔和地先着地。步幅大重心低。第二步、第三步,中心逐渐升高,前脚掌着地。

2. 基本步法

(1)正直进,直退(男左女右交替运步)(见图12-4)。

预备姿势:闭式舞姿。

舞步说明如表12-1所示。

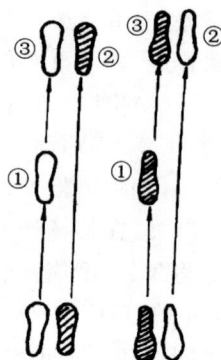

图　12-4

表　12-1

步序	男	节奏	女
1	左脚向前进一大步,重心移到左脚上	强(蹦)	右脚向后退一大步,重心移到右脚上
2	右脚向前进一步,重心移到右脚上	次强(喳)	左脚向后退一步,重心移到左脚上
3	左脚向前进一步,重心移到左脚上。＊如第3步并步时,左脚向右脚并步,重心右移;不并步左脚继续向前进步,重心移到左脚上	弱(喳)	右脚向后退一步,重心移到右脚上。＊女伴动作与男伴第3步相适应

＊直退步与直进步舞步基本相同,方向相反(图略)

(2)纵向折角进,退步(交叉步或"之"字步)(见图12-5)。

预备姿势:正步,闭式舞姿。

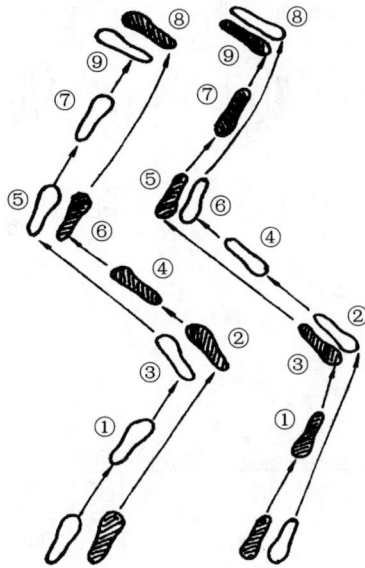

图　12-5

舞步说明如表12-2所示。

表　12-2

步序	男	节奏	女
1	双脚前脚掌支撑向右转45°,同时左脚向前进一大步,重心移到左脚上,女在左侧	强（蹦）	双脚前脚掌支撑向右转45°,同时右脚向后退一大步,重心移到右脚上,男在左侧
2	右脚向前进一小步,同时向左45°,重心移到右脚上,男女面相对次	次强（喳）	左脚向后退一小步,同时向左转45°,重心移到左脚上,男女面相对
3	左脚向右脚并步,重心移到左脚,男女成闭式舞姿	弱（喳）	右脚向左脚并拢成正步,重心移到右脚上,男女成闭式舞姿
4	双脚前脚掌支撑向左转体45°,同时右脚向前进一大步,重心移到右脚上,女在右侧	次强（蹦）	双脚前脚掌支撑向左转体45°,同时左脚向后退一大步,重心移到左脚上,男在右侧
5	左脚向前进一小步,同时向右转45°,重心落在左脚上,男女面相对次	次强（喳）	右脚向后退一小步,同时向右转45°,重心移到右脚上,男女面相对
6	右脚向左脚并步,变成正步,重心移到右脚上	弱（喳）	左脚向右脚靠拢并步变成正步,重心移到左脚上

注:纵向折角进步与退步大体相同,只是方向相反,即男变后退步,女变前进步,女前交叉步,男后交叉步。

(3)方步—合子步包括进(见图 12-6)、退(见图 12-7)两种。

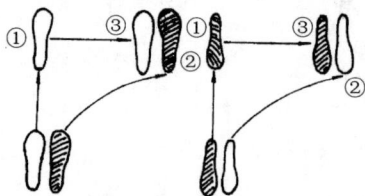 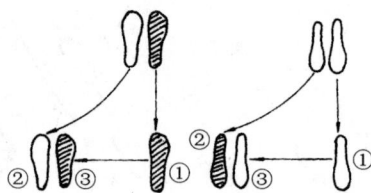

图　12-6　　　　　　　　　　　　图　12-7

预备姿势:正步、闭式舞姿。

舞步说明如表 12-3 所示。

表　12-3

步序	男	节奏	女
1	左脚向前进一大步,重心移到左脚上。	强(蹦)	右脚向后退一大步,重心移到右脚上。
2	右脚向前向侧划一个弧进一步,重心移到右脚上。	次强(喳)	左脚向后向侧划一弧退一步,重心移到左脚上。
3	左脚向右脚靠拢,重心移到左脚上。	弱(喳)	右脚向左脚靠拢,重心左移形成正步
4	右脚向后退一大步,重心移到右脚上。	强(蹦)	左脚向前进一大步,重心移到左脚上。
5	左脚向后侧退一步,重心移到左脚上。	次强(喳)	右脚向前侧进一步,重心移到右脚上。
6	右脚向左脚靠拢,形成正步闭式舞姿,重心移到右脚上。	弱(喳)	左脚向右脚靠拢并形成正步,闭式舞姿,重心移到左脚上

注:第 2~3 拍构成"前进换步"。第 4~6 拍构成"后退换步",两个步伐合起来构成"方步"。

(4)左转体 90°跳法(见图 12-8)。

预备姿势:正步,闭式舞姿。

舞步说明如表 12-4 所示。

表　12-4

步序	男	节奏	女
1	左脚向前进一大步,重心移到左脚上	强(蹦)	右脚向后退一大步,重心移到右脚上。

续　表

步序	男	节奏	女
2	右脚向前进一步,同时以左脚前脚掌为轴向左转 90°,重心移到右脚上次	次强（喳）	左脚向后退一步,同时以右脚前脚掌为轴左转体 90°,重心移到左脚上
3	左脚向右脚侧靠拢成并步,重心移到左脚上	弱（喳）	右脚向左脚侧靠拢成并步,重心移到右脚上

注:男手势:男伴在第 2 拍转体 90°同时,右手与左手配合暗示女伴左转体,并控制其转体的角度。

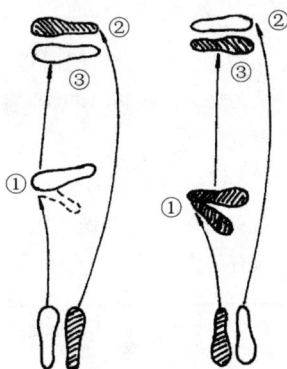 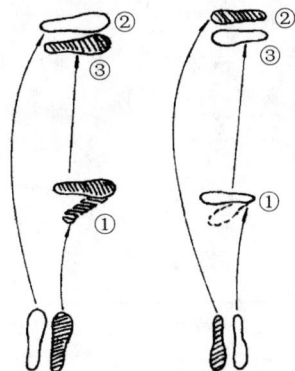

图　12-8　　　　　　　　　　图　12-9

(5)右转体 90°的跳法(见图 12-9)。

预备姿势:正步,闭式舞姿。

舞步说明如表 12-5 所示。

表　12-5

步序	男	节奏	女
1	右脚向前进一大步,重心移到右脚上	强（蹦）	左脚向后退一大步,重心移到左脚上
2	左脚向前进一步,同时以右脚前脚掌为轴右转 90°,重心移到左脚上次	次强（喳）	右脚向后退一步,同时以左脚前脚掌为轴左转 90°,重心移到右脚上
3	右脚向左脚侧靠拢成正步,重心移到右脚上	弱（喳）	左脚向右脚侧靠拢成正步,重心移到左脚上

注:男手势:男伴第 2 拍转体 90°的同时,男伴的右手与左手配合暗示女伴右转体并控制其转体角度。

(6)左转体 180°跳法(见图 12 - 10)。

预备姿势:正步、闭式舞姿。

舞步说明如表 12 - 6 所示。

表　12 - 6

步序	男	节奏	女
1	左脚向前进一大步,重心移到左脚上	强(蹦)	右脚向后退一大步,重心移到右脚上
2	右脚向前进一步,同时以左脚前脚掌为轴左转体 180°,重心移到右脚上次	次强(喳)	左脚向后退一步,同时以右脚前脚掌为轴,右转体 180°,重心移到左脚上
3	左脚向右脚侧靠拢成正步,重心移到左脚上	弱(喳)	右脚向左脚侧靠拢成正步,重心移到右脚上

注:男手势:男伴第 2 拍左转 180°的同时,男伴的右手与左手配合暗示女伴左转,并控制其转体角度。

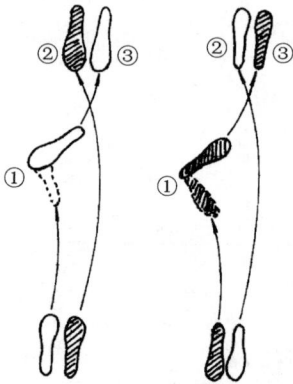 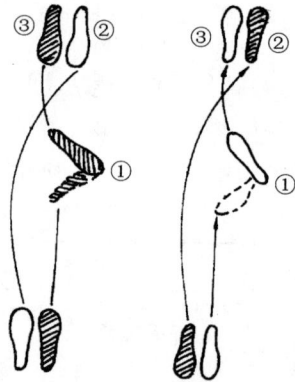

图　12 - 10　　　　　　　　　　图　12 - 11

(7)右转体 180°跳法(见图 12 - 11)。

预备姿势:正步、闭式舞姿。

舞步说明如表 12 - 7 所示。

表　12-7

步序	男	节奏	女
1	右脚向前方进一大步,重心移到右脚上	强(蹦)	左脚向后方退一大步,重心移到左脚上
2	左脚向前进一步,同时以右脚前脚掌为轴,右转体180°,重心移到左脚上次	次强(喳)	右脚向后退一步的同时以左脚前脚掌为轴,右转体180°,重心移到左脚上
3	右脚向左脚侧靠拢成正步,重心移到右脚上	弱(喳)	左脚向右脚侧靠拢成正步,重心移到左脚上

注:男手势:男伴在第2拍转体180°的同时,男伴右手与左手配合暗示女伴右转,并控制好转体角度。

　　(8)左连续转体180°跳法(见图12-12)。
　　预备姿势:正步、闭式舞姿。
　　舞步说明如表12-8所示。

表　12-8

步序	男	节奏	女
1	左脚向前进一大步,重心移到左脚上	强(蹦)	右脚向后退一大步,重心移到右脚上
2	右脚向前进一步的同时以左脚前脚掌为轴左转体180°,中心移到右脚上次	次强(喳)	左脚向后退一步的同时以右脚前脚掌为轴,左转体180°,重心移到左脚上
3	左脚向右脚侧靠拢成正步,重心移到左脚上	弱(喳)	右脚向左脚侧靠拢成正步,重心移到右脚上
4	右脚向后退一大步,重心移到右脚上	强(蹦)	左脚向前进一大步,重心移到左脚上
5	左脚向后退一步,同时以右脚前脚掌为轴,左转体180°,重心移到左脚上次	次强(喳)	右脚向前进一步的同时以左脚前脚掌为轴左转体180°,重心移到右脚上
6	右脚向左脚侧靠拢成正步,重心移到右脚上	弱(喳)	左脚向右脚侧靠拢成正步,重心移到右脚上

注:男手势:男伴在第2拍左转180°的同时,男伴的左手与右手相配合暗示女伴左转,并控制好转体角度。男伴在第4拍时,左手配合右手暗示女伴左转体,并控制好转体的角度。

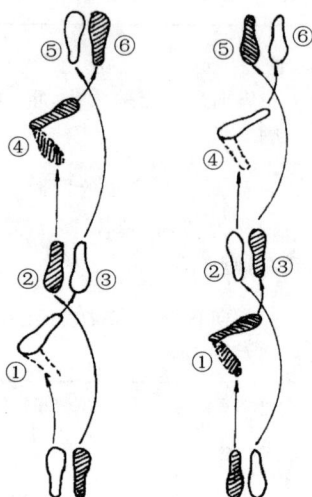

图　12-12

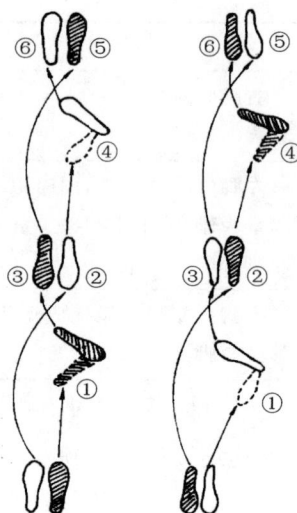

图　12-13

(9)右连续转体 180°跳法(见图 12-13)。

预备姿势:正步、闭式舞姿。

舞步说明如表 12-9 所示。

表　12-9

步序	男	节奏	女
1	右脚向前进一大步,重心移到右脚上	强(蹦)	左脚向后退一大步,重心移到左脚上
2	左脚向前进一步的同时以右脚前脚掌为轴右转体 180°,重心移到左脚上	次强(喳)	右脚向后退一步,同时以左脚前脚掌为轴,右转体 180°,重心移到右脚上
3	右脚向左脚侧并步成正步,重心移到右脚上	弱(喳)	左脚向右脚侧并步成正步,重心移到左脚上
4	左脚向后退一大步,重心移到左脚上	强(蹦)	右脚向后退一大步,重心移到右脚上
5	右脚向后退一步,同时以左脚前脚掌为轴,左转体 180°,重心移到右脚上	次强(喳)	左脚向前进一步的同时以右脚前脚掌为轴右转体 180°,重心移到左脚上

续　表

步序	男	节奏	女
6	左脚向右脚侧并步成正步,重心移到左脚上	弱(喳)	右脚向左脚侧并步成正步,重心移到右脚上

注:男手势:男伴第2拍右转180°的同时,男伴的右手与左手配合暗示女伴右转,并控制其转体角度。

男伴在第4拍时,左手配合右手暗示女伴右转体,并控制好转体的角度。

(10)慢华尔兹舞花样。

花样一(见图12-14)。

预备姿势:正步、闭式舞姿。

舞步说明如表12-10所示。

花样二(见图12-15)。

预备姿势:正步、闭式舞姿。

舞步说明如表12-11所示。

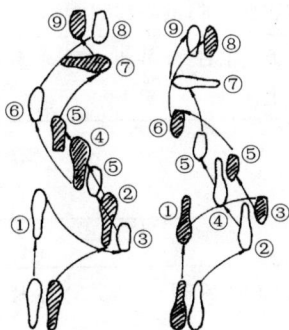

图　12-14

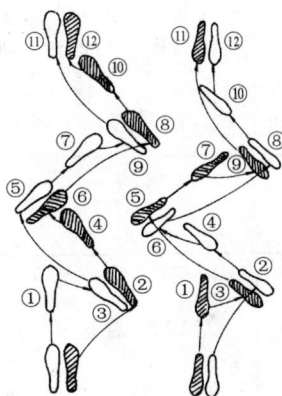

图　12-15

表　12-10

步序	男	节奏	女
1	左脚向前进一大步,重心移到左脚上	强(蹦)	右脚向后退一大步,重心移到右脚上
2	右脚向右斜前方45°进一步,重心移到右脚上	次强(喳)	左脚向左斜后方45°退一步,重心移到左脚上
3	左脚前脚掌在地面划一个半圈,左脚从右脚跟绕过放在右脚的外侧,重心移到左脚前脚掌上	弱(喳)	右脚前脚掌在地面上划一个半圈,右脚从左脚跟绕过,放在左脚的外侧,重心移到右脚前脚掌上

续　表

步序	男	节奏	女
4	右脚向左斜前方 45°进一小步全脚掌着地,重心移到右脚上,左脚不动	强(蹦)	左脚向右斜后方 45°退一小步全脚掌着地,重心移到左脚上,右脚不动
5	左脚前脚掌向左斜前方进一小步,靠在右脚外侧,重心移到左脚上,紧接着男伴右脚向斜前进一小步,重心移到右脚上	次强(喳)	右脚前脚掌向右斜后方进一小步,重心移到右脚上,紧接着女伴的左脚向右脚靠拢,重心移到左脚
6	左脚前脚掌向左斜前方 45°进一步,重心移到左脚上	弱(喳)	右脚前脚掌向右后斜方 45°退一步,重心移到右脚上
7	右脚向前进一步,同时向右转体 90°,重心移到右脚上	强(蹦)	左脚向后退一步,同时向右转体 90°,重心移到左脚上
8	左脚前脚掌向左边进一步,同时向右转体 90°,重心移到左脚上	次强(喳)	左脚前脚掌向右边进一步,同时向右转体 90°,重心移到右脚上
9	右脚向左脚并步,重心移到右脚上	弱(喳)	左脚向右脚并步,重心移到左脚上

表　　12－11

步序	男	节奏	女
1	左脚向前进一步,重心移到左脚上	强(蹦)	右脚向后退一步,重心移到右脚上
2	右脚向右侧进一步,同时向左转体 45°,重心移到右脚上	次强(喳)	左脚向左侧进一步,同时向左转体 45°,重心移到左脚上
3	左脚向右脚侧并步成正步,重心移到左脚上	弱(喳)	右脚向左脚并步成正步,重心移到右脚上
4	右脚向前进一步,重心移到右脚上	强(蹦)	左脚向后退一步,重心移到左脚上
5	左脚向前进一步,同时向右转体 90°,重心移到左脚上	次强(喳)	右脚向后侧退一步,同时向右转体 90°,重心移到右脚上

续　表

步序	男	节奏	女
6	右脚向左脚并步成正步,同时完成右转体90°,重心左移,男女舞伴外侧舞姿	弱(喳)	左脚向右脚并步成正步,同时完成向右转体90°,重心移到左脚上,男女舞伴外侧舞姿
7	左脚向前进一步,重心移到左脚上	强(蹦)	右脚向后退一步,重心移到右脚上
8	右脚向侧进一步,同时向左转体90°,重心移到右脚上	次强(喳)	左脚向侧退一步,同时左转体90°,重心移到左脚上
9	左脚向右脚并步成正步,同时向左转体90°,重心移到左脚上,男女舞伴外侧舞姿	弱(喳)	右脚向左脚并步成正步,同时右转体90°,重心移到右脚上,男女舞伴外侧舞姿
10	右脚向前进一步,重心移到右脚上	强(蹦)	左脚后退一步,重心移到左脚上
11	左脚向侧进一步,同时右转体90°,重心移到左脚上	次强(喳)	右脚向侧退一步,同时右转体90°,重心移到右脚上
12	右脚向左脚并步成正步,重心移到右脚上	弱(喳)	左脚向右脚并步成正步,重心移到左脚上

3.快三步舞简述

快三步舞姿轻盈优美,属于宫廷舞之一。由于速度快,旋转度大,有些舞步不需要迈步而更多的是用脚尖或脚跟旋转来代替迈步。每一步在旋转中有一只脚几乎不着地。

节拍为3/4,每小节3拍,每拍时值相等,每分钟56～60小节。

舞步有三拍一步,三拍两步,三拍三步。

(1)前进后退步如表12-12所示。

表　12-12

步序	男士舞步	女士舞步
1	左脚前进	右脚后退
2	右脚后退	左脚前进
3	左脚前进,向右转45°,处于左外侧位	右脚前进,右转45°,处于左外侧位
4	右脚前进	左脚后退

注:从闭式相对位开始,三拍一步,重复3、4步。

（2）左右横步如表 12 - 13 所示。

表　12 - 13

步序	男士舞步	女士舞步
1	左脚迈旁步	右脚迈旁步
2	右脚并上左脚	左脚并上右脚
3	右脚迈旁步	左脚迈旁步
4	左脚并步右脚	右脚并上左脚

注：从闭式相对位开始，三拍一步，重复 3、4 步。

（3）左右交叉步如图 12 - 16，表 12 - 14 所示。

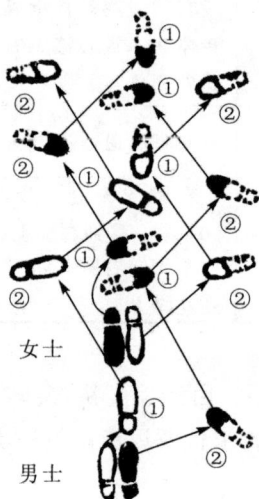 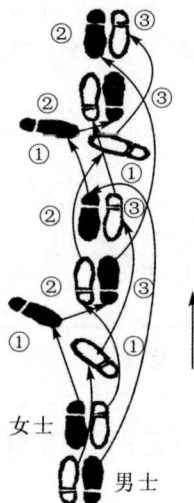

图　12 - 16　　　　　　图　12 - 17

表　12 - 14

步序	男士舞步	女士舞步
1	左脚向右脚前交叉	右脚向左脚之后交叉
2	右脚尖向旁点，有压力无重心，左转 45°	左脚向旁点，有压力无重心，左转 45°
3	右脚向左脚前交叉	左脚向右脚后交叉
4	左脚向旁点，有压力无重心，右转 45° 重复 1～4 步	右脚旁点步，有压力无重心，右转 45°

注：从闭式相对位开始，三拍一步，重复 1～4 步。

(4)左转180°如图12-17,表12-15所示。

表　12-15

步序	男士舞步	女士舞步
1	左脚前进在女士两脚之间,开始左转	右脚后退,开始左转
2	右脚迈旁步,左转90°	左脚迈旁步,左转90°
3	左脚并向右脚,继续左转90°,1～3步向左转180°	右脚并上左脚,继续左转90°,1～3步左转180°
4	右脚后退,开始左转	左脚前进在男士两脚之间,开始左转
5	左脚迈旁步,左转90°	右脚迈旁步,左转90°
6	右脚并上左脚,继续左转90°,5～6步左转180°	左脚并上右脚,继续左转90°。4～6步间左转180°

注:从闭式相对位开始,三拍三步。

(5)前进步如表12-16所示。

表　12-16

步序	男士舞步	女士舞步
1	左脚前进(一拍)	左脚前进(一拍)
2	右脚尖靠向左脚(二、三拍)	右脚尖靠向左脚(二、三拍)

注:从左外侧位开始,三拍二步,三拍一步,重复1、2步。

(6)左、右转90°如表12-17所示。

表　12-17

步序	男士舞步	女士舞步
1	左脚前进(一拍)	右脚后退(一拍)
2	右脚并向左脚,左转90°(二、三拍)	左脚并向右脚,左转90°(二、三拍)
3	右脚后退(一拍)	左脚前进(一拍)
4	左脚向右脚,右转90°(二、三拍)	右脚并向左脚,向右转90°(二、三拍)

注:从闭式相对位开始,三拍二步。重复1-4步。

(7)追步如表12-18所示。

表　12-18

步序	男士舞步	女士舞步
1	左脚前进,右手扶女士后腰,左手外展	右脚前进
2	右脚向前锁,交叉在左脚之后	左脚向前锁步交叉在右脚之后
3	左脚向前滑步	右脚向前滑步
4	右脚前进,身体向后倾斜	左脚前进,身体向后倾斜
5	左脚向前锁交叉在右脚之后	右脚向前锁步,交叉在左脚之后
6	右脚向前滑步	左脚向前滑步

注:从右并肩位开始,三拍三步。2、5步也可以向前垫步。

(8)并换步如表12-19所示。

表　12-19

步序	男士舞步	女士舞步
1	左脚前进	右脚后退
2	右脚向旁稍前迈步	左脚向旁稍后退步
3	左脚并上右脚	右脚并上左脚

注:从闭式相对位开始,三拍三步。重复1—4步。

(9)前进步向右连续转如表12-20所示。

表　12-20

步序	男士舞步	女士舞步
1	右脚前进,左手握女士右手,引导她向右转	左脚前进,右转180°
2	左脚前进,继续引导女士右转	右脚后退,右转180°
3	重复1,2步	左脚并上右脚
4		右脚前进,右转180°
5	重复1,2步	左脚前进,右转180°
6		右脚并上左脚

注:男士从右并肩位开始,三步一拍,重复1、2步;女士从右并肩位开始,则三步三拍,重复1~6步。

(10)组合步练习。

1)前进,后退步→左、右横步→左、右交叉步,反复练习。

2)前进步→左、右转 90°→反复。

3)并换步→左转 180°→右并肩前进,后退步→前进连续右转。

4)左右交叉步→右并肩前进向右连续转。

(二)流行交谊舞(慢四步)

1. 慢四步舞简述

慢四步起源于美洲丛林中黑人乐舞,传入英国后,被舞蹈艺术家改进成为慢速平和,庄重文雅的具有宫廷古典遗风的舞厅舞。20 世纪初盛行于欧洲大陆,后传入中国。节拍为 4/4 拍,每小节四拍,第一拍为强拍,第三拍为次强拍,二、四拍为轻拍。每分钟 22～26 小节。舞步基本节奏:慢、慢、快、快。慢步占二拍,快步占一拍。每四步为一个小循环,是一组舞步。每一组舞步固定的节奏是慢、慢、快、快。步行速度比较缓慢,给人以稳健,深沉,悠闲之感。

2. 基本步伐

(1)直进步(见图 12－18)。

预备姿势:正步、闭式舞姿。

舞步说明如表 12－21 所示。

表　12－21

步序	男	节奏	女
1	左脚向前进一步,重心移到左脚上。1－2 拍	慢	右脚向后退一步,重心移到右脚上。1－2 拍
2	右脚向前进一步,重心移到右脚上。3－4 拍	慢	左脚向后退一步,重心移到左脚上。3－4 拍
3	左脚向前进一步,重心移到左脚上。5 拍	快	右脚向后退一步,重心移到右脚上。5 拍
4	右脚向前进一步,重心移到右脚上。6 拍	快	左脚向后退一步,重心移到左脚上。6 拍

(2)直退步(见图 12－19)。

预备姿势:正步、闭式舞姿。

舞步说明如表 12－22 所示。

表 12-22

步序	男	节奏	女
1	左脚向后退一步,重心移到左脚上。1-2拍	慢	右脚向前进一步,重心移到右脚上。1-2拍
2	右脚向后退一步,重心移到右脚上。3-4拍	慢	左脚向前进一步,重心移到左脚上。3-4拍
3	左脚向后退一步,重心移到左脚上。5拍	快	右脚向前进一步,重心移到右脚上。5拍
4	右脚向后退一步,重心移到右脚上。6拍	快	左脚向前进一步,重心移到左脚上。6拍

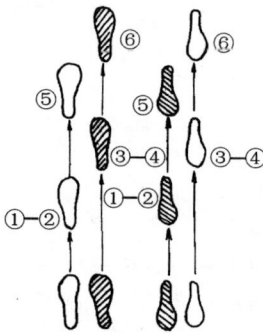

图 12-18

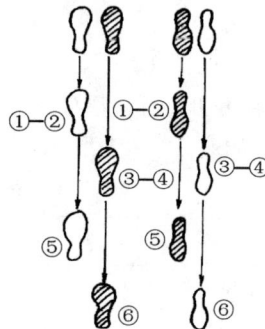

图 12-19

(3)横步。

从正步位开始,左脚向左侧横迈一步(步不要太大,大约与肩同宽),重心移到左脚上,左膝基本上处于伸直状态,右脚用半脚掌在左脚侧着地。

(4)并步。

向前并步——就是将身后的那一条腿向前支撑腿靠拢成正步位置。

向后并步——就是将身前的那一条腿向后支撑腿靠拢成正步位置。

向侧并步——就是将旁边的腿向支撑腿靠拢,成并步位置。

(5)横并步(见图 12-20)。

预备姿势:正步、闭式舞姿。

舞步说明如表 12-23 所示。

表　12－23

步序	男	节奏	女
1	左脚向前进一步,重心移到左脚上。1－2拍	慢	右脚向后退一步,重心移到右脚上。1－2拍
2	右脚向前进一步,重心移到右脚上。3－4拍	慢	左脚向后退一步,重心移到左脚上。3－4拍
3	左脚向旁迈一横步,重心移到左脚上。5拍	快	右脚向旁迈一横步,重心移到右脚上。5拍
4	右脚向左脚并步成正步,重心移到右脚上。6拍	快	左脚向右脚并步成正步,重心移到左脚上。6拍

(6)左后转体45°横并步(见图12－21,图12－22)。

预备姿势:正步、闭式舞姿。

舞步说明如表12－24所示。

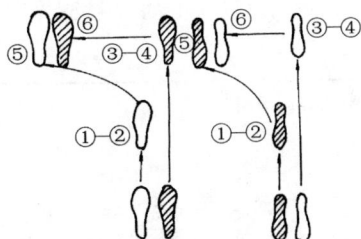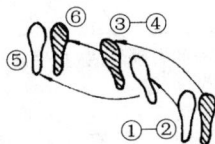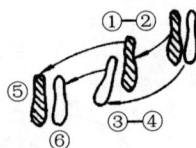

图　12－20　　　　　　图　12－21　　　　　图　12－22

表　12－24

步序	男	节奏	女
1	男左脚向旁进一步同时左转体45°,重心移到左脚上。1－2拍	慢	右脚向旁进一步,重心移到右脚上,同时转体45°,与男伴形成行步姿态。1－2拍
2	右脚向前进一步,交叉在左脚前面,重心移到右脚上。3－4拍	慢	左脚向前进一步,在右脚前交叉,重心移到左脚上。3－4拍
3	左脚向旁进一步,同时向右转45°,重心移到左脚上,变成闭式舞姿。5拍	快	右脚向旁进一步,重心移到右脚上,同时向左转体45°变成闭式舞姿。5拍
4	右脚向左脚靠拢成正步,重心左移。6拍	快	左脚向右脚靠拢成正步,重心右移。6拍

注:男手势:第一步男左转45°时,用右手掌跟部引导女伴成行步姿势。

(7)弧线向右转体90°跳法(见图12-23)。

预备姿势:正步、闭式舞姿。

舞步说明如表12-25所示。

表 12-25

步序	男	节奏	女
1	左脚向前进一步,重心移到左脚上。1—2拍	慢	右脚向后退一步,重心移到右脚上。1—2拍
2	右脚向前进一横步,同时右转体90°,重心移到右脚上。3—4拍	慢	左脚向后退一横步,同时右转体90°,重心移到左脚上。3—4拍
3	左脚向前进一步,重心移到左脚上。5拍	快	右脚向后退一步,重心移到右脚上。5拍
4	右脚向前进一步,重心移到右脚上。6拍	快	左脚向后退一步,重心移到左脚上。6拍

注:男手势:男在女伴肩胛骨下沿的右手轻放,左手同时向带引的方向导引。

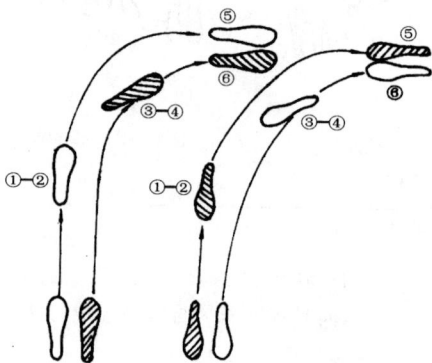

图 12-23

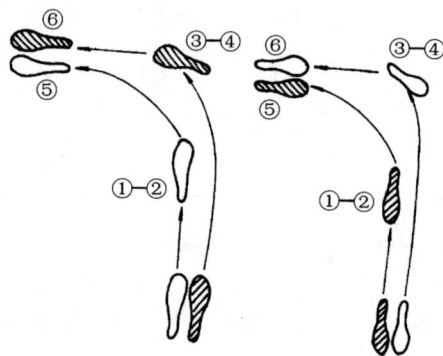

图 12-24

(8)弧线向左转体90°跳法(见图12-24)。

预备姿势:正步、闭式舞姿。

舞步说明如表12-26所示。

表 12-26

步序	男	节奏	女
1	左脚向前进一步,重心移到左脚上。1-2拍	慢	右脚向后退一步,重心移到右脚上。1-2拍
2	右脚向前进一横步,同时左转体90°,重心移到右脚上。3-4拍	慢	左脚向后退一横步,同时左转体90°,重心移到左脚上。3-4拍
3	左脚向前进一步,重心移到左脚上。5拍	快	右脚向后退一步,重心移到右脚上。5拍
4	右脚向前进一步,重心前移。6拍	快	左脚向后退一步,重心后移。6拍

注:男手势:男在女伴肩胛骨下沿的右手轻放,左手同时向带引的方向导引。

(9)直进右转90°接直退左转90°的跳法(见图12-25)。

预备姿势:正步、闭式舞姿。

舞步说明如表12-27所示。

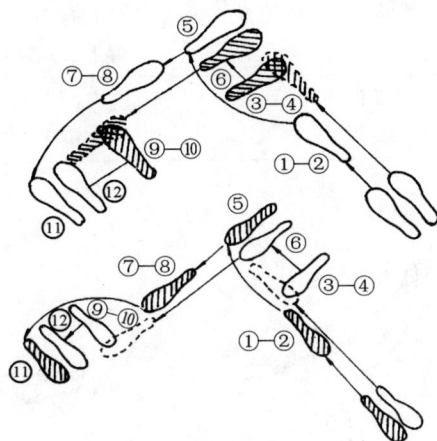

图 12-25

表　12－27

步序	男	节奏	女
1	左脚向前进一步,重心移到左脚上。1—2拍	慢	右脚向后退一步,重心移到右脚上。1—2拍
2	右脚向前进一步,重心移到右脚上并以右脚前脚掌为轴向右转90°。3—4拍	慢	左脚向后退一步,重心移到左脚上并以左脚前脚掌为轴向右转90°。3—4拍
3	左脚向旁进一步横步,重心移到左脚上。5拍	快	右脚向旁进一横步,重心移到右脚上。5拍
4	右脚向左脚靠拢成正步,重心移到右脚上(并步)。6拍	快	左脚向右脚靠拢成正步,重心移到左脚上(并步)。6拍
5	左脚向后退一步,重心移到左脚上。7—8拍	慢	右脚向前进一步,重心移到右脚上。7—8拍
6	右脚向后退一步,重心移到右脚上,并以右脚前脚掌为轴向左转90°。9—10拍	慢	左脚向前进一步,重心移到左脚上,并以左脚前脚掌为轴左转90°。9—10拍
7	左脚向旁进一横步,重心移到左脚上。11拍	快	右脚向旁进一横步,重心移到右脚上。11拍
8	右脚向左脚靠拢成正步,重心移到右脚上(并步)。12拍	快	左脚向右脚靠拢成正步,重心移到左脚上(并步)。12拍

(10)进退左转90°跳法(见图12－26)。

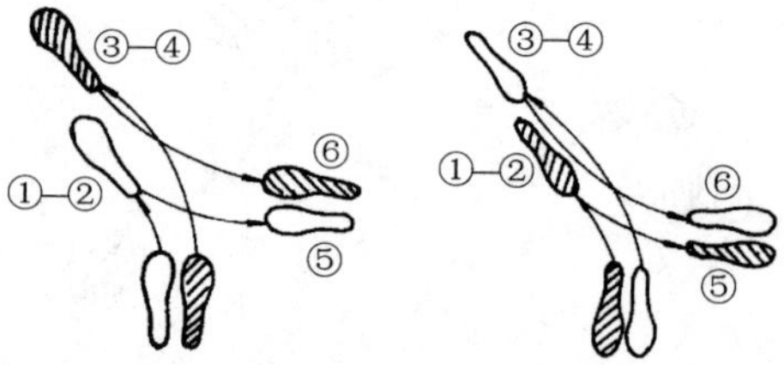

图　12－26

预备姿势:正步、闭式舞姿。

舞步说明如表12－28所示。

表　12－28

步序	男	节奏	女
1	左脚划一个弧线向左斜前方 45°进一步,重心移到左脚上。1－2 拍	慢	右脚划一个弧线向右斜后方 45°退一步,重心移到右脚上。1－2 拍
2	右脚划一个弧线向左斜前方 45°进一步,重心移到右脚上。3－4 拍	慢	左脚划一个弧线向右斜后方 45°退一步,重心移到左脚上。3－4 拍
3	左脚沿着弧线向左后方退一步,重心移到左脚上。5 拍	快	右脚沿着弧线向右斜前方进一步,重心移到右脚上。5 拍
4	右脚向并步成正步,重心移到右脚上。6 拍	快	左脚向前并步成正步,重心移到左脚上。6 拍

(11)进退右转 90°跳法(见图 12－27)。

预备姿势:正步、闭式舞姿。

这种舞步跳法与进退左转 90°相同,只是方向相反。

(12)进退左转 90°跳法(见图 12－28)。

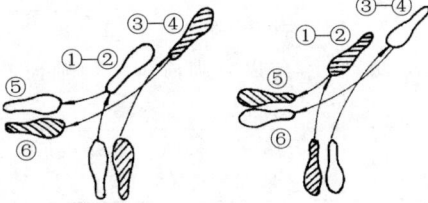

图　12－27

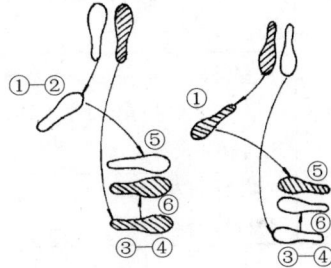

图　12－28

预备姿势:正步、闭式舞姿。

舞步说明如表 12－29 所示。

表　12－29

步序	男	节奏	女
1	左脚划一个弧线向左斜后方 45°退一步,重心移到左脚上。1－2 拍	慢	右脚划一个弧线向右斜前方 45°进一步,重心移到右脚上。1－2 拍
2	右脚向斜后方 45°退一步,重心移到右脚上。3－4 拍	慢	左脚向斜前方 45°进一步,重心移到左脚上。3－4 拍

续 表

步序	男	节奏	女
3	左脚向前进一小步，重心移到左脚上。5 拍	快	右脚向后退一小步，重心移到右脚上。5 拍
4	右脚向左做一个并步成正步，重心移到右脚上。6 拍	快	左脚向右脚做一个并步成正步，重心移到左脚上。6 拍

(13)由直进步→右转 180°→直退步的跳法(见图 12 - 29)。

预备姿势：正步、闭式舞姿。

舞步说明如表 12 - 30 所示。

表　　12 - 30

步序	男	节奏	女
1	左脚向前进一步，重心移到左脚上。1－2 拍	慢	右脚向后退一步，重心移到右脚上。1－2 拍
2	右脚向前进一步，重心移到右脚上并以右脚前脚掌为轴向右转 90°。3－4 拍	慢	左脚向后退一步，重心移到左脚上并以左脚前脚掌为轴向右转 90°。3－4 拍
3	左脚向后退一步，重心移到左脚上，并以左脚前脚掌为轴向右转 90°。5 拍	快	右脚向前进一步，重心移到右脚上，并以右脚前脚掌为轴向右转 90°。5 拍
4	右脚向左脚做一个并步成正步，重心移到右脚上。6 拍	快	左脚向右脚做一个并步成正步，重心移到左脚上。6 拍

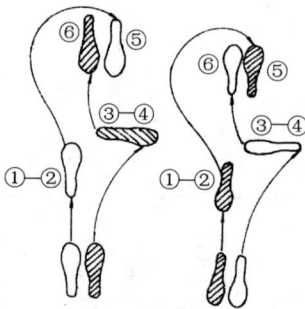

图　12 - 29

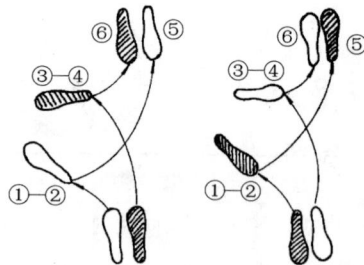

图　12 - 30

(14)向左转体 180°→直退步(见图 12 - 30)。

预备姿势:正步、闭式舞姿。

舞步说明如表 12 - 31 所示。

表　12 - 31

步序	男	节奏	女
1	左脚向左斜前方 45°进一步,重心移到左脚上。1-2 拍	慢	右脚向右斜后方 45°退一步,重心移到右脚上。1-2 拍
2	右脚向左斜前方进一步,重心移到右脚上。3-4 拍	慢	左脚向右斜后方退一步,重心移到左脚上。3-4 拍
3	左脚向后退一步,重心移到左脚上,同时向左转 90°。5 拍	快	右脚向前进一步,重心移到右脚上,同时向左转 90°。5 拍
4	右脚向左脚做一个并步成正步,重心移到右脚上。6 拍	快	左脚向右脚做一个并步成正步,重心移到左脚上。6 拍

3.组合步练习

(1)前进后退步 →波浪步 →左转 180°。

(2)犹豫步 →右转 180°→波浪步 →慢步造型。

(3)犹豫步 →摇转步 →叉行步 →侧行前进 →侧行后退 →PP 位开始的连续右转 →慢步造型。

第十三章　舞龙运动

第一节　舞龙运动概述

一、舞龙运动的起源

舞龙,又称"龙舞""玩龙灯""龙灯会"等。中国的舞龙,是观念的凸显和爆裂,是一方水土之祭奠的寄托。伴随着千百年来的风和雨,舞龙走过了它特殊的历程。关于龙舞的起源,当与龙的起源密切相关,但它又有自己的特殊领域。

龙舞的起源,至今仍是一个悬而未决的问题。以目前所有的资料看,龙的起源远远早于龙舞的出现。也就是说,尽管人们认为人类的求雨仪式是最古老的祭祀仪式之一,而龙的形象一直与求雨有十分密切的联系,但无论如何龙舞的历程只是龙之历程的一个后发现象,一个带有延伸意义的现象。比龙舞更早的是"假面"、"假形"之祭祀舞蹈。古老的广西花山崖画中已经有明确的假形舞人。我国有着非常古老的"假形"舞蹈传统,借头顶和躯干上的饰物,人们将自己装扮为沟通天地的具有特殊身份的人,于祭祀活动中手舞足蹈,借着身体语言之猛烈的爆发力和生命表现力,对着上苍述说人类的愿望,祈求神灵护佑。陈旸《乐书》中说,乐主声,舞主容,深藏内心的东西是要依靠舞蹈动作来表现于外的,于是"假干戚羽旄以表其容,发扬蹈厉以见其志"。舞蹈道具的使用从根本上说就是为了给内心的表达以有力的形式。正所谓"不舞不授器"(《礼记 文王世子》),"舞者既陈,则授舞器"(《周礼 春官 磬师》)。在我国古代崖画中几乎没有龙舞形象的出现,但"假形"之舞和"不舞不授器"的身体文化观念为龙舞的起源奠定了基础。龙,作为中国文化的重要表征,参与到艺术性的表演活动中,被记载于充满神秘色彩的神话里。较早的是关于夏启乘龙舞《九韶》的传说。据说那是夏启杀了人人拥护的益,夺得了权力,开始热烈地追求歌舞享乐,屈原在著名的《楚辞 离骚》中称之为"康娱以自纵"。《竹书纪年》记载的传说是夏启"帝巡狩,舞两龙,云盖三层,左手操翳,右手操环,配玉璜",不但观赏《九韶》之乐舞的曼妙,还亲自参与到表演中。在这则传说里,夏启乘龙而舞《九韶》之举究竟是远古祖先享乐的真实记载,还是后人对于远古神秘祭奠仪式中享乐部分的夸张和想象,目前还较难给出定论。但是,作为纪念舜之功绩的《九韶》(也叫作《萧韶》)传衍到夏代,是逐渐从单纯的祭祀乐舞变为带有享乐性质的康娱乐舞,是有确凿历史依据的。这就是整个中国古代舞蹈时尚乐舞从娱神到娱人的重大历史转变。而在这个重大历史转变中,龙舞显现了它巨大潜能的身影。

二、舞龙的主要种类

舞龙的种类较多,主要有:灯龙、人龙、草龙、百叶龙、板凳龙、段龙、三人龙和竞技龙等。

三、舞龙运动的特性及功能

舞龙运动具有历史性、传统性、广泛的群众性和观赏性。

舞龙的功能有教育功能、民族凝聚功能、弘扬文化功能、健身功能。

第二节　舞龙运动基本技术

一、舞龙珠基本方法

持龙珠者,即为龙队指挥者,在鼓乐伴奏下,引导舞龙者完成龙的游、穿、腾、跃、翻、滚戏、缠、组图造型等动作和套式动作,整个过程要生动、顺畅、协调。

二、持龙头的基本方法

持龙头者身材必须高大魁梧、有力,舞动时龙头动作紧随着龙珠移动,龙嘴与龙珠相距 1 m 左右,似吞吐之势,注意协调配合,时时注意龙头应不停地摆动,展现出龙的生气有力、威武环视之势。

三、舞龙身的基本方法

龙身舞者,必须随时与前后保持一定的距离,眼观四方紧跟前者,走定位,空中换手时尽量将龙身抬高,甚至可跳起;舞低时,尽量放低,但千万别将龙身触地,在高低左右舞动中,龙翻腾之势即展现其中;还有必须随时保持龙身蠕动,造成生龙活虎之势。在跳与穿的动作中,应特别注意,柄的握法,柄下端不可多出,以免刮伤别人。

四、持龙尾的基本方法

持龙尾者,身材需轻巧、速度快,龙尾也是主要部位,因为龙尾时常有翻身的动作,龙尾舞动时翻尾要轻巧生动、不拖泥带水,否则容易将龙尾打地,造成器材的损坏,而且会让人感到呆板。龙尾亦是时时成为带头者,因为有些动作必须龙尾引首,明确精炼的头脑亦为必备的条件,龙尾亦是整条龙舞动弧度大小的控制者,持龙尾在穿和跳的动作里,更应注意尾部,勿被碰撞或碰撞别人,最重要的是随时保持龙身的摆动。

五、舞龙基本技术规格

(一)基本握法

(1)正常位。双手持把,左(或右)臂轴微弯曲,手握于把位末端与胸同高,右(或左)臂伸直,手握于把的上端。

(2)滑把。一手握把端不动,另一手握把上下滑动。

(3)换把。结合滑把动作,在滑动手接近固定手位,双手转换,滑动手握把成固定手位,固定手位变成滑动手位。

(二)基本步型和步法

1. 步型

(1)正步:两脚靠拢,脚尖对前方,重心在双脚上。

(2)小八字步:两脚跟靠拢,脚尖分开,对左、右前角。

(3)大八字步:两脚跟间相聚一脚半,其它同小八字步。

(4)丁字步:右(左)脚跟靠拢左(右)脚足弓处,脚尖方向同小八字步。

(5)虚丁布:(前点步)站丁字步,右(或左)脚顺脚尖方向伸出,绷脚点地,大腿外旋。

(6)虚步:站虚丁字步,左(或右)腿半蹲。

(7)弓箭步:右脚(或左脚)向前迈出,屈膝,小腿垂直,脚尖朝前,左腿(或右腿)挺直,脚尖稍内扣。重心在两腿中间,上身与右(或左)矫健同一方向。

(8)横弓步:当弓步的上身左(或右)转与左(或右)脚尖同一方向。

2. **步法**

(1)圆场步：沿圆线行进，左脚上一步，脚跟靠在右脚尖前，脚跟先着地。再移至前脚掌，同时右脚跟提起。右脚做法同左脚，两脚动作保持在一条线上。

(2)矮步：两腿半曲，勾脚尖迅速连续的以脚跟到脚尖滚动向前行进。每步大小约为本人的一个脚长。

(3)弧行步：两腿微屈，两脚迅速连续向前行进。每步大小略比肩宽，走弧形路线。眼注视龙体。

(4)单碾步：预备势脚站小八字步，手握把位成上举姿势，右脚以脚掌为轴，脚掌微提起，两脚同时向右旁碾动，由正小八字步碾成反小八字步，然后右脚以脚跟为轴，左脚以脚掌为轴，同时向右旁碾动，成正小八字步，反复按此进行。

(5)双碾步：预备势站正步以双脚跟为轴，双脚尖同时向右(或左)碾动，然后再以双脚尖威州，双脚跟同时向右(或左)碾动，反复按此进行。

3. **跳跃翻腾**

(1)腾空箭弹：右脚向前上步，膝关节伸直，以脚后跟着地；左臂前摆，持龙珠后摆；眼视前方。接着，右脚踏实蹬地向上跳起，左脚随之向前、向上摆起，同时右脚蹬地向上跳起，使身体腾起；右腿迅速挺细向前上方弹踢，脚面绷平，左腿屈膝回收。

(2)旋风脚：左脚向左上步，同时左手向前、向上摆起，右臂持龙珠伸直向后、向侧摆动。右脚随即上步，脚尖内扣，准备蹬地踏跳。左臂向下摆动并屈肘收至右胸前，同时左臂向上、向前抢摆，上体向左转前俯。中心右移，右腿屈膝蹲地跳起，左腿提起向左上方摆体旋转一周，右腿做里合腿，左手在面前迎击右掌，左腿自然下垂。

(3)腱子：经助跑、趋步后，上体侧转前压，两手体前依次撑地，随即两腿依次此向后上蹬、摆。经倒立部位后，推地，并脚后踹。当前脚掌蹬地后，急速带臂，梗头向外转体90度跳起。

(4)后手翻："绷跳小翻"由两臂前举站立开始，体稍前屈，直膝，臀部后移，当失去重心时两脚蹬地，倒肩，两臂后甩，抬头挺胸，体后屈翻转。撑地经手倒立后，顶肩推手，屈髋，插腿，立腰起立。用于连续接做后手翻。"绷跳小翻"，开始时两腿弯曲，在向后甩臂的同时，两脚蹬跳。在经过手倒立后，迅速顶肩，推手，提腰，屈髋，两腿迅速下压。落地后，领臂跳起，用于连接空翻。

(5)后空翻：站立开始，两臂预先后摆，然后经下向前上方领，配合两腿屈膝后蹬地跳起。腾空后提膝团身,抱腿向后翻转,至四分之三周时,两臂上举,展体落地成站立。

(6)侧空翻:左脚向前上步蹬地伸展髋、膝、踝关节,右腿向后上摆起,同时上体向左侧倾,利用摆腿惯力使身体在空中向左侧翻转,然后右脚、左脚相继落地。

(7)旋子:两脚并步站立。身体右转,左脚向左迈步;两手向右平摆。接着,上体前倾并向左后上方拧转,左腿屈膝,两臂随身体平摆,同时,右腿向后上方摆起,左腿蹬地伸直相机向后上方摆起,使身体在空中平旋一周。随后,右、左脚依次落地。

(8)抢背:右脚在前,左脚在后,两脚交错站位。左脚从后向上摆起,右脚蹬地跳起,团身向前滚翻,两腿屈膝。

(9)鲤鱼打挺:身体仰卧。两腿伸直向上举起;两掌扶于两大腿上。接着,借助两手推力,两腿向前上方迅速摆动,同时挺胸、挺腹、头顶地。随两腿摆动的惯性使身体腾空跃起。然后,两脚同时落地站立。

(三)舞龙单个动作技术分类

1. 按动作的易难分类

可分为:A级难度动作、B级难度动作、C级难度动作。

(1)A级难度动作。是指舞龙的基本动作和技术较为简单的舞龙技巧动作。每个动作分值0.1分。

(2)B级难度动作。是指在舞龙基本动作上有所发展、有所提高,具有一定难度,必须经过严格的训练才能完成的舞龙技巧动作。每个动作分值0.3分。

(3)C级难度动作。是指必须具备较高的身体转向素质和技能才能完成的高难度舞龙技巧动作,高难度的舞龙组合动作。

2. 按定向动作、形态特征分类

可分为:"8"字舞龙动作、游龙动作、穿腾动作、翻滚动作、组图造型动作。

(1)"8"字舞龙动作。运动员将龙体在人体左右两侧交替做"8"字形环绕的舞龙动作,可快可慢,可原地可行进,也可利用人体的多种姿势,做"8"字形状舞动。

(2)游龙动作。运动员较大幅度奔跑或游走,通过龙体快慢、高低、左右的起伏行进,展现婉转回旋、左右盘旋、屈伸绵延等龙的动态特征。

(3)穿腾动作。龙体动作线路呈纵横交叉形式,龙珠、龙头、龙节依次在龙身下穿过,称"穿越";龙珠、龙头、龙节依次在龙身上越过,称"腾跃"。

(4)翻滚动作。龙体呈立圆或斜圆状运动,展现龙的腾跃、缠绕的动势。龙体做立圆或斜圆状连续运动,当龙身运动到舞龙者脚下时,舞龙者跳向上腾起依次跳过龙身,称"跳龙动作"。运动员利用滚翻、手翻等方式越过龙身,称"翻滚动作"。

(5)组图造型动作。龙体在运动中组成活动的图案和相对静止的造型。

(四) 舞龙常用技术

1."8"字舞龙类动作

(1)原地(或快速)8字舞龙:全体队员"大八字步"成一直排站立,龙体在舞龙者两侧做8字环绕舞龙6次以上。

(2)行进(或快速)8字舞龙:动作与原地8字舞龙相同,只是龙珠引龙体在舞龙的同时向前行进,龙体在舞龙者两侧做8字环绕舞龙6次以上。

(3)快舞龙磨转:全体队员成一直排,龙头面对龙体做8字舞龙。以第五把为中心,顺(逆)时针磨转一周。8字舞龙动作要求龙兴圆顺,轴转流畅连贯。

(4)靠背舞龙:全体"大八字步"成一直排站立,3,5,7,9号队员向后转身分别与2,4,6,8号队员背对背成"∧"形斜靠状,龙体在舞龙者两侧快速8字舞龙6次以上,且转换时无停顿现象。

(5)绕身舞龙:全体成一直排站立,在进行8字舞龙的过程中,3,5,7,9号队员围绕2,4,6,8号队员身体转3周以上,绕转者接把准确、不脱把、不相撞,且8字舞龙不能停顿。

(6)连续抛结龙头横移(跑)布舞龙:替换龙头队员与龙头站在一直线上,左右相隔2～3 m距离,舞一次8字舞龙将龙头抛向替换龙头,在由替换龙头接住舞一次8字舞龙后,再将龙头抛向原龙头接住,如此反复3次以上,其他队员跟随龙头位置的移动而左右移(跑)布舞龙。

(7)跳龙接一顿一趟快舞龙:全体成一横排,快舞龙中,龙头顺时针方向划一立圆,各龙节依次跳跃龙身;落地后,双数队员一次成马步状站立,单数队员一次仰卧在地,龙体在舞龙者两侧快速8字舞龙4次以上。

(8)跳龙接摇船快舞龙:快舞龙中,龙头顺时针方向划一立圆,各龙节依次跳跃龙身;落地后,双数队员左转1/4周,单数队员右转1/4周,再迅速交叉横卧在地,身体圆背似船一样前后摇摆;随后,双手持杆随摇摆方向做8字舞龙6次以上。

(9)跳龙接直躺快舞龙:全体成一横排,快舞龙中,龙头顺时针方向划一立圆,各龙节依次跳跃龙身;落地后,各节队员快速依次仰卧在地,而前一节队员正好躺在后面队员的腹部,随龙头躺地做8字舞龙6次以上。

(10)挂腰舞龙(两人一组):全体队员成一直排站立,2,4,6,8号队员转身半蹲,两膝稍内扣与3,5,7,9号队员面对站立,同时3,5,7,9号队员分别用两腿勾住2,4,6,8号队员的腰部,身体悬空成挂腰状,双方均身体稍后仰,龙体在舞龙者两侧快速8字舞龙6次以上。

(11)K式舞龙(三人一组):全体队员成一直排站立,3,5,7,9号队员转过身体与2,4,6,8号队员用脖子扣紧,3,5,7号队员分别用双脚踩在4,6,8把腹股沟处,且膝伸直,龙体在舞龙者两侧快速8字舞龙6次以上。

(12)站腿舞龙(两人一组):全体队员成一直排站立,双数号队员成马步站立,在舞8字舞龙的过程中,单数号队员依次踩在前面队员腿上,龙体在舞龙者两侧快速8字舞龙6次以上。

2. 游龙类动作

(1)起伏行进:龙珠引龙体逆时针方向走大圆场,行进中,通过舞龙者"直立高攀龙"、"矮步端龙"的不断变化,龙体做上下流线起伏行进。

(2)单侧起伏小圆场:龙珠引龙体逆时针(或顺时针)方向走小圆场,同时龙体在舞龙者右(或左)侧快速大幅度上下起伏。

(3)矮步跑圆场:龙珠引龙体逆(顺)时针方向矮步端龙跑圆场,同时龙体做小幅度的上下起伏动作。

(4)快速曲线起伏行进:龙珠引龙体快速左右曲线起伏行进,改变3个以上方向。

(5)快速矮步跑圆场越障碍:龙珠引龙体逆时针方向快速矮步跑圆场,同时龙体做小幅度起伏;龙珠右侧平端,珠杆做反方向运动,龙头带领各节跳跃龙珠障碍。

(6)快速跑斜圆场:龙珠引龙体沿逆时针方向快速跑圆场,同时龙体呈前低后高的斜圆盘状旋转两周以上。舞龙者岁龙体的升降不断改变自身姿态和持杆动作,做到快而不乱。

(7)骑肩双杆起伏行进:龙珠引龙体聚中,3,5,7,9号队员一人双杆骑在2,4,6,8号队员肩上,在龙珠引导下,龙头带领龙体做右侧上下单侧起伏行进两周以上。

(8)龙头(尾)站肩平盘起伏(两周以上):龙珠引龙体逆(顺)时针方向行进,龙头(龙尾)站在2号(8号)队员肩上,高举龙头(龙尾),其他队员蹲下端龙呈平盘状,再由龙尾(龙头)带领其他队员按逆顺时针方向做小幅度起伏行进两周。

3. 穿腾类动作

(1)穿龙尾:龙珠引龙体逆(顺)时针方向跑圆场成圆后,带领龙体穿越第八节龙身行进。

(2)越龙尾:全体队逆(顺)时针跑圆(斜圆),龙珠引龙体依次跨越龙尾把杆(或第八节龙身)。

(3)首位穿(越)肚:龙珠引龙头带领2,3,4把从第五届龙身下穿过(或上越过),同时,9号队员带领8,7,6把从第五节龙身下穿过(或上越过)。5号队员顺势龙体运行方向,迅速解开疙瘩。

(4)龙穿身:龙珠引龙头做8字舞龙两次,然后带领龙头和2,3,4号队员,逆时针方向穿过第五节龙身;紧接着第6号队员引7,8,9号队员顺时针方向穿过第五节龙身,随龙头行进。

(5)龙脱衣:快8字舞龙中突然静止,组成一曲线造型,而后,双数队员向右,单数队员向左成两排站立,在龙珠的带领下,从两排龙身下依次穿过结成疙瘩。当8,9号队员正好穿过时,再由龙珠引龙体原路折回穿过龙身,自然解开龙身疙瘩。

(6)穿尾越龙身:龙珠引龙体穿越龙威后转身往回走,龙珠龙头右侧平端,4,6,8号队员圆场步往前走,3,5,7,9号队员跨越龙珠,龙头障碍,并紧随龙体方向运行。

(7)卧龙飞腾:举龙行进中,龙头在龙珠引导下,舞一圆弧呈右段龙卧龙状,矮步后退,龙节依次跳跃龙身,随龙头后退行进,退至与龙尾相遇时,龙珠手举珠向前腾跃各龙杆,龙头及龙节随龙珠依次举龙腾跃各龙杆。

(8)穿八五节:龙珠引龙体逆时针方向跑圆场成圆后,接着带领龙体穿越龙尾反向行进,紧接着依次穿越第八、第五节龙身;当3号队员穿过第八节龙身后,第6,7,8号队员分别跳跃第一、二、三节龙身,随龙头行进。

(9)连续穿越腾跃行进(3次以上)(快速):龙珠引龙体举龙行进,左转穿越第四节龙身;1号队员穿越第五节龙身,紧随龙珠行进;第6,7,8,9号队员分别依次腾跃第一、二、三、四节龙身,连续反复3次以上。龙体必须一环扣一环,保持一个半环状。

4. 翻滚类动作

(1)快速逆(顺)向跳龙行进(2次以上):龙头带领龙节在龙珠引导下,举龙把快速行进,逆时针方向连续舞二次立圆;各龙节迅速依次跳跃龙身,随龙头行进。

(2)大立圆螺旋行进(3次以上):龙头在龙珠引导下顺时针方向舞大立圆

3次,使龙体呈连续螺旋状翻转行进。当龙身翻到队员脚下时,依次从龙身上越过。

(3)快速连续斜盘跳龙(3次以上):全体队员成一直排站立,先全体舞两次8字舞龙,然后,龙头面对龙节逆时针方向舞斜圆;当龙身舞蹈脚下时,各节队员迅速从龙身上依次跳过。如此反复3次以上,使龙体连续斜盘翻转。

(4)快速连续螺旋跳龙(4次以上):龙头面对龙节顺时针方向舞立圆;当龙身舞到脚下时,各节队员迅速从龙身上依次跳过。如此反复4次以上,使龙体连续螺旋翻转。

(5)快速连续螺旋跳龙磨转(6次以上):龙头面对龙节顺时针方向舞立圆;当龙身舞到脚下时,各节队员迅速从龙身上依次跳过6次以上,同时以5号队员为轴心,龙体逆时针方向,成磨盘状边舞边转一周。

(6)快速左右螺旋跳龙(左右各3次以上):龙头面对龙节逆时针方向舞立圆,并且往左行进,当龙身舞到脚下时,各节队员迅速从龙身卜依次跳过。如此反复3次后,全体队员换手;龙头面对龙节顺时针方向舞立圆,且往右行进,当龙身舞到脚下时,各节队员迅速从龙身上依次跳过。如此反复3次以上,使龙体先左后右连续螺旋翻转。

5. 组图造型动作

(1)龙门造型:全体队员站一横排,龙珠引1,2,3号队员逆(顺)时针方向绕4号队员两周后,4号队员骑在3号队员肩上;同时9号队员带领8,7号队员顺(逆)时针方向绕6号队员两周后,6号队员骑在7号队员肩上,5号队员高举龙,成一静态龙门形状。

(2)尾盘造型:龙体在龙珠引导下走圆、紧缩,龙尾迅速骑于8号队员肩上,组成螺旋尾盘造型。

(3)曲线造型:龙珠引导龙体成曲线时,突然静止不动,组成静止形态的曲线状造型。

(4)龙出宫造型:龙体基本呈斜圆状,龙头高昂与中央,龙尾微翘。

(5)龙舟造型:龙头龙尾重合高举,5,4,3,2,1,9号队员同时站在同一直线上,2号队员将把交给8号队员,并与8号队员把重合横架与肩同高,8对呀将把交给4号队员,并与4号队员把重合横架把位同高,将龙体拉直;3号队员两手分别拿3号、7号把,把杆交叉斜朝上,3号对语言骑在6号队员肩上站于4号队员身后,并手持3、7把端做划船状,龙珠骑(或站)在8号队员肩上站于2号队员身后,高举龙珠。

(6)上肩高塔盘造型自转一周:龙体在龙珠的引导下走圆、紧缩,龙头迅速站于队员肩上,组成螺旋高塔盘造型,接着顺时针方向原地自转一周。

(7)龙尾高翘寻珠、追珠:龙体组成龙尾高翘造型,龙珠藏于龙体背面,龙头反向圆场寻找龙珠;同时,持龙珠者从 5 号队员背上做滚背动作翻下,急速到龙尾处摆珠戏龙头;龙头飞速腾跃由 7、8 号队员组成的二人梯,追逐龙珠。

(8)首位盘柱:龙头骑在 2 号队员肩上,2 号队员顺(逆)时针自传两周,同时 9 号队员骑在 8 号队员肩上,8 号队员原地逆(顺)时针方向自转两周,5 号队员端龙马步站立,龙珠踩在 5 号队员腿上举珠站立,成首位盘柱状。

(9)大横 8 字花慢行进(成型 4 次以上):龙珠引龙体左右上下起伏缓慢行进,整个龙体组成明显的大横 8 字花图案。

六、舞龙组合动作

(一)游龙与穿腾动作组合

动作名称:快速左右起伏行进→纵向曲线快腾进→矮步跑圆场越障碍→越龙尾

(1)快速左右起伏行进:龙珠引龙体快速左右曲线起伏行进,改变 3 个以上方向。

(2)纵向曲线快腾进:龙珠引龙体举龙行进,左转穿越第四节龙身;1 号队员穿越第五节龙身,紧随龙珠行进;第 6,7,8,9 号队员分别依次腾跃第一、二、三、四节龙身,连续反复 3 次以上。

(3)矮步跑圆场越障碍:龙珠引龙体逆时针方向快速矮步跑圆场两周,同时龙体做小幅度起伏;龙珠右侧平端,珠杆做反方向运动,龙头带领各节跳跃龙珠障碍。

(4)越龙尾:全体队员逆时针跑圆,龙珠引龙体依次跨越第八节龙身。

(二)组图造型与游龙动作组合

动作名称:首尾盘柱→首尾穿肚→首尾单侧起伏→穿龙尾→靠背舞龙。

(1)首尾盘柱:龙头骑在 2 熬队员肩上,2 号队员顺(逆)时针自转两周,同时 9 号队员骑在 8 号队员肩上,8 号队员原地逆(顺)时针自转两周,5 号队员端龙马步站立,龙珠踩在 5 号队员腿上举珠站立,成首位盘柱状。

(2)首尾穿肚:龙珠引龙头带领2,3,4 把穿越第五节龙身,同时,9 号队员带领 8,7 把穿越第五节龙身。

(3)首尾单侧起伏:龙头龙尾并排正对前方,成两直排站立,5 号队员站在队伍最后,左右两排队员分别同时做左右的单侧起伏。

(4)穿龙尾:龙珠引龙体逆时针方向跑圆场成圆后,带领龙体穿越第八节龙身行进。

(5)靠背舞龙:全体"大八字步"成一直排站立,3,5,7,9号队员转过身体与2,4,6,8号队员成靠背状,龙体在舞龙者两侧快速8字舞龙6次以上。

(三)翻滚与八字舞龙、穿腾动作组合

动作名称:快速逆向跳龙→快速跑斜圆场→龙舟竞渡→原地快8字舞龙→龙穿身

(1)快速逆向跳龙:龙头带领龙节在龙珠引导下,举龙把快速行进,逆时针方向连续舞2次立圆;各龙节依次迅速跳跃龙身,随龙头行进。

(2)快速跑斜圆场:龙头带领龙节在龙珠引导下,举龙把快速行进,逆时针方向连续舞2次立圆;各龙节依次迅速跳跃龙身,随龙头行进。

(3)龙舟竞渡:龙头龙尾重合并高举,8,7,6号队员分别横扛28,37,46把同时站在同一直线上,5号队员向后高举龙把,龙珠骑2号队员站于8,7号队员之间,4号队员骑3号队员站于7,6号队员之间做划船状。

(4)原地快8字舞龙:全体"大八字步"成一直排站立,龙体在舞龙者两侧快速8字舞龙6次以上。

(5)龙穿身:龙头跨越第五节龙身与龙珠呼应,6,7,8,9号队员迅速从第一节龙身下鱼贯穿过;龙珠引龙头做8字舞龙两次,然后带领龙头和2,3,4号队员,穿越第五节龙身;紧接着6号队员引7,8,9号队员穿越第五节龙身,随龙头行进。

(四)八字舞龙与穿腾、造型动作组合

动作名称:跳龙接直躺舞龙→举龙行进穿越障碍→尾盘造型→大横八字慢行进。

(1)跳龙接直躺舞龙:全体成一横排,快舞龙中,龙头顺时针方向划一立圆,各龙节依次跳跃龙身;落地后,各节队员依次快速仰卧在地,而前一节队员正好躺在后面队员腹部,随龙头躺地做8字舞龙6次以上。

(2)举龙行进越龙身:龙珠引龙体行进,左转穿越第四节龙身;1号队员穿越第五节龙身,紧随龙珠行进;6,7,8,9号队员分别依次腾跃第一、二、三、四节龙身。

(3)尾盘造型:龙体在龙珠的引导下走圆、紧缩,龙尾迅速骑于8号队员肩上,组成尾盘造型。

(4)大横八字慢行进:龙珠引龙体左右上下起伏缓慢行进,整个龙体组成明显的大横8字花图案。

（五）组图造型与穿腾、游龙动作组合

动作名称：穿尾越龙身→龙门造型→骑肩双杆起伏行进→挂腰舞龙。

（1）穿尾越龙身：龙珠引龙体穿越龙尾后转身往回走，龙珠龙头右侧平端，4,6,8号队员抬步望前走，3,5,7,9号队员跨越龙珠、龙头障碍。

（2）龙门造型：全体队员站一横排，龙珠引1,2,3号队员逆（顺）时针方向绕4号队员两周后，4号队员骑在3号队员肩上；同时9号队员带领8,7号队员绕6号队员两周后，6号队员骑在7号队员肩上，5号队员高举龙，成一静态龙门形状。

（3）骑肩双杆舞龙：双数号队员每人拿两把坐在单数队员肩上，龙头引龙体单侧起伏旋转一周以上。

（4）挂腰舞龙：全体队员成一直排站立，2,4,6,8号队员转身与3,5,7,9号队员面对站立，3,5,7,9号队员分别用两腿勾住2,4,6,8号队员的腰部，身体悬空成挂腰状，龙体在舞龙者两侧做8字舞龙6次以上。

第三节　　舞龙运动鼓乐伴奏

1. 鼓乐伴奏的作用

锣鼓打击乐的伴奏形式，是龙狮表演中烘托气氛、转换节奏、激励龙狮表演者情绪不可分割的组成部分。

在舞龙比赛伴奏中，娴熟的击打锣鼓技术，动听的锣鼓音乐，能极大地激励发挥舞龙技术水平，调动现场气氛，完善完美舞龙表演。

2. 鼓乐伴奏的特点

主要是民族韵味浓、节奏感强烈、强弱有序、快慢自如、易于操作，有利于普及。

3. 鼓乐伴奏的要素

以击鼓伴奏为主，按鼓点指挥大、小锣配奏出不同的打击乐曲。鼓乐的旋律、起承转合、节奏快慢、乐声强弱等都与龙狮现场表演动作配合默契、协调一致。

4. 鼓乐伴奏的节拍

锣鼓伴奏的节拍属于定拍学练、不定拍用。现场伴奏虽没有严格的定式，但有严谨的规律。

5. 鼓乐曲目的选取

根据地方特色，以及舞龙动作快慢节奏来选取相应的曲目。曲目可以是事先录制的音乐磁带,也可加其他电子琴等之类的乐器进行现场合奏。

第四节 舞龙竞赛规则与裁判法

一、竞赛通则

(一)比赛

(1)舞龙比赛竞赛类型为单项赛、全能赛。

(2)舞龙比赛按性别可分为男子组、女子组。

(3)舞龙比赛按年龄可分为成年组(18周岁以上,含18周岁)、少年组(12周岁至17周岁,含12周岁)、儿童组(不满12周岁)。

(4)舞龙比赛按竞赛成绩可分为等级赛。

(5)舞龙比赛竞赛项目可分为:

1)规定套路(单龙,9把1珠,10人上场)。

2)自选套路(单龙,9把1珠)。

3)传统套路(形式不限)。

4)技能舞龙(单龙,9把1珠)。

(6)舞龙比赛套路的时间为8~9 min。

(二)名次评定

舞龙比赛分预赛、决赛,按成绩高低排定名次。

(1)比赛名次的确定,根据竞赛规程关于录取名次的规定进行。

(2)规定套路录取名次的办法:

1)得分高者,名次列前。

2)如得分相等,按下列办法确定:以所有评分裁判之总得分减去总扣分计算,高者名次列前;如再相等,无效分的平均值名次列前;如再相等,名次并列。

(三)自选套路录取名次办法

(1)得分高者,名次列前。

(2)如得分相等,按下列办法确定:

1)以所有评分裁判之总得分减去总扣分计算,高者名次列前。

2)如再相等,以高难度动作总分高或数量多者名次列前。

3)如再相等,名次并列。

(四) 服饰与布置

1. 服饰

(1)比赛时,运动员应穿具有特色的表演服装。要求穿戴整洁,服饰款式色彩须与舞龙器材相协调。

(2)执龙珠队员的服饰与其他队员应有明显区别。

(3)运动员上场比赛须佩戴号码,执龙珠者为"0"号,执龙头者为"1"号,其余依次顺延,替换队员、伴奏队员均须佩戴号码。

2. 布置

(1)比赛时,允许运动队在鼓乐区装饰布置,以增强现场气氛。装饰物须运用得当,装拆方便,必须与竞赛内容相吻合。

(2)装饰物不能阻挡评分裁判员视线,不使用烟幕烟火闪光灯等饰物(传统套路除外)不得张挂与比赛无关的内容。

(3)布置时间不超过 10 min,拆除时间不超过 5 min。

(五)音乐与计时

1. 音乐

舞龙音乐伴奏是烘托气氛、转换节奏、激励队员情绪不可分割的重要部分。音乐旋律、乐曲快慢、强弱转换等均要与舞龙动作成为一个协调、和谐、完美的整体。伴奏可选用鼓乐、吹打乐等多种形式。也可使用符合舞龙特点的音乐带进行伴奏。

2. 计时

(1)第一位运动员踏入赛场,开表计时;如在赛内静止造型候场,以第一位运动员开始动作开表计时。

(2)运动员完成套路动作后,最后一位队员离开赛场停表;如在赛场内静止造型结束,则以全体运动员完成静止造型停止动作停表。

(3)计时以临场裁判组计时表为准。用两块表计时,按接近规定时间的表计算时间。

二、场地与器材的规定

(一)场地

竞赛场地为边长 20 m 正方形平整场地(特殊情况,最小面积不得少于边长 18 m 正方形),要求地面平整、清洁,场地边线宽 0.05 m,边线内沿为比赛场地。边线周围至少有 1 m 宽的无障碍区。

(二)器材

(1)龙珠:球体直径 0.33~0.35 m,杆高(含珠)不低于 1.7 m。

(2)龙头:龙头重量不得少于 3 kg。杆高(含龙头)不低于 1.8 m。

(3)龙身:以九节布龙参赛,龙身为封闭式圆筒形,直径为 0.33~0.35 m,全长不少于 18 m,龙身杆高(含龙身直径)不低于 1.6 m,两杆之间距离大致相等。

(4)龙体、龙尾、龙珠的重量不限制。

(5)凡器材不符合规定者,不准参加比赛。

(6)传统套路竞赛的参赛人数,少年组、儿童组竞赛器材,技能舞龙竞赛方式等有关事宜,由主办单位在竞赛规程中明确。

三、舞龙动作的分类和难度

(一)舞龙动作的分类和难度

舞龙动作按它的动作形态特征可分类为:8 字舞龙动作;游龙动作;穿腾动作;翻滚动作;组图造型动作。

按动作技术易难分为:A 级难度动作、B 级难度动作、C 级难度动作;

(1)A 级难度动作:是指舞龙的基本动作和技术较为简单的舞龙技巧动作。

(2)B 级难度动作:是指在舞龙基本动作上有所发展、有所提高,具有一定难度,必须经过严格的训练才能完成的舞龙技巧动作。

(3)C 级难度动作:是指必须具备较高的身体专项素质和专项技能才能完成的高难度舞龙技巧动作,高难度的舞龙组合动作,并有较高的锻炼价值和审美价值。

(二)舞龙动作的难度分值

(1)A 级难度动作,每个动作分值为 0.1 分。

(2)B 级难度动作,每个动作分值为 0.3 分。

(3)C 级难度动作,每个动作分值为 0.5 分。

(三)舞龙创新难度动作

1. 创编原则

必须符合舞龙运动的本质属性和运动规律;必须是具备一定专项素质、专项技能才能完成的舞龙动作,必须是正式比赛中从未出现过的动作。

2. 申报程序

(1)填写创新动作难度申报表。

规范动作名称,并标明类别;用录像形式形象地说明创新难度动作,也可用照片、画稿等技术图解以及精炼文字形象地说明(达不到上述要求者,不予受理);申报难度等级

(2)在规定时间内递交国际龙狮总会技术委员会(或比赛裁判委员会)。

(3)国际龙狮总会技术委员会(或比赛裁判委员会)依据舞龙动作创编原则,对创新难度动作进行技术鉴别、定级,并将鉴定结果及时通知申报单位及有关部门。

(四)舞龙动作规格、分类、难度定级

1. 8 字舞龙动作

运动员将龙体在人左右两侧交替作 8 字形环绕的舞龙动作,可快可慢,可原地,可行进,也可利用人体组成多种姿态,多种方法作 8 字形状舞动。

要求:龙体运动轨迹要圆顺,人体造型姿态要优美,快舞龙要突出速度、力量;每个动作左右舞龙各不少于 4 次;单侧舞龙每个动作上下各不少于 6 次。

A 级难度动作:原地 8 字舞龙;行进 8 字舞龙;单跪舞龙;套头舞龙;搁脚舞龙;扯旗舞龙;靠背舞龙;横移(跳)步舞龙;起伏 8 字舞龙。

B 级难度动作:原地快速 8 字舞龙;行进快速 8 字舞龙;跪步行进快舞龙;抱腰舞龙;绕身舞龙;双人换位舞龙;快舞龙磨转;连续抛接龙头横移(跑)步舞龙。

C 级难度动作:跳龙接一蹲一躺快舞龙;跳龙接摇船快舞龙;跳龙接直躺快舞龙;依次滚翻接单跪快舞龙;挂腰舞龙(两人一组);K 式舞龙(3 人一组);站腿舞龙(两人一组);双杆舞龙(一人持两杆)。

2. 游龙动作

运动员较大幅度奔跑游走,通过龙体快慢有致、高低、左右的起伏进行,展现婉转回旋,左右盘翻,屈伸绵延等龙的动态特征。

要求:龙体循着圆、曲、弧线的规律运动,运动员协调地随龙体的起伏行进。

A 级难度动作:直线行进;曲线行进;走(跑)圆场;滑步行进;起伏行进;单侧起伏小圆场;矮步跑圆场;直线(曲线、圆场)行进越障碍。

B 级难度动作:快速曲线起伏行进;快速顺逆连续跑圆场;快速矮步跑圆场越障碍;快速跑斜圆场;骑肩双杆起伏行进。

C 级难度动作:龙头站肩平盘起伏(二周以上);直线后倒、鲤鱼打挺接擎龙行进。

3. 穿腾动作

龙体运动路线呈纵横交叉形式,龙珠、龙头、龙节依次在龙身下穿过,称"穿越";龙珠、龙头、龙节依次在龙身上越过称"腾越"。

要求:穿越和腾越时,龙形保持饱满,速度均匀,运动轨迹流畅,穿腾动作轻松利索,不碰踩龙体、不拖地,不停顿。

A级难度动作:穿龙尾;越龙尾;首尾穿(越)肚。

B级难度动作:龙穿身;龙脱衣;龙戏尾;连续腾越行进;腾身穿尾;穿尾越龙身;卧龙飞腾;穿八五节;首(尾)穿花缠身行进。

C级难度动作:快速连续穿越行进(3次以上);连续穿越腾越行进(4次以上)。

4. 翻滚动作

龙体呈立圆或斜圆运动,展现龙的腾跃、缠绞的动势。龙体作立圆或斜圆状连续运动,当龙身运动到舞龙者脚下时,舞龙者迅速向上腾起依次跳过龙身,称"跳龙动作";龙体同时或依次作360°翻转,运动员利用滚翻,手翻等方法越过龙身,称"翻滚动作"。

要求:滚翻动作必须在不影响龙体运动速度、幅度、美感的前提下完成,难度较大,技术要求也高,龙体运动员轨迹要流畅,龙形要圆顺,运用技巧动作要准确规范。

A级难度动作:龙翻身。

B级难度动作:快速逆(顺)向跳龙行进(2次以上);连续游龙跳龙(2次以上);大立圆螺旋行进(3次以上)。

C级难度动作:快速连续斜盘跳龙(3次以上);快速连续螺旋跳龙(4次以上);快速连续螺旋跳龙磨转(6次以上);快速左右螺旋跳龙(左右各3次以上);快速连续磨盘跳龙(3次以上)。

5. 组图造型动作

龙体在运动中组成活动的图案和相对静止的造型。

要求:活动图案构图清晰;静止造型形象逼真,以形传神,以形传意,龙珠配合协调,组图造型连接、解脱要紧凑、利索。

A级难度动作:龙门造型;塔盘造型;尾盘造型;曲线造型;龙出宫造型;蝴蝶盘花造型;组字造型;龙头造型;螺丝结顶造型;卧(垛)龙造型。

B级难度动作:上肩高塔造型自转一周;龙尾高翘寻珠、追珠;首尾盘柱;龙翻身接滚翻成造型;单臂侧手翻接滚翻成造型。

C级难度动作:大横8字花慢行时(成型4次以上);坐肩后仰成平盘起伏

旋转(一周以上)。

四、评分方法

1. 裁判员评分

舞龙比赛属技能类、表现性,由裁判员评分的兑分性集体竞赛项目。

裁判员临场评分有 5 人评分制,7 人评分制,9 人评分制三种方法(均设 1 名值班裁判)。

评分裁判员根据运动队现场发挥的技术水平,按舞龙规则评分标准,在各类错误中减去相应扣分,所剩部分即为该队得分。

2. 应得分的确定

(1)5 名裁判员评分时,取中间 3 个有效分的平均值,为运动队的应得分;

(2)7 名或 9 名裁判员评分时,取中间 5 个有效分的平均值,为运动队的应得分;

(3)应得分只取小数点后两位(小数点后第三位数不作四舍五入)。

3. 有效分之间的差数规定

(1)当应得分在 9.5 分和 9.5 分时,差数不得超过 0.2 分。

(2)当应得分在 9 分以上和 9.5 分以下时,差数不得超过 0.3 分。

(3)当应得分在 9 分以下,差数不得超过 0.5 分。

4. 基准分的使用

当评分裁判员有效分之间的差数出现不符合规定差距时,裁判长所示的分数为基准分,将基准分与其最接近的两个有效分相加除以 3,即为该队应得分。

5. 最后得分

裁判长依据规则,从运动队应得分数中扣除第三十条"裁判长扣分"所规定的扣分,即为该队最后得分。

第十四章　高尔夫球

第一节　高尔夫球运动概述

球类运动之一。是用棒击球入穴的一种活动。比赛球员 2～4 人为一组，在球场的发球区依次用高尔夫球杆把各自的球击出后，一起经球道等走向球的落点，继续击球，直至将球击入洞内。击球的标准杆数一般为 72 杆，以击球杆数少者为胜。比赛如为四轮 72 个球洞时，在 18 个球洞的球场上需循环四次。

比赛方法有两种：一为"比洞赛"；一为"比杆赛"。起源于苏格兰民间，形成于 14,15 世纪。另一种说法是，起源于荷兰的牧羊人闲时的，用杆击打旷野的小石头游戏演变而来。目前流行于北美、西欧、澳洲、南非、亚洲等国家。中国宋、元、明时期曾流行一种类似高尔夫球的活动，称为"捶丸"。现代高尔夫球运动于 19 世纪传入中国。20 世纪 80 年代广东建立了第一个高尔夫球场。

一、高尔夫球场

高尔夫球运动场地。标准球场长 5 943.6～6 400.8 m，占地面积一般为 50 公顷到 100 公顷左右。设 18 个球洞，各个球洞之间为首尾衔接的球道，长度 1 000m～5 000m 不等。以球道长度不同而把球洞分为长洞、中洞和短洞。每个球洞的起终点之间"发球区""球道""长草区""沙坑""水障碍区"和"球洞区"等。

二、高尔夫球

高尔夫球呈圆形。球内核由类似硬橡胶的合成材料制成，外壳包有布满许多微凹圆形的坚硬光滑的合成材料，也可在球内核和外壳间再绕一层橡皮线。直径不小于 42.67 mm，重量不大于 45.93 g。

三、高尔夫球球杆

高尔夫球杆,用于击球。杆长约 1 米左右。分握柄、杆身和杆头三部分,用杆头击球。有木杆和铁杆两种。木杆按长度分为 1,2,3,4,5 号,主要击远距离球。铁杆按长度分为 1,2,3,4,5,6,7,8,9 号,较易控制击球的方向。一般说来,球杆的编号数越小,杆身越长,杆头击球面与杆身轴线之间的角度也越小,击出球的距离也越远。另外还有 P 杆和 S 杆及推杆等。

第二节　高尔夫球基本技术

高尔夫球运动基本技术的导学。高尔夫运动的基本技术,实际上是挥杆技术,它由握杆、站姿、瞄球、挥杆和顺摆等动作环节组成。要成为一名高尔夫选手,必须全面掌握各种正确且实用的击球技术。好的击球技术,最终体现在球手击球的力量、球速和对球的飞行弧线控制能力、球落点的准确度,无论哪一种击球技术,都将用正确的技术动作表现出来,才是适用的技术。

一、挥杆前的技术准备

(一)握杆技术

握杆技术就是握持球杆的方法,它是学习高尔夫球技术的第一步。握杆的作用在于,在击球过程中能使身体和手臂运动的动力传递给杆头,可以调节与控制挥杆动作。假如说基本功是打好高尔夫球的先决条件,那么握杆就是最重要的基本功。可以认为握杆姿势的正确与否,将决定球员今后有多大的发展。手是球员与球杆唯一的连接部位,当球员挥杆击球时发自身体的巨大力量即是通过手传到球杆和杆头上的,那么怎样才能握好球杆呢? 遵循下列两方面是非常重要的。

(1)要掌握适当的力度。就是说不可握得太紧,因为握得过紧会导致小臂肌肉紧张,击球时影响力量的发挥;也不宜握得太松,太松会使得球杆失去控制。

(2)握杆用力的强度要适度。太强势握杆会造成击球时杆面向左关;太弱势握杆击球时杆面会打开,击出的球向右飞。所以应根据球员自身的挥杆能力和特点选择握杆的方式和强弱。

练习第一步:左手握杆法。

将左手掌贴于球杆握柄处,手背正对目标,使球杆握柄从食指的第二关节起斜向通过掌心。握柄尾端余出 5mm 左右,以小指、无名指和中指将球杆在小鱼际和小指根间,食指自然收拢握住球杆,拇指沿球杆握柄纵长自然伸出压按在握柄正中稍偏右侧。

　　练习第二步:右手握杆法。

　　以叠搭式握法为例,将左手手掌张开,紧贴在球杆握柄的右侧放,使握杆的纵长从食指第二关节开始通过中指与无名指根,小指勾搭在左手的食指或食指与中指间隙上,手指收拢,握住球杆,中指和无名指用力握紧,食指呈钩状弯曲,大鱼际包在左手拇指上。拇指与食指指根形成 V 形,其尖端指向颈部右侧。

　　练习第三步:双手连成一体握杆法。

　　握杆是根据个人的特点而采用各自的握杆方法的,但通常情况下可以分成以下三种。

　　(1)重叠握杆法。这是广泛采用的握法,其握法如练习第二步所述。该握法的优点在于能够较好地保持两手的一体感,能有效地控制左右手的用力平衡,尤其是手掌大、手指长、力量好的球手宜于采用此法。

　　(2)自然握杆法。该法又称为棒球式握法,按这个名称就不难理解是像握棒球杆一样,左右两手分开用食指握住球杆,右手的小指与左手的食指相贴。这种握法适用年龄较大、力量较差的球员或女性。它的优点在于能够更好地发挥右手手臂力量,不利因素是不易保持两手的一体感和均衡性,由于过于依赖手腕用力,故对球的方向性产生不利影响。

　　(3)互锁握法。互锁握法中,右手的小指插入左手食指与中指之间,钩锁住食指。这种握法多为小手指短的人和力量较差的女性采用。该方向的优点是一体感较强,利于发挥右手力量,可是也存在不适感和影响击球的准确性。

　　在此要特别提醒的是,握杆是掌握高尔夫球技术中最重要的一个技术环节,往往也是球员们容易忽视的一个环节。一旦选择好适合自己的握杆方法,就要认真地掌握好正确技术,形成正确的动力定型,否则很难纠正,需要花费相当多的时间。

(二)站位姿势

　　要是有人问,打好高尔夫球最重要的是什么,我会毫不犹豫地告诉他,最重要的是先练好基本功,这是后续学习技术的前提和基础,当然其中包括站姿和瞄球,它们与掌握握杆一样的重要,丝毫不能马虎。有些人在挥杆时站不稳,究其原因就是站姿错误,可见站姿何其重要。站姿的作用,还有在挥杆过程中不仅能提供良好平衡,稳定支撑使上半身平稳地旋转,而且能使全身各部位协调用力,使每一部位的力量顺其自然地释放出来,这些足够影响球的飞行方向。

1. 站位姿势的种类

第一步:基本站姿。

采用双脚对齐的正确姿势,双脚开立、保持身体稳定,其两脚跟之间的距离,在采用 5 号铁杆时与髋部相等为宜。

第二步:身体重心。

决定站姿后,身体的重心放在两脚后跟,挥杆时不要抬高脚跟,两脚的拇指应紧贴地面,使用脚底肌肉,双膝略弯曲。

第三步:三种站姿。

第一种,直角站姿:与击球方向平行的姿势,适合初学者使用。两足尖的连线与球的飞行方向平行,在上挥时左肩易向内侧扭转,加长挥杆线性轨迹。

第二种,左奔站姿:相对球的飞行方向而言,将右腿拉向后方,偏击球方向右侧站立,因其姿势影响,挥杆时杆头自内侧击球,易形成左旋球(hookball)。

第三种,右奔站姿:相对于直角站姿而言,左侧保持不变,右侧向前突出的站立方式;或者是左足较右足偏后的站位方式。其特点是在上挥杆时左肩不容易向内扭转,而在完成顺势动作时身体容易打开,因此容易形成由外向内的挥杆轨迹,产生旋向右侧的球。

2. 基本练习

第一步:在站姿之前,应先从球的后方向目标方向眺望,在目标线上寻找一个标点。并确定球与该标志物之间的连线,即为球的飞行方向和目标方向。

第二步:确定球与足的位置关系。从球的位置上引出一条与球的飞行方向垂直的线,通常是左足足跟靠近该线。

第三步:两足平行开立与肩同宽,左足尖稍向外撇开,左足跟靠近所引的垂线。

应注意的是,球员的站姿和宽度以及与球之间的距离,是随球员的身体特征和使用的球杆不同而改变的:

(1)使用较长球杆时站姿和宽度与自己的肩宽等同为好。

(2)身体较瘦的人,因为身体易于扭转,可以稍微站宽一些,相反较胖的人可以稍微站窄一些。

(3)随着球杆的缩短站位逐渐变窄。

(4)身体与球之间的距离关系也随着球杆的长度而变化,在击球准备时,身体与手之间的间隔一拳左右为宜。

(三)瞄球姿势

1. 瞄球姿势的作用

用正确的姿势瞄球是挥杆动作中最重要的一环。瞄球时身体一定要与目标线平行,具体而言就是打球前先确定目标,让球杆面正对目标,然后调整站姿。站姿一定要使双脚连线,两膝连线和双肩连线与目标线平行。除非球员想打右曲球可采用 OPEN 站姿,即以上三条线瞄向目标线左侧,反之打左曲球瞄向目标线右侧。不同的球杆在击球时以不同的角度触球:短铁杆和中铁杆是当球杆向下运动时击中球;长铁杆和球道木杆在挥杆圆弧与地面平行时触球;1 号木杆是在挥杆弧线归了最低点向上运动时击球。

综上所述,使用不同球杆瞄球时球的位置不同,通常使用 1 号木杆时球与左脚跟对齐,球杆越短球位越靠右,球杆与身体也越近。其中挖起杆最右,大概位于双脚中线位置。瞄球时左手臂应与球杆保持一条直线,短杆瞄球时手的位置在球的前方,这样才能以下切式击球,创造更多后旋,球上果岭时更容易停住。对 1 号木杆中心稍微偏向右腿,中短铁杆双脚平均用力。

瞄球练习技术要点(规格):

(1)上半身。瞄球时收缩下巴,放松双肘力量,再紧夹双肋。球位于左脚跟垂直线上(此线与方向线垂直),故将脸往右偏,右肩位置略低于左肩,左腰、左膝略往上抬,右侧向右肩、腰、膝三中心点收缩,而双肘自然下垂。

(2)下半身固若磐石,上半身用力挥杆,定能击出理想的球。

(3)双膝。瞄球时收缩腰部,重心放在双脚上,双膝自然偏向内侧。

(4)瞄球完成。直角瞄球姿势,先得让杆面以直角对准击球线加以支持,而不受站姿所处地形的影响。双肩、左右髋部连线、双膝连线等三线,与击球方向保持平行。

(5)身体和挥杆的关系。正确把握球杆,杆头保持直角后,便可进行瞄球,杆与小腹保持 20cm 的间隔。随着球杆号数变小,其间隔距离也可适当变小,9 号铁杆间隔身体 10cm。

(6)肘部和握杆间的关系。以直角握杆瞄球,左侧应朝向身体内侧,右侧朝向身体外侧。

3. 瞄球练习的技术分析

(1)两臂的姿势。两臂自然从肩部伸出,左臂的肘部稍朝向前上方,左腋轻轻夹住,两手握紧球杆。

注意两臂不要过分下沉,使球杆的先端翘起,这样的瞄球姿势容易造成以杆头后端击球或将球推出的错误动作,出现直飞向右前方的失误球。当然,也不要将手臂过分上抬,身体过分直立,这样会使两臂的腋下空虚,臂与身体的动作失去平衡,不能正确完成挥杆动作。

(2)躯干的姿势。瞄球时,上体应该保持背部伸直,略微前倾。前倾程度随球杆的大小而不同,杆越长则前倾度越小,反之则大。

腰部要尽量保持正直,这样有利于保持下半身的稳定状态。特别注意的是,躯干在瞄球的姿势中,最忌讳的就是含胸驼背,这样不利于腰部动作的完成,从而形成仅仅依靠上肢打球的错误动作。

(3)肩部的姿势。两肩放松,右肩略下沉,稍低于左肩,两肩的连线基本与球的飞行方向平行。

(4)臀部的姿势。臀部略向后突出,如同在高椅子上似坐非坐。

(5)两膝的姿势。两膝稍弯曲,其弯曲程度与上体的前倾程度相适应,亦随球杆的长短而变化,两膝微微自然内扣,当然是在自然放松状态下完成,这样可以保证挥杆时身体转动轴的稳定,防止身体左右晃动,这是保证身体顺利地完成回旋动作的必备条件。

(6)体重的分配。体重均匀地分配于左右两脚是瞄球的重要条件之一。由于两膝的内扣,体重当然分布于足的内侧,拇指跟部和前脚掌内侧压紧。重心位于两足掌心连线上的中心部位。这样能保证身体的稳定,有利于身体以脊椎为轴进行扭转。

(7)两脚的姿势及足的位置关系。通常是球的位置在左足足跟的前方。在对球站位时,两足并立跨于球的飞行方向处置的线上,然后左足尖稍向左开放,右足向右横移相应的距离,才算完成了对球站位。

4. 完成瞄球姿势的练习步骤

(1)使球员身体放松,精神集中,进行一两次深呼吸,然后按要求握杆。

(2)根据所使用的球杆,确定球与足的距离,轻轻踏脚调整站姿,保持两脚的稳定。

(3)两肘弯曲,将球杆举至体前,两手向右回旋,检查右手的中指和无名指的握杆,再向左回旋,检查左手的中指、无名指和小指的握杆。

(4)将两臂下放伸出,使杆头位于球的正后方,杆面正对球的飞行方向,杆头底部轻轻触地。

(5)两臂弯曲并稍稍内扣,上体微微前倾,头颈部保持正直、放松,目直视球。

(6)轻轻晃动杆头。为了使挥杆动作更加流畅,在开始挥杆之前轻轻左右摆动一下杆头,有利于松弛全身肌肉的紧张,集中精力,这也是心理自我暗示。

其做法是：从瞄球基本姿势开始，两肘微微弯曲，使杆头抬起距离地面 2～3 cm，把杆头向球的后面挥杆方向上引大约 30°左右，然后使杆头向球做冲击动作及小的顺势动作。实际上是挥杆之前击球准备的一部分，要求做得轻缓、自然而有节奏。

二、挥杆技术与导学

挥杆动作内容包括杆后摆或后摆杆—上挥杆—挥杆顶点—下挥杆—冲击球—顺势动作—结束动作等几个技术环节组成。

根据挥杆动作和挥杆顶点所处的身体姿势的不同，挥杆可分为两种方式。

（1）直挥式。其特点是挥杆顶点高、幅度大、挥杆面更加接近于直立。这种挥杆适用于身材高大的人，可以充分利用身高力大的优势，以大幅度的挥杆动作强有力地冲击球，从而使球飞得更远。

（2）平挥式。这种挥杆适合于身体矮胖，不便于转动的人。其特点是挥杆顶点低、幅度小、挥杆面倾斜度大。上挥杆时杆头向目标方向的反方向运动至右脚的正前方以后，不是使左臂向左向上大幅度挥，而是使左臂贴近身体，较早地向右后上挥，到达挥杆顶点后，两手的位置与右肩平齐，在右肩的外侧处。而在下挥杆时，因为身体转动不便，不十分强调身体的充分扭转，但对两臂的挥动要求较高。

（一）后摆杆

（1）后摆杆的概念：后摆杆是上挥杆的起始部分，是指将杆头从击球准备时的状态开始向球的后上方摆动的动作，从开始启动到进入屈腕动作为止。

（2）后摆杆的技术规格：后摆杆起动后，使左臂与球杆成为一个整体，不要屈腕屈肘，保持两臂与肩构成的三角形，左肩、左臂和左手与球杆成一体，以左肩依次带动臂、手、球杆，将球杆杆头慢慢向球的飞行方向正后方引摆 30mm 左右。在此时一定要保持杆面始终正对球的飞行方向。具体说，从杆头启动到杆头向后方摆动至右足尖前方，两臂与球杆仍然保持击球准备时的状态，杆头的底面几乎贴着地面水平的向后运动。

后摆杆的关键是慢而直。所谓慢就是指杆头的向后运动要缓慢，这样有利于整个上挥杆的节奏；所谓直就是指球杆的杆头要直线向后摆动，而且杆面保持正对球。请注意，在两手到达右膝的前上方处之前，这也是检查后摆动作是否正确的简便方法之一。

(二)上挥杆

1. 上挥杆的概念

在学习了后摆杆后,就不难理解上挥杆,因为从挥杆动作的整体来看,后摆杆和上挥杆之间并没有区间界限,也没有任何停顿,后摆杆是上挥杆的起始,上挥杆是后摆杆的延续,甚至可以说后摆杆就是上挥杆的一个技术环节。

2. 上挥杆的技术规格

继后摆杆之后,继续保持肩与两臂过程的三角形,以杆头带动两臂以左肩向右转动,在两手到达右腰部高度时,左臂如同向右上方伸出一样继续上举。在上体和髋的转动作用下,左腿向内旋扭,左膝内扣,大腿内侧肌肉被拉紧。右腿在扭转力的作用下,仍然保持内扣,维持两膝间的距离,以阻抗右腿也被迫向右扭转的趋势,所以右腿如同弹簧般被充分扭转压紧。右足内侧承担大部分体重,其余部分由左足前脚掌内侧承担。

在上挥杆过程中,左臂要一直保持击球准备时的状态。肘部不要弯曲,手腕要伸直。如果肘部屈曲,就会使挥杆的幅度变小,这样很可能导致左肩转动不足,使击球的冲击力减小;手腕若不伸直,会影响挥杆的轨迹,从而造成各种各样的失误球。屈肘屈腕是一般初学者最容易出现的错误,需要特别注意。

3. 上挥杆的练习步骤

这一节主要讲挥杆过程中不同位置的动作、要点的练习,选择四个重要技术环节进行导学同时通过练习说明怎样从一个动作环节过渡到另一个动作环节。大家可模仿这些技术环节,再按正确的练习方式连接起来。经过一段时间的勤学苦练,一定能塑造自己完美的挥杆技术。

练习步骤一:瞄球。

在上一节已讲过站姿与瞄球,但这一技术环节太重要了,所以还是有必要重复一次。注意以下要点:

(1)站好姿势后,膝盖位于脚掌上方,肩膀最前端与脚尖在一条垂直线上。

(2)双脚平均用力,重心通过两脚掌的连线。

(3)双脚、双膝、双肩、双眼与目标线平行。

(4)各部位要放松,但要保持一定的弹性和张力。

与球杆平行通过身体的直线,是初始挥杆面,也是挥杆过程中很重要的参考线。

练习步骤二:起杆。

假设球位于时钟 6 点处,球员将杆头摆到 8 点位置为起杆。在此位置手腕角度与瞄球时相同,臀部保持不动,握把末端指向肚脐。

从瞄球到此位置,肩、手臂、手、球杆一起移动,双臂与双肩形成三角形保持不变。

不可转动手腕,或因身体重心右移导致杆头沿目标线后移。

练习步骤三:继续挥杆。

球员将球杆挥到9点位置,杆身与地面平行并与目标线平行,此时,手腕微屈右手肘弯曲,在肩膀的带动下臂部转动较小。注意以下要点:

(1)握把末端沿垂线通过右脚尖外侧。

(2)杆身位于两脚尖的连线的正上方,并与地面平行杆身位于初始平面内;

(3)杆头指向天空。

练习步骤四:挥杆中的手腕动作。

左手臂与地面平行,手腕完全弯曲,握把末端指向目标线和延长线。此位置非常重要,如果正确无误,上杆就会很容易。从位置三到位置四,挥杆平面变陡,手臂和肩的动作带动身体旋转。注意以下要点:

(1)肩膀转动约75°。

(2)手腕完全弯曲。

(3)杆身的平面比瞄球时的初始平面更陡。

(4)杆面与左前臂平行。

防止错误产生:其一,身体旋转与手臂动作要一致;其二,右臂不宜离开身体太远;其三,平面不宜太平或太陡。

(三)挥杆顶点

1. 挥杆顶点的概念

实际上挥杆动作很快,上挥杆和下挥杆两个动作之间没有明显的时间间隔,它们的转换是在瞬间完成的,通常就把两者转换的瞬间定为挥杆顶点。

2. 挥杆顶点技术规格

一般而言,在上挥杆要完成时,左手的手腕保持正直、向拇指方向屈曲,拇指根部处形成褶皱,拇指的指腹顶住球杆握柄,中指、无名指、小指紧握球杆。左手手背朝向前上方,手背与前臂面在同一平面上,手腕不向掌侧或背侧的屈曲。左肘内侧稍朝上,右肘微向内扭,左右两腕均轻轻夹住。左肩内转90°,位于下颚处,指向球的右侧。腰部向右扭转,右膝保持稍向内扣,左膝向右膝靠近,左足跟略提起,体重主要由右足内侧支撑,完成挥杆顶点。

3. 挥杆顶点练习要点

挥杆顶点环节非常重要,因为它的正确与否决定下杆的质量,影响击球。

注意以下要点：

(1)双腿。身体重量移到右脚内侧，左脚不要离开地面，保持右腿角度与瞄球时相同；

(2)臀部和肩膀。此时臀部转动约45°，肩膀完全转动(约90°)，背部正对目标。整个身体像上紧的发条或像拉满的弓，背部肌肉绷得很紧；

(3)双臂。左臂伸直跨过胸前，右手肘贴近体侧，右前臂与脊椎轴平行；

(4)双手。右手位于球杆下方，左腕背面保持平直。左臂与球杆的角度大约是直角；

(5)球杆位于右肩末端正上方，对长杆而言，杆身应与地面水平并与目标线平行。杆面与左臂平行。

练习注意事项：

(1)右手肘弯曲不得小于90°，以防挥杆半径变小。

(2)左手臂不宜离开胸部太远，左手肘亦不宜抬得太高，防止挥杆平面过陡。

(3)左手腕背不得向后弯曲，杆头亦不得指向天空，左手腕背也不得向前弯曲，杆面不宜开放。

(四)下挥杆

1. 下挥杆的概念

下挥杆是因上挥杆而向右旋转身体再向左还原的动作环节。上挥杆的发动顺序为杆头、臂、肩、腰、膝。而下挥杆时则恰好相反，其发动顺序是从下半身开始启动，使腰、肩、臂超越杆，最后才使杆进入下挥杆运动。

2. 下挥杆技术规格

(1)左臂伸长下垂，如弯曲会影响杆面，如以手腕先动则失去下挥杆动作的协调性。伸长左臂，以瞄准姿势靠向击球方向，使球杆下垂。

(2)握杆时偏向身体下侧，这样一来才不会产生屈腕挥杆的动作。

(3)用力收左腰，用身体正面击球。

(4)右肋收缩自然下垂，若右肋放松会妨碍身体的动作，则无法得到固定的弧形，因而造成杆头由外侧面接触球。

3. 下挥杆的技术分析

从上挥杆结束瞬间提起着地的右足跟动作开始，左膝固定，左腿用力支撑，将下肢被迫扭紧作好积极用力状，做力量向上体转移的准备。腰部扭转复原到击球准备时的状态。左肩在下肢和腰部的作用下，自然向左转动，带动在上挥杆时被拉伸的左臂向下拉引球杆，此时杆头仍然被留在上面，等待下挥冲击球瞬间的到来,身体重心同时向左侧移动,两手拉引球杆至腰部的高度,腰部如同墙壁顶住身体的重量,保持身体的状态稳定。

对初学者而言,往往在下挥杆时不是以下半身的还原动作开始启动,而是过于快速强力击球,使右臂过早积极用力,造成球杆过早下落,使两臂肌肉过分紧张,增大了力臂,结果减小了击球时的冲击力,这就叫欲速则不达。不仅如此,这样还会破坏挥杆节奏和球的飞行远度。

在下挥杆过程中,还需注意保持身体的左半身领先,为此,先应由左下肢启动,并固定支撑,然后右半身在左半身的引导下自然而然地转动。不要在开始下挥杆时,过早主动地使用右臂。

在下挥杆的过程中,身体重心要逐渐移到左腿内侧,这有利于左侧支撑,防止过分地消耗力量。

4. 下挥杆练习要点

从下挥至完成击球实际上是为上杆到下杆方向的转变,是非常重要的动作要点,也是最容易出错误的环节。注意以下要点:

(1)下杆必须从臀部开始,臀部首先向左移动,头部保持原位。此时左臀、左肩和左臂保持绷紧;

(2)臀部主动往回转,手臂和手保持被动,手腕角度与上杆顶点相同。右肘角度不变;

(3)臀部左移使右肩下降。右手肘向下和向内拉,双臂向下降。以使下杆平面降低,便于将球杆自目标线内侧下杆击球;

(4)继续降低挥杆平面,此时的球杆面应在初始球杆面上方并与之平行。握把末端指向目标线在球后方的延长线。

三、冲击球与击球后的收杆

(一)冲击球

1. 冲击球的概念

做下挥动作时,身体恢复至瞄球姿势,而杆头则被握杆力量拉向下方。握杆动作一旦顺势到达腰部附近,便进入击球范围,此时伸展手腕,杆头以最大的速度击球,头部偏右肩部位,左腕和杆柄成一直线,肩部和握杆成三角形。

2. 冲击球的技术分析

冲击球动作实际上是下挥杆动作环节的一部分。在两肩转动到与球的飞行线基本平行的瞬间,左手拉引球杆至腰部的高度,此时下挥杆积蓄的力量集中于手腕向拇指侧的屈曲上,在这般强大的凝聚力及下挥杆的惯性力作用下,两臂继续向击球准备时的状态做还原动作,杆头则以极快的速度开始下落。恰好在两臂位置到达挥杆轨迹的最低点—球的位置,飞快地将球击出,在下挥杆过程中逐渐朝向前方的左手手背在冲击球的瞬间朝向目标方向,在下一瞬间随着两肩向左后方向转换,而右手背侧由击球时朝向目标反向转为朝向右前上方,身体重心集中于左腿,头部保持固定不动,眼睛注视球的位置。

冲击球动作是上挥杆、下挥杆动作的完整结果。因此冲击球效果的好坏是由击球以前的一系列基础动作所决定的。形象地讲,整个挥杆动作实际上是一个由全身完成的鞭打动作。

3.冲击球练习要点

(1)练习者下杆到击球位置,球杆速度达到最快,杆头的打击力达到最大。

(2)左手臂与球杆成一条直线,手的位置在杆头前面,左手腕背平直;右手臂和右手腕略弯曲,集合与瞄球时相同,以便保持杆面朝向正确。

(3)脊椎角度与瞄球时相吻合,头的位置在球后方,双肩比瞄球时略微开放。

(4)左腿有一点弯,但仍保持牢固的左侧支撑,产生抗力感;右膝弯曲向内靠,但不得超越双脚尖的连线,右脚跟由于身体转动被迫抬起。

(5)练习中要防止以下情况:

1)脊椎角度与瞄球时不一致,头部上下起伏。

2)下肢向左移动太多,导致头部落在后方太远。

3)因过早释放杆头导致左手腕弯曲,杆头越过双手,造成杆面左转。

(二)顺势动作

1.顺势动作的概念

顺势动作是整个挥杆技术动作中的一个技术环节,是冲击球的延续,又是结束动作的开始,具体而言,是冲击球动作结束后的自生的惯性运动。

2.顺势动作的技术分析

冲击球动作结束后,体重由左腿支撑,左腿内侧合理紧张,固定左膝使之不向左产生不必要的转动。右膝向左膝靠拢,在右腿的推动下,腰部继续向左转动。身体绕纵轴转动,右臂取代左臂占据主导地位,在杆头的惯性作用下,右臂伸直,牵引右肩向下颌下方运动。左手紧握球杆,左上臂向上方转动,保持两臂与肩形成的三角形,左手手背朝向左后方,杆头向目标方向大幅度挥出。两手到达腰部位置时,头部保持冲击球时的瞄球状态,两眼仍然注视击球时的位置。

最重要的是把顺势动作看成是冲击球的延续,不能认为已击完球就完事了。实践证明,在击球时不用看其球的飞行方向,只要看击球后的顺势动作就可以判断击球效果的好坏。

3. 顺势动作练习要点

(1)身体沿纵轴旋转,非向左移动,身体重心向脚跟转移,左腿伸直支撑身体大部分重量,身体几乎正对目标方向。右腿和右脚有向左侧拉动的感觉,此时有意给一定的抗力;

(2)右手臂伸直,左肘向内弯曲。球杆与初始挥杆面平行并在其上方。

(三)结束动作

1. 结束动作的概念

结束动作并不是有意做出来的,而是正确、流畅而有节奏地挥杆自然而就的,只不过是最后的一个技术环节。它是顺势动作的缓冲部分,有利于身体平衡。

2. 结束动作的技术分析

在顺势动作中,两手到达腰部高度后,右臂继续带动右肩向下颌下方转动,杆头向后上方运动,右臂保持伸直,左手背朝向前上方,左腋上夹住,左上臂基本面向上方。左臂在肘部随着右臂的向上运动而向上弯曲;腰和肩沿纵轴向左转动,身体重量全部由左脚承担;左膝保持固定,左足支撑体重部位,由足内侧向足跟部外侧转移;当右臂到达右肩平直高度时,头部才随着转动轴转向目标方向,两眼注视飞行中的球。此时杆头已运动到结束动作的最高点,并继续向纵轴左方运动;右臂在杆头的牵引下向左前上方摆动,同时带动右肩向前,身体完全转向面对目标方向。左臂弯曲,基本形成三个直角,即上臂与前臂在肘部成直角,上臂与肩在肩部成直角,上臂与躯干在腋部支撑。右臂稍自然弯曲,头正对目标方向,两眼注视球飞行下落。

四、球杆的选择和应用

前面已经讲述了基本挥杆技术,但是在打球的实战中,为什么规则要规定,每人在打球时可以携带不超过14支的球杆呢?这是因为要根据不同的情况和条件,使用不同的球杆。每号球杆的长度、杆面倾角、重量和质量的不同,打出的弹道轨迹和距离是不一样的,用途也不尽相同。所以使用怎样的杆型、挥杆动作等的侧重点也不相同,这是每人根据不同情况灵活选择的。

(一)木杆

1. 1号木杆

为了获得远的飞行距离,通常在发球区选择1号木杆。这是因为在发球区第一杆打得越远,球相应距离球洞越近。第二杆或第三杆就可能使用较短的球杆,相对将球打得靠近球洞的概率越大。因此 1 号木杆是对提高成绩有重要作用的球杆,而且也是最有魅力的球杆。

1 号木杆的特点是打得远,强调的是距离,在发球区发球时,人总有这样一些想法:"这一洞要打出好成绩"、"和对手比比看谁打得远",因此使用 1 号木杆时试图猛力击球的现象很多,这不是一种好现象,常常因此而破坏了挥杆节奏。实际上,球的飞行远度并不只是与挥杆所用力量的大小成正比,重要的是取决于击球瞬间球杆杆头对球的冲击速度。冲击球时杆头的运动速度越快,对球的冲击越大,则球飞得越远。依靠大而圆的挥杆轨迹和流畅协调的挥杆节奏,下肢和上体充分超越球杆是关键所在。盲目使用强力挥杆,不仅会使挥杆轨迹缩小、动作僵硬变形、节奏失调,而且球也打不远,出现各种各样的失误球。所以握 1 号木杆击球,首先应想到的是"放松","注意有节奏地使身体和下肢超越球杆"。

1 号木杆在所有的球杆中长度最长,挥杆幅度最大,使用的站姿宽于使用其他球杆的站姿(稍宽于肩)。

在后摆杆时,要保持两臂和肩构成的三角形,并保持左臂和球杆的一体化,在两手位置到达腰部之前,不要使用手腕。在两手到达腰部该继续上挥时左腕才开始向拇指方向屈曲,随着摆臂、转肩、转体,将球杆挥至顶点。

2. 球道木杆

球道木杆是指 2 号木杆、3 号木杆、4 号木杆和 5 号木杆。球道木杆的特点是既要打得远,又要打得准,在草较长的长草区或球道沙坑中,球的位置状态较好时亦可以使用它。

球道木杆与 1 号木杆的区别在于,1 号木杆在发球区使用,允许有球座把球架起来,而球道木杆则一般是用来击打地面或沙上的球;由于球的位置状态的限制,打球的难度可以说比 1 号木杆困难,因为球杆长度和杆面倾角的关系,往往产生球不易上升的感觉,一般练习者总是带着打上升球的想法,故出现身体向左上方耸的动作,反而造成杆头击打在球的上方,形成地滚球。球的飞行高度是由球杆杆面的倾角决定的,只要在击球过程中以身体纵轴为中心,正确地转动身体,没有多余的上下起伏或耸肩的动作,球道木杆杆面倾角大于 1 号木杆,自然就能打出弹道高于 1 号木杆的球来。

再一个与 1 号木杆的区别是,在使用球道木杆时,其两脚距离比使用 1 号木杆时要窄一些,如果球的位置不变,仍然位于左足踵内侧线上,但右足较 1 号木杆稍向左足方向移动。

(二)铁杆

1. 长铁杆

长铁杆包括 1 号铁杆、2 号铁杆和 3 号铁杆。其中 1 号铁杆因为杆面倾角太小,难以掌握,所以不常用。使用长铁杆较使用球道木杆要求更高一些,因为它既要求飞行距离,更要求飞行的准确性。加上其杆身长、杆面倾角小和杆头轻而小等特点,并非有力就能得心应手地使用。所以即使很多职业选手也都认为它们是最难使用的球杆。

2. 中铁杆

中铁杆包括 4 号,5 号,6 号球杆。

正如前面所述,随着球杆的缩短,站位的宽度也相应变窄。球的位置也逐渐靠近身体,使用中铁杆时较 1 号木杆的站位右足约向右横移一个半脚掌。

实际情况无论使用哪一种铁杆,都可以被称为是"控制击球",即不仅是为了将球打远,更重要的是将球打到球洞区或瞄准的区域,而其中中铁杆又是铁杆中使用最频繁的球杆,所以能否很好地应用中铁杆会直接影响打球的成绩。

在使用中铁杆的时候,没有必要为求得距离而牺牲准确度,不需要做过大幅度的上挥杆,一般以挥杆顶点时杆头指向 1 点的位置为好。挥杆节奏自然流畅,用力只需 80%,如果用全力挥杆击球,就可能改变挥杆的正确轨迹和杆面的方向,造成严重的失误。

3. 短铁杆

短铁杆包括 7,8,9 号铁杆。

使用短铁杆时对球的飞行方向和距离的准确性要求更高。使用短铁杆的另一个特点是,距离较近,挥杆动作较小。一般采用较为开放的站姿,即右足略在左足的前方,约 70% 的体重由左腿承担。因为在挥杆过程中身体的回转动作较小,体重的移动也不像使用长铁杆时那样明显,所以这种体重分配方法有助于保持身体在挥杆击球时的稳定性,而且可以打出高弹道的球来。

使用短铁杆的上挥杆动作和其他挥杆大致相同。后摆杆时保持两肩、两臂构成三角形,使杆头向飞行方向的正后方引出 20~30 cm,然后上举。下挥杆时左半身领先,动作紧凑协调,结束动作后的两手位置要与挥杆顶点时的位置相对称。

需要注意的问题是:要调整好身体与球之间的距离,尤其不要使球距身体太远,以免两腋部空虚,导致不稳定挥杆动作;使用短铁杆时主要强调方向和距离的准确性,不强调过大的用力,因此无需过多地使用身体,而是以上肢的一体挥杆为主,在身体沿纵轴旋转的辅助作用下,将球击出。

因为短铁杆对准确性要求很高,所以对动作的精细度要求也特别高,只有反复多次练习,经常体会,形成正确的肌肉感觉和技术的动力定型,才能运用自如。

4. 特殊短铁杆

特殊短铁杆包括劈擎杆和沙坑用杆,将其标为 10 号和 11 号铁杆。也有将其标为 P 杆和 S 杆以示区分。

劈擎杆主要用于球洞区周围,在地形条件复杂或球与球洞之间有沙坑、水障碍或树木等障碍时,将球高高打起,使球能够越过障碍落到球洞区上。也常常用来打八、九十米以内的近距离高弹道球。

沙坑用杆主要用来打球洞区附近沙坑内的球,也用来将深掩在长草区中的球打上球洞区,或将位置较球洞区很低的球打上球洞区。

（三）推杆

1. 推杆的概念与作用

推杆,是在球洞区(果岭)上使用的特殊球杆。球被打上球洞区(果岭)后,要用推杆将其推击入洞。也可以说推杆是最终履行击球入洞的球杆。

在打高尔夫球时,用 1 号木杆将球击出 250 m 算一杆,用推杆哪怕是推击距离球洞只有 3 厘米的球入洞也算一杆,在 18 洞的标准杆数中,推击杆数基本上占二分之一。职业高尔夫球界流传一句古老的苏格兰谚语:"1 号木杆给人看,推杆好了能挣钱。"由此可见,推杆使用的好坏对总成绩有很大影响,所以,提高使用推杆的技术水平,尽量减少推杆次数,是提高成绩的捷径和保证。

2. 推杆的种类

推杆的种类有多种,常见的有 T 型、L 型、镰刀型和鹅颈型等。

T 型推杆因为杆身与杆头的中部相接,较易决定方向。

L 型推杆与铁杆的形状相似,易于掌握,但是杆面容易出现开放或封闭的错误。

镰刀型推杆杆头较重,球易于滚动。

推杆不同于其他球杆,击球方法和动作与使用其他球杆相比,有很大区别,且又因人而异,故有"推杆无定式"的说法,也就是说使用推击杆不必千"人"一律。握杆、站位、击球可以随各人所好,采用不同的方式。但还是有一定的基本规律可循的。

3. 推杆握杆种类

(1)反叠塔式握法。这种握法是左手的食指搭在右手的小指与无名指之间,或伸直斜搭在右手小指,无名指和中指上,这种握法使用最广泛。

（2）叠塔式握法。与普通球杆叠塔式握法一样，用左手握住握把的后端，右手掌包住左手拇指，右手小指叠搭于左手食指与中指之间。该法能保证两手有力地握紧球杆，能借右手的感觉推球。

（3）自然式。即棒球式握法。

4. 推杆站姿

使用推杆时的站姿因人而异，通常站位时两足基本保持与推击线即方向线平行，站姿宽度以推击球时身体不左右晃动，能够保持身体平衡、舒适为宜，一般要与肩同宽或稍宽于肩，重心均匀分布在两腿上。在球洞区由于边面起伏和草的朝向缘故，球洞的所在方向未必就是击球方向，或者说推球路线。所以务必要注意两脚应该与推击线平行，而不是一定要和球与球洞的连线平行。

（1）球与身体所处位置的关系。通常认为，球的位置应该在左脚跟正前方线与推击线的交叉点上，在击球准备中，恰恰位于左眼的正前下方。

（2）击球准备。取好站位后，两手握好杆，两膝稍弯曲，上体自然前倾，背部自然弓起（高个而言），头位于球的上方（高个而言），球在左腿正下方，两眼连线与推击线平行，两肩放松，两肘自然弯曲贴近两侧肋部。两前臂与推击杆构成一体，从侧面看形成一条直线。将推击杆的杆头放置在球的后方，杆头正面对准球，杆头底面稍往上提，以离开地面为宜。

推击球：推击球的方法大致有两种：一种叫叩击式，是用手腕驱动推杆将球叩击出去。

另一种叫拨击式。其方法是手腕保持固定，以两臂的钟摆式运动将球敲出去。

5. 推击球的练习步骤

步骤一：根据球洞区表面状况和球与球洞之间的距离，确定推击线的方向和推击力量大小。

（1）由于球洞区表面的起伏、草的长度和朝向性的不同，决定推击线的方向和推击用力的大小，是具有一定难度的技术性工作。首先，用目测或步测一下球与球洞之间的距离，然后在球的正后方或球洞的正后方仔细观察球与球洞之间、球洞区表面的起伏情况和草的朝向性，最后决定用力的大小和推击线的方向。

（2）从球的正后方看，如果球洞与球之间没有什么侧向的起伏，则推击线为正对球洞的直线。

（3）如果球与球洞之间的表面呈向右侧倾斜，即左高右低的坡面，则推击线为偏指向球洞左侧的右旋线，以利用球洞区表面的自然坡度使其滚入洞中。

（4）若球与球洞之间的表面为向左侧倾斜，即右高左低的坡面，则推击线为朝向球洞右侧的左旋线。

（5）向左右偏移的幅度以坡面的倾斜度而定。如果球洞的位置高于球的位置，即上坡，而且草尖方向向着球，击球时用力应较大一些，反之则用力应较小一些。

上述条件判明无误后，所有信息都输入人体的计算中心—大脑中，经过运算，首先决定出推击线的方向，并在推击线上距离30—50厘米处寻找一个点作为标记，然后进入站位，准备击球。

步骤二：头脑中带着向推击线而不是向球洞推击球的意识进入击球准备。

（1）推击线确定后，就采取站位准备击球。

（2）与推击线平行站立，将推击杆头放置于球的后方，使杆面正对推击线，以此为基准确定左脚位置，然后以左脚为基准确定右脚位置。

（3）站位做好以后，将推击杆头放置在球的后方，杆面对准推击线，全身采取击球准备姿势，两臂如同将推击杆吊起来一样，使杆头底面稍稍离开地面。

（4）注意力高度集中，将"运算"出来的方向和用力的大小在头脑中再现，把杆头从球的后方挪开，在体前做两三次预摆，重新确认一下标记点，带着向标记点方向即推击球的意识准备击球。

步骤三：以完美的钟摆动作击球。

（1）开始后摆杆时，保持肩与臂构成的三角形结构，两手手腕固定，两手的手掌方向始终保持不变。

（2）摆到最高点后，以同样的路线，同样的反向动作推击球，进入顺势动作。

（3）在整个击球过程中，头部一直保持固定，眼睛看着球的所在位置，甚至球推出后仍然保持这种状态。英国一位著名的高尔夫球学者说过一句名言"用你的耳朵推击"这句话的含义就是在推击球以后不要用眼睛追着球走，而要用耳朵听球入洞的声音，即在击球过程中头部始终保持固定不动。

（4）推击的力量以能够使球稍稍过球洞为好，因为只有击球力量稍大一些，球才有可能进洞。

要强调的是，初学者应特别注意，推杆的应用看起来确实简单，也不如其他球杆打球时那么有趣，但是从打球成绩的整体来看，它却占有举足轻重的位置，在所有的球杆中，推杆是使用频率最高的，在总成绩中，推杆次数基本上要占总次数的一半左右，所以，初学者一定要认真地进行大量练习，千万不要轻视它。

第三节　高尔夫球竞赛规则与裁判法

　　比赛规则是由高尔夫球协会和每次竞赛的组织者制定的。事实上,比赛规则在竞赛中主要还是由竞赛者自己来执行。也就是参赛者要以公正的比赛精神为基础,自觉遵守规则,自己给自己当裁判。

一、礼仪

　　球员在球场上要始终为他人着想:在前一组离开前,不要打球;如果你的球有可能打到人时,要大声提醒;在别人打球时,不要走动、讲话或靠打球人太近;不要踩蹋别人的推击线;保持打球速度不延误,并紧跟你前面的一组;请速度快的组超越你;修补草皮和打痕;把平沙坑中的脚印;不要把球杆扔在果岭上,并且不要倚靠推杆(站立);非常小心地把旗杆放回洞中;对于严重违反礼仪、礼貌规范的行为,委员会有权取消相关球员的比赛资格。

二、打球规则

　　在开始一轮之前阅读在记分卡或告示板上的“当地规则”,在球上作识别标记(很多球员使用的球的品牌都是相同的,如果你不能进行识别,你的球就可能成为遗失球)。清点球杆数量。最多只能带14支球杆。

　　在一轮比赛中,不要向你的球童和伙伴以外的任何人征询“助言”。不要向你的伙伴以外的任何人提供“助言”。在一洞的打球过程中,禁止进行练习击球。

　　打球:在球的现有状态下打球。除采取正常站位击球外,不得通过移动、弯曲和折断任何生长物或固定物来改善球的位置状态、站位、试图挥杆区域和打球线。不得下压任何物体或制造站位场所。如果球在沙坑或水障碍区内,在下挥杆之前,不得用手或球杆以任何形式触及障碍区内的地面或水障碍区内的水。必须正确进行击球。(障碍区内除外):比洞赛该洞负;比杆赛则被加罚二杆并必须以打正确的球来纠正错误或按照相关规则程序处理。

　　在球洞区上:可以作好球标,拿起和擦拭球。之后一定要把球放回到原位置。只能修理位于推击线上的旧洞埋迹和球痕,其它诸如钉鞋划痕等是不允许的。击球时,你必须确认旗杆已被取走或照管。在球洞区上打出的球碰到了旗杆:比洞赛该洞负;比杆赛加罚二杆。如果认为某个球有助于其他球员打球,你可以拿起球或要求该球被拿起。如果任何球妨碍了你打球,你可以要求将其拿起。

散置障碍物和妨碍物：除非球和散置障碍物位于同一障碍区内，散置障碍物可以被移动。但如果移动散置障碍物时造成球移动了，将被罚一杆并将球放回原处（除非球位于球洞区上）。可移动妨碍物在任何地点都可以不受处罚地移动，如果球移动了也不受处罚，只需将其放回原处。

球遗失或界外：打球前应注意查看记分卡上印制的当地规则确认球场的边界。如果球在水障碍区外遗失或界外时，在接受一杆处罚后，必须回到上一杆击打的地点打另外一个球，相当于罚了一杆和一个距离。允许有 5 min 的找球时间，超过了这个时限没有找到球或不能确认球，该球就遗失了。

（1）比洞赛。比洞赛是以较少的杆数打完一洞的一方为该洞的胜者，以每洞决定比洞赛的胜负。

（2）比杆赛。以最少的杆数打完规定一轮或数轮的比赛者为胜者。国际大赛和全国比赛均采用比杆赛。

（1）礼貌规范。挥杆和打球时都要注意安全，防止伤害事故发生。

不影响别人打球，不拖延时间。

进行得太慢的组，让后面一组超越。

在打完一杆后，应认真地修复场地。

（2）发球台规则：

迟到：迟到 5 min 以内，要加罚两杆。

击球顺序：按竞赛组委会规定的顺序，也可抽签、猜拳或按年龄大小决定发球顺序。

提问：有关场地情况可向同伴提问。

击球：正式挥杆没打到球，应算一杆。球从球座上落下，在原位击打算第二杆，球重新放回球座上，就算第三杆。

球出界：第一次打的球出界了，可以待大家都打完之后补打，但算为第三杆。

发球置球：发球时球必须放在发球区内的球座上。

（3）球道规则：

击球顺序：应由距离球洞较远的人先打球。

错打：错打了别人的球，要被罚两杆。

换球：球坏了，可以向同伴说明换球；没有说明的换球，要罚一杆；偷偷摸摸换球，则罚两杆。

重选球位：球打到没办法打的地方，可以向同伴说明并罚一杆，把球拿出，在远离球洞的地方,再以两杆为半径的范围内抛球。

找球:为了确认自己的球,触及场地障碍物,并移动了球,罚一杆。5 分钟内找不到球,则视为球遗失,重新回到原位去打球,并加罚一杆。

其他:打球或空挥时折断树枝,要罚两杆。球打在自己的推车或球袋上,罚两杆。击球时,若连击,算两杆。

(4)障碍区规则:

击沙坑球:在沙坑中,准备打球时,球杆碰到了沙子要罚两杆。

击进入水域障碍区球:球进入水域障碍区,要罚一杆,然后在进水切点的水域障碍区外面抛球。如果坚持水中击球,不罚杆。

(5)球洞区(果岭)规则:

擦球:球打上球洞区,可以擦球,但必须做好球位标记,没有做标记,要罚一杆。

击球顺序:谁的球离洞远谁先打球。

妨碍:妨碍别人打球的球,可以拿起但应做标记。推击线上有树叶可以拿走,但在推击线上有钉鞋的印痕,不能去整理。别人推的球还在动时,就做动作打自己的球,罚两杆。

入洞:正式比杆赛中,每一洞都必须击球入洞,否则即失去参赛资格。

触及别人的球:打球上果岭时,碰到果岭上别人的球,要把被碰到的球放回原位(若两个人的球都在果岭上,打到球的人要被罚两杆)。

参 考 文 献

[1] 全国体育院校教材委员会 . 篮球运动高级教程 . 北京:人民体育出版
     社,2000.

[2] 全国体育院校教材委员会 . 篮球运动教程 . 北京:人民体育出版
     社,2001.

[3] 叶国雄,陈树华 . 篮球运动研究必读 . 北京:人民体育出版社,1999.

[4] 清华大学软件制作中心 . 篮球 . 北京:清华大学教学软件库,2001.

[5] 马振洪 . 篮球 . 北京:北京体育大学出版社,1998.

[6] 马克·范希尔 . 篮球技术指导 . 武国政,译 . 北京:人民体育出版
     社,2000.

[7] 泰德·圣马丁,佛兰克·佛兰吉尔 . 投篮的技巧 . 王定,译 . 北京:人民
     体育出版社,1996.

[8] 孙民治,陈钧,方明 . 21 世纪世界篮球竞技运动的发展趋势——兼论中
     国篮球运动现状及对策[J]. 体育科学,2001.21(1):44 - 46.

[9] 孙民治 . 世界竞技篮球向当代化发展的主旋律与中国竞技篮球的现状
     及对策 . 中国篮球发展论坛主报告,2002.

[10] 王家宏 . 球类运动:篮球 . 北京:高等教育出版社,2007.

[11] 郭永波 . 篮球运动教程 . 北京:北京体育大学出版社,2005.

[12] 中国国家体育总局 . 中国体育教练员岗位培训教材:篮球 . 北京:人民
      体育出版社,2002.

[13] 柳用青,惠建华,于振峰 . 篮球理论知识问答 . 西安:陕西科学技术出
      版社,1993.

[14] 中国篮球协会 . 篮球竞赛规则 . 北京:北京体育大学出版社,2013.

[15] 中国篮球协会 . 篮球裁判员守则 . 北京:北京体育大学出版社,2013.

[16] 全国体育院校教材委员会《排球》教材编写组 . 排球运动 . 北京:人民
      体育出版社,1999.

[17] 黄汉生 . 球类运动:排球 . 北京:高等教育出版社,2001.

[18] 俞继英 . 奥林匹克排球 . 北京:人民体育出版社 ,2001.

[19] 钟秉枢 . 排球(跟专家练). 北京:北京体育大学出版社,2000.

［20］ 杨有为,梁进．观赛指南．北京:人民体育出版社,1998.

［21］ 连道明．软式排球运动．北京:人民体育出版社,1999.

［22］ 中国排球协会．排球竞赛规则．北京:人民体育出版社 ,2002.

［23］ 中国排球协会．软式排球竞赛规则．北京:人民体育出版社 ,2002.

［24］ 侯文达．高等学校乒乓球教材教学与训练．北京：北京大学出版社,1994.

［25］ 虞荣安．乒乓球技法与实用指导．西安：西北工业大学出版社,1996.

［26］ 中国乒乓球协会．乒乓球竞赛规则．北京:人民体育出版社,2002.

［27］ 郁鸿骏,戴金彪。羽毛球竞赛裁判手册．北京:人民体育出版社,1999.

［28］ 王文．羽毛球．北京:人民体育出版社,1995.

［29］ 中国羽毛球协会．羽毛球俱乐部．北京:中国铁道出版社 ,2000.

［30］ 张清澍．体育舞蹈．北京:北京体育大学出版社,1997.

［31］ 韩巧云,张旭．国际体育舞蹈与流行交谊舞．西安:西北大学出版社,1997.

［32］ 杨威,袁水海．当代国际标准交谊舞教程:上、下册．上海：译文出版社,1990.

［33］ 杨世勇．跆拳道．成都:四川科学技术出版社,2001.

［34］ 刘卫军．跆拳道．北京:北京体育大学出版社,1999.

［35］ 岳维传．中国跆拳道．北京:北京体育大学出版社,2001.

［36］ 王轲.体育舞蹈与流行交谊舞.西安:西北工业大学出版社,2007.